일제의 조선 참정권 정책과 친일세력의 참정권 청원운동

일제침탈사연구총서
정치
10

일제의 조선 참정권 정책과
친일세력의 참정권 청원운동

동북아역사재단 일제침탈사 편찬위원회 기획
김종식 · 윤덕영 · 이태훈 지음

동북아역사재단
NORTHEAST ASIAN HISTORY FOUNDATION

| 발간사 |

    일본이 한국을 침탈한 지 100년이 지나고 한국이 일본의 지배로부터 벗어난 지 70년이 넘었건만, 식민 지배에 대한 청산은 이루어지지 못하고 있다. 일본의 독도영유권 주장은 도를 넘어섰다. 일본은 일본군'위안부', 강제동원 등 인적 수탈의 강제성도 인정하지 않고 있다. 일본군'위안부'와 강제동원의 피해를 해결하는 방안을 놓고 한·일 간의 갈등은 최고조에 이르고 있다. 역사문제를 벗어나 무역분쟁, 안보위기 등 현실문제가 위기국면을 맞고 있다.
    한·일 간의 갈등은 식민 지배의 역사를 어떻게 볼 것인가 하는 역사인식에서 기인한다. 역사는 현재와 과거의 대화이며 이를 기반으로 미래로 나아갈 수 있다. 과거 침략의 역사를 미화하면서 평화로운 미래를 말하는 것은 불가능하다. 식민 지배와 전쟁발발의 책임을 인정하지 않고 반성하지 않으면 다시 군국주의가 부활할 수 있고 전쟁이 일어날 위험성도 배제할 수 없다. 미래지향적 한일관계를 형성하고 나아가 동아시아의 평화와 번영의 기틀을 조성하기 위해 일본은 식민 지배의 책임을 인정하고 그 청산을 위해 노력해야 할 것이다.
    식민 지배의 역사를 청산하기 위해서는 식민 지배는 어떻게 이루어졌는지 그 실상을 명확하게 규명하는 일이 긴요하다. 그동안 일본제국주의에 맞서 조국의 독립을 위해 헌신한 독립운동가들의 활동을 찾아내고 역사적으로 평가하는 일에는 상당한 성과를 거두었다. 반면 일제 식민침탈의 구체적인 실상을 규명하는 일에는 충분한 노력을 기울이지 못했다. 제국주의가 식민지를 침탈했다는 것은 너무나 당연한 사실로 여겨졌기 때문에, 굳이 식민 지배에서 비롯된 수탈과 억압, 인권유린을 낱낱이 확인할 필요가 없었는지도 모른다. 그러는 사이 일본은 식민 지배가 오히려 한국에 은혜를 베푼 것이라고 미화하고, 참혹한 인권유린을 부인하는 역사부정의 인식을 보이는 데까지 이르고 있다. 일제의 통치와 침탈 그리고 그 피해를 종합적으로 조사하고 편찬할 필요성이 여기에 있다.

    일제침탈사를 체계적으로 정리하는 일은 개인이 감당하기 어렵다. 이에 우리 재단은 한국학계의 힘을 모아 일제침탈사 편찬위원회를 꾸렸다. 편찬위원회가 중심이 되어 일제의 식민지 침탈사를 정치·경제·사회·문화 모든 방면에 걸쳐 체계적으로 집대성하기로 했다. 일제 식민침탈의 실체를 파악하기 위해 2020년부터 세 가지 방면으로 사업을 추진하고 있다. 하나는 일제침탈의 실상을 구체적이고 생생한 자료를 통해서 제공하는 일로서 '일제침탈사 자료총서'로 편찬한다. 다른 하나는 이들 자료들을 바탕으로 연구한 결과물을 '일제침탈사 연구총서'로 간행한다. 그리고 연구의 결과를 대중들이 이해하기 쉽게 '일제침탈사 교양총서'를 바로 알기 시리즈로 간행한다. 자료총서 100권, 연구총서 50권, 교양총서

70권을 기본 목표로 삼아 진행하고 있다.

'일제침탈사 연구총서'는 일제침탈의 실태를 정치·경제·사회·문화 분야로 대별한 뒤 50여 개 세부 주제로 구성했다. 국내외 학계 전문가들이 현재까지 축적된 연구 성과를 반영하면서 풍부한 자료를 활용하여 집필했다. 연구자뿐만 아니라 교육 현장에서도 활용되고 일반 독자들도 이해할 수 있도록 집필하기 위해 노력했다. 연구총서 시리즈가 일제침탈의 역사적 실상을 규명하고 은폐된 역사적 사실을 기억하고 왜곡된 과거사에 대한 인식을 바로 잡음으로써 역사인식의 차이로 인한 논란과 갈등을 극복하는데 기여하는 디딤돌이 되기를 바란다.

2022년
동북아역사재단 이사장

| 편찬사 |

    1945년 한국이 일제 지배로부터 해방된 지 77년의 세월이 지났다. 그럼에도 불구하고 일본 사회 일각에서는 여전히 일제의 한국 지배를 합리화하고 미화하는 주장이 나오고 있으며, 최근에는 한국 사회 일각에서도 일제 지배를 왜곡하고 옹호하는 주장이 나오고 있다. 이는 한국과 일본 사회, 한일관계와 동아시아 국제관계의 미래를 위해서도 결코 바람직하지 않은 일이다.

    이에 동북아역사재단은 일제의 한국 침략과 식민 지배에 대한 학계의 연구 성과를 총정리한 '일제침탈사 연구총서'를 발간하기로 하였다. 이에 따라 2019년 9월 학계의 전문가를 중심으로 편찬위원회를 구성하였으며, 편찬위원회는 학계의 연구 성과를 토대로 정치·경제·사회·문화 부문에서 일제의 침탈이 어떻게 이루어졌는지 정리하여 연구총서 50권을 발간하기로 하였다.

    주지하듯이 1905년 일제는 러일전쟁에서 승리한 뒤, 한국에 군대를 주둔시키면서 한국의 외교권을 빼앗고 통감부를 두어 내정에 간섭하였다. 1910년 일제는 군사력으로 한국 정부를 강압하여 마침내 한국을 강제 병합하였다. 이후 35년간 한국은 일제의 식민통치를 받았다.

    일제는 한국의 영토와 주권을 침탈하였을 뿐만 아니라, 군사력과 경찰력으로 한국을 지배하면서, 정치·경제·사회·문화의 모든 부문에서 한국인의 권리와 자유, 기회와 이익을 박탈하거나 제한하였다. 정치적으로는 군사력과 경찰력, 각종 악법을 동원하여 독립운동을 탄압하고, 한국인의 정치활동을 억압하고 참정권을 박탈하였으며, 집회와 결사의 자유를 억압하였다. 경제적으로는 일본 자본이 경제의 주도권을 장악하고, 일본인 위주의 경제정책을 수행했으며, 식량과 공업원료, 지하자원 등을 헐값으로 빼앗아 갔고, 농민과 노동자 등 대다수 한국인의 경제생활을 어렵게 하였다. 사회적으로는 한국인들을 차별적으로 대우하고, 한국인의 교육의 기회를 제한하고, 한국인으로서의 정체성을 박탈하여 결국은 일본의 2등 국민으로 만들고자 하였다. 문화적으로는 표현과 창작의 자유, 종교와 사상의 자유를 억압하고, 한글 대신 일본어를 주로 가르치고, 언론과 대중문화를 통제하였다. 중일전쟁, 아시아태평양전쟁을 도발한 뒤에는 인적·물적 자원을 전쟁에 강제동원하고, 많은 이들을 전장에 징집하여 생명까지 희생시켰다.

'일제침탈사 연구총서'는 침탈, 억압, 차별, 동화, 수탈, 통제, 동원 등의 단어로 요약되는 일제의 침략과 식민 지배의 실상과 그 기제를 명확히 밝히고자 하였다. 이를 통해 일제의 강제 병합을 정당화하거나 식민 지배를 미화하는 논리들을 비판 극복하고, 더 나아가 일제 식민 지배의 특성이 무엇이었는지, 식민통치의 부정적 유산이 해방 이후에 어떤 영향을 미쳤는지를 밝히고자 하였다.

편찬위원회는 연구총서와 함께 침탈사와 관련된 중요한 주제들에 관하여 각종 법령과 신문·잡지 기사 등 자료들을 정리하여 '일제침탈사 자료총서'도 발간하기로 하였다. 아울러 일반인과 학생들이 보다 쉽게 읽을 수 있는 '일제침탈사 교양총서'를 바로알기 시리즈로 발간하기로 하였다.

일제의 한국 침략과 식민 지배의 역사는 광복 후 서둘러 정리해 냈어야 했지만, 학계의 연구가 미흡하여 엄두를 내기 어려웠다. 이제 학계의 연구가 어느 정도 축적되어 광복 80주년을 맞기 전에 이와 같은 작업을 할 수 있게 된 것을 다행으로 생각한다. 한일 양국 국민이 과거사에 대한 올바른 역사인식을 갖고 성찰을 통해 미래를 향해 함께 나아갈 수 있기를 기대하면서 삼가 이 책들을 펴낸다.

2022년
동북아역사재단 일제침탈사 편찬위원회

차례

발간사 4

편찬사 7

머리말 식민지 참정권 문제를 어떻게 볼 것인가
    1. 일본의 참정권과 식민지 조선 참정권 문제   **16**
    2. 기존 연구   **26**
    3. 이 책의 구성과 내용   **43**

제1부 근대 일본의 참정권 변모와 조선 참정권에 대한 대응

제1장 일본의 국민 형성과 식민지민의 주권
    1. 일본의 근대국민국가 성립과 국민 형성   **52**
    2. 일제의 식민지 주권 만들기-대만과 조선의 입법권 형성   **64**
    3. 식민지 조선 입법권(긴급칙령 제324호) 형성의 정치 과정   **78**

제2장 일본 국민참정권 확립과 조선 참정권 문제
    1. 일본 국민참정권 확립-보통선거법의 성립   **94**
    2. 조선 참정권 문제의 다른 형태-재일조선인 참정권 문제   **120**
    3. 조선·대만의 참정권 청원운동과 그에 대한 대응   **129**

제3장 **일본의 참정권 왜곡과 조선 참정권 성립**
    1. 일본의 참정권 왜곡과 선거숙정운동   138
    2. 1940년대 일본의 태평양전쟁과 조선 참정권 문제의 전개   145
    3. 조선 참정권 성립의 정치 과정   153

제2부 조선총독부의 참정권 정책과 자치제 문제

제1장 **3·1운동 직후 조선총독부의 통치정책 변화와 '문화정치'의 성격**
    1. 3·1운동 사후대책 논의와 내지연장주의 정책의 성립   168
    2. 조선에 적용된 '문화정치'의 성격과 한계   184

제2장 **조선총독부 권력의 부분적 개편, 자치 주장과 공작**
    1. 정무총감 교체와 토착 일본인 관료의 자치 주장   202
    2. 헌정회 내각과 식민통치정책   215
    3. 민족운동 분열공작으로서 자치 주장   231

제3장 **1927년 사이토 총독의 자치정책 모색과 그 한계**
    1. 사이토 총독의 자치정책 모색 배경   258
    2. 나카무라 도라노스케 의견서의 내용과 한계   266
    3. 야마나시 총독과 이케가미 정무총감의 동화주의 강화 정책   275

제4장 1929~1930년 조선총독부의 식민정책 변화 모색과 제한성

1. 사이토 총독의 재부임과 식민지 참정권 정책 모색 282
2. 조선총독부의 '조선지방의회' 구상과 문제점 292
3. 지방행정제도 개선으로 귀결된 식민지 참정권 정책 309

제3부 친일정치운동 세력의 참정권 청원운동

제1장 1920년대 전반 친일정치운동 세력의 등장과 자치·참정권 청원운동

1. 1910년대 친일세력의 현실 인식과 친일정치운동 세력의 형성 과정 324
2. 자치파의 자치청원운동과 체제 구상 331
3. '동화파'의 국민협회 결성과 중의원 참정권 청원운동 350

제2장 1920년대 중후반 친일정치운동 세력의 활동과 참정권 청원운동

1. 국민협회의 조직 확대와 참정권 청원운동의 전개 양상 360
2. 조선총독부의 참정권 청원운동 비판과 국민협회의 대응 367
3. 참정권 청원운동의 주도권 재편과 갑자구락부의 제한적 참정권 청원운동 372
4. '척식성 관제' 반대운동과 참정권 청원운동의 쇠퇴 382

제3장 **1930년대 친일정치운동 세력의 제도적 편입과 참정권 청원운동의 소멸**

   1. 조선총독부의 '제2차 지방제도 개정'과 그 영향   **394**

   2. 친일정치운동 세력의 현실 대응 양상과 정치적 분열   **401**

   3. 친일정치운동 세력의 내선융화운동과 제도적 편입   **408**

맺음말 일제의 조선 참정권 정책과 참정권 청원운동의 성격   **419**

참고문헌 438

연표 449

찾아보기 457

머리말
식민지 참정권 문제를 어떻게 볼 것인가

1. 일본의 참정권과 식민지 조선 참정권 문제

근대 국가는 상비군과 관료제, 조세제도의 수단을 통해 일정한 영토에서 중앙집권화된 권력을 행사하며, 대외적으로 배타적인 독립성을 주장하는 국가이고, 서구 역사의 산물이다. 근대 국민국가는 근대 국가 중에서 입헌주의 체제에 기초해 있고, 국민의 참정권이 보장되는 국가를 말한다. 입헌주의는 국왕 또는 정부의 권력 행사를 헌법을 비롯한 법과 제도로 규정하고 제한하는 사상을 말한다. 입헌주의에서 국가의 권력 행사를 제한하는 방법은 국가의 구성과 권한의 한계를 규정하는 법령을 제정하고, 서로 독립적인 정부 기관들을 설립하여 권력을 분립시키는 것이다.[1] 따라서 입헌주의는 법치주의와 권력 분립, 그리고 의회제도와 국민의 기본적 인권 보장을 주요 내용으로 한다. 영국에서 시작된 입헌주의 국가체제는 미국을 거쳐 프랑스, 독일, 일본에도 확산되었다.

한편 참정권은 국가를 구성하는 국민이 국정에 직접 또는 간접으로 참여하는 권리를 말한다. 구체적으로는 선거권 및 피선거권, 국민투표권, 공무원이 될 수 있는 권리인 공무담임권 등이 있다. 이중 선거권 및 피선거권이 정치적 권리(political rights)로서 주목되었다. 선거권에는 우선 일정한 나이에 이른 국민이면 아무런 제한 없이 모든 선거에 참여할 수 있는 일반선거권 또는 보통선거권이 있다. 다음으로 국가에 일정한 납세를 하는 국민들에게만 선거권을 주는 제한선거권이 있다. 근대 국민국가의 선거권은 많은 납세를 하는 사람들에게만 선거권을 주는 제한선거권에서

---

1 김준석, 2011, 『근대국가』, 책세상, 77~95쪽.

점차 그 납세의 기준을 낮추고, 나중에는 납세와 상관없이 일정한 연령에 달한 모든 사람에게 선거권을 주는 보통선거권으로 발전해 왔다. 또한 선거권을 남성에게만 주다가, 점차 여성에게도 주는 형태로 발전해 왔다. 이처럼 근대 국민국가에서 참정권의 발전과정은 근대 국민의 확대 과정이었다.

제국주의가 세계를 영토적으로 지배하던 18세기 후반에서 20세기 전반, 일부 식민지 지역에서 참정권 문제가 제기되었다. 이 경우 일반적으로 2가지 유형의 정책이 시행되었다. 첫째는 식민지 지역에 식민본국 의회 지역구를 설정하고, 식민지 거주민에게도 본국 의회 의원 피선거권과 선거권을 부여하는 참정권 정책이다. 영국이 아일랜드 식민지에 실시한 참정권 정책이 대표적이다. 둘째는 식민지 지역 단위의 자치의회를 설치하고, 의원의 일정 비율을 식민지 거주민들이 선거를 통해 선출하도록 하는 자치정책이다. 영국이 인도 식민지에서 실시한 자치정책이 대표적이다. 영국은 아일랜드에도 1920년 뒤늦게 자치의회를 설치하기도 했다.

이 책은 근대 국민국가에서의 참정권 문제를 배경으로 일본에서의 참정권을 둘러싼 정치적 변동과정과 참정권의 확대, 천황제 국가에서의 참정권의 한계를 살펴보려 한다. 그와 관련하여 식민지 조선에 대한 참정권 정책의 변화 과정을 조선총독부 권력의 변화와 연결하여 살펴보고자 한다. 특히 1920년대 총독부가 추진한 참정권 정책의 구체적 내용과 전개 과정, 그 한계를 자치정책을 중심으로 자세히 검토하고자 한다. 또한 일제에 협조한 친일정치운동 세력의 형성과 그들이 주장한 자치 및 참정권 청원운동의 내용과 전개 과정, 의미와 구조적 한계도 함께 해명하려고 한다.

일본은 메이지유신으로 근대화의 길에 들어섰지만, 처음부터 근대 국민국가가 성립된 것은 아니었다. 근대 일본의 지배세력은 메이지유신의 주축이었던 조슈번(長州潘)과 사쓰마번(薩摩潘) 출신자로 이루어졌다. 이들은 점차 번벌 지배세력을 형성하여 일본정치의 한 축을 담당했다. 1874년 민선의원설립건백서(民選議院設立建白書)를 통해 헌법제정과 의회 수립이 요구되고, 이를 계기로 자유민권운동(自由民權運動)이 전개되기 시작하면서, 근대 국민국가 수립과 국민참정권 논의가 본격화되었다. 메이지 정부를 장악한 조슈번과 사쓰마번 출신의 번벌세력은 헌법제정이라는 자유민권운동의 요구를 수용했다. 그러나 그들이 구상한 헌법은 자유민권운동에서 주장한 입헌군주제적인 체제가 아니라, 모든 형식상 권리를 왕에게 집중시키는 프로이센식의 헌법, 천황 주권의 헌법이었다. 결국 1889년 2월 11일 공포한 일본제국헌법은 근대적인 형식은 갖추었지만, 천황이 수상에게 하사하는 형식의 흠정헌법이었다. 일본 국민의 권리는 천부인권이 아닌 법률의 범위에 한정되며, 전시에는 천황 대권(大權)에 의해 제한되었다.[2]

일본제국헌법에 기반하여 「귀족원령」과 「중의원 의원선거법」이 제정되었다. 제국의회 귀족원은 황족의원, 작위의원, 칙선의원, 고액납세의원으로 구성되었다. 중의원의 경우, 선거인과 피선거인은 만 25세 이상의 남성으로 국세 15엔 이상을 직접 납부하는 자로 제한되었다. 메이지 헌법에 따라 일정한 재산세를 납부하는 일본 국민은 선거권, 피선거권 등을 가진 근대적 국민으로 인정받게 되었다. 이렇게 하여 일본에서 처음으로 국민참정권이 실현되었다. 그러나 이는 전인구의 불과 1%도 미치지 못

---

2 일본 메이지 헌법체제의 성립에 관한 자세한 내용은 다음 연구 참조. 방광석, 2008, 『근대 일본의 국가체제 확립과정-이토 히로부미와 제국 헌법체제』, 혜안.

하는 사람에게만 선거권을 부여하는 데 그쳤다.

근대 일본 국민은 일본의 영토 확정·확장과 더불어 확장되어 갔다. 1869년에 홋카이도가 일본영토에 편입되었다. 1879년에는 류큐 왕국, 곧 오키나와가 일본의 현으로 편입되었다. 오키나와는 1910년부터 제국의회에 2명의 대표를 파견할 수 있게 되었고, 1920년에 지방특별제도가 폐지되면서 제국의회 중의원 의원 5명을 선거할 수 있게 되었다. 이로써 오키나와인과 다른 일본인들 사이의 법률적 지위는 거의 차이가 없게 되었다.

일본은 청일전쟁의 승리 결과 1895년, 청의 영토였던 대만을 병합했다. 그리고 1910년에는 독립국이던 대한제국을 병합했다. 일본 정부는 이들 지역에 대해 각지의 특수성을 고려하여 별도의 통치체제를 구축했다. 조선과 대만의 총독에게는 별도의 강력한 입법권이 부여되었다. 조슈번이 중심이 된 일본 육군은 러일전쟁 이후 러시아에 대한 대응과 한국의 치안유지를 목적으로 조선에서의 주도권을 장악하였고, 나아가 만주와 조선을 통합하여 통치하려는 구상을 가지고 있었다.[3] 이 때문에 1910년대 조선총독부의 통치정책은 '육군의 정치적 독립영역 형성'으로 이해되었다.[4] 식민지 조선은 번벌 육군세력의 주도하에 헌법이 아닌 천황대권에 의해 통치되고, 조선총독은 육·해군과 같이 내각이 아닌 천황 직속의 독립적인 성격으로 규정되었다. 이는 오키나와나 홋카이도의 경우와는 전혀 다른 '식민주의' 혹은 '제국주의'의 산물이었다. 이에 따라 식민지 조선에 거주하는 식민지민은 조선인이나 재조일본인을 막론하고 일본

---

3   北岡伸一, 1978, 『日本陸軍と大陸政策: 1906~1918年』, 東京大学出版会.
4   森山茂徳, 1991, 「日本の朝鮮統治政策(1910~1945)の政治史的研究」, 『法政理論』 23.

본국 내 국민과는 다르게 취급되었다. 식민지 거주민에게는 일본 국민으로서의 참정권이 부여되지 않았다.

러일전쟁 이후 성장한 일본 자유주의 세력과 부르주아 세력, 민중들은 번벌세력 중심의 정권 운용에 반대하면서, 중의원 선거 자격을 재산세 납부에 상관없이 부여하도록 하는 보통선거운동을 전개했다. 정당세력과 지식인, 청년층이 중심이 되어 전개된 보통선거운동은 국제적으로는 1917년 러시아혁명의 영향과 제1차 세계대전의 결과로 만들어진 전 세계적인 민주주의의 분위기, 국내적으로도 1918년 쌀소동, '다이쇼 데모크라시'의 분위기 속에 여론과 민중의 지지를 얻으며 크게 확산되었다. 정우회 중심의 하라 다카시(原敬) 내각이 성립하여 본격적인 정당세력의 팽창이 시작되었다.[5] 하라는 안정적인 정당정치와 정당 내각의 재생산을 위해 다방면에서 번벌세력을 압박했다. 1919년 중의원선거법 개정으로 선거인 자격이 국세 3엔 이상을 납부하는 자로 낮추어지자, 유권자는 전 인구의 5%로 확대되었다.

한편 의회정치세력의 성장에 대해서 특권세력도 약화된 지배체제의 회복과 재편을 꾀했다. 이를 위해 보통선거제 실시를 수용했다. 이러한 상황 속에 선거인의 납세조항을 삭제한 만25세 남성의 선거권을 보장하는 중의원선거법 개정안, 즉 보통선거법이 1925년 3월, 제국의회 중의원·귀족원을 통과했다. 유권자는 전인구의 21%인 약 1,240만여 명으로 증가했다. 이로써 전전(戰前) 일본의 국민참정권은 일단락되었다. 이렇게 보통선거법은 보통선거운동의 성과로서 성립했다. 동시에 일제 지배세력은 보통선거법에 따른 사회주의운동과 민중운동의 확산을 견제하기 위해 치

---

5 季武嘉也, 1999, 『大正期の政治構造』, 吉川弘文館.

안유지법을 제정하였다.

이렇게 일본의 국민참정권은 점차 확대되고 변동되었지만, 식민지의 상황은 달랐다. 일제는 식민지 조선통치의 기본 방침으로서 일본인과 조선인의 '동화주의(同化主義)'를 지배 내내 내세웠다. 그러나 그간의 여러 연구를 통해 일제가 이념으로서는 일시동인(一視同仁)과 동화를 표방하였지만, 실제 법적으로는 일본과 다른 '이역(異域)'으로 총독이 강력한 행정권과 제령권을 독점하면서 식민지 조선을 통치했으며, 정책에서도 조선인에 대한 차별을 시행했다는 것이 확인되었다.[6]

일제 시기 내내 식민지 조선에는 일본 제국의회 중의원 의원을 선출하는 참정권이 부여되지 않았다. 다만 일제의 패망이 가까워진 1945년 4월, 조선에서 국세 15엔 이상을 납부하는 사람들에게만 선거권을 부여하는 제한적 선거권으로 22명의 중의원 의원을 선출하는 중의원선거법이 공포되었다. 그러나 실제 실행되지는 않았다.

한편 일제 본국 정부나 조선총독부 모두, 식민통치기 내내 공식적으로는 전 조선을 대상으로 하는 '조선의회'나 '조선지방의회' 같은 자치의회제 시행을 추진하거나 언급한 적이 없었다. 조선총독부가 시행한 것은 1914년 부제(府制)의 실시 이후, 1920년과 1930년 두 차례에 걸친 부·면제와 도제의 개정을 통한 지방행정기구 재편과 제한된 권한을 갖는 지방 행정기관의 지방자치제뿐이었다.[7] 그렇지만 일제에 대한 전 민족적 항쟁인 3·1운동 때처럼 식민지배체제의 안정이 위협을 받을 때면 식민학

---

6 자세한 논의의 경과와 내용은 다음 참조. 박찬승, 2005, 「일제의 식민정책 연구사」, 한일관계사연구논집 편찬위원회편, 『일제 식민지 지배의 구조와 성격』, 경인문화사, 19~39쪽.

7 손정목, 1992, 『한국지방제도·자치사연구』 상, 일지사.

자, 민본주의를 비롯한 자유주의 학자와 언론인, 일부 자유주의 정치가, 조선총독부 내 토착 일본인 관료 등을 중심으로 조선에서 조선의회 같은 중앙정치 차원의 자치제를 시행해야 한다는 주장이 지속적으로 제기되었다. 1920년대 일본에서 전개되었던 합법적 무산정당운동에서도 정도의 차이는 있지만 대부분 조선에서 자치제를 시행해야 한다고 주장했다. 또한 내정 독립을 목표로 한 친일 정치세력의 자치운동도 일정하게 전개되었다.[8] 그러나 이렇게 다양한 경로에서 중앙정치 차원의 자치제 주장이 제기되었음에도 일제 강점기 내내 이는 공식적 식민정책으로 구체화되지 못했다. 게다가 1931년 우가키 가즈시게(宇垣一成)가 조선총독으로 부임한 이후부터는 조선자치제 실시 주장도 사라져 갔다.

　일제의 식민지 통치정책, 그중에서도 자치정책은 조선 민족운동에 대한 대응이라는 측면 외에도 서로 입지와 이해를 달리하는 일제 권력 내의 갈등 관계도 일정하게 반영하고 있었다. 정우회와 헌정회(이후 민정당)의 정당세력, 추밀원·귀족원·궁정 등의 특권세력, 대륙침략기지로서 조선에 대한 영향력을 결코 놓지 않았던 군부세력 등은 식민지 조선에 대한 통치정책을 놓고 서로 대립하고 갈등하고 있었다. 정당세력은 내지연장주의의 입장에서 조선에 영향력을 강화하려 했지만, 그렇다고 중의원 참정권을 부여하거나 자치의회를 설치하는 정책은 별로 고려하지 않았다. 특권세력과 정당세력은 식민정책을 두고 대립하였지만, 결과적으로는 식민통치의 안정을 유지하는 선상에서 시대적 상황에 따라 타협했다.

　한편 총독과 정무총감으로 대변되는 조선총독부 권력과 그 실무를 담

8　이태훈, 2010, 「일제하 친일정치운동연구」, 연세대 사학과 박사학위논문, 118~143쪽, 183~188쪽, 206~232쪽.

당하는 총독부 관료는 단일한 세력이 아니며, 그 입지와 처지에 따라 종종 식민정책에 이해관계를 달리하기도 했다. 조선총독부 고위관료는 크게 보아 두 부류가 있었다. 우선 입관 초기부터 식민지 조선에서 관료 생활을 하던 총독부 내 토착 일본인 관료를 지칭하는 하에누키(生え拔き) 관료가 있었다. 이들은 통감부 시대부터 1910년대에 걸쳐 한반도로 건너와 조선총독부 관료로 근무한 일본인 관료들인데, 특히 조선이 첫 근무지인 고참 관료들은 흔히 '生粹(きっすい)鮮'이라고도 칭해졌다. 당시 조선사람들은 이들을 '재래종(在來種)' 관료라 불렀다. 다음으로 1919년 이후, 조선총독이 부임할 때 대동하는 측근이나 기타 일정 기간 한반도로 왔다가 다시 일본 정부의 관료로 귀환하는 일본인 관료들이 있었다. 이들은 '본국조(本國組)' 또는 '신래종(新來種)' 관료라고 칭해졌다. 이러한 구분은 3·1운동 직후, 거물 관료인 내무대신 출신 미즈노 렌타로가 조선에 정무총감으로 부임 시 수십여 명의 일본인 관료들을 대거 대동하고 총독부 권력을 완전히 장악하였는데, 이들과 이전의 조선총독부 관료들을 구분하면서 구체화되었다. 이들은 미즈노가 1922년 본국 내무대신으로 귀환한 후에도 한동안 조선총독부에 남아서 활동하였고, 본국에 돌아가서도 관계와 중의원, 귀족원, 추밀원, 궁정 등에서 활동하면서 상당한 영향력을 행사했다. '본국조' 또는 '신래종' 관료가 본국에서도 잘나가는 엘리트 관료로서의 이미지를 갖고 있는 반면, 하에누키 또는 '재래종', 토착 일본인 관료는 식민지에 뿌리를 내린 주변화 된 토착 관료라는 이미지를 함의했다. 물론 하에누키 관료들도 도쿄제국대학 출신자를 포함해서 대부분 제국대학 출신자로서 엘리트였다. 다만 정치적 인맥과 줄, 첫 입관지에 따라 갈리는 경우가 많다고 할 수 있다. 양 세력의 대립과 갈등은 당시 조선 일반 사회

에서도 인지할 정도로 심했다.[9] 이형식은 하에누키 관료를 조선형 관료로, '본국조' 또는 '신래종' 관료를 본국형 관료로 개념화했다.[10] 이 책에서는 하에누키 관료를 조선인 관료들과 혼동을 피하기 위해 '토착 일본인 관료'로 칭하기로 한다.

자치정책에 대해 양 관료들은 이해와 입장을 달리했다. 미즈노파 본국형 관료들은 식민지 조선에 자치정책을 실시하는 데 부정적이었고, 관심이 없는 경우도 많았다. 본국으로 돌아가 내무성에서 관료생활을 계속하기를 기다렸고, 실제 돌아가는 경우도 적지 않았다. 토착 일본인 관료들은 본국 정부로 돌아가 관료생활을 지속하는 경우가 적었다. 대부분 조선에서 관직생활을 마치는 경우가 많았다. 그래서 식민지 자치정책에 관심이 많았고, 조선의회나 조선지방의회 같은 자치정책 실시를 희망했다.

총독부의 토착 일본인 관료들이 자치정책을 희망했음에도, 총독과 정무총감의 총독부 수뇌부에서는 1920년대 중반까지 자치정책에 대한 구체적인 모색은 없었다. 사이토 마코토(齋藤實) 총독이 조선자치제 문제에 대한 구체적인 방안을 만든 것은 1927년 초였다. 사이토 총독은 최측근 관료를 통해 비밀리에 조선지방의회안에 대한 의견서를 만들었는데, 이 과정에서 총독부 담당부서나 토착 일본인 관료들은 배제되었다. 이 의견서는 본국 정부와 제대로 협의하지 못한 채 무산되었다. 그 내용도 조선지방의회의 권한과 지위가 대단히 제한되고 총독이 철저히 통제하는 방안이었다.

식민지 조선에 자치제를 시행하자는 조선총독부의 구체적 방안이 정

---

9 「흔들리는 총독부속, 新來種의 凋落과 在來種의 擡頭」, 『개벽』 52호, 1924.10. 120~123쪽.
10 이형식, 2010, 「중간내각 시대(1922.6~1924.7)의 조선총독부」, 『동양사학연구』 113, 273쪽.

책적 차원에서 제기된 것은 1929년 9월, 사이토가 재차 조선총독으로 부임하면서였다. 당시 일본은 중의원 선거에서 헌정회의 후신인 민정당이 정우회에 대승을 거두고, 일본 내각의 정권 교체가 이루어진 직후였다. 민정당 내각은 문관 총독 임명이 여의치 않자, 사이토를 재차 조선총독에 임명했다. 사이토는 부임 직후부터 총독부 관료들을 동원하여 조선 참정권 정책을 모색했다. 총독부 관료들은 식민지 조선의 참정권에 대해 몇 개의 방안을 만들었고, 최종적으로 소수의 인원을 제국의회의 귀족원에 참여시키는 방안과 조선지방의회 설립에 관한 방안을 확정했다. 이 조선지방의회안은 1927년 마련한 의견서보다 조선지방의회의 권한과 지위가 더 제한되어 중앙정치 차원의 자치제 방안이라고 보기 어려울 정도였고, 여전히 총독에 의해 철저히 통제되는 방안이었다. 그럼에도 이 방안은 일본 본국 정부 및 조선정책 관련 인사들과의 협상 과정에서 강한 반대에 부딪치게 되었고, 사이토 총독은 바로 조선지방의회안을 철회했다. 그리고 부·읍회와 도회의 의결기관화로 상징되는 제2차 지방제도 개정만을 합의하여 시행하게 된다. 이런 과정은 일제의 비밀자료에만 남아 있고, 사이토 총독이나 총독부 고위관료들이 조선의회나 조선지방의회를 언론에 공식적으로 언급하거나 논의한 적은 없었다.

　조선인은 물론 식민지 조선에 거주하는 재조일본인들도 일본 중의원 참정권, 귀족원 의원선임권 등을 갖지 못했다. 즉 일제는 일본 본토의 내지와 달리 외지인 식민지 조선을 지역적으로 구별하고 차별했다. 그럼에도 1910년 17만여 명이던 재조일본인은 1920년에 34만여 명, 1930년에는 50만여 명, 1940년에는 68만여 명으로 증가했다.[11] 그 수가 급증하면

11　이규수, 2018, 『제국과 식민지사이』, 어문학사, 43쪽.

서 재조일본인들은 정치적 권리를 회복하기 위해 총독부 관료들과 지속적으로 접촉하였고, 중의원 참정권운동을 전개하기도 했다.

그런데 재조일본인들은 참정권을 원하면서도 조선인 전체에게 참정권이 부여되어 자신들이 소수로 전락하는 것을 원치 않았다. 참정권이 부여되더라도 소수의 재조일본인이 다수의 조선인보다 우위에 설 수 있는 제한선거제를 선호했다. 한편 조선의회 같은 중앙정치 차원의 자치제에는 대부분 반대했다. 일본 본토와 차별된 2등 국민으로 고착되고, 인구의 다수를 점하는 조선인에게 둘러싸여 식민지배자로서의 지위를 상실할 것을 우려했기 때문이었다. 반면에 지방자치제, 그중에서도 선거권을 가진 재조일본인들이 상대적으로 많은 부·지정면(읍)에 관심을 기울였다. 총독부는 재조일본인들의 참정권 청원 움직임을 때로 지원하기도 했지만, 반대로 제한하고 억압한 적도 많았다. 조선인들의 정치적 욕구를 자극하고, 정치적 혼란을 야기한다는 이유에서였다.

2. 기존 연구

일제 식민지 조선 지배 정책사 연구는 일제의 식민지 조선 지배정책이 일본의 국내 정치와 연동되어 있다는 점에서 출발했다.[12] 그럼에도 기존의 일제 지배 정책사 연구는 지배체제를 단면적으로만 파악하고 있을

---

12 姜東鎭, 1979, 『日本の朝鮮支配政策史研究』, 東京大學出版部.(1980, 『일제의 한국침략정책사』, 한길사)

뿐 구조적으로 파악하지 못하는 한계가 있었다.[13] 식민지 조선의 정치 과정은 식민지에서의 지배정책뿐만 아니라 일본 국내의 정치정세와 정치권력과도 상관관계를 가지고 살펴볼 필요가 있다.[14]

일본에서 식민지 연구에 대한 관심이 구체화된 것은 1990년대 이와나미 출판사의 『근대 일본과 식민지(近代日本と植民地)』 등 일본제국사의 성과물이 등장하면서부터다.[15] 식민지 비교 연구 등의 방법을 통해 문제제기는 이루어졌지만 체계적인 제국과 식민지의 이해에는 한계가 있었다. 이후 연구가 진전하면서 식민정책과 제도사 연구가 이루어지고, 식민지 지배 정책과 인사 등 구체적인 식민지 지배의 실체 규명이 수행되었다. 그렇지만 이러한 식민정책과 제도 규명 연구는 정책과 제도의 성격 규명에 집중되어 정책과 제도의 형성 과정, 특히 그 정치 과정에 그다지 주목하지 않았다. 때문에 일본 정치변동과 연동된 복선적이고, 다층적인 구조 해명의 필요성이 제기되었다. 특히 근대 국민국가로서의 제국일본의 형성과 관련하여 참정권 문제, 식민지 참정권 문제는 보다 복합적이고 다층적 접근이 필요했다.

1890년 일본 제국의회가 개설되면서 정당정치세력이 형성되었고, 이들은 번벌세력과 대립 구도를 형성했다.[16] 1900년대에 들어오면서 조슈

---

13 김동명, 2006, 『지배와 저항, 그리고 협력-식민지 조선에서의 일본제국주의와 조선인의 정치운동』, 경인문화사, 6쪽.

14 하루야마 메이테쓰(春山明哲)는 다층적인 접근의 필요성과 방법의 일단을 제시했다. 春山明哲, 1978, 「昭和政治史における事件-植民地統治の政治過程の分析-」, 『台湾近現代史研究』 1.

15 大江志乃夫 外(編集), 1993, 『岩波講座 近代日本と植民地』 全8卷, 岩波書店.

16 마쓰미 준노스케(升味準之輔)는 최초로 정당과 번벌의 대립구도로 일본정치를 파악했다. 升味準之輔, 1965·1966; 新装版 2011, 『日本政党史論』 1·2, 東京大学出版会.

번 출신의 야마가타 아리토모(山縣有朋)를 중심으로 궁중·육군·추밀원·귀족원·관료를 장악한 조슈·야마가타 번벌세력이 형성되었다. 이들 두 세력의 대립과 타협이 1910년을 전후한 시기의 일본정치를 만들어 갔다.[17] 이에 1910년대 일본정치는 야마가타 중심의 번벌세력과 입헌정우회(立憲政友會, 이하 정우회)를 중심으로 하는 정당세력의 대립으로 이해되고 있다.[18] 1910년대 일본 정치지형에서는 번벌세력이, 1920년대는 정당세력이, 1930~1940년대는 군부와 관료의 세력이 상대적으로 주도적이고 강한 영향력을 행사했다. 그런 가운데 일제의 식민지 조선 지배정책은 시기별 일본 정치지형의 변화 속에서 단일하게 관철되는 것이 아니라, 일본 본국 내의 각 정치집단의 대립과 타협 속에서 만들어지고 집행되었다.

식민지 조선을 대상으로 행사되는 주권, 즉 입법권(제령)의 제정과 전개 추이에 대해서 아라이 쓰토무(新井勉)는 제령이 긴급칙령에서 법률로 바뀌는 과정을 제국의회를 중심으로 분석했다.[19] 다음으로 오가와라 히로유키(小川原宏幸)는 식민지 조선의 제령이 일본의 헌법 바깥에서 안으로 위치 지어지는 과정을 검토했다.[20] 한편 김종식은 정치 과정의 관점에서 제령의 제정 과정을 번벌세력과 정우회 사이의 정치적인 거래와 타협으

---

17 반노 준지(坂野潤治)는 번벌과 정당의 타협과 제휴의 구조를 파악했다. 坂野潤治, 1971, 『明治憲法体制の確立』, 東京大学出版会.

18 이러한 관점은 미타니 다이치로(三谷太一郎)가 대표적으로 제시했다. 三谷太一郎, 1995, 『大正デモクラシー論』新版, 東京大学出版会.

19 新井勉, 1994, 「朝鮮制令委任方式をめぐる帝国議会の奇態な情況について-第27議会における緊急勅令の法律への変更」, 『法学紀要』 36.

20 小川原宏幸, 2005, 「韓国併合と朝鮮への憲法施行問題」, 『日本植民地研究』 17.

로 파악했다.[21] 또한 전영욱은 제령의 성립과 그 제령의 추이를 구체적으로 분석했다.[22]

다른 한편 식민지 조선과 대만에, 일본 본토와 정치체제를 달리하면서도 메이지 헌법의 적용과 제국의회의 심의를 받아야 한다는 주장인 내지연장주의의 방침을 적용하려는 시도와 논의가 일본 정당세력을 중심으로 계속되었다. 독자적인 조선총독부 제령과 대만총독부의 율령제정권에 대한 비판과 반대 시도도 있었다. 이에 이형식은 정당세력에 의한 1910년대 중의원의 조선에 관한 논의를 정리했다.[23] 김종식은 일본정치에서 식민지 조선 제령 입법 과정과 관련하여 총독부 인사와 관제개혁 문제를 둘러싸고 번벌세력과 정당세력이 어떻게 대립하고 타협하였으며, 어떻게 정리되어 갔는가를 분석했다.[24]

1920년대 보통선거운동 전개 과정과 보통선거제의 정착 과정에 대해 마쓰오 다카요시(松尾尊兌)는 민중운동 측과 반대세력을 대항관계로, 보통선거법과 치안유지법을 하나의 세트로 보면서 보통선거제의 성립 과정

---

21 김종식, 2011, 「1910년대 식민지 조선 관련 일본 국내정치 논의의 한 양상」, 『한일관계사연구』 38.
22 전영욱, 2014, 「한국병합 직후 일본 육군 및 제국의회의 제국통합 인식과 그 충돌의 의미」, 『아세아연구』, 57-2; 2020, 「1920년대 조선통치론의 전개와 제령의 역할」, 『역사문제연구』 44.
23 이형식, 2014, 「1910년대 일본 제국의회 중의원과 조선통치」, 『사총』 82.
24 김종식, 2007, 「1919년 일본의 조선문제에 대한 정치 과정-인사와 관제개혁을 중심으로-」, 『한일관계사연구』 26; 2008, 「1920년대 초 일본정치와 식민지 조선지배-정무총감 미즈노 렌타로의 활동을 중심으로-」, 『동북아역사논총』 22; 2011, 「1910년대 식민지 조선 관련 일본 국내정치 논의의 한 양상-;제국의회의 식민지 조선 제령 입법 과정을 중심으로」, 『한일관계사연구』 38.

을 해명했다.²⁵ 결국 보통선거법은 번벌세력과 정당세력의 타협의 산물이며, 각각의 세력은 보통선거의 실현을 아전인수식으로 이해하고 있었다.²⁶ 보통선거운동과 보통선거법의 성립은 일본에서 재일조선인의 참정권 문제로 확장되었고,²⁷ 식민지 조선의 참정권 청원운동도 불러일으켰다.²⁸

한편 보통선거법의 성립 과정에서 내무관료의 주도성에 주목하여, 와타베 오사무(渡部治)는 시민적 자유와 사회권을 충분히 승인하지 않은 보통선거체제가 성립되었고, 이것을 1930년대 파시즘을 대두시킨 이유로도 파악했다.²⁹ 보통선거법은 국민의 참정권을 보장하지 못하고 왜곡할 가능성을 지녔다. 이러한 참정권 왜곡은 선거숙정운동을 통해 이루어졌다.

선거숙정운동은 1935년 오카다 게이스케(岡田啓介) 내각에서 공정한 선거 실시를 위해 정부 주도로 시작되었다. 같은 해의 지방선거, 1936년의 총선거에서 국민운동으로 실행되었으며, 1942년 익찬선거관철운동을 거치면서 종결되었다. 혼마 쥰이치(本間恂一)는 선거숙정운동이 선거 부패 시정의 관민동치운동으로 출발했지만, 결과적으로 기성정당 배제의 국민통합운동으로 전개되었다고 파악했다. 그에 따라 선거숙정운동은 국

---

25 松尾尊兌, 1989, 『普通選擧制度成立史の硏究』, 岩波書店.
26 김종식, 2002, 「근대 일본보통선거논의의 전개와 그 귀결」, 『사림』 18.
27 松田利彦, 1995, 『戰前期の在日朝鮮人と參政權』, 明石書店.(김인덕 역, 2004, 『일제시기 참정권 문제와 조선인』, 국학자료원)
28 田中宏, 1974, 「日本の植民地支配下における国籍関係の経緯」, 『愛知県立大学外国語学部紀要』地域硏究·関連諸科学編 9.
29 渡部治, 1982, 「日本帝國主義の支配構造」, 『歷學硏究』 別冊特集, 12월호.

민정신총동원운동과 익찬운동에 이르는 파시즘 체제 유지의 선구적인 역할을 수행하였다고 평가했다.[30] 한편 원지연은 선거숙정운동이 대중의 정치참가 통로로도 기능하였다고 분석했고,[31] 최규현은 선거숙정운동의 초기 순수성에 주목했다.[32] 반면에 김종식은 선거숙정운동과 이어서 벌어진 익찬체제, 파쇼화가 결론적으로는 의도하지 않은 결과가 아니라, 군부와 관료세력이 일본 국민의 참정권 행사를 의도적으로 왜곡시킨 것으로 파악했다.[33]

일제의 패망 직전, 식민지 조선에 참정권을 부여한 것은 조선인을 일제의 침략전쟁에 동원하기 위한 징병제 시행의 대가라는 시각이 널리 알려져 있다.[34] 이에 오카모토 마키코(岡本希子)는 구체적인 정치처우조사회 설치와 이후의 심의과정을 꼼꼼히 분석하여 식민지 조선 참정권 부여가 결정되는 정치 과정을 밝혔다.[35] 또한 아사노 도요미(淺野豊美)는 식민지의 참정권 문제를 국내요인과 일본외교와의 상관관계 속에서 살펴보면

30　本間恂一, 1986, 「選挙粛正運動をめぐる政党と官僚」, 『地方史研究』 36-1.

31　원지연, 2002, 「1930년대 일본 선거숙정운동의 재평가-대중의 정치참가와 관련하여-」, 『전남사학』 18.

32　최규현, 2014, 「1930년대 일본 선거숙정운동의 초기과정에 대한 재검토」, 『서울대 동양사학과 논집』 38.

33　김종식, 2016, 「근대 일본 선거숙정운동의 인과적 이해를 위하여」, 『일본학』 42.

34　田中宏, 1974, 「日本の植民地支配下における国籍関係の経緯-台湾・朝鮮に関する参政権と兵役義務をめぐって」, 『愛知県立大学外国語学部紀要』 9; 近藤正己, 1996, 『総力戦と台湾-日本植民地崩壊の研究』, 刀水書房; 최유리, 1997, 『일제말기 식민지지배정책연구』, 국학자료원.

35　岡本真希子, 1996, 「アジア・太平洋戦争末期における朝鮮人・台湾人参政権問題」, 『日本史研究』 401; 同, 1996, 「戰時下の朝鮮人・臺湾人參政權問題」, 『早稲田大學大學院文學研究科紀要』 42.

서, 제국일본의 국민화구상의 하나였던 식민지 참정권 부여 과정을 다루었다.[36] 후지타니 다카시도 조선인 참정권 부여를 조선인의 일본국민화·탈식민지화로 규정했다.[37] 조선인 참정권 부여는 결과적으로 일본국민화의 관점에서 이해할 수 있지만, 부여 과정은 전쟁 전개와 분리하여 생각할 수 없다. 한편 이형식은 조선인 참정권 부여를 전시동원에 대한 반대급부만이 아니라 국제질서-지역질서-제국정치-식민권력-조선사회 차원으로 입체적으로 분석했다.[38]

일제 식민정책 및 이와 관련된 민족운동에 대한 연구 중에서 가장 논란이 되었던 것은 사이토 총독 시절의 일본 제국의회 중의원 참정권 및 자치정책 움직임이다. 즉 사이토 총독의 조선총독부가 다른 시기의 총독부와 달리 식민지 조선 거주 조선인과 일본인들에게 일본 중의원 의원을 선출할 수 있는 참정(투표)권리를 부여하거나, 식민지 조선에 자치의회를 설립하여 일본제국의 자치령으로 통치하려 했다는 것이다. 또한 총독부 정책에 호응하여 조선인들의 참정권청원 및 자치운동이 전개되었다는 것이다. 이러한 움직임에 주목하면서 일제가 추진한 참정권 및 자치정책에 타협한 사람들과 그렇지 않은 사람들을 타협적 민족주의자 및 비타협적 민족주의자로 구분하는 경향이 일반적으로 제기되었다.

이런 인식이 정착되는 데 선구적인 연구를 한 것은 강동진이었다. 그는 사이토 총독 통치 시기, 소위 일제의 '문화정치'에 대해 3·1운동에 따른 지배체제 위기의 수습책이자 일본의 조선지배에 대한 열강의 비난에

---

36 浅野豊美, 2008, 『帝国日本の植民地法制』, 名古屋大学出版会.
37 다카시 후지타니 지음, 이경훈 옮김, 2019, 『총력전 제국의 인종주의』, 푸른역사.
38 이형식, 2021, 「태평양 전쟁시기 조선인·대만인 참정권 문제」, 『사총』 102, 구체적인 태평양 전쟁시기 조선인 참정권 문제에 대한 연구사는 이형식 논문 387~390쪽 참조.

대처하기 위한 선전적 대응책이라고 규정했다. 그는 일제가 무력 중심주의적 통치방식의 본질을 일관되게 유지하면서도, 1910년대나 1930년대 이후의 식민통치와 구별되는 통치정책을 추진하였다고 한다. 그 기본 내용은 반일역량의 분열을 주목적으로 하는 분열통치였다고 주장했다. 또한 다른 시기의 총독부와 달리 식민지 조선 거주 조선인과 일본인들에게 일본 중의원을 선출할 수 있는 참정(투표)권리를 부여하거나, 식민지 조선에 자치의회를 설립하여 일본제국의 자치령으로 통치하려 했다고 주장한다. 그는 사이토 비밀문서와 아베 미쓰이에(阿部充家)의 서간 등을 이용하여 조선총독부가 추진한 정치선전 강화, 친일세력의 육성·보호·이용, 참정권 정책과 지방제도의 개편, 계층분단 정책과 분할통치에 대한 정책을 다각도로 분석했다.[39] 강동진의 연구는 1920년대 일제 지배정책의 특징을 해명한 것으로 이후 박찬승을[40] 비롯한 많은 연구들에 계승되었다. 한편 조성구는 자치제 문제를 공개적으로 제기한 경성일보 사장 소에지마 미치마사(副島道正)의 활동을 통해 총독부 내에서의 자치제 동향과 조선민족운동과의 관계를 살펴보았다.[41]

일제의 식민지배정책은 내각 수상을 지낸 하라 다카시(原敬)가 주장한 내지연장주의 정책에 기반을 두고 있었다. 최석영은 사이토 총독의 동화정책은 1910년대의 일방적이고 무단적인 동화정책과 대비하여, 사실상 '이화(異化)'를 의미하는 것으로 '조선의 사정을 감안한 점진적 동화정책'이었다고 주장했다.[42] 또한 김동명은 하라의 내지연장주의 방침과 사이토

---

39 강동진, 1980, 『일제의 한국침략정책사』, 한길사.
40 박찬승, 1992, 『한국근대정치사상사연구』, 역사비평사.
41 趙聖九, 1998, 『朝鮮民族運動と副島道正』, 研文出版.
42 최석영, 1997, 『일제의 동화이데올로기 창출』, 서경문화사.

의 '문화정치'가 일방적이고 억압적인 정책 실시가 아니라, 조선인에게 일정한 정치적 자유를 부여하고 '협력'을 얻으려고 했던 보다 효율적 지배체제를 지향했다고 주장했다. 그는 '문화정치'의 다양한 정책들은 총독부가 조선인과 다양한 협상(bargaining)을 할 수 있게 하였고, 내지연장주의는 동화주의 정책이었지만, 사이토 총독과 총독부 관료들은 자치주의 정책으로의 전환을 지속적으로 모색하였다고 주장했다.[43] 고마고메 다케시(駒込武)도 제국일본의 식민지 문화통합 메카니즘을 분석하는 가운데 조선총독부의 참정권 구상을 살펴보았다.[44]

전상숙은 사이토 총독의 조선통치관에 대해 하라 수상의 내지연장주의에 기반을 두면서도, 총독으로 재임하면서 체험한 조선사회의 동향을 일정하게 받아들였고, 조선인을 제국의회에 참석시켜 참정권을 부여하는 방안을 정립했다고 주장했다. 또한 사이토는 총독정치의 중요한 협조자인 총독부 관료들의 자치주의적 지배정책으로의 전환 요구를 일정하게 수용하였지만, 그와는 구별되는 통치관을 갖고 있었으며, 이는 점진적 내지연장주의 지배정책이었다고 주장했다.[45]

1920년대 일본 정계의 동향과 관련하여 식민지 정치의 특징을 해명한 연구도 이루어졌다. 오카모토 마키코(岡本眞希子)는 일본 정당정치세력이 문관 총독을 선임하고자 조선총독 인사에 개입하는 과정 및 그 외의 총독부 내 주요 관료 인사에 개입하는 과정을 살펴보았다. 이러한 정당정

---

43 김동명, 2006, 『지배와 저항, 그리고 협력-식민지 조선에서의 일본제국주의와 조선인의 정치운동-』, 경인문화사.

44 駒込武, 1996, 『植民地帝國日本の文化統合』, 岩波書店.(오성철, 이명실, 권경희 옮김, 2008, 『식민지제국일본의 문화통합』, 역사비평사)

45 전상숙, 2012, 『조선총독정치연구』, 지식산업사, 117~159쪽.

치세력의 관여에 대해 독립된 행정 지역으로서 조선을 유지하려는 총독부의 대응과정 등을 살펴보면서, 일본 내각교체에 따른 정당정치와 조선총독부의 총독정치가 어떠한 연관이 있는지 상세히 분석했다.[46] 그는 식민지 관료에 대한 임용과 인사, 제복과 봉급 등을 둘러싼 여러 갈등 관계를 분석함으로써 일본제국 전체의 통치구조 속에서 식민통치의 위치를 해명했다.[47]

이형식은 1910년대 데라우치 총독 시기부터 1930년대 초반 사이토 총독에 이르는 시기와 정무총감 재임 시기의 통치구상과 총독부 인사를 체계적으로 분석했다. 특히 1920년대 전반기 미즈노와 아리요시 정무총감의 통치구상, 그리고 호헌 3파 및 헌정회 내각 교체에 따른 시기의 총독부 인사와 통치구상들을 자세히 살펴보았다. 이를 통해 총독 중심의 지배정책 인식에서 더 나아가 정무총감 및 조선총독부의 '조선형 관료'들이 진행한 논의들을 체계적으로 정리했다. 그의 논의는 식민지배 정치의 실상에 보다 접근할 수 있게 했다. 그는 한편으로는 조선민족운동에 직면하고 다른 한편으로는 정당 내각에서의 예산·인사 정책의 개입 영향을 받고 있는 조선총독부 '조선형 관료'들이 일본 본국 정부의 조선 사정을 고려하지 않는 재정과 세제정책에 반발하여 자치정책으로서 통치방침의 전환을 모색하였다고 주장했다.[48] 일본학계에서도 조선총독부 식민지 관료에 주목한 연구는 폭넓게 진행되고 있으며, 그 일단을 마쓰다 도시히코(松

---

46 岡本眞希子, 1998,「政黨內閣期における文官總督制-立憲政治と植民地統治の相剋-」, 日本植民地研究會編, 『日本植民地研究』10; 岡本眞希子, 2000,「總督政治と政黨政治-二大政黨期の總督人事と總督府官制·豫算-」,『朝鮮史研究會論文集』38.

47 岡本眞希子, 2008,『植民地官僚の政治史 -朝鮮·臺灣總督府と帝國日本-』, 三元社.

48 李炯植, 2013,『朝鮮總督府官僚の統治構想』, 吉川弘文館.

田利彦)가 묶어 간행하였다.[49]

　윤덕영은 1920년대 중반 일본 정계 변화의 중심으로 등장한 헌정회 계열 인사들의 조선 문제 인식과 자치제 문제에 대한 추이를 살피면서 헌정회 내각 등장에 따른 조선총독부 내부 권력의 자치정책 논의와 1927년 사이토 총독이 마련한 자치정책의 성격과 한계에 대해 분석했다. 그는 일본 정계에서 조선 자치제 주장은 1920년 초반 일부 헌정회 인사나 자유주의 지식인이 제기하였으나, 특권과 군부세력, 보수정당세력, 보수화하는 국민정서 때문에 곧 대부분 철회하였다고 파악했다. 조선총독부 권력도 총독과 정무총감의 정책결정권자 차원에서는 1926년 말까지는 조선의회나 조선지방의회에 대해 구체적인 정책으로서 입안하거나 논의하지 않았다고 한다. 토착 일본인 관료들 사이에서 자치제의 모색은 분명 있었지만 그들의 영향력은 제한적이었다고 한다. 한편 미쓰야 경무국장과 아베 미쓰이에 라인에서 추진한 것은 자치제 정책이 아니라 자치제를 매개로 조선의 민족주의 세력과 민족운동을 분열시키려는 자치공작이라고 파악했다. 1927년 초에 사이토 총독이 측근을 통해 비밀리에 자치정책에 대한 의견서를 만들었지만, 본국 정부와 제대로 협의하지도 못하고 무산되었다. 그 의견서 내용도 권한과 지위가 대단히 제한되고 총독이 철저히 통제하는 조선지방의회안이었으며, 소수의 재조일본인이 조선인들에 대해 확실히 우위에 있도록 안배된 불평등한 안이었음을 상세히 분석했다.[50] 이상의 연구들을 통해 1920년대 일제와 조선총독부가 식민지 조

49　松田利彦, 2009, 『日本の朝鮮・臺灣支配と植民地官僚』, 思文閣出版.
50　윤덕영, 2010a, 「1920년대 중반 일본 정계변화와 조선총독부 자치정책의 한계」, 『한국독립운동사연구』 37.

선에 참정권 정책, 그중에서도 자치정책을 실시하려고 했었다는 주장이 통치정책 차원에서는 사실상 실체가 없다는 것이 밝혀졌다. 1929년 이전까지 총독부는 자치정책을 추진하지 않았다.

　1929년 사이토가 총독으로 재차 부임하고, 당시 총독부 관료들을 동원하여 마련한 조선지방의회 방안과 그 귀결에 대해서도 그동안 일정한 연구가 진행되었다. 우선 강동진은 사이토가 그동안 정략적으로만 이용해 왔던 참정권 문제를 형식적으로나마 현실화할 수밖에 없다는 것을 잘 알고 있어 자치정책을 추진했지만, 이는 대단히 한계를 가진 것으로 사이비 참정권 구상에 지나지 않았다고 주장했다.[51] 이에 대해 김동명은 이들 방안이 명확히 조선인의 제국의회 중의원 참가에 반대하고, 적극적으로 조선지방의회 설치를 제안하였기 때문에 총독부 정책이 자치주의 지배체제로 실질적으로 전환하였다는 것을 의미하는 것이라고 주장했다.[52]

　모리야마 시게노리(森山茂德)는 일본의 조선 지배 특징은 제도적으로는 '총독의 독단전제'라는 측면이 있지만, 현실에서는 일본 정부의 의향, 조선총독부 내 자치운동에 대한 대응, 재조일본인의 동향, 만주사변 전후 국제환경의 변화 등에 제약을 받고 있었다고 주장했다. 식민지 조선에 조선의회를 설치하는 방안은 내지연장주의를 고수하는 일본 정치지도자들과 일본 군부의 반대, 특권적 지위 상실을 우려한 재조일본인들의 반대 등의 이유로 실시할 수 없었다고 한다.[53] 이형식은 총독부 조선형 관료들

51　강동진, 1980, 앞의 책, 360~368쪽.
52　김동명, 2006, 앞의 책, 446~454쪽.
53　森山茂德, 2000, 「日本の政治支配と朝鮮民族主義-1920年代の'朝鮮自治論'を中心として-」, 北岡伸一編, 『戰爭・復興・發展-昭和政治史における權力と構想』, 東京大學出版會.

은 '정당화(政黨化)'되어 가는 조선통치에 대해서 위기감을 느꼈으며, 민족운동에 대한 대응과 정당세력이 조선통치를 혼란하게 하는 것을 방지하고자 조선지방의회 설치를 구상하였다고 주장했다. 그렇지만 일본 정부 내 주요 인사들의 반대로 지방자치 확대라는 방향으로 축소되었다고 한다. 그는 조선총독부의 자치제안은 조선의 민족운동과 일본 정당세력의 식민지 진출에 직면하고 있던 총독부가 한편으로는 내각의 재정정책과 관계없이 긴급예산을 안정적으로 확보하기 위해서, 다른 한편으로는 민족운동 세력을 회유·분열시키기 위해서 고안한 궁여지책으로 이해해야 한다고 주장했다.[54]

전상숙은 '조선지방의회' 설치 구상에 대해 조선총독부가 자치주의 지배정책으로 전환하고자 했다는 기존의 주장을 비판하면서, 조선지방의회를 조선의회로 보는 것은 '외지'에 별개의 '의회'를 설립할 수 없는 메이지 헌법하에서는 불가능한 발상이기 때문에 사실상 실체가 없는 것이라고 주장했다. 또한 총독부의 참정권 부여안은 '제국의 이해'에 반하지 않을 것, 제국의 통일적 지배에 필요한 사항에 혼란을 초래하지 않을 것을 전제로 제안된 것이라 파악했다. 조선지방의회는 한정적인 '지방자치제'의 틀을 벗어나지 않은 것으로 일본의 지방자치제도를 염두에 둔 것이며, 지방자치 수준에서 조선인의 정치적 욕구를 흡수한 것으로 보아야 한다고 주장했다.[55] 윤덕영은 1930년 전후 조선총독부에서 모색한 자치정책의 내용과 성격을 1927년에 입안했던 '참여의견'과 비교하여 구체적으로

---

54 이형식, 2013, 앞의 책, 227~243쪽.
55 전상숙, 2008, 「1920년대 사이토(齋藤實)총독의 조선통치관과 '내지연장주의'」, 『담론 201』 11-2, 26~33쪽.

분석했다. 그는 총독부의 조선지방의회안이 총독부 세입예산의 7%에 불과한 '조선지방비'만을 심의하는 권한을 가지고 있으며, 총독은 조선지방의회 결의에 대한 취소 및 재의 명령, 원안 집행, 정회, 해산 등의 막강한 감독 권한을 가졌다고 했다. 또 의원의 1/3은 관선일 뿐 아니라, 민선의원도 소수의 재조일본인이 다수의 조선인보다 유권자가 더 많도록 안배된 불공정한 안이었다고 파악했다. 이는 초안에서부터 결론에 이르는 모든 안에서 거의 동일했기 때문에 이런 자치제안은 1927년의 안보다도 후퇴된 구상이었고, 그마저도 10년 후에나 실시한다는 대단히 기만적인 것이었다. 그렇지만 사이토는 이러한 기만적인 안조차 실시할만한 능력이 없어 조선총독부의 자치제안은 무산되고 결국 지방행정제도 개정안으로 귀결되었다고 주장했다.[56]

1910년 대한제국을 병합한 일제는 곧바로 한국인 정치사회단체의 해산을 명령했다.[57] 여기에는 일제 강제병합에 적극 협조한 일진회, 정우회, 국민동지회 등 친일정치단체들도 포함되었다. 조선총독부가 무단통치를 식민통치 방침으로 채택하고 모든 정치적 단체의 조직을 금지했기 때문이었다. 그러나 친일정치단체들이 해체된 것과 별개로 친일세력의 규모는 확대되었다. 정치경제적 이익 확보를 위해 통치세력에 접근한 지주, 자본가들은 물론이고, 근대지식층 상당수가 지배체제에 편입되었기 때문이었다. 일제에 협력하면서도 무단통치 방식에 불만이었던 친일세력들은 1910년대 후반 이후 점차 결집하기 시작했다.

---

56 윤덕영, 2011a, 「1930년 전후 조선총독부 자치정책의 한계와 『동아일보』계열의 비판」, 『대동문화연구』 73.

57 일진회, 조선협회, 국민동지찬성회, 합방찬성회, 국민협성회, 진보당, 정우회, 유생협동회, 평화협회, 서북학회 등의 단체였다. 「십결사 해산」, 『매일신보』, 1910.9.13.

3·1운동은 느슨한 형태로나마 결집하고 있던 친일세력들이 본격적으로 활동하는 계기가 되었다. 친일세력들은 주도적으로 3·1운동 반대 활동을 전개하는 한편, 친일정치세력의 역할 복원과 지배체제 참여를 요구하며 정치운동을 시작했다. 이들 중 한말 계몽운동에 참여한 경험이 있고, 일제 보호통치기의 간접통치 방식을 선호했던 인물들은 주로 자치파로 결집했다. 반면 한말 친일단체에서 활동했거나 합방운동에 참여했던 인물들은 동화파를 결성했다. 자치파는 조선의회 설치를 주장하는 자치청원운동을 전개하였는데, 유민회(維民會)를 결성하여 활동하였고, 일부는 동광회(同光會)의 내정독립운동에 참여했다. 이에 반해 동화파는 '일본과 조선의 완전한 결합'을 주장하며 일본중의원 참정권 부여 운동을 전개했다. 이들은 국민협회를 설립하고, 일본 정계에 대해 적극적인 참정권 청원운동을 전개했다.

  일제하 친일세력의 자치·참정권 청원운동을 처음으로 밝힌 것은 강동진의 연구이다. 그는 일제의 친일세력 활용정책과 친일세력들의 활동을 전체적으로 검토하면서 '직업적 친일파'의 활동으로 자치청원운동과 참정권 청원운동을 분석했다. 당시로서는 접근하기 힘들었던 사이토 문서 등의 일제 측 내부 자료를 통해 자치·참정권 청원운동의 존재와 참여 인물들을 밝혀냈다는 점에서 선구적 의의를 갖는 연구라고 할 수 있다. 다만 '직업적 친일파'의 친일활동이라는 각도에서 접근했기 때문에 자치·참정권 청원운동의 구체적 전개 양상과 활동 논리까지 밝히지는 못했다.[58] 강동진의 연구 이후 친일활동으로만 접근했던 자치·참정권 청원운동을 정치운동이라는 각도에서 첫 번째로 접근한 것은 김동명의 연

---

58 강동진, 1980, 앞의 책.

구이다.⁵⁹ 정치적 교환관계라는 측면에서 식민지 조선사회에 접근한 김동명은 체제협력과 그에 대한 정치적 대가라는 맥락에서 자치·참정권 청원운동을 분석했다. 김동명의 연구는 자치·참정권 청원운동이 집합적 정치운동으로 등장하게 된 이유와 활동 논리를 밝힘으로써 식민지 조선사회의 정치구조 속에서 두 운동을 파악할 수 있게 했다. 다만 김동명의 연구는 자치·참정권 청원운동의 정치적 합리성을 지나치게 강조하여, 두 운동을 주도한 세력의 현실 인식과 활동 논리가 갖고 있는 역사적 한계와 식민권력과의 갈등 구조를 설명하지는 못했다.

한편 김동명의 연구 이후 자치·참정권 청원운동에 대한 연구는 크게 두 가지 측면에서 전개되었다. 첫 번째 연구 경향은 자치·참정권 청원운동을 주도한 주요 단체의 활동을 개별적으로 검토하여 두 운동의 역사적 실상을 밝힌 연구들이다. 먼저 국민협회에 대해서는 마쓰다 도시히코(松田利彦)의 연구가 주목된다.⁶⁰ 마쓰다 도시히코는 식민지 조선인의 정치적 권리획득 운동이 어떻게 변화하는가에 초점을 맞춰 참정권 청원운동을 주도한 국민협회를 실증적으로 분석했다. 그는 특히 『국민협회사(國民協會史)』(1921), 『국민협력운동사(國民協會運動史)』(1935)와 『시사평론』 같은 단체의 내부 사료를 발굴 활용하여, 국민협회의 결성 과정과 참정권 청원운동을 구체적으로 복원했다. 참정권 청원운동과 관련된 또 다른 단체인 갑자구락부에 대해서는 우치다 쥰(內田じゅん)의 상세한 연구가 있다.⁶¹ 우치다 쥰은 재조일본인의 활동과 식민주의적 역할을 종합적으로

---

59 김동명, 2006, 앞의 책.
60 松田利彦, 2004, 앞의 책.
61 內田じゅん, 2003, 「植民地期 朝鮮における同化政策と在朝日本人-同民會を中心として」, 『朝鮮史硏究會論文集』 41; 우치다 쥰 지음, 한승동 옮김, 2020, 『제국의 브로커

검토하면서, 재조일본인 공직자와 조선인 공직자들의 연합단체였던 갑자구락부의 활동에 접근하여 주요 인물과 활동 양상, 제한적 참정권 청원운동의 의의 등 갑자구락부의 전모를 밝혔다. 마쓰다 도시히코와 우치다 쥰의 연구가 참정권 청원운동단체인 국민협회와 갑자구락부에 집중했다면, 자치청원운동 단체들에 주목한 연구로는 이태훈과 동선희의 연구가 있다. 이태훈은 3·1운동 이후 자치청원운동을 전개했던 유민회 세력을 한말 정치운동의 연장선상에서 추적하여 보호통치기의 논리와 자치논리의 연속성을 밝혔다.[62] 동선희는 내정독립운동을 전개했던 동광회를 집중 분석하여 일본 우익세력이 깊이 개입된 동광회의 등장 과정과 활동 논리를 구체적으로 해명했다.[63]

두 번째 연구 경향은 개별 단체들에 집중한 첫 번째 연구들에 기반하여 자치·참정권 청원운동의 전체적 전개 양상과 식민지 조선 사회에서의 의미에 접근한 연구들이다. 먼저 이태훈은 한말 일제하의 정치운동을 연속적 시각에서 파악하는 가운데 일제하 자치·참정권 청원운동의 논리 구조와 전개 양상을 밝혔다. 자치·참정권 청원운동론의 내재적 기반과 식민권력과의 다양한 협력, 갈등 관계를 통해 자치·참정권 청원운동의 역사적 성격과 정치적 의미를 규명한 연구라고 할 수 있다.[64] 한편 지승준은 국민협회, 동민회, 갑자구락부, 시중회 등의 단체를 참정주의 정치세력으로 범주화하고 이들의 참정권 청원운동과 징병제실시운동, 내선융화운동

들』, 길.

62 이태훈, 2001, 「1920년대 초 자치청원운동과 維民會의 자치구상」, 『역사와 현실』 39.
63 동선희, 2003, 「同光會의 조직과 성격에 관한 연구」, 『역사와 현실』 50.
64 이태훈, 2010, 『일제하 친일정치운동연구-자치·참정권 청원운동을 중심으로』, 연세대학교 사학과 박사학위논문.

을 종합적으로 검토했다.[65] 지승준의 연구는 참정권청원과 징병제실시청원, 그리고 내선융화운동이 모두 참정권 확보를 위한 활동이라는 점에 주목하여 각 운동에 참여한 구성원과 활동내용을 구체적으로 밝힌 연구라고 할 수 있다. 다만 지승준의 연구는 '참정주의' 세력의 활동을 친일활동이라는 측면에서 접근했다는 점에서 식민지 조선사회의 복잡한 정치 상황 속에서 자치·참정권 청원운동의 전개 과정과 의미를 추적하려 했던 다른 연구들과는 결을 달리한다고 할 수 있다.

3. 이 책의 구성과 내용

이 책은 크게 3부로 구성되어 있다. 일본사 전공자인 김종식이 제1부를, 한국 근현대사 전공자인 윤덕영은 제2부, 이태훈은 제3부를 분담하여 집필했다. 내용의 중복을 가급적 피하고 책의 전체적인 통일성을 기하기 위해 노력했다. 그러나 사실을 바라보는 입장과 해석에 있어 부분적인 차이가 있을 수밖에 없었고, 서술 방식과 문상의 차이는 어쩔 수 없었다. 이 점은 널리 양해해 주기를 바란다. 그럼에도 책 구성에서 전체적인 체계성을 추구했으며, 내용에서도 관점과 해석의 전체적인 통일성을 유지하고 있다.

---

65 지승준, 2011, 『일제시기 참정권운동 연구-國民協會·同民會·時中會 계열을 중심으로』, 중앙대학교 사학과 박사학위논문.

제1부에서는 일본제국에서 참정권이 형성되고 확립되며, 왜곡되는 과정을 일본의 참정권을 둘러싼 정치적 변동 과정과 관련하여 해명하고, 재일조선인 참정권 문제와 참정권 청원운동, 1940년대 조선 참정권이 성립되는 과정을 살펴보겠다. 제1장에서는 먼저 메이지 헌법 체계와 제국의회가 성립되는 과정과 특징, 대만과 조선으로의 식민지 확장과 식민지민의 형성 과정을 살펴보겠다. 이어서 식민지 정책으로 정당세력이 내지연장주의를 성립하는 과정 및 식민지 대만과 조선에 내지연장주의를 적용하려는 시도와 논의 과정을 고찰하겠다. 이는 독자적인 조선총독부 제령과 대만총독부의 율령 제정권에 대한 비판과 반대 시도로 구체화되었다. 이런 상황 속에서 일본 번벌·육군세력, 정우회의 정당세력 등 각 정치세력의 대립과 타협 과정을 살펴보겠다. 이를 통해 조선의 입법권(제령)을 일본 의회의 통제를 벗어나 조선총독이 수행하는 것으로 정리한 긴급칙령 제324호가 제정되는 과정을 해명하려고 한다. 제2장에서는 먼저 보통선거권 획득을 위한 국민참정권 획득 운동의 전개 과정과 이에 대한 번벌·특권세력의 대응 과정, 보통선거권이 각 정치세력에 수용되는 과정과 이를 둘러싼 정치 과정 등을 살펴보겠다. 또한 호헌 3파 내각이 마련한 보통선거법의 내용과 특징, 천황제하에서의 제한된 국민주권과 참정권의 문제를 고찰해 보겠다. 다음으로는 식민지 참정권의 다른 형태인 재일조선인 참정권 문제가 제기된 배경과 전개 과정을 해명하겠다. 재일조선인 참정권에 대한 일본 입장은 초기에는 부정적이었다가 내지연장주의 방침과 내무성의 주도로 부여하는 것으로 정리되는데, 그 과정을 분석하겠다. 보통선거법 통과 전후의 선거권 부여에 대한 논의 과정과 보통선거 실시 이후 재일조선인이 선거에 참여한 내용도 살펴보겠다. 다음으로 3·1운동 이후 전개된 친일세력의 중의원 참정권 청원운동 중, 중의원에 제출한

청원내용을 대만의 참정권 청원내용과 비교하여 고찰하겠다. 이에 대한 대응으로 일본 정부가 대만과 조선에 각 1명씩의 귀족원 칙선의원을 선임했던 것도 같이 살펴볼 것이다. 제3장에서는 먼저 보통선거법과 보통선거의 실시가 선거숙정운동을 통해 왜곡되는 일련의 과정과 선거숙정운동이 정당을 배제한 국민조직화로 나아간 결과를 해명하겠다. 다음으로 태평양전쟁의 전개와 전황에 따라 조선에서의 징병제 실시와 참정권 논의가 맞물려 진행되는 양상을 살펴보겠다. 그 연장선상에서 전쟁 말기 조선에서 제한된 식민지 참정권이 성립되는 과정을 '정치처우조사회'의 활동을 중심으로 해명하겠다.

제2부에서는 일제와 조선총독부의 내지연장주의 정책의 성격과 한계를 해명하고, 일본의 정계 변화와 관련하여 식민지 자치 주장과 추이를 살펴보겠다. 그에 따른 총독부 권력의 부분적 개편과 자치정책의 모색 과정 및 그 제한성을 해명하고, 1929~1930년 조선총독부의 조선지방의회 구상과 한계를 분석하겠다. 제1장에서는 먼저 3·1운동 대책 논의 과정에서 하라 수상이 성립한 내지연장주의 정책의 내용과 성격을 살펴보겠다. 다음으로 사이토 총독과 미즈노 정무총감이 주도한 문화정치의 성격과 조선에 실시된 내지연장주의 정책의 성격과 한계를 해명하겠다. 제2장에서는 먼저 아리요시 정무총감 시기의 권력 동향과 토착 일본인 관료의 자치제 주장에 대해 살펴보겠다. 다음으로는 호헌 3파 연립내각 및 헌정회 내각의 성립과 조선정책의 변화 기대, 일본 내 조선 자치정책 주장과 한계를 살펴보고, 시모오카와 구라헤이 정무총감 시기의 식민통치정책을 고찰하겠다. 그리고 민족운동 분열공작으로 전개된 아베 미쓰이에의 활동과 미쓰야 경무국장의 정치공작을 살펴보겠다. 제3장에서는 먼저 1927년 사이토 총독이 자치정책을 모색한 배경을 식민정책학자들의 자

치제 주장과 일본의 무산정당운동 및 조선민족운동의 확산과 관련하여 살펴보겠다. 다음으로 자치정책으로 마련된 나카무라 의견서의 내용과 한계를 분석하겠다. 그리고 후임 야마나시 총독과 이케가미 정무총감의 부임 및 동화주의 강화정책을 살펴보았다. 제4장에서는 먼저 1929년 민정당 내각의 수립과 사이토 총독의 재부임 과정을 살펴보겠다. 다음으로 사이토의 참정권 정책 모색과 토착 일본인 관련의 참여과정을 고찰하겠다. 그리고 이들이 만든 조선 참정권 정책의 내용, 그중에서도 조선지방의회 구상에 대해 당시 제기되었던 안들을 비교하여 상세히 분석하겠다. 마지막으로 이들이 만든 조선지방의회안이 일본 본국 정부와의 협의에서 좌절되는 과정 및 지방행정제도의 개선으로 귀결된 식민지 참정권 정책의 성격과 한계를 해명하겠다.

제3부에서는 일제의 식민지배를 영속적 지배로 받아들인 친일정치운동 세력들의 '정치적 권리' 확보를 위한 자치운동과 참정권 청원운동의 내용과 전개 과정을 종합적으로 검토하여, 자치운동과 참정권 청원운동의 의미와 구조적 한계를 밝히겠다. 먼저 제1장에서는 1910년대 정치적 권리 획득을 목표로 했던 친일정치운동 세력이 형성되는 과정과 3·1운동 이후 등장한 자치청원운동과 참정권 청원운동을 살펴보겠다. 보다 구체적으로는 유민회와 동광회의 활동을 통해 자치파의 자치운동과 활동 논리를 살펴보고, 이어 국민협회의 결성 과정과 참정권 청원운동을 통해 내지연장주의에 입각한 동화파의 활동 상황을 검토하도록 하겠다. 제2장에서는 1920년대 중반 친일정치운동 세력의 동향과 참정권 청원운동의 전개 과정을 살펴보겠다. 먼저 친일정치운동을 대표하게 된 국민협회의 참정권 청원운동이 전개되는 양상과 그에 대한 제국의회 및 조선총독부의 반응을 검토하고, 지배당국과 국민협회의 갈등이 의미하는 바가 무엇

인지를 고찰하겠다. 이어 1920년대 중반 이후 참정권 청원운동을 주도하게 된 갑자구락부의 제한적 참정권 청원운동과 활동 논리를 살펴본 후, 1920년대 후반 참정권 청원운동 세력이 '척식성 관제 설치' 반대운동을 전개하며 점차 쇠퇴하게 되는 상황을 검토하겠다. 제3장에서는 제2차 지방제도 개정 이후 친일정치운동이 쇠퇴, 소멸하는 과정을 살펴보겠다. 먼저 조선총독부의 제2차 지방제도 개정이 친일정치운동에 미친 영향과 새로운 정치적 조건에 처한 자치운동 세력과 참정권 청원운동 세력이 대응하는 양상을 살펴보겠다. 다음으로 정치적 권리획득 운동이 사실상 무의미해진 1930년대 중반 이후, 자치운동과 참정권 청원운동의 내적 붕괴 과정과 전시체제에 흡수되어 가는 과정을 해명하겠다.

제1부
근대 일본의 참정권 변모와 조선 참정권에 대한 대응

제1장
일본의 국민 형성과 식민지민의 주권

1. 일본의 근대국민국가 성립과 국민 형성

1) 메이지 헌법 체계와 제국의회의 성립

1868년 3월 4일 메이지유신 이후 신정부의 방침을 규정하는 「5개조의 조서(五箇条の御誓文)」가 발표되었다. 그 내용 중에는 "널리 회의를 열어 모든 정책을 공론에 따라 결정할 것"이라는 구절이 있었다. 이에 근거하여 이타가키 다이스케(板垣退助)는 1874년 1월, 천황에게 「민선의원설립건백서(民選議院設立建白書)」를 제출했다. 건백서는 일부 실권자의 권력 독점에 항의하면서 헌법제정운동, 의회수립운동, 지조경감요구, 유럽, 미국과의 불평등 조약 개정 요구, 언론의 자유 및 집회의 자유 등을 주장했다. 이중 참정권 요구의 부분을 살펴보면 다음과 같다.

> 신들이 엎드려 현재 정권이 누구에게 있는가 살펴보니, 위로는 천황에게 있지 않고, 아래로는 인민에게 있지 않으며, 오로지 일부 유사(有司: 실권자)들에게 있습니다. (중략) 신들은 애국의 마음을 억누르지 못해 나라를 구할 길을 강구해 보았는데, 오직 천하의 공의(公議)를 떨치는 길밖에는 없습니다. 천하의 공의를 떨친다는 것은 백성이 뽑은 의원(議院)을 설립하는 길밖에는 없습니다. … (중략) … 무릇 정부에 대해 조세를 낼 의무가 있는 인민은 그 정부의 일에 간여하여 찬반을 논할 권리가 있습니다. 이것은 천하의 통설이니 신들이 이에 대해 이래저래 덧붙일 필요가 없을 것입니다. … (중략) …[1]

---

1 「民選議院設立建白書」, 『明治文化全集憲政編』 第4卷, 日本評論社, 1928,

그는 일부 실권자들의 독재를 막기 위하여 국민이 뽑은 의원과 의회가 국정을 운영할 것을 주장하면서, 국민의 참정권을 요구했다. 그의 주장은 근대 일본에서 구체적인 국민참정권 논의의 출발점으로 평가된다. 국회 개설을 요구하는 건백서의 내용이 알려지면서 이를 계기로 재야에서 자유민권운동(自由民權運動)이 전개되기 시작했다. 자유민권운동은 메이지 시대에 시작된 것으로 국민의 정치참여를 요구했던 일본의 정치·사회 운동이다. 개항 이후 일부의 정권 주도세력에게 집중된 권력에 대항하여, 헌법 제정과 국민 참정권을 요구하면서 일본을 입헌군주제 국가로 만들고자 했다.

이런 가운데 1875년 4월, 입헌정체수립 조서(詔書)가 발표되었다. 조서 발표로 헌법의 제정과 일본의 국민참정권 부여는 명확해졌다. 그렇지만 헌법의 체제와 국민 참여의 선거권을 어떠한 방식으로 부여할 것인가는 결정되지 않았다. 이에 따라 헌법의 체제와 선거권은 정부와 민간에서 논쟁거리가 되었다. 그 범주는 천황주권부터 입헌군주제, 나아가 입헌민주제까지 다양했다.

1881년 메이지 14년 정변(明治14年政變)을 거쳐 메이지 정부를 장악한 집권세력은 헌법제정이라는 자유민권운동의 요구를 수용했다. 그러나 그들이 구상하는 헌법은 영국식의 입헌군주제 체제가 아니라, 모든 형식상 권리를 왕에게 집중시키는 프로이센식의 헌법, 천황주권의 헌법이었다. 결국 1889년 2월 11일에 근대적인 형식을 갖춘 헌법이 공포되었지만 이는 천황이 내각 총리대신에게 하사하는 형식의 흠정헌법이었다. 메이지 헌법의 천황과 관련된 주요 항목을 살펴보면 다음과 같다.

364~366쪽.

제1조 대일본제국은 만세일계(萬世一系)의 천황이 이를 통치한다.
제2조 황위는 황실전범이 규정하는 바에 따라 황남자손이 이를 계승한다.
제3조 천황은 신성하여 침해하여서는 아니된다.
제4조 천황은 국가의 원수로서 통치권을 총람하고, 이 헌법의 조항에 따라 이를 행한다.
제11조 천황은 육해군을 통수한다.
제13조 천황은 전쟁을 선포하고 강화를 하며, 제반의 조약을 체결한다.
제14조 ① 천황은 계엄을 선포한다.
② 계엄의 요건 및 효력은 법률로 정한다.

헌법에서는 천황을 국가원수이자 통치권을 총람하는 지위로 규정했다. 소위 천황대권을 설정한 것이다. 따라서 천황에게 내각의 임명권, 군대통수권, 전쟁선포와 조약체결권, 의회소집과 해산권 등이 집중되었으며, 천황이 국가주권 그 자체였다.

반면에 메이지 헌법체계에서 국민은 국가의 주체가 아닌 객체로 위치하고 있었다. 당시의 표현으로 일본 국민은 '일본신민(日本臣民)'이다. 신민은 왕에게 복종하는 사람을 의미하는 것으로, 근대 국민의 개념과는 다소 상반되는 것으로 한계성을 지닐 수밖에 없었다. 근대 일본의 국민으로 신민에 대한 규정은 다음과 같이 정의되고 있었다.

제2장 신민권리의무(臣民權利義務)
제18조 일본 신민의 요건은 법률이 정하는 바에 따른다.

제19조 일본 신민은 법률과 명령이 정하는 바의 자격에 따라 균등하게 문무관에 임명되며 또한 기타의 공무에 취임할 수 있다.

제20조 일본 신민은 법률이 정하는 바에 따라 병역의 의무를 진다.

제21조 일본 신민은 법률이 정하는 바에 따라 납세의 의무를 진다.

제22조 일본 신민은 법률의 범위 내에서 거주와 이전의 자유를 가진다.

제23조 일본 신민은 법률에 따르지 않고서는 체포·감금·심문·처벌을 받지 아니한다.

제24조 일본 신민은 법률이 정하는 재판관의 재판을 받을 권리를 박탈당하지 아니한다.

제25조 일본 신민은 법률이 정하는 경우를 제외하고 그 허락없이 주거의 침입을 받거나 수색을 받지 아니한다.

제26조 일본 신민은 법률이 정하는 경우를 제외하고, 통신의 비밀을 침해받지 아니한다.

제27조 ① 일본 신민은 그 소유권을 침해받지 아니한다. ② 공익을 위하여 필요한 처분은 법률이 정하는 바에 따른다.

제28조 일본 신민은 안녕질서를 방해하지 아니하고 신민으로서의 의무에 위배되지 않는 한에서 신앙의 자유를 가진다.

제29조 일본 신민은 법률의 범위 안에서 언론·저작·출판·집회 및 결사의 자유를 가진다.

제30조 일본 신민은 상응(相当)하는 예의(敬礼)를 지켜 별도의 정하는 바의 규정에 따라 청원을 할 수 있다.

제31조 본장에 있는 조규(条規)는 전시(戰時) 또는 국가사변의 경우에는 천황대권의 시행을 방해하지 아니한다.

제32조 본장에 있는 조규는 육해군의 법령 또는 규율(紀律)에 저축되지 않는 한도에서 군인에게 준용한다.

일본 국민의 권리는 천부인권이 아닌 법률의 범위에 한정되며, 전시에는 천황대권이 제한하는 것을 당연시하고 있다. 메이지 정부는 근대적인 헌법을 지닌 국가임에도 국민주권에는 제한적이었다. 근대국민국가의 사상인 입헌주의 관점에서 볼 때 법률 제정과 법치주의, 권력 분립과 의회제도는 매우 중요한 것이다. 메이지 헌법의 입헌주의적인 요소, 그중에서도 입법권과 관련해서 천황의 제국의회 법률에 관한 규정은 다음과 같다.

제5조 천황은 제국의회의 협찬으로 입법권을 가진다.
제6조 천황은 법률을 재가해 그 공포 및 집행을 명한다.
제7조 천황은 제국의회를 소집할 수 있으며 그 개회, 폐회, 정회 및 중의원의 해산을 명한다.
제8조 ① 천황은 공공의 안전을 유지하거나 재앙을 피하기 위해 긴급의 필요에 따라, 제국의회 폐회의 경우에는 법률을 대신할 칙령을 발한다.
② 이 칙령은 다음 회기에 제국의회에 제출해야 하며, 만일 의회에서 승낙하지 않는 때에는 정부는 장래에 향하여 그 효력을 잃음을 공포하여야 한다.
제9조 천황은 법률을 집행하기 위하여 또는 공공의 안녕질서(安寧秩序)를 보지(保持)하고 신민의 행복을 증진하기 위하여 필요한 명령을 발하거나 또는 발하도록 한다. 단 명령으로 법률을 변경할 수는 없다.

천황은 의회의 심의를 거치지 않고도 언제든지 긴급칙령을 내려, 신민의 권리를 제한하거나 국가정책을 추진할 수 있었다. 그렇지만 입법권은 천황이 '제국의회의 협찬'으로 이루어지도록 했기 때문에, 제국의회를 통해서 행사할 수밖에 없었다. 천황은 의회의 법률에 준하는 「긴급칙령」을 발할 수 있지만 의회의 사후 승인을 받아야 한다. 제국의회는 법률의 협찬(동의)권을 가지며, 신민의 권리나 의무 등 법률의 유보가 있는 사항은 제국의회의 동의 없이는 개정할 수 없었다. 또한 제국의회는 예산 협찬권을 가지며, 예산을 심의하고 감독한다.(헌법 제64조, 제65조) 이런 점에서 제한적이지만 메이지 헌법은 입헌주의에 근거해 있었다. 그리고 제국의회의 입법권 행사는 국민들의 참정권을 통해 이루어졌다.

> 제33조 제국의회는 귀족원, 중의원의 양원으로 성립한다.
> 제34조 귀족원은 귀족원령의 정하는 바에 따라 황족, 화족 및 칙임되어진 의원으로 조직한다.
> 제35조 중의원은 선거법의 규정에 따라 공선(公選)되어진 의원으로 조직한다.

제국의회는 중의원과 귀족원의 양원제로 구성되어 있다. 귀족원은 황족과 화족 및 칙임된 의원으로 조직하며, 중의원 의원은 국민의 선거를 통해 선출했다.

헌법에 기반하여 「귀족원령」(1889년 2월 11일 칙령 제11호)과 「중의원 의원선거법」(1889년 2월 11일 법률 제3호)이 제정되었다. 귀족원은 황족의원, 작위의원, 칙선의원, 고액납세의원으로 구성되었다. 메이지 헌법이 만들어질 당시에 귀족원의 황족의원, 작위의원, 칙선의원은 일본인만을 염두에 두고 있었다. 그리고 고액납세의원은 일본 국내의 각 도·도·부·현(都道府県)에 정원이 정해져 있는 제도였기 때문에 일본 국외에서 뽑히는 경우는 없었다.

한편 헌법의 부속 법률로서 만들어진 「중의원 의원선거법」은 구체적인 국민참정권의 구현이었다. 그중에서 「제2장 선거인의 자격」에 한정하여 살펴보면.

> 제6조 선거인은 다음 자격을 갖출 필요가 있다.
> 제1 일본신민의 남자로 연령 만 25세 이상인 자.
> 제2 선거인명부 제작일 이전 만 1년 이상 그 부현 내에 본적을 두어 계속 주거한 자.
> 제3 선거인명부 제작일 이전 만 1년 이상 그 부현 내에서 직접 국세 15엔 이상을 계속 납부한 자. 단 소득세에 대해서는 인명부 제작일 이전 만 3년 이상 이를 계속 납부한 자로 제한한다.
> 제7조 가독(家督)으로 인해 재산을 상속한 자는 그 재산에 대해 이전 재산주(財産主)의 납세액으로 그 납세자격을 산정한다.[2]

메이지 정부가 추진한 선거법안은 납세액에 따라 국민선거권을 제한한 것이었다. 이에 대해서 자유민권파는 납세액 제한의 완화를 주장하였지만, 기본적으로 제한선거론의 관점을 벗어나지 못했다. 이렇게 하여 처음으로 일본 국정수준의 선거에서 국민참정권이 실현되었다. 그러나 그 법은 전인구의 불과 1%에 미치지 못하는 사람에게만 선거권을 부여

---

2   アジア歴史資料センター, https://www.digital.archives.go.jp/img.pdf/1739115.

하는 것이었다.³ 메이지 헌법이 제정되고 1890년부터 제국의회 중의원 의원을 뽑는 총선가 실시되었다. 유권자는 일정한 재산세를 납부하는 일본 국민이었다. 이를 통해 제한적이지만 일본 국민의 참정권 행사가 시작되었다.

2) 식민지의 확장과 식민지민의 형성

일본은 동아시아에서 최초로 근대 국가 수립의 길에 들어섰다. 일본 정부는 근대적 국적법을 만들어 일본 국민의 범위를 확정했다. 그것은 호적을 활용하는 방식이었다. 전근대 일본 호적은 일본의 인구를 가장 포괄적으로 기록했다. 기본적으로 호적이 근대 속인주의(屬人主義)와 유사하기에 근대 일본의 국적법은 속인주의를 채택했다. 이러한 일본의 사례는 유사한 호적제도를 가지고 있는 중국과 한국에도 영향을 미쳤다. 중국과 한국도 호적과의 유사성 때문에 속인주의에 기반한 국적제도를 도입했다.⁴

근대 일본 국민은 일본의 영토 확정·확장과 더불어 확장되어 갔다. 근대 일본의 영토는 기존의 에도막부의 지배지역을 기본으로 새롭게 확장

---

3 유권자는 선거인명부를 정리한 날로부터 만 1년 이상 거주 부현 내에 본적을 두어 거주하고, 지조 15엔이상 또는 소득세를 3년 이상 15엔 이상을 계속해서 납부한 25세 이상의 남성으로 제한했다. 피선거권자는 30세 이상의 남성으로서 유권자와 동일한 납세조건이 요구되었지만, 거주요건은 없었다. 선거구제는 표준인구 13만을 1구로 하는 소선거구제를 원칙으로 했지만, 257구 중 43구를 2인구로 한 변칙적인 소선거구제였다. 의원정수는 300인으로 했다. 투표의 방법은 단기기명식이었다. 日本自治省 選擧部編, 1990, 『選擧法百年史』第一法規, 1~4쪽.
4 최현, 2003, 「시민권, 민주주의, 국민-국가 그리고 한국사회」, 『시민과 세계』 4호, 347~367쪽.

되었다. 먼저 북쪽을 살펴보면, 에도막부는 1854년 러시아와 화친조약을 체결했다. 메이지유신으로 근대국민국가 건설을 시작한 이후 일본은 러시아와 대립하고 있던 영국, 미국, 프랑스의 자문을 받았다. 그리고 1869년 홋카이도를 일본영토에 편입하고, 우룻프(得撫)와 에토로프(択捉) 사이를 경계로 일본의 행정이 미치는 지역임을 선포했다. 일본의 남쪽은 우선 1875년에 오가사와라(小笠原) 섬들과 치시마(千島) 열도를 각각 일본영토에 편입시켰다. 1876년에는 내무성의 관할지역이 되어 공식적으로 일본의 영토가 되었는데.[5] 1880년에 도쿄부(東京府)에 속하게 되었다.

더 남쪽의 국경 결정은 조금 더 복잡했는데, 당시까지 독립국이었던 「류큐 왕국」에 대한 처리 문제와 겹쳐져 있었기 때문이었다. 류큐 왕국은 청과 일본에 이중조공을 하면서 중계무역으로 번성했다. 일본 정부는 1879년 3월 27일에 경찰과 군인 등 약 600명을 동원해서 류큐 왕국에 폐번치현(廢藩置縣) 명령을 일방적으로 전달하고, 8일 후인 4월 4일에 일본영토로 편입시켜 오키나와현을 설치했다. 류큐의 왕은 일본 메이지 정부에 의해 강제로 도쿄로 이주당해 후작에 봉해졌다. 이렇게 하여 일본은 근대국가로서의 영토적 경계를 분명히 했다. 독립국 류큐 왕국의 포섭은 영토의 확정뿐만 아니라 류큐 주민의 국민화라는 관점에서도 중요하다. 오키나와의 일본 국민화는 일본 외부 영토민에 대한 국민화 과정의 모델이 되었고, 그 과정도 몇 단계를 거쳐서 이루어졌다.

일본 국민으로서 인정받을 수 있는 토대가 되는 일본의 징병제는 본토에서 1872년 시작되지만, 오키나와 홋카이도, 오가사와라는 1899년

---

[5] 최장근, 2005, 「일본영토의 변천과정과 영토분쟁의 현황」, 『일본어문학』 30, 427~428쪽.

에 실시되었다. 이것은 일본 국민의 권리로 인정되는 참정권에서도 마찬가지이다. 일본 본토에서는 1890년부터 중의원 의원을 뽑는 총선가 실시되었다. 그러나 오키나와는 1909년 처음으로 현의회가 소집되었고, 이후 1910년에 가서야 제국의회에 2명의 대표를 파견할 수 있었다. 1912년에 오키나와 본도, 1919년 야에지마(八重島), 미야코지마(宮古島)에서 중의원 의원선거가 실시되었다. 1920년에 지방특별제도가 폐지되고 입법부인 중의원에 5명의 대표를 파견할 수 있게 되었다. 이렇게 하여 오키나와인들은 일본 본토의 일본인들과 법률적으로 동등한 지위에 이르게 되었다.[6] 일본 본토와는 시차를 두고 국민의 권리와 의무가 부과되는 양상을 보여주었다.

일본의 외지(外地) 식민지민은 일본 내지(內地) 국민과는 다르게 취급되었다. 일본은 1895년 4월 17일 체결된 청일강화조약(같은 해 5월 13일 공포)과 1910년 8월 22일 체결된 한국에 대한 강제병합(같은 해 8월 29일 공포)에 의해 각각 대만과 한국을 자국의 영토로 만들었다. 일본은 당시 이미 국가의 기본법인 메이지 헌법을 가지고 있으며, 그 제18조에는 "일본 신민(臣民)의 요건은 법률이 정하는 바에 따른다"라고 정해져 있었다. 그러나 일본 메이지 헌법은 식민지와 식민지민에 대한 명문화된 규정을 가지고 있지 않았다.[7]

---

6 최현, 2007, 「근대 국가와 시티즌십 : 오키나와인의 사례」, 『지방사와 지방문화』 10-1 참조.

7 이에 반해 벨기에의 헌법에는 "장래 획득할 수 있는 식민지, 해외 속령지 또는 보호지는 특별법에 따라 통치한다"(제1조 제4항)하고 있다. 네덜란드 헌법은 "네덜란드왕국은 유럽의 영토 및 유럽이외의 세계 각지에서 식민지와 속지를 포함한다"(제1조), 이 법 "헌법은 반대의 분명한 언명이 있는 경우를 제외하고, 유럽에서의 국에서만 이를 시행한다"(제2조)하고 있다. 田中宏, 1974, 「日本の植民地支配下における国籍関係の

대신에 일본은 영유의 근거가 된 두 조약에 대만과 한국민에 대한 규정을 두었다. 청일강화조약 제5조는 "일본국에 할여된 지방의 주민으로서 위의 할여된 지방의 이외에 주거하려고 하는 자는 자유롭게 그 소유 부동산을 매각하여 퇴거할 수 있다. 이를 위해 본 조약 비준 교환의 날로부터 2년간을 유예한다. 단, 이 연한이 만료됐음에도 아직 해당 지방을 떠나지 않은 주민은 일본국의 편의에 따라 일본 국(신)민으로 간주할 수 있다"라고 규정하고 있다.[8] 한편 한일병합조약에는 이러한 조항이 아니라 제1조에 "한국 황제폐하는 한국 전체에 관한 일체의 통치권을 완전히 그리고 영구히 일본국 황제폐하에게 양여한다", 제2조에 "일본국 황제폐하는 전조에 게재한 양여를 수락하고 또한 완전히 한국을 일본제국에 병합함을 승낙한다"로 되어 있다.[9] 대만민의 경우는 2년간의 유예를 두고 일본 국민으로의 편입규정이 있었다. 반면에 한국 강제병합조약에서는 한국민에 대한 일본 국민으로의 편입규정을 두고 있지 않았다.[10]

메이지 헌법 제18조에 따라 법률로 1899년 「국적법」(1899년 3월 15일 법률 제66호)이 공포되었다. 그 국적법은 곧바로 대만과 조선에 적용되는 것은 아니었다. 대만에 대해서는 「국적법을 대만에 시행하는 건」(1899년 6월 20일 칙령 제289호)에 의해 적용되었으나, 조선에 관해서는 적용되지 않은 채 끝났다. 대만의 경우 청국으로부터 할양되었기 때문에 종래 그

経緯」, 『愛知県立大学外国語学部紀要 地域研究・関連諸科学編』(9), 66쪽.
8   外務省編, 1965, 『日本外交年表並主要文書』, 原書房, 166쪽.
9   外務省編, 1965, 위의 책, 430쪽.
10 다나카 류이치(田中隆一)는 조선에 국적법을 적용하지 않은 이유로 만주의 조선인 독립운동이 작용하였다고 밝혔다.(田中隆一, 2000, 「帝国日本の司法連鎖」, 『朝鮮史研究会論文集』 38集)

토지에 적(籍)을 두고 있던 자가 국적을 변경할지 여부에 대하여, 변경하는 경우와 그렇지 않을 경우가 있어 규정이 제정되었다. 조선의 경우에는 국가 전체를 합병했기 때문에, 종전의 한국 국민은 당연히 일본 국민이 되어 일본 국적법의 적용을 미치는 것으로 이해되기 때문에, 규정을 둘 필요는 없다고 생각한 것이라는 설명도 있다.[11] 일본은 국적법을 식민지민에게 적용할지의 여부를 고려하여 관련 법령을 제정하고는 했다. 그러나 이것은 식민지 획득과정에서 드러난 문제의 해결을 위한 것이었지, 식민지민의 주권과 처우를 위한 것은 아니었다.

11　田代有嗣, 1974, 『国籍法逐条解説』, 日本加除出版, 798쪽.

2. 일제의 식민지 주권 만들기-대만과 조선의 입법권 형성

1) 일본의 내지연장주의와 식민지 대만의 율령권

일본은 1895년에 청일전쟁의 승리로 청으로부터 대만을 할양받았다. 이는 일본의 본격적인 식민지 경영의 출발점이었다. 일본은 새로운 영토에 대해 어떠한 통치방침을 취할 것인가 모색하기 시작했다. 구체적인 문제는 일본이 새로운 영토인 대만에 메이지 헌법을 적용할지 여부와 적용 방법이었다. 이에 대하여 구체적인 안을 내놓은 사람은 하라 다카시(原敬)였다. 그는 당시 외무차관으로, 대만사무국[12] 위원이기도 했다. 하라는 1896년 2월에 소위 '내지연장주의'로 정리될 수 있는 정책안을 대만사무국 회의에 제출했다. 그는 2월 2일 대만사무국회의에서 일본 정부의 식민지 관할부서인 척식무성(拓殖務省)의 관제와 대만의 총독부관제에 대한 법안을 토의하였으며, 그 속에서 대만총독에게 입법권을 위임하지 않으며, 세관업무, 우편업무, 전신업무 등 일반사무도 일본 정부의 주관부서가

---

12 대만사무국은 1895년 6월 13일의 「대만사무국관제」(칙령 제74호)에 근거해 내각총리대신의 감독 하에 속하며, 대만 및 펑후열도(澎湖列島)에 관한 문·무 제반 사무를 관리하는 것으로 규정되었다. 또 대만사무국은 대만총독의 보고 등에 대해 내각총리대신에게 의견을 제출하며, 중앙관청과 대만총독 간의 문서는 대만사무국을 경유하는 등도 규정되었다. 최초 설치시 총재에는 내각총리대신 이토 히로부미가 스스로 취임했고, 부총재 이하도 육해군 및 각성 요인이 취임했다. 그 후, 1898년 2월 20일 시행의 「대만사무국관제중개정」(칙령 제24호)에 의해, 대만사무국은 내각으로부터 내무성에 이관되었다.

직접 관할할 것을 주장했다.[13]

하라는 대만 식민지에 대한 두 가지의 밑그림을 제시했다. 첫째 안은 대만을 '식민지(콜로니)'로 간주하는 것이며, 둘째 안은 일본 본토와 정치체제를 달리하면서도 대만을 '식민지'로 간주하지 않는 것이었다. 그는 두 번째 안에 찬성했다. 둘째 안에 대한 설명에서 "마치 독일제국이 알자스 로렌에서 행하는 것이나, 프랑스가 알제리에 행하는 것처럼, 대만의 제도는 가능한 한 내지(內地)에 비슷하게 하거나 나아가서는 내지와 구별되지 않게 할 것"이라고 말했다. 이러한 하라의 '내지연장주의' 주장의 근거는 대만이 일본과 거리적으로 근접해 있으며, 점차 교통통신의 발달로 더욱 거리가 좁혀질 것이고, 또한 일본의 대만 식민지가 유럽 국가들의 타인종 지배와는 정황이 다르기 때문이라고 했다.[14]

그러나 당시 식민지 대만지배를 둘러싼 현실은 달랐다. 당시 수상이었던 이토 히로부미(伊藤博文)와 내각은 대만총독에 의한 별도의 통치제도의 필요성을 받아들이고 있었다. 대만 영유 직후의 제9회 제국의회(1895년 12월 28일~1896년 3월 28일)에 일본 정부는 대만 입법제도의 근본적인 규범이 될 법안을 상정했다. 일본 정부가 제출한 법률안은 대만총독에게 법률과 동일한 효력을 지니는 율령을 제정할 권한을 위임하는 것이다. 그 제출 이유로 "대만이 제국의 판도에 들어온 이후 아직 얼마 되지 않았고, 모든 일이 초창기일 뿐만 아니라, 움직이려고 하면 토비(土匪) 봉기의 우려가 있다. 그런데 대만은 수도 도쿄에서 떨어져 매우 멀다. 두 지

---

13 原奎一郎 編, 1896.2.2, 『原敬日記』第1卷, 福村出版.

14 春山明哲, 「近代日本の植民地統治と原敬」(春山明哲·若林正丈, 1980, 『日本植民地主義の政治的展開』現代中國研究叢書 18, アジア政經學會), 23~24쪽.

역 사이의 교통편이 아직 완전히 열리지 않은 사정이 있다. 또한, 대만은 본국과 완전히 인정풍속을 달리하여 본국과 같은 법령을 가지고 다룰 수 없는 사정이 있다"라고 했다. 일본 정부는 일제의 식민지 대만 지배의 초창기라는 점과 대만과 본국의 풍속이 달라 같은 법령으로 다룰 수 없다는 점을 이유로 들었다. 대만에 대하여 일본과 동일한 법률을 제정해야 한다는 하라의 내지연장주의 관점과 정부가 제9회 제국의회에서 상정한 대만총독의 독립적인 명령권 제정의 관점의 차이는 같은 요소를 다르게 바라보는 데 있었다. 두 관점은 대만과 일본 본토와의 거리에 대하여 전자는 가깝다고, 후자는 멀다고 인식했다. 또한 일본과 다른 대만의 특수성에 대하여 동질성의 강조와 이질성의 강조라는 점에서도 차이를 드러냈다. 이것은 일본 정부의 식민지 대만에 대한 주권행사, 입법권에 대한 이해의 차이기도 했다.

이에 대하여 중의원에서는 법안과 제국 헌법 제8조, 제9조와의 관계로 문제를 제기했다. 그 문제는 법률 대신에 칙령을 발할 수 있다는 점과 긴급칙령은 다음 회기에 제국의회의 승인을 받아야 한다는 점이다. 정부위원은 "이 법은 헌법과는 관계없고, 헌법은 아직 대만에서 효력 없음"이라고 일단 답했다. 그리고 "그 일부 예를 들면, 인민의 권리의무에 관한 것은 적용 없음"이라고 해명했다. 식민지 대만의 재판은 어떻게 할 것인가라는 질문에 대만에서 적용되는 명령으로 규정할 것이라고 했다. 여기에서 한발 더 나아가 대만에서 내지인, 즉 재대만일본인에 대해서는 어떤 규정을 적용할 것인가라는 질문에 대해서는 "한마디로 말하기 어렵다"라고 대답했다. 요컨대 법안에 대한 일본 정부의 답변은 명확하지 않았으며 정세는 정부에 불리하게 돌아갔다. 결국 대만총독은 법률의 위임에 따라 그 관할 구역 안에서 단순히 법률과 효력이 동일한 명령을 내리는 것에 불과하기 때문에 헌법 위반에 해당하지 않는 것이라고 결론을 내렸다. 그렇지만 이와 같은 제도를 영구적으로 인정하는 것은 아니라며, "이 법률은 시행의 날로부터 만 3년을 거치는 경우에는 그 효력을 잃는 것으로 한다"라는 수정안으로 성립시켰다.[15] 대만총독의 율령은 제국의회에서 3년마다 효력을 연장하는 것으로 결정했다. 일본 정부와 제국의회는 대만총독의 율령제정권을 승인하였지만, 효력기한을 제한하는 타협적인 모습을 보였다.

이렇게 해서 1896년 3월 30일, 「대만에서 시행할 법령에 관한 법률」(법률 제63호)이 제정되었다. 이 법률에서 주목할 점은 다음과 같다.

> 제1조 대만총독은 그 관할 구역 내에서 법률의 효력을 지니는 명령을 내릴 수 있다.
> 제5조 현행의 법률 또는 장래 발포할 법률에서 그 전부 혹은 일부를 대만에 시행할 필요가 있는 것은 칙령으로 이를 정한다.

대만에서는 대만총독이 발하는 명령, 즉 율령(律令)과 일본 법령으로 대만에 시행되는 것(여기에는 법률과 칙령이 있었다)에 의해 통치가 이루어졌다. 또한 법률 63호는 한시법으로 연장수속이 이루어져, 식민지가 붕괴될 때까지 결국 같은 취지의 법률이 존속했다. 법률 제63호로 일본 정부는 대만의 입법권을 애매하게 분할하여 그 일부를 총독의 율령제정권으로 위임하고, 나머지를 제국의회가 작성하는 법률을 총독이 확대 시행하도록 규정했다. 무엇보다 대만총독에게 강력한 입법권을 부여한 것은 오

---

15 山崎丹照, 1943, 『外地統治機構の研究』, 高山書院, 4~5쪽.

키나와나 홋카이도의 경우와는 전혀 다른 '식민주의' 혹은 '제국주의'의 산물이었다.[16]

법률 제63호는 학자들 간에 논란의 대상이 되었다. 소위 '63문제'는 대만총독에게 위임된 '법률의 효력을 갖는 명령'의 발령권(율령)이, 제국헌법 제5조의 "제국의회의 협찬을 얻어 입법권을 행한다"는 규정과 모순되지 않은가의 문제이다. 대만총독에 대한 위임입법이 헌법규정을 위반하지 않은가 하는 문제였다.[17]

대만의 율령권에 대하여 제국 헌법과의 관계규정을 둘러싸고, 다음과 같은 두 가지 상반된 견해가 대두했다. 대만의 통치에 관한 입법 과정에서 일본 제국의회의 협찬(심의)을 거쳐야 하는가, 아닌가를 둘러싼 의견 대립이었다. 이것은 결국 일본제국 내의 천황대권과 의회 간의 권력관계를 어떻게 볼 것인가라는 문제로 귀결된다. 첫째 견해는, 절대군주론적 입장에서 천황의 무제한적 권력을 옹호하는 견해이다. 제국 헌법에는 그 통치영역을 명시하고 있지 않지만, 헌법공포 때의 천황담화에서 '八州の民(일본의 민)'이란 말을 쓴 것으로 추론한다면, 공포 때의 영토가 통치영역이 된다. 따라서 천황의 통치권은 새로운 영토인 대만에 있어서는 헌법에 따른 제한을 받지 않는다. 그러므로 천황은 제국의회의 협찬 없이도 대만의 통치행위에 관한 법률을 제정할 수 있다는 것이다. 둘째 견해는 입헌군주론적 입장에서 제국의회의 권한을 옹호하고 천황의 통치행위를 헌법의 테두리 안에서 행하는 것으로 보는 견해이다. 헌법이 국가기관의 운용을 규정하는 것인 만큼, 일본의 영토라면 신구 영토를 불문하고 적용되어

16　矢內原忠雄, 1988, 『帝國主義下の台灣』, 岩波書店, 173쪽.

17　矢內原忠雄, 1988, 위의 책, 181쪽.

야 한다. 그러므로 식민지에 관한 입법이라도 천황 독단으로 행한 것은 '위헌'이며, 따라서 모두 제국의회의 협찬을 받아야 한다는 것이다.[18] 양 견해는 식민지대만의 지배권이 일본 의회의 통제를 받아야 하는가의 문제로 대립했다.

한편 대만총독의 법적 명령권(율령)은 기본적으로는 식민지 대만인의 법적 지위를 인정하지 않는 것이다. 그렇지만 법률 제63호는 율령을 일본 의회에서 3년마다 효력을 연장하는 '기간한정법'으로 허가했다. 이 점에서 법률 63호는 하라의 '내지연장주의'에 입각한 법률이다. 정리하자면 일본은 이념적으로는 '내지연장주의'를 내세우면서, 실질적인 정책면에서는 제국주의적 식민주의를 관철했다고 할 수 있다.[19]

식민지 대만의 법률 63호는 1896년 제정된 이후, 당초 유효 기간이 3년이었기 때문에 3차례의 연장을 하게 된다.[20] 1906년 제2차 법으로 약간의 변화가 있었다. 1906년 4월 10일 법률 제31호 「대만에 시행할 법령에 관한 법률」은 다음과 같다.

> 제1조 대만에서는 법률을 요하는 사항은 대만총독의 명령으로 규정할 수 있다.
> 제2조 전조(前條)의 명령은 주무(主務)대신을 거쳐 칙재(勅裁)를 청해야 한다.

---

18   春山明哲, 1980, 앞의 글, 3~4쪽.
19   최영호, 1996, 「일제의 '신민화' 정책에 관한 연구」, 『國史館論叢』 第67輯 참조.
20   明治29年法律63号中改正法律(1899年2月7日法律7号)
     明治29年法律63号中改正法律(1902年3月11日法律20号)
     明治29年法律63号有効期間ニ関スル法律(1905年3月7日法律42号)

제3조 임시긴급을 요하는 경우에 대만총독은 즉시 제1조의 명령을 내
릴 수 있다.

전항의 명령은 발포 후 즉시 칙재를 청해야 한다. 만약 칙재를
얻지 못할 때는 대만총독은 즉시 그 명령이 장래에 효력이
없다는 것을 공포해야 한다.

제4조 법률의 전부 혹은 일부를 대만에 시행할 필요가 있을 때는 칙령
으로 이를 정한다.

제5조 제1조의 명령은 제4조에 의해 대만에 시행된 법률과 특히 대만
에 시행할 목적으로 제정된 법률 및 칙령에 위배될 수 없다.

제6조 대만총독이 발한 율령(律令)은 계속 그 효력을 가진다.

부칙 이 법은 1907년 1월 1일부터 시행하며 1911년 12월 31일까지
그 효력을 가진다.[21]

대만총독의 법률사항에 대한 명령권은 주무장관의 관리하에 율령이라는 법 형식에 기초했다. 대만의 율령은 효력을 기존 3년에서 5년으로 연장하였고, 그 연장은 제국의회에 제출하여 승인받도록 했다. 이후 제2차 법을 2회 연장하였고, 제3차 법에서는 시간적 제한을 폐지했다.[22] 특히 1911년 법률의 개정 시에는 식민지 조선의 같은 문제와 같이 논의되어 식민지 조선과의 비교 관점을 명확히 할 수 있다.

21　内閣印刷局, 1906, 『法令全書』 第100冊, 44쪽.

22　明治39年 法律31号中改正法律(1911年3月29日法律50号) / 明治39年 法律31号中改正法律(1916年3月17日法律28号) / (제3차법)◎台湾施行スヘキ法令ニ関スル法律(1921年3月14日法律3号)

2) 일본의 내지연장주의와 식민지 조선의 통치 논의

일본제국주의의 조선 침략은 러일전쟁 이후부터 본격화되었다. 당시 일본 정계는 게이엔(桂園) 시대라고 불린 안정적인 때였다. 게이엔 시대는 1901년부터 러일전쟁을 거쳐 1913년 다이쇼정변에 이르기까지의 기간으로, 번벌의 중심에 있는 야마가타 아리토모의 후계자로 번벌과 군부의 대표자 자격인 가쓰라 타로(桂太郞)와 이토 히로부미의 후계자로 최대정당인 정우회의 대표인 사이온지 긴모치(西園寺公望)가 서로 돌아가면서 정권을 담당했던 시기였다. 이 시기의 정권교체는 제1차 가쓰라 내각(1901년 6월 2일~1906년 1월 7일), 제1차 사이온지 내각(1906년 1월 7일~1908년 7월 14일), 제2차 가쓰라 내각(1908년 7월 14일~1911년 8월 30일), 제2차 사이온지 내각(1911년 8월 30일~1912년 12월 21일)의 순서대로 진행되었다. 그렇지만 교체시기마다 번벌과 정당은 권력과 정책을 둘러싸고 반복적으로 첨예하게 대립했다. 이것은 식민지 조선의 지배정책에도 영향을 미치게 되었다.

제1차 사이온지 내각에서 중의원의 임기 만료에 따라 총선거가 치러졌다. 정우회는 1908년 제10회 총선거에서 중의원의 다수를 차지하는 제1당이 되었다. 그러나 총선거 후 사이온지 내각은 경제정책의 실패와 번벌의 압박으로 물러나고 제2차 가쓰라 내각이 성립했다.[23] 가쓰라 내각은 제26의회(1909년 12월 24일~1910년 3월 23일)의 폐회 이후 「대역사건(大逆事件)」[24]이 발생하면서 정권의 안정성이 약화되었고, 제2차 러일협약

---

23 林茂·辻清明編, 1981, 『日本内閣史録 2』, 第一法規, 53~100쪽 참조.
24 대역사건은 고토쿠 슈스이(幸徳秋水) 등의 사회주의자와 무정부주의자가 메이지천황

의 체결과 일본의 한국 강제병합 등 대외문제의 처리도 산적해 있었다. 가쓰라 내각은 국내외의 불안을 해소하고 현안을 처리하기 위해 정우회의 지원이 절대적으로 필요했다. 한편 제27회 의회(1910년 12월 23일~1911년 3월 22일)를 맞이하여 정우회는 하라를 중심으로 하는 당내 주류파와 이에 반발하는 비주류가 대립하고 있었다. 비주류는 각지에서 가쓰라 내각에 대한 반발감정으로 힘을 키워가고 있었다.[25] 정우회 주류와 비주류의 대립은 제27회 의회의 중요한 정치적 변수였다.

이와 같은 일본 국내의 정치 상황 속에서 한국 강제병합이 이루어졌다. 1909년 7월 6일 제2차 가쓰라 내각의 각의(閣議)는 「한국병합에 관한 건」을 결정하고 적당한 시기에 한국병합 단행을 계획했다. 계획은 원로 야마가타 아리토모, 현 수상인 가쓰라, 그리고 육군대신인 데라우치 마사타케(寺内正毅)의 삼자를 중심으로 진행되었다. 1910년 5월 30일 육군대신 데라우치가 겸임으로 한국통감에 취임하면서 한국병합은 구체화되었다. 그후 6월 3일 「병합 후의 한국에 대한 시정방침」에서 13개 항목으로 이루어진 강제병합 후의 행정과 재정에 대한 방침이 결정되었다. 그중에서 법제도와 관련된 조항은 다음과 같다.

- 조선에서는 당분간 헌법을 시행하지 않고, 대권으로 조선을 통치할 것.
- 총독은 천황에 직속(直隷)하며, 조선에서 일체의 정무를 통괄할 권한을 지니게 할 것.

암살을 계획하였다는 죄목으로 대역죄로 수백 명이 검거되고, 12명이 처형된 사건으로 이후 사상통제가 강화되고, 사회주의 정당과 사회주의 운동의 동면기를 맞이했다.

25 林茂·辻清明編, 1981, 앞의 책, 85쪽.

- 총독은 대권의 위임에 의해 법률사항에 관한 명령을 발할 수 있는 권한을 가질 것. 단 본 명령은 별도의 법령 혹은 율령 등의 적당한 명칭을 붙일 것.[26]

시정방침은 각의 결정으로 조선을 헌법이 아닌 천황대권이 통치하고, 조선총독을 내각이 아닌 천황에 직속하며, 천황으로부터 조선의 입법권도 위임받는 내용이었다. 조선총독의 지위는 육해군 대신과 같이 내각이 아닌 천황 직속의 독립적인 성격으로 규정했다. 총독의 법률사항에 관한 명령은 육해군의 군령과 같이 독립적인 법률 제정 명령권이었다. 위의 시정방침은 육군과 육군대신을 겸하는 데라우치가 개입해 작성한 것으로, 조선정책에 대한 육군의 영향력을 짐작할 수 있다.[27]

식민지 조선에 대한 육군의 주도권 장악에 대하여 정당 측은 강한 경계심을 가지고 있었다. 이미 한국 강제병합 이전 1906년, 내각의 각의에서 러일전쟁의 결과 차지한 가라후토(樺太; 사할린)의 장관에게 재판권을 포함한 일체의 권력을 위임하는 문제가 논의되었다. 당시 내무대신 하라 다카시는 가라후토 장관을 군인만으로 임명하는 것은 국가발전에 도움이 되지 않는다고 주장하여 육군의 전횡에 반발했다.[28] 1910년 이전에도 하라와 정우회는 군부의 식민지 지배에 반대하는 정서를 가지고 있었다.

1910년 6월 3일의 각의 결정으로 내각, 법제국, 척식국 등의 관계관청 실무자들에 의해 병합준비위원회가 구성되었다. 이 위원회는 6월 하

26　外務省編, 1965, 앞의 책, 336쪽.
27　시정방침에 대한 데라우치와 육군의 개입에 대해서는 다음 참조. 小川原宏幸, 2005, 「韓国併合と朝鮮への憲法施行問題」, 『日本植民地研究』 17号, 19~20쪽.
28　『原敬日記』 第2卷, 1906.6.29.

순과 7월 초에 걸쳐 구체적인 병합계획을 협의했다. 7월 7일 병합준비위원회의 의결을 거쳐 7월 8일 각의에 「병합실행방법세목」이 제출되어 결정되었다. 세목 제17항 「입법사항에 관한 긴급칙령안」은 조선총독이 조선통치를 위한 법률사항에 관한 명령을 발포할 수 있다는 것이었다. 1910년 8월 29일 자로 일제에 의해 「한일합병조약」이 공포되고, 이어서 같은 해 10월 1일부터 본격적으로 조선총독부가 조선통치를 시작했다. 초대 총독은 데라우치였다. 조선총독의 법률사항에 대한 명령권은 1910년 8월 29일 긴급칙령 제324호 「조선에 시행할 법령에 관한 건」[29]에서 「제령(制令)」이라는 형태로 처음 등장했다.[30]

칙령에서 제령을 조선에서의 법률에 준하여 조선총독이 내리는 명령이라고 규정했다. 제령은 칙재라는 과정을 거치지만, 실제적으로는 조선총독이 단독으로 발포할 수 있다. 조선총독은 사법권, 행정권뿐만 아니라 입법권까지도 장악하기에 이르렀다. 이것은 식민지 조선의 지배에 대하여 식민지 조선의 조선인뿐만 아니라 일본 국민과 그를 대표하는 의회조

---

[29] 제1조 조선에서는 법률을 요하는 사항은 조선총독의 명령으로 규정할 수 있다.
제2조 전조(前條)의 명령은 내각총리대신을 거쳐 칙재(勅裁)를 청해야 한다.
제3조 임시긴급을 요하는 경우에 조선총독은 즉시 제1조의 명령을 내릴 수 있다.
　　　전항의 명령은 발포 후 즉시 칙재를 청해야 한다. 만약 칙재를 얻지 못할 때는 조선총독은 즉시 그 명령이 장래에 효력을 없다는 것을 공포해야 한다.
제4조 법률의 전부 혹은 일부를 조선에 시행할 필요가 있을 때는 칙령으로 이를 정한다.
제5조 제1조의 명령은 제4조에 의해 조선에 시행된 법률과 특히 조선에 시행할 목적으로 제정된 법률 및 칙령에 위배될 수 없다.
제6조 제1조의 명령은 제령(制令)이라고 부른다.
부칙 본령(本令)은 공포일로부터 시행한다.(明治43年(1910), 『法令全書』第124冊, 488~489쪽)

[30] 小川原宏幸, 2005, 앞의 글, 22쪽.

차도 참여나 간섭하지 못하도록 하는 구조였다.

조선의 식민통치에 즈음하여 하라는 여전히 그의 지론인 '내지연장주의'를 식민지 조선에도 적용할 것을 주장했다. 1911년 4월에 밝힌 그의 견해에 따르면, "조선을 보통의 식민지로 보지 말고 곧 일본에 동화시켜야 하며 또한 조선인들은 동화될 수 있는 인민으로 보아야 한다. 다만 일본인과 다른 것은 일본어를 충분히 교육시킬 필요가 있다는 것뿐이다. 따라서 대만의 중국인들에 대한 대우에는 이르지 못하더라도 우선 일본인들과 다름없는 교육을 조선인들에게 실시해야 한다. 그렇게 하면 장래에 부·현회(府縣會)와 같은 것도 가능할 것이며 의회에 의원을 낼 수도 있을 것이다"라고 했다.[31] 하라는 조선인의 일본 동화를 목표로 했다. 그는 조선에서 일본의 지방자치체와 같은 수준의 조선인 정치참여를 기대했다. 그러나 조선인의 즉각적인 정치참여는 조선인의 일본어 실력 등의 이유로 유보적인 입장을 보였다.

일본의 헌법학자들 사이에서 일본 의회에서 법률을 통해 허용한 식민지총독의 위임입법과 식민지에서의 제국 헌법 시행문제를 둘러싸고 적극설과 소극설의 논쟁이 전개되었다. 먼저 적극설을 취한 학자에는 호즈미 야쓰카(穗積八束), 사사키 소이치(佐佐木惣一), 마쓰오카 슈타로(松岡修太郎) 등이 있다. 이들의 주장은 일본을 이루는 영토에 있어서 신구영토에 관계없이 헌법이 당연히 시행된다는 것이다. 그러므로 총독의 명령제정권도 헌법에서 위임하고 있는 것으로 합헌적이라고 주장했다. 이러한 주장은 하라의 통치이념인 '내지연장주의'를 정당화하는 것이었다. 이 주장에서 '새로운 영토'로서의 식민지에서 실제로 통치권이 어떻게 행해져야

---

31 春山明哲, 1980, 앞의 글, 28쪽.

하는가에 대한 적극적인 문제 제기는 없었다. 마쓰오카는 식민지 조선에서 삼권분립이 행해지고 있지 않고, 총독의 '전제적 행정권'이 입법과 사법의 권한에 많이 관여하고 있어서, 식민지에도 일본에 상응하는 권리와 자유를 보장해야 한다는 원론적인 지적만을 했다.[32] 적극설의 주장자들은 식민지에도 정치참여의 권리, 즉 참정권을 허용해야 한다는 원론적인 수준의 인식을 가지고 있다고 생각한다.

적극설의 이상론, 즉 현실적 허위성을 비판하면서 소극설을 취한 대표적인 학자로 미노베 다쓰키치(美濃部達吉)를 들 수 있다. 그는 "입법권자가 특정 사항에 한하여 다른 기관에 위임하는 것은 헌법이 용인하는 것으로 보아야 한다"고 하고, "특정 사항에 대한 위임이 아니라 입법권 전반을 위임하는 것은 헌법상 용인할 수 없는 것이다. 따라서 조선총독부 및 대만총독부에게 폭넓게 법률을 대신할 명령의 제정권을 부여하고 있는 것은, 헌법의 효력이 조선과 대만에 미친다고 한다면 명백히 헌법 위반이다"라고 했다. 다시 말하면 총독의 명령제정권에 대한 위헌성을 지적했다. 그는 식민지에서 입법권의 광범한 위임, 총독의 명령제정권은 위헌성이 있다고 인식하고, 식민지가 일본에 동화된다면 총독의 입법권 위임과 명령제정권은 허용될 수 없다고 주장했다. 그렇지만 그는 "식민지가 장래 일본 본국에 동화하여 헌법을 시행할 수 있을 정도에 도달할 때까지는 모든 헌법을 시행하지 않는다고 명언할 만큼의 용기가 없음이 유감이다"라고 하여, 식민지가 동화되지 않는 한에는 헌법이 보장되지 않는

---

32 鈴木敬夫, 1989, 『朝鮮植民地統治法の研究:治安法下の皇民化敎育』, 北海道大學圖書刊行會, 43쪽. (최영호, 1996, 「일제의 '신민화' 정책에 관한 연구」, 『國史館論叢』 제67집에서 재인용)

식민정책을 묵인할 수밖에 없다는 논리를 전개했다.[33] 즉 총독의 입법권 위임과 명령제정권을 행사하는 현실을 인정했다. 당연히 식민지 조선인의 정치적 참여는 논외였다고 생각한다.

일본의 현실정치에서 식민지 조선에 일본의 헌법이 시행되어야 한다는 쪽은 제국의회와 정당세력이며, 식민지 조선을 신영토로 편입시켰으나 헌법을 적용하지 않는다는 쪽은 번벌세력이었다. 이들의 정치적인 관점의 차이는 현실의 정치문제로 전화된다. 구체적으로 식민지 조선에서의 별도 주권문제, 특히 식민지 조선에 대한 별도의 입법권인 제령 문제에 반영되었다. 물론 양쪽 모두 식민지 조선에서 재조일본인의 정치참여는 물론 조선인의 정치참여도 고려하고 있지 않았다.

---

33 鈴木敬夫, 1989, 앞의 글, 44쪽. (최영호, 1996, 「일제의 '신민화' 정책에 관한 연구」, 『國史館論叢』第67輯 에서 재인용)

3. 식민지 조선 입법권(긴급칙령 제324호) 형성의 정치 과정

1) 긴급칙령 제324호를 둘러싼 일본정치 환경과 논의

긴급칙령 제324호 「조선에 시행할 법령에 관한 건」은 제27회 의회에 제출되어 승인을 받아야만 했다. 앞에서도 언급했듯이 『대일본제국 헌법』 제8조 2항에 따르면, 긴급칙령은 다음 회기에 제국의회에 제출해야 하고, 의회에서 승인을 받아야 했다. 만일 의회의 승인을 받지 않을 때는, 정부는 장래에 그 효력을 상실한다는 것을 공포해야 한다고 규정되어 있다.

긴급칙령 제324호에 의해 등장한 「제령」에는 두 가지 문제가 있었다. 첫째는 제령이 제국의회 입법협찬권의 범위 내에 있는지 여부이고, 둘째는 제령의 효력기한을 설정할 것인가의 문제이다.

1910년 12월 23일의 제27회 제국의회의 개회를 앞두고 12월 4일, 정우회의 하라는 가쓰라 수상과 만났다. 이 회담에서 제령 문제를 둘러싼 정우회와 정부의 분명한 시각차가 드러났다. 하라는 조선이 한일병합조약으로 일본의 영토가 된 이상, 조선도 일본 헌법의 영향권하에 있다고 보았다. 그렇기 때문에 법률사항에 대한 명령권인 조선의 제령권 행사도 헌법 제5조 「천황은 제국의회의 협찬을 얻어 입법권을 행사한다」는 제국의회의 입법 협찬권이 적용되어야 한다는 것이다. 즉 제국의회와 정당이 식민지 조선의 제령권을 통제해야 한다는 것이다. 그는 긴급칙령으로 만들어진 제령권의 권한은 기간을 제한하여 제국의회의 정기적인 심의를 받아야 한다고 주장했다. 이것은 조선보다 먼저 식민지가 된 대만의 선례를 따르는 것에 다름 아니었다.

반면 번벌정부와 육군, 이들을 대변하는 가쓰라 수상은 제국의회가 긴급칙령으로 만들어진 제령권을 승인해야 하고, 그 효력 기간에 제한을 두어서는 안 된다고 주장했다. 가쓰라 내각에서 육군대신을 맡고 있으면서 조선총독을 겸하고 있던 데라우치는 식민지 조선이 일본헌법의 범위 바깥이라고까지 주장했다.[34] 그들은 식민지 조선총독의 제령권을 의회의 통제 바깥에 둘 뿐만 아니라, 그것의 효력도 기간을 설정해서는 안 된다는 입장이었다.

제령 문제는 번벌·육군과 의회·정당의 식민지 조선을 바라보는 시각의 차이를 반영했다. 번벌·육군은 식민지 조선통치를 제국의회의 바깥에 위치시키고, 일본 국민은 물론 식민지 조선인의 참여를 부인하는 관점이었다. 정당세력은 식민지 조선을 제국의회의 통제 안에 위치시키고, 식민지 조선통치에 일본 국민의 대표자인 중의원 의원을 참여시키자는 것이었다. 그렇지만 중의원 의원 역시 식민지 조선인의 참여에 대한 언급은 하지 않았다.[35]

가쓰라 수상은 1911년도 예산과 「조선에 시행할 법령에 관한 건」을 포함한 주요정책을 제27회 의회의 중의원과 귀족원에서 통과시키려고 했다. 귀족원의 통과는 번벌세력의 도움으로 그다지 어렵지 않지만, 중의원의 통과는 다수당인 정우회의 도움 없이는 불가능했다. 하라는 안건의

---

34 田中宏, 1974, 「日本の植民地支配下における国籍関係の経緯 – 台湾·朝鮮に関する参政権と兵役義務をめぐって」, 愛知県立大学外国語学部紀要 9; 近藤正己, 1996, 『総力戦と台湾 – 日本植民地崩壊の研究』, 刀水書房; 최유리, 1997, 『일제말기 식민지지배정책연구』, 국학자료원.

35 김종식, 2011, 「1910년 식민 조선 관련 일본 국내 정치 논의의 한 양상」, 『한일관계사연구』 38, 310~312쪽.

중의원 통과를 위해 가쓰라가 다음 정권을 정우회의 총재인 사이온지에게 넘겨줄 것을 기대했다. 하라는 제27회 제국의회를 앞두고 가쓰라에게 정권 이양의 약속을 공론화하라고 압박했다.

1910년 12월 20일 제27회 의회가 소집되었다. 정우회의 주류파 간부 하라와 마쓰다 마사히사(松田正久)에 반대하는 비주류파 그룹이 다케코시 요사부로(竹越與三郎)를 정우회 의원총회에서 전원위원장에 선출했다. 이런 상황에서 하라는 소속의원의 행동을 억제하고 통제를 강화했다.[36] 하라는 비주류파의 당내의 불만을 해소하고 당에 대한 지배권을 장악하기 위해서 가쓰라 수상에게 정권 이양 공세를 보다 강화했다. 정권획득에 대한 기대감만이 정우회 내 비주류파의 득세를 잠재울 수 있기 때문이었다.[37]

한편 일본 사회와 의회에서 긴급칙령 324호에 대한 비판이 생겨나고 있었다. 그 계기는 식민지 조선에서 조선총독의 제령권에 근거한 1910년 12월 29일, 제령 제13호「회사령」[38]의 발포에 있었다. 일본 국내 여론은

---

36 林茂・辻清明編, 1981, 앞의 책, 86쪽.
37 김종식, 2011, 앞의 글, 312~313쪽.
38 「회사령」은 1910년 12월 29일 자 제령 제13호로 제정・발효되어 다음 해인 1911년 1월 1일부터 시행되었다. 전문 20조로 구성된 이「회사령」은, 제1조 "회사의 설립은 조선총독의 허가를 받아야 한다", 제2조 "조선 외에 있어서 설립한 회사가 조선에 본점 또는 지점을 설치하고자 할 때에도 조선총독의 허가를 받아야 한다", 제5조 "회사가 본령(本令) 혹은 본령에 의거해 발표되는 명령이나 허가의 조건에 위반하거나 또는 공공의 질서, 선량한 풍속에 반하는 행위를 하였을 때에는 조선총독은 사업의 정지・금지, 지점의 폐쇄 또는 회사의 해산을 명할 수 있다"라고 규정했다. 회사설립과 지점의 설치에 허가주의를 채택하였으며, 나아가 회사의 행위가 공공의 질서, 선량한 풍속에 위반된다고 인정될 때에는 사업의 정지・금지에서 회사의 해산과 지점의 폐쇄까지를 강제할 수 있도록 했다.「회사령」이 비난을 받는 이유는 일본 본국에서 시행되고 있던「상법」회사편과 내용을 전혀 달리하기 때문이었다. 일본「상법」에는 회사의 자유설

조선총독부가 회사령을 통해 회사의 허가권을 쥔 것에 대하여, 식민지 조선과 일본 산업계 전체에 대한 산업 활동 통제로 받아들여 반발했다. 이를 계기로 조선총독부 제령과 대만총독부의 율령에 관심이 높아졌다. 대만의 율령은 1911년 12월 31일까지 기간한도의 법률로, 조선의 제령에 관한 긴급칙령 승인안과 같이 제27회 의회 회기 중에 갱신할 법률로서 제출되었다. 율령과 제령은 하나의 범주로 다루어질 수밖에 없었다. 제령에 부정적인 여론이 형성되고 나아가 식민지 조선 무관총독에 대한 비판으로까지 확산되었다.[39] 정우회 주류파는 주도권 장악도 쉽지 않은 상황에서 율령과 제령 승인 반대여론에도 직면했다.

1911년 1월 의회에서 주요 안건이 본격적으로 논의되기 시작했다. 가쓰라는 조선총독 및 대만총독의 권한 문제, 소득세 문제, 철도광궤안 모두 정부 원안대로 가결시켜 줄 것을 정우회에 주문했다. 그러나 하라는 이러한 모든 것을 수용할 수 없었다.[40] 하라는 정우회 비주류와 여론 때문에 가쓰라의 요구대로 수용하기가 쉽지 않았다. 정우회 소장의원들의 강경한 반정부적인 태도는 정우회 지도부에서도 그대로 방치할 수 없을 정도에 이르렀다.[41] 이런 가운데 가쓰라는 정우회를 방문하여 정권 이양 약속 필요성에 대하여 사이온지와 협의했다.[42]

립주의를 규정하고 있었다. 누구든지 뜻이 맞는 사람끼리 모여 정관을 작성하면 그것으로 회사는 설립되었으며, 재판소에 등기만 마치면 되도록 되어 있었다.

39　李熒娘, 1990, 「第一次憲政擁護運動と朝鮮の官制改革論」, 『日本植民地研究』 3, 57~63쪽 참조.
40　『原敬日記』 第3卷, 1911.1.15.
41　小林雄吾編, 1925, 『立憲政友会史』 第3卷, (山本四郎補訂版 1990年), 349~350쪽.
42　『原敬日記』 第3卷, 1911.1.22.

조선 관련 칙령 문제는 1911년 1월 24일, 중의원 본회의에서 처음으로 다루어졌다. 회의에서 의원들의 비판적 발언이 쏟아졌다. 정우회 소속 법률전문가 출신 마쓰다 겐지(松田源治) 의원은 조선 관련 문제를 조선병합과 헌법과의 문제로 규정하고, 특히 긴급칙령의 발포 시에 임시의회를 개최하지 않은 점을 지적하며 수상의 출석을 요구했다. 이어 무소속의 변호사 출신 하나이 다쿠조(花井卓蔵)는 긴급칙령과 위임입법을 법리적으로 추궁하였으며, 긴급칙령 제324호를 법률로 바꾸어 제출할 용의가 있는지 질문했다. 입헌국민당(이하 국민당) 다카기 세이넨(高木正年)도 조선과 대만이 일본과 가까운 곳에 있음에도 위임입법의 필요성이 있는가라고 질의했다. 의회에서 지적하는 조선 관련 칙령의 문제는 두 가지였다. 첫째는 일본과 거리상으로 가까운 조선의 제령발포권이 의회를 소집하지 않고 긴급칙령으로 만들어졌다는 것이고, 둘째로 식민지 조선에 대한 입법권을 위임하는 제령발포권이 헌법을 위반하였다는 점이었다.

결국 가쓰라 수상이 등장하였고, 법리논쟁은 야쓰히로 도모이치로(安廣伴一郎) 법제국장관이 대응했다. 야쓰히로 법제국장관은 다카기에 대한 답변에서 「조선은 대만보다는 더욱 풍속·인정이 다르다」는 이유로 위임입법의 필요성을 주장했다. 또한 긴급칙령 제324호를 법률로의 변경을 제안한 하나이의 의견도 반대했다. 일본 정부는 조선 합병의 사정이 긴박하여 긴급칙령으로 하였으며, 조선의 특수한 성격 때문에 일본과 다른 위임입법이 필요하다고 역설했다. 일본 정부는 조선의 특수성을 이유로 식민지 조선의 주권행사를 의회의 통제 바깥에 두려고 했다.

논쟁이 계속되자 조선 관련 칙령 12건에 대한 사후 승인 문제는 위원회에서 보다 집중적으로 논의하기로 결정했다. 본회의에서는 중의원 의장의 지명으로 「1910년(明治 43) 칙령 제324호(승낙을 청하는 건) 외 11건 위원회」(이하「칙령 제324호 외 11건 위원회」)에 27명의 위원을 선임했다.[43] 「칙령 제324호외 11건 위원회」는 정우회가 과반수를 차지했다.[44] 위원회의 정우회 쪽 위원은 정우회의 주류파가 주도권을 장악했다. 그러나 가쓰라의 정권 이양 약속이 없는 상황에서, 정우회 주류파는 긴급칙령 승인에 대한 명확한 태도를 보이지 않았다.

이러한 상황에서 제령권 법률화의 움직임도 보였다. 1월 26일 중의원 본회의에 하나이(花井卓蔵)는 1월 24일 중의원 본회의에서 제기한 긴급칙령 제324호의 법률화를 구체화한「조선에 시행할 법령에 관한 법률안」을 제출했다.

> 「조선에 시행할 법령에 관한 법률안」(花井卓蔵 제출)
> 제1조 조선에서 법률을 요하는 사항은 조선총독의 명령으로 규정할 수 있다.
> 제2조 전조(前條)의 명령은 내각총리대신을 거쳐 칙재(勅裁)를 청해야 한다.
> 제3조 임시긴급을 요하는 경우에 조선총독은 즉시 제1조의 명령을 내릴 수 있다.
> 전항의 명령은 발포 후 즉시 칙재를 청해야 한다. 만약 칙재를 얻지 못할 때는 조선총독은 즉시 그 명령이 장래에 효력이 없다는 것을 공포해야 한다.
> 제4조 법률의 전부 혹은 일부를 조선에 시행할 필요가 있을 때는 칙령

---

43 『第27回帝国議会 衆議院議事速記録』, 42~48쪽.
44 『原敬日記』第3卷, 1910.12.27.

으로 이를 정한다.

제5조 제1조의 명령은 제4조에 의해 조선에 시행된 법률과 특히 조선
에 시행할 목적으로 제정된 법률 및 칙령에 위배될 수 없다.

제6조 제1조의 명령은 제령(制令)이라고 부른다.

부칙 본법은 공포일로부터 시행하여 1915년(明治 48) 12월 31일까
지 그 효력을 지닌다.[45]

법리적인 당위론에 기반하여 조선총독의 제령권은 제국의회의 입법권을 침해하는 식민지 조선총독의 독립적인 위임입법이므로 제령권을 법률로 규정해야 한다는 주장이었다. 이것은 식민지 조선을 의회의 통제하에 놓으려는 구상이었다. 하나이의 법률안은 정우회 소속 스가와라 덴(菅原伝)의 발의로 위원회에서 같이 다루기로 했다.[46] 정우회 내부에서도 정부 측의 긴급칙령을 그대로 수용할 수 없는 분위기가 상당히 팽배해지고 있었다.

이러한 분위기의 반전을 위해서는 가쓰라 수상의 명확한 행동이 필요했다. 1월 26일 가쓰라, 사이온지, 하라, 마쓰다 4명이 회합을 가졌다. 그 자리에서 가쓰라가 정우회의 공식적인 모임에 참석하여 정부에 대한 정우회의 협조(情)와 정우회에 정권을 넘겨줄 뜻(意)을 확인했다. 그리고 이를 번벌과 관료의 거두 야마가타 아리토모(山縣有朋)에게도 승인받았다. 1월 29일 가쓰라는 정우회 소속의 귀족원, 중의원 의원들 앞에서 "정의투합(情意投合)하고, 협동일치하여, 헌정의 좋은 결과를 거둔다"라고 연설했다. '정의투합'으로 가쓰라가 정우회의 협력 대가로 정권을 정우회에

---

45 『第27回帝国議会 衆議院議事速記録』, 55쪽.
46 『第27回帝国議会 衆議院議事速記録』, 56~58쪽.

넘겨줄 것을 공개적으로 천명하였기 때문에, 거꾸로 정우회는 정권을 이어받기 위해서 가쓰라 내각에 적극적으로 협력해야만 했다. 그 중심에 하라가 움직이고 있었다.

하라는 가쓰라와 협의 후 주요 정책의 처리 방향을 제시했다. 하라는 의회 현안에 대하여 번벌정부와 정우회의 정의투합의 결과를 가시적으로 드러내고자 했다. 정치적 거래는 일방적이지는 않았다. 철도광궤 문제는 정우회의 의향을 반영하여 연기하였고, 조선긴급칙령에 대한 사후 승인 문제는 가쓰라의 요구를 수용했다.[47] 하라의 입장에서 조선긴급칙령의 사후 승인은 가쓰라와의 정치적인 거래이기 때문에 반드시 중의원에서 통과시켜야 하는 부담을 지게 되었다.[48]

2) 긴급칙령 324호의 의회 통과

정의투합의 정치정세 속에서도 긴급칙령 제324호 문제에 대하여 「칙령 제324호 외 11건 위원회」의 정우회쪽 위원들 사이에서 반대의 목소리가 높았다. 하라는 안건에 대한 당내 주요 인사들과의 소통과 함께 당의에 대한 불복자는 제명까지 시야에 넣고 있었다.[49] 하라는 정의투합으로 더욱더 긴급칙령 제324호에 대한 승낙에 강한 의욕을 보이게 되었다.

위원회의 반대가 높아지는 사이에 하나이(花井卓藏)는 1월 28일 「칙령 제324호 외 11건 위원회」에서 그 내용을 설명했다. 하나이가 제출한 「조

---

47 『原敬日記』第3巻, 1911.1.26.
48 김종식, 2011, 앞의 글, 313~322쪽.
49 『原敬日記』第3巻, 1911.1.26.

선에 시행할 법령에 관한 법률안 이유서」를 통해서 살펴보면,

1. 조선은 인정·풍속 그 외 각종 사정이 내지(일본)와 달라 동일 법령을 가지고 이를 처리할 수 없다. 또한 시의적절한 조치를 취해야 할 필요가 있을 경우 정부와 같이, 조선총독에게 부여하는 명령으로 법률사항을 규정할 권한을 갖게 한다.
2. 1910년(明治 43) 칙령324호는 본법의 규정과 그 내용을 같이하지만, 비상명령으로 장래에 효력을 지니기 위해서는, 헌법의 방법으로 돌아가 입법권을 중시한다는 이유와 관계없이, 의회는 발포 당시의 사정과 상관없이 사후승낙을 해 주어야만 한다. 따라서 법률을 가지고 조선총독에서 부여하는 전항(前項)의 권한을 주어야 한다.
3. 의회는 가령 긴급칙령에 대한 사후승낙을 하더라도, 칙령은 법률이 아니기 때문에 어떠한 방법으로도 이를 수정 혹은 개폐할 수 없다. 따라서 수정·개폐의 여지를 지니는 법률을 제정하여 현재 및 장래의 입법에 편리한 협찬권을 활용한다. 물론 본안과 같은 규정은 성질상 법률을 필요로 하는 사항에 속하는 것이다.
4. 참조법률은 아래와 같다.
대만에 시행할 법령에 관한 건(1906년(明治39) 법률 제31호)은 법률로서 제정되었다.
포로처벌에 관한 건(1905년(明治38) 법률 제38호), 외국에서 유통되는 화폐·지폐·은행권·증권의 위조·변조 및 모조에 관한 건(1905년(明治38) 법률 제66호)은 법률로 제정되어 긴급칙령을 대체했다.[50]

---

50 『第27回帝国議会 衆議院議事速記録』, 56쪽.

하나이는 조선의 특수 사정을 고려하여 조선총독의 제령권과 같은 위임입법권이 필요하다는 인식에 대하여, 긴급칙령이 아닌 법률로 제령의 권한을 주어야 한다고 주장했다. 법리적인 근거는 긴급칙령을 수정·개폐할 수 없기 때문에 법률로 만들어야 한다는 논리였다. 그리고 제4항에서 긴급칙령을 법률로 만든 사례를 들어 법률안 제정의 논리를 강화했다. 하나이는 끝까지 조선총독과 제령권을 의회의 통제하에 두려고 했다.[51]

1911년 2월 1일 제3회 위원회에서 이사인 다카하시(高橋光威)는 데라우치에 대한 질문에서 먼저 조선총독의 제령 발포권이 필요하다는 것을 전제로 하면서 하나이의 제한에 대한 반론과 동시에 새로운 제안을 했다.

며칠 전 하나이 다쿠조(花井卓蔵)군이 긴급칙령은 긴급칙령이기 때문에 법률로서 변경할 수 있지만 개정할 수 없다고 하는 의견을 말하였는데, 우리가 신뢰하는 것에 따르면, 긴급칙령은 의회의 승낙을 얻으면 바로 법률로 바뀌기 때문에, 의회의 승낙을 얻는다면 장래에도 그 효력을 지니면서, 법률로 바꿀 수 있다. 따라서 긴급칙령의 부족한 점과 불비(不備)한 점이 있다면 다시 법률로서 이를 보정(補正)할 수 있다고 믿는 바이나. 예를 들면 총독의 장악 기간에 대해서, 새로이 연한을 정할 필요가 있다면, 별도의 법률로 조선총독의 칙령을 발포할 권한은, 예를 들면 이후 10년이라든가, 8년간이라도, 다른 법률로 정할 수 있다고 생각한다. 정부는 이를 어떻게 생각하는가.[52]

---

51 김종식, 2011, 앞의 글, 323~324쪽.
52 『第27回帝國議會 衆議院委員會議錄』, 18쪽(제3회).

다카하시는 하나이의 긴급칙령을 법률로 바꾸어야 한다는 세 번째 제안근거인 긴급칙령은 변경할 수 없다는 논리를 부정하면서, 법률로 긴급칙령의 보충과 개정이 가능하다고 말했다. 그는 먼저 긴급칙령을 승낙한 다음에 제령 효력시한을 두어 제령을 통제할 수 있다고 주장했다. 이것에 대하여 데라우치는 조선의 '풍속과 인정'이 다르다는 점에서 제령의 필요성을 다시 한번 강조했다. 또한 법제국장관 야쓰히로는 이번 긴급칙령 324호가 승낙된다면 다음에 법률로 수정할 수 있다는 견해를 내놓았다.[53] 데라우치는 제령 성립을 우선시하는 발언을 하고 있으며, 법제국장관은 제324호의 승낙 이후 법률에 따른 수정이 가능하다고 해석했다. 정우회의 수뇌와 정부는 선(先) 긴급칙령 제324호 통과, 후(後) 효력 기한 논의 혹은 법률화로 가닥을 잡아 타결하려고 했다.[54]

하라와 가쓰라는 조선긴급칙령 사후 승낙안을 둘러싼 불안한 흐름을 차단하고 법안을 통과시키려고 했다. 하라와 정우회 수뇌부는 법안의 위원회 통과를 위해 대부분의 법안 통과를 총무에게 일임할 것을 결정했다.[55] 정우회는 가쓰라수상과 정부측 위원의 협력과 내부단속을 통해 「조선에 시행할 법령에 관한 법률안」과 그 외의 주요 현안에 대처했다.

위원회는 바로 개최되지 못하고 2월 7일부터 한달 가까이 표류했다. 2월 28일 정우회는 조선총독의 제령발포권의 문제에 대한 해결의 방향성을 잡게 되었다.

---

53 『第27回帝國議會 衆議院委員會議錄』, 19쪽(제3회).
54 김종식, 2011, 앞의 글, 313~322쪽.
55 『原敬日記』第3卷, 1911.2.7.

원내 간부실에서 영수회담을 열어서, 조선총독에게 제령 발포권을 부여하는 긴급칙령에 관한 우자와 후사아키(鵜沢総明) 등 법률가의 말은 들을 필요도 없기 때문에, 결국 정사(政事)문제로서 해결해야 할 것이 되었고, 법률안을 제출하여 긴급칙령에 대신하기로 했다. 그 외 많은 긴급칙령은 승낙할 것을 협의하여 결정하고, 그 취지에서 조사회 및 의원총회에 자문하는 것으로 했다.[56]

2월 28일 단계에서 정우회 지도부는 조선총독 제령발포권을 법리적으로 맞고 틀리고의 문제가 아닌 차기 정권수수를 위해 반드시 수용해야 하는 정치문제로 이해했다. 그리고 긴급칙령을 대신하여 법률안을 승인하는 쪽으로 가닥을 잡았다. 그리고 그것을 정우회 조사회와 의원총회에서 논의하여 결정할 것으로 정했다.[57] 1911년 3월 3일 정우회 본부의 의원총회에서 조사회 결의대로 조선총독부령에 관한 긴급칙령, 그 외 모두를 예정대로 특별위원회에서 결정했다. 하라는 이것으로 이 문제도 일단락되었다고 이해했다.[58] 그리고 정우회 간부들은 위원회의 위원 교체까지 단행하면서 준비했다.

1911년 3월 4일 제4회 위원회의 제목이 「1910년(明治 43) 칙령 제324호(승낙을 청하는 건) 외 12건 위원회」로 변경되었다. 안건이 한 건 추가되었다. 추가된 것은 하나이가 제출한 「조선에 시행할 법령에 관한 법률안」 수정안이었다. 정우회의 법률전문가로, 하라의 신임을 받고 있는

---

56 『原敬日記』第3巻, 1911.2.28.
57 김종식, 2011, 앞의 글, 323~325쪽.
58 『原敬日記』第3巻, 1911.3.4.

우자와 후사아키(鵜澤總明)는 하나이의 법률안에 수정을 가한 수정안을 내어놓았다. 수정안은 부칙에 있는 법률의 효력시한을 삭제했다. 수정안에 대하여 우자와는 "학설상의 논리로서는 다르겠지만, 실제 정치상의 문제로서는 타당하지 않겠는가. 이같이 믿고 있기 때문에, 나는 역시 이 같은 법률이 된 이상은 이것에 찬성하는 것이 걸맞다고 믿는다"라고 말했다.[59] 우자와는 이「법률안」을 법리 문제가 아닌 정우회의 정치적 결정으로 이해하고 정우회의 뜻에 따라 수정안을 제출하고 찬성 연설을 했다. 하나이 법률의 수정안에 대한 정우회 지도부의 조직적인 개입이 이루어졌다.[60]

3월 6일 대만에 관한「1906년(明治 39) 법률 제31호 중 개정법률안」이 제출되었다. 개정의 내용은 부칙의 효력 기간을 5년 연장하는 것이었다. 한편 3월 7일 중의원 본회의에서 긴급칙령 324호를 비롯한 11건 칙령의 사후승낙에 대한 위원장 보고와「조선에 시행할 법령에 관한 법률안」제1회 독회가 진행되었다. 정우회의 유력지도자 중의 한 명인 하토야마 가즈오(鳩山和夫)는 논의가 거의 끝나갈 무렵 찬성 연설로 다음과 같이 발언했다.

> 위임입법, 이것은 헌법 위반이라고 학자는 말한다. 그러나 정치가는 이미 이 문제를 벌써 끝냈다. 대만에 대해서 위임입법을 하고 있지 않는가. 사실 헌법을 해석하고 있다. 사실 확실한 해석은 헌법상에서 내

---

59 『第27回帝国議会 委員会議録』, 29쪽(제4회).
60 新井勉, 1994,「朝鮮制令委任方式をめぐる帝国議会の奇態な情況について-第27議会における緊急勅令の法律への変更」,『法学紀要』36, 264쪽.

릴 것은 아니라고 생각한다. 위임입법은 사실상, 정치가 동료들 사이에서 헌법의 아래에서 행할 수 있는 것으로, 이미 정해져 있는 것이다.[61]

하토야마는 위임입법이 학문의 논리로 헌법 위반일 수 있지만, 실제 대만에서 실행되고 있기 때문에 이것을 헌법해석이라고 말했다. 헌법해석이라는 말은 위임입법의 현실적인 대응이고, 현실정치가들의 자기변명이라고 스스로 인정한 것이었다.

3월 9일 중의원 본회의에서 대만의 법률 제31호의 개정안의 안건이 1개 추가되었다. 추가된 것은 대만에 관련된 「1906년(明治 39) 법률 제31호 중 개정법률안」이었다. 그 내용은 부칙에 유효기간을 1916년 12월 31일까지 연장하는 것이었다. 조선의 제령과 대만의 율령이 같은 위원회에서 다루어지게 되었다. 3월 16일 대만의 법률 제31호 중 개정법률안은 원안대로 채택되었다.

「조선에 시행할 법령에 관한 법률안」은 3월 9일 귀족원에 상정되어, 3월 13일 확정되어, 3월 25일 자로 공포되었다. 「1906년(明治 39) 법률 제31호 중 개정법률안」도 3월 18일 귀족원에 상정되어, 3월 20일 확정되었다.

하라는 가쓰라와의 정치적 거래로 긴급칙령 제324호 문제 등 조선 사후 승낙 문제를 가쓰라의 뜻대로 수용했다. 하라의 정우회는 식민지 조선의 주권행사, 구체적으로 입법권(제령)이 일본국민의 대표로 이루어진 의회의 통제를 벗어나 조선총독이 수행하는 것에 대하여 승인했다. 그 과정

---

61 『第27回帝国議会 衆議院議事速記録』, 379쪽.

은 정치적인 거래의 결과로서 이루어진 것이다. 한편 대만의 율령은 여전히 의회의 통제하에 정기적으로 기간연장을 받는 것으로 남았다.[62]

이상의 과정을 통해서 식민지 조선의 입법권 문제가 단순한 식민통치 정책의 문제가 아니라 일본 국내의 정치문제와 긴밀히 연결되어 있음을 알 수 있다. 때문에 식민지 조선의 정치문제는 일본의 정치환경 변화와 연동되어 변화할 가능성을 지니고 있었다.

---

62 김종식, 2011, 앞의 글, 326~329쪽.

제2장
일본 국민참정권 확립과
조선 참정권 문제

1. 일본 국민참정권 확립-보통선거법의 성립

1) 정당의 국민참정권 획득 운동-보통선거권을 중심으로-

일본에서 처음으로「보통선거」를 주장한 것은 자유민권운동에 뿌리를 두고 있는 자유당내의 일부세력이었다. 그들은 보통선거를 주장하는 최초의 정치단체인 1892년「보통선거기성동맹(普通選擧期成同盟)」을 만들었고, 1893년 말 해산했다. 그 후 보통선거운동은 나카무라 다이하치로(中村太八郎)가 새롭게 시작했다. 나카무라는 1895년 신슈(信州)의 마쓰모토(松本)에서 요동반도 반환반대운동(遼東半島返還反對運動)을 일으켰고, 이를 계기로 보통선거운동을 시작했다.[63] 나카무라는 중국에 대한 제국주의적인 침략정책이 서구제국주의의 간섭 때문에 후퇴하는 것에 분개하여 국권의 강화 수단으로서 보통선거를 주장하였던 것이다. 그는 1897년「보통선거기성동맹회」를 결성했다. 이후 그도 참여한 도쿄의 보통선거기성동맹회가 명실상부한 보통선거운동의 중심체로 자리 잡았다.

한편 보통선거운동에는 청일전쟁 후에 성장한 초기 사회주의자들도 참가했다. 당시 대표적 사회주의자였던 가타야마 센(片山潛)은 보통선거는 인간 고유의 권리는 아니지만 헌법에 기초를 둔 것으로 파악했다.[64] 이

---

63   平野義太郎編, 1938,『中村太八郎傳』, 日光書院, 19쪽.

64   "보통선거는 憲法政治의 本領이다. 우리나라에 있어서 그 헌법은 유명한 聖文「널리 회의를 열어 萬機公論으로 결정해야 한다」라는 훌륭한 共和의 정신에 기초한 것이다. 우리나라에 있어서의 普通選擧는, 즉 천황의「四海의 內는 전부 朕의 赤子이고, 천하는 또한 짐의 가족이다」라는 공평한 정신을 실행한 것이라고 믿는다." 片山潛, 1901,「社會改良手段普通選擧」, 1960,『片山潛著作集』第2卷, 河出書房新社 재수록, 115쪽.

렇게 초창기 보통선거운동에서는 국권주의자들과 초기 사회주의자들이 논리적인 기반을 같이하기도 했다.

러일전쟁은 보통선거운동에 하나의 큰 계기로 작용했다. 러일전쟁은 정부가 국민에게 무거운 부담을 안겨주었기 때문에 국민도 정부에 권리를 요구할 수 있을 것이라는 여론이 형성되었다. 이 같은 사회적 분위기 때문에 보통선거운동은 일시적으로 활성화되었다. 그러나 일본 정부의 억압강화 등으로 이어지지 못하고, 운동도 다시금 약화되었다. 여기에서 주목할 점은 러일전쟁 후 악세반대운동(惡稅反對運動)을 일으킨 도시상공업자들의 보통선거지지 움직임이다. 이렇게 하여 보통선거운동은 지식인 중심의 계몽적인 운동의 성격을 넘어서, 민중의 정치적인 권리의식을 기초로 하는 운동으로 변화할 가능성을 보였다. 이것은 가쓰라 내각과 그 배후에 있는 번벌세력에 대한 비판적 입장을 취하고 있던 정당에도 영향을 미쳤다. 정당세력들은 정부에 대한 견제를 위하여 보통선거를 각 정당의 정책으로 내걸지는 않지만, 의원 개인이 주장하는 것을 용인했다.

그 결과 보통선거법안은 중의원 제27회 의회에서 통과하기에 이르렀다. 그러나 특권 번벌세력의 중심인 귀족원은 보통선거법안을 부결시켰다. 중의원을 통과한 보통선거법안이 귀족원에서 부결된 이유는 특권 번벌세력의 반대를 이길만한 여론의 지지를 확보하지 못했기 때문이었다. 보통선거법의 성립을 위해서는 보통선거에 대한 국민의 광범한 지지가 필요했다. 보통선거운동은 그 성립을 위해 국민여론이 주도하는 새로운 운동이 필요했다.

1912년 12월 육군의 도각에 의해 제2차 사이온지 내각이 무너지고 제3차 가쓰라 내각이 성립했다. 이를 계기로 '벌족타도, 헌정옹호'를 기치로 하는 제3차 가쓰라 내각 반대운동, 즉 제1차 호헌운동(第一次護憲運動)

이 대규모로 전개되었다. 정당세력이 중심이 되었지만, 지식인과 언론, 청년과 학생, 광범한 도시 시민과 상공업자들이 대거 참여했다. 보통선거운동은 이 운동으로 다시 활기를 찾았다. 이전에 보통선거운동을 주도했던 보통선거기성동맹회는 1914년 1월 20일 재건되었지만, 보통선거운동을 둘러싼 사회적인 환경은 변화했다. 당시의 사회적인 분위기는 새로운 사상의 발흥과 정치사회적인 사건에 자극받아 구체적인 신사상과 새로운 활동을 찾고 있었다.[65] 국민의 적극적인 정치적 관심과 참여는 다이쇼 데모크라시의 시작에 다름 아니었다.

1914년 대표적 자유주의 지식인인 도쿄대 교수 요시노 사쿠조(吉野作造)는 정당 내각이 실제적, 법률적, 도덕적으로도 가능하고, 그 같은 정당 내각의 기초로서 보통선거를 채용해야 한다고 주장했다.[66] 이는 보통선거에 대해서 국민의 권리의식에 근거한 주장이었다. 더 나아가 보통선거운동의 방법으로서 청원서명운동의 형식을 제창했다. 이것이 보통선거운동을 활성화시키는 계기가 되었다. 보통선거를 요구하는 논리는 요시노 사쿠조가 1916년 '민본주의(民本主義)'로 이론화했다.[67] 민본주의는 제1차 호헌운동의 영향을 받은 광범한 청년층에게 『중앙공론』, 『태양』 등의 잡지를 통해서 확산되었다. 또한 민본주의는 보통선거운동을 지지하는 계층을 확대시켰다. 이전까지 보통선거운동의 지지층은 지식인층과 중소상공업자에 그치고 있었는데, 이 시기를 통해 청년층으로까지 확대되었다.

65 　大杉榮, 1915, 「茅原華山論」, 『中央公論』 12월호 (松尾尊兊, 1989, 『普通選擧成立史の研究』, 岩波書店, 108쪽 재인용).

66 　吉野作造, 1914, 「山本內閣の崩壞と大隈內閣の成立」, 『太陽』 5월호.

67 　吉野作造는 「憲政の本義を說いて有終の美を濟すの途を論ず」(『中央公論』 1916년 1월호)라는 논문으로 이 작업을 수행했다.

청년층은 민본주의의 영향하에 보통선거운동의 가장 적극적인 지지자가 되어, 민중이 주체가 되는 보통선거운동의 외연을 확대시켰다. 그 결과 보통선거실시를 공약으로 내건 무소속 후보가 1917년 총선거에서 중의원 의원으로 당선되었다.[68]

1918년 이후 보통선거운동은 광범한 민중의 지지를 얻을 수가 있었다. 1918년은 국내외적으로 커다란 변화가 있었다. 국제적으로는 1917년 러시아혁명의 영향과 제1차 세계대전의 결과로 만들어진 전 세계적인 민주주의의 분위기가 일본에도 영향을 미쳤다. 국내적으로도 1918년 쌀소동의 발발로 민중의 정치적 역량이 어느 때보다 증대되었다. 쌀소동이 일어나기 전날인 1918년 8월 3일, 시베리아출병이 발표되었다. 민중은 거국일치의 슬로건에 의해 지금껏 전쟁에서 희생을 강요당해 왔는데 또다시 시베리아출병으로 희생을 강요당했다. 도리어 국민은 "국가를 어떻게 하겠다고 말하지 말고 자기(국민: 인용자)를 어떻게 해 달라"[69]고 외치고 일어섰다. 이것은 제1차 세계대전을 통해서 성장한 일본 국민에게 국가를 위하여 무조건적으로 희생을 강요할 수가 없는 상황에 도달했음을 의미하는 것이다. 이 같은 사회적 분위기 속에 민중의 정치적 각성은 한층 심화되었다. 쌀소동은 보통선거를 요구하는 민중운동이 확산되는 계기를 만들었다. 민중의 보통선거에 대한 요구는 민본주의에 공감하는 지식인의 언론활동을 통하여 계속해서 발표되었다. 그들은 쌀소동으로 만들어진 공간을 통해 선거권의 확장을 비롯해, 원로(元老)의 폐지, 군

68　1917년 4월 6일의 제13회 총선거에서, 오사카에서 무소속으로 출마한 이마이 요시유키(今井嘉幸)가 당선되었다.

69　사설, 『大阪朝日新聞』, 1918.8.22.

부대신 무관제의 폐지, 정당 내각제의 확립, 노동조합의 자유 등을 주장했다.

1918년 9월 29일 특권 번벌세력이 중심이 된 데라우치 내각이 붕괴되고 정우회 대표인 하라가 중심이 되는 정당 내각으로서 정우회 내각이 조직된다. 민중운동의 활발한 움직임에 대응해서 번벌세력은 일정한 정치적인 양보를 강요받았다. 또한 보통선거운동의 전국적인 확산으로 각 정당은 중의원 의원선거법의 개정에 관한 정책을 구체화시켜야만 했다.[70]

1919년 하라를 수반으로 하는 정우회 내각은 제41의회(1918년 12월 25일~1919년 3월 26일)에 중의원선거법개정안을 만들어 제출했다. 개정안의 중심적인 조항은 선거구제(選擧區制)로의 변경과 선거권의 확대였다. 선거권의 자격은 국세 10엔 납부자에서 3엔 납부자로 하향 조정되었다. 선거구제는 대선거구제에서 소선거구제로 바뀌었다. 소선거구제는 민중운동 세력이 중의원에 진출함으로써 중의원 내에 계급대립이 현실화되는 것을 예방하기 위한 수단으로 간주되었다. 번벌세력도 사회주의혁명에 대한 공포 때문에 소선거구제에 찬성했다.[71] 야당인 헌정회는 선거권의 자격을 국세 2엔 이상 납부자, 또는 '독립의 생계를 영위하는 자'로 중등학교 졸업 이상의 학력을 가진 자로 하자고 주장했다. 그리고 국민당은 선거연령을 5세 내려 20세로 하고, 국세 2엔 이상 납부자 또는 중등학교 졸업 이상의 학력을 지닌 자로 했다. 각당의 선거법 개정 주장은 여전히 제한선거법에 머무르고 있었다. 제한선거법안에 반대하는 보통선거의

---

70 김종식, 2002, 「근대 일본보통선거논의의 전개와 그 귀결」, 『史林』 18, 133~136쪽.
71 소선거구 문제에 대해서는 今井淸一, 1967, 「小選擧區制の歷史的檢討」, 『歷史學硏究』 325, 44쪽 참조.

지지자들이 각 정당 내에서 활동하고 있었지만, 보통선거법안 제출은 실현되지 못했다.

선거법개정(1919년 5월 23일)의 결과, 정우회의 개정안이 그대로 채용되었다. 그 결과로 유권자의 총수는 약 300여만 명으로 확대되었다. 그러나 여전히 전인구의 5%를 조금 넘는 정도였고, 더구나 선거권자의 증가는 농촌지역에서 높은 비율을 차지하고 있었다.[72] 보통선거운동의 주류였던 도시중간층과 무산자계층에게 이 개정에 따른 선거권 확대는 거의 의미를 지니지 못했다. 따라서 선거법개정은 도리어 보통선거운동을 고양시키는 결과를 초래했다.

헌정회는 중의원 제42회 의회(1919년 12월 24일~1920년 2월 26일)를 준비하는 당대회에서 처음으로 "빨리 보통선거제를 확립해야 한다"는 선언과 정책을 발표했다. 그리고 제42의회에 보통선거법안을 제출했다. 납세자격은 철폐했지만, 선거권자가 독립의 생계를 꾸려야 한다는 조건을 달고 있었기 때문에 여전히 제한적인 보통선거법안이었다. 한편 국민당은 선거연령을 5년 내려 20세로 하고 납세자격을 철폐한 보통선거법안을 제출했다. 제42의회의 보통선거법안을 원외(院外)에서 후원하기 위하여 1920년 1월 31일「전국보선연합회(全國普選連合會)」가 결성되었다. 보통선거를 주장하는 43단체의 연맹으로서 노동·사상·기자·정치결사·학생·개조단체가 참가했다. 특히 원내급진파(院內急進派)로서 헌정회의 의

---

72 이 개정에 의해 유권자수는 146만 명에서 286만 명으로 배가되었다. 시지역의 유권자수는 18만 명에서 28만 명으로 증가한 것에 비해 군지역의 유권자수는 128만 명에서 258만 명으로 대폭 증가했다. 그러나 시군에 관계없이 새롭게 선거권을 부여받은 신규 유권자의 대다수는 보수적 소지주층으로 정우회의 기반으로 인식되었다. 美濃部達吉, 1919,「選擧法改正問題」,『太陽』, 2월호 참조.

원을 중심으로 현직의 의원도 참가하고 있었다.[73]

선거법의 개정에도 불구하고 보통선거의 요구가 강해지자, 하라 수상은 보통선거의 문제를 정치쟁점화해서 중의원을 해산했다.[74] 개정된 선거법에 따라 치러진 1920년 5월 10일의 총선거에서 하라의 정우회는 대승리를 거두었다.[75] 그렇지만 보통선거의 문제가 중의원해산과 총선거 실시의 배경이 되면서, 헌정회와 국민당은 보통선거를 정권 장악의 중심축으로 인식하게 되었다.

1921년 11월 4일 하라가 암살을 당하면서 보통선거 문제를 둘러싼 정치환경도 급변했다. 하라가 암살된 후 1주일 사이에 원내외의 보통선거론자가 결집했다. 그 중심은 제1야당인 헌정회였다. 전국보선단행동맹을 중심으로 원내 각파의 통일 보통선거안의 기초가 마련되었다.[76] 헌정회는 이 같은 상황 변화에 따라 보통선거에 대한 정책을 전환했다. 헌정회는 제45의회(1921년 12월 26일~1922년 3월 25일)를 맞이하여, 종래 독립생계를 유지해야 한다는 조건을 없애고, 25세 이상의 남자 전원에게 선거권을 부여하는 정책으로 전환했다. 이에 대응하여 국민당도 선거연령

---

73 『大阪每日新聞』, 1920.2.1.
74 1920년 2월 14일 헌정회의 시마다 사부로(島田三郎)는 보통선거법안(선거권은 25세 이상의 독립생계영위자에게만 주는 것이다)의 제안 이유로서 계급제도의 타파를 위해 보통선거를 실시하지 않으면 안 된다고 주장했다. 그의 주장은 납세자격을 가진 계급의 타파를 의미하는 것이었다. 이것에 대하여 하라 수상은 야당이 주장하는 납세자격의 철폐는 계급제도의 타파이고, 현재 사회상황을 타파한다는 의미의 위험한 주장이기 때문에, 정부는 동의할 수 없다고 하면서 중의원을 해산했다.
75 해산 당시의 정우회 162명, 헌정회 118명, 국민당 31명, 무소속 68명으로 전부 379명이었다. 선거 결과 정우회는 278명, 헌정회는 110명, 국민당은 29명, 무소속은 47명으로 전부 464명이었다.
76 松尾尊兊, 1989, 『普通選擧成立史の硏究』, 岩波書店, 215~220쪽.

을 20세에서 다시 25세로 올렸다. 헌정회·국민당 양당은 제45의회에서 납세자격을 폐지하고 25세 이상의 남자 전원에게 선거권을 부여하는 야당 통일 보통선거법안을 제출했다.[77]

한편 보통선거운동은 사회주의진영에도 영향을 미쳤다. 한쪽에서는 보통선거를 지지하고, 보통선거운동에 참여했지만 다른 한쪽에서는 보통선거가 노동문제의 해결에 효과가 없다고 하는 보통선거무용론이 확산했다. 1924년 2월, 일본 무산계급의 최대 조직인 일본노동총동맹이 방향 전환 선언을 발표하기 전까지 사회주의진영은 보통선거운동에 대해서 대체로 적극적이지 않았으며 분열되어 대응했다. 때문에 보통선거법의 제정 과정에서 사회주의진영은 직접적인 영향력을 행사할 수 없게 되었다.

2) 번벌세력의 국민참정권에 대한 대응

보통선거운동이 확산되면서 번벌세력들도 이 같은 변화에 대응해야만 했다. 이미 1919년 8월 7일, 귀족원 의원이며 야마가타벌 계열의 관료정치가인 덴 겐지로(田健治郎)는 야마가타 아리토모(山縣有朋)와의 대화에서 보통선거에 대하여 다음과 같은 인식을 드러내고 있었다.

> 제1차 세계대전(歐州大戰)의 결과, 세계의 각국은 정치문제, 사회문제, 경제문제 등에 논의가 백출(百出)하고, 러시아·오스트리아·독일의 경우는 국가가 이미 전복되어 운이 이미 쇠퇴하여, 와해되어 거의 수습할 수 없게 되었고, 영국·프랑스·이탈리아의 경우도 위기가 가까

---

77 김종식, 2002, 앞의 글, 140~144쪽.

위 정계의 변동을 예상할 수 없는 상황입니다. 우리나라(일본:인용자)도 또한 그 영향을 받아서, 쌀값문제(米價問題), 노동문제, 경제정책, 배심재판소(陪審裁判所) 등의 중요문제를 숙고하여 결행해야 할 것이 많지만, 그중에서도 보통선거문제는 실로 국운(國運)의 소장(消長), 국체(國體)의 안위(安危)에 관한 것입니다.[78]

그는 제1차 세계대전의 결과 지금까지 일본과 동일한 체제를 가지고 있었던 러시아, 독일, 오스트리아에서 군주제국가가 붕괴되고, 군주제에 대한 데모크라시 체제의 우위가 세계의 대세가 되었다는 것을 인정했다. 대전 후의 데모크라시가 일본 국내에도 영향을 미쳐 여러 가지 사회문제를 발생시켰다고 인식했으며, 특히 데모크라시 체제의 기초인 보통선거의 문제는 천황제 지배와의 관련 속에서 국체의 안위와 관련한 중요한 문제로 인식했다. 새로운 시대조류에 적응하기 위하여 번벌세력은 천황제 지배가 데모크라시와 모순되지 않는다는 점과 보통선거가 모순되지 않는다는 점을 증명할 필요가 생겼다. 이에 대해 덴 겐지로는 다음과 같이 주장했다.

우리나라에서는 이미 입헌대의정체(立憲代議政體)를 행하고, 점차 나아가 장래에 보통선거를 행하기에 이르렀습니다. 이것은 자연의 귀결로서 이상할 것이 없습니다. 그러면 오늘날에 있어서 입국(立國)의 대방침(大方針)을 결정하고, 세간의 소위 민본주의(民本主義)를 취하여, 우리 군민일가(君民一家)의 국정(國情)에 융합(融合)한, 군민동치(君民

---

78 內田嘉吉編, 1932, 『田健治郎傳』田健治郎傳記編纂會, 362쪽.

同治)의 실적을 거두기 위하여, 먼저 보통선거법을 취하고, (중략) 이 것은 국체존중의 유일한 안전벽입니다.[79]

그는 보통선거를 시대의 조류라고 이해했고, 그 이론적인 기초로서 민본주의를 받아들이며, 보통선거를 실시하면 도리어 보통선거가 천황제 지배의 안전벽이 될 것으로 인식했다. 그뿐만 아니라 야마가타도 1918년 말에 이르면 "정체(政體)는 입헌군주제(立憲君主制)를 취하고, 정치(政治)는 민본주의(民本主義)이지 않으면 안 된다"[80]라고 했다. 야마가타와 덴도 민본주의를 수용하였던 것이다. 그렇지만 그들이 주장하는 민본주의는 요시노 사쿠조와 같은 민본주의자들의 주장과 그 내용을 달리했다. 덴은 민본주의의 기원을 동양, 그리고 일본의 군주지배의 전통적인 통치논리, 즉「군민동치(君民同治)」에 근거하고 있었다.[81] 따라서 보통선거 실시의 근거도 유럽과 일본은 다르다고 주장했다.

(보통선거의 실시는: 인용자 주) 전쟁 등의 일시적인 국가의 급난(急難)을 구한 것에 대한 전략적 의의를 지니고 있지 않다. 국민은 국가존립

---

79 內田嘉吉編, 1932, 앞의 책, 362~363쪽.

80 岡義武·林茂 校訂, 1959, 『大正デモクラシー期の政治-松本剛吉政治日記-』, 岩波書店, 1918.12.2. 일기, 35쪽.

81 "원래 데모크라시의 사상은 서양 신발견의 학설이 아니고 동양 고유의 구사상이었다. (중략) 특히 우리나라에서는 건국의 체제, 순연한 일민족으로 성립되었기 때문에 해내일가(海內一家), 군민동치(君民同治)의 사상은 늘 통치의 근본이였다. 왕조시대 정령의 요의는 첫째로 민생존제(民生存濟)의 정신에 기초해야만 했다. 이것은 서경(書經)에 소위 국의 본은 민에 있어, 본을 강고하게 하면 국이 안녕하다는 격언과 일치한다. 영국에서 행하고 있는 공평온건한 민본주의와 통하는 것이다"(內田嘉吉編, 1932, 위의 책, 367쪽).

의 대임(大任)을 부담해야 하기 때문에, 국무(國務)에 참여시키는 것을 당연한 것으로 순정(純正)한 국가주의에서 나오는 것이다.[82]

덴은 보통선거권이 유럽의 경우에는 제1차 세계대전에서 전국민적으로 참전한 것에 대한 보상적인 차원에서 이루어졌다고 파악했다. 그렇지만 일본에서는 교육의 보급, 민지(民智)의 계발, 국방의 충실, 국민의 의무 증가, 참정권의 확장, 국민의 국가에 대한 책임을 무겁게 하기 위해서 부여하는 것이라고 했다. 그가 말하는 민본주의의 실현은 위정자의 주도권 하에서 추진해야 할 것으로, 보통선거도 이러한 관점에서 실현시켜야 할 것이라고 생각하고 있었다.

1919년 9월 9일 덴 겐지로는 보통선거론을 기초해서, 야마가타에게 보냈다. 이에 대하여 야마가타는 덴에게 다음과 같이 말하면서 기본적으로 찬성의 뜻을 표했다.

보통선거론은 도저히 막을 수 없는 것이다. 요는 점차로 실시해서 우리 국체에 융합(融合)시켜야 한다.[83]

즉, 번벌세력은 이전에 보통선거를 천황이 지배한다는 국체와 모순된다고 반대하였지만, 1919년의 시점에서는 보통선거는 도저히 막을 수 없는 것이므로 수용하되, 점차 실시하는 과정을 거쳐 메이지 정부의 천황제 국체가 모순되지 않게 해야 한다고 주장했다. 번벌세력은 보통선거를

---

82   內田嘉吉編, 1932, 앞의 책, 370쪽.
83   內田嘉吉編, 1932, 위의 책, 363쪽.

승인할 수밖에 없는 수세적인 입장이었다.

보통선거를 총력전에 활용하려는 관점에서 좀 더 공세적인 보통선거 수용론도 등장했다. 육군대신 다나카 기이치(田中義一)는 제1차 세계대전의 교훈으로서 '국가총동원'의 필요성을 제기하고, 평시에도 국가총동원 실시를 준비해 놓아야 한다고 주장했다.[84] 보통선거의 근거에 대해서는 서양 모방에서 벗어나 "우리 국수(國粹)를 존중·유지하고, 국체(國體)의 근본에 맞는" 순일본적(純日本的)인 보통선거론을 주장했다.[85] 이런 측면에서 그의 주장은 덴 겐지로와 야마가타의 보통선거론과 비슷했다. 그 차이점은 국체를 근본으로 하는 보통선거가 왜 필요한가에 대한 설명에서 드러난다. 우에스기 신키치(上杉愼吉)[86]는 보통선거에 대하여 다음과 같이 말하고 있다.

> 국민일치(國民一致)의 정신력을 진기(振起)시켜 유지하는 것의 근본으로, 국민일치의 정신력을 정치상으로 표현하는 것으로 실행하지 않으면 안 된다. 국가의 대난(大難)을 맞이하여 국민을 정치상 총동원하자는 것이 바로 보선운동의 대정신(大精神)이다.[87]

즉 그들에게 있어 보통선거는 국민일치를 위한 총동원의 수단이었다.

---

84 『東京日日新聞』, 1919.1.4.

85 上杉愼吉, 1925, 『普通選擧の精神』, 6쪽.

86 당시 우에스기는 동경제국대학 법과대학 교수로 천황주권설을 주장했다. 미노베의 천황기관설, 요시노의 민본주의와 격렬하게 논쟁했다. 또한 야마가타 아리토모와도 연결되어 있는 인물이다.

87 上杉愼吉, 1925, 위의 책, 7~8쪽.

때문에 민본주의에 대한 소극적인 수용이 아니라, 국민일치, 국민의 국가적 동원을 위해 적극적으로 보통선거를 활용할 것을 주장했다. 또한 선거권의 부여에 대하여 "자기의 이익을 주장하는 권리가 아니고, 국가공공을 위한 의무"[88]라는 점을 분명히 했다. 이는 민본주의자가 보통선거를 국민의 권리로서의 선거권으로 찬성하는 것에 대비되는 국민의 의무로서의 선거권론을 주장하는 것이었다.

이런 인식은 본격적인 보통선거의 준비조사를 시작한 가토 도모사부로(加藤友三郎) 내각의 중의원 의원선거조사회에서 작성한 「보통선거론의 요지(要旨)」에도 보인다. 그중 「국체론(國體論)에 근거한 것」이라는 항목[89]에서는 보통선거를 순일본적(純日本的)인 전통 위에 위치시키고 있다. 또한 보통선거의 현재적인 근거를 다음과 같이 「정치적 근거에 기초한 것」의 항목에서 드러내고 있다.

十二. 보통선거를 단행하여 신민익찬(臣民翼贊)의 길을 넓혀 국민 전체로 하여금 국가에 대한 중대한 책임을 지게 함으로 열렬한 애국심을 양성하여 국가관념(國家觀念)을 공고(鞏固)하는 이유가 된다.

十五. 일조유사(一朝有事)의 때에는 전 국민의 대동원을 위하여 미리

---

88 上杉慎吉, 1925, 앞의 책, 136~138쪽.
89 一. 億兆와 國事를 談하는 것은 우리 國 國體의 精華이다. 이것은 실로 古來我國明帝의 내려주신 것으로 또한 我國 憲法制定의 根本儀 또한 이것에 있다.
二. 널리 會議를 열어 萬機公論으로 결정하는 것은 明治維新의 浩謀로서 明治聖帝가 늘 訓諭하시는 代議이다. 普通選擧의 斷行은 가장 잘 그 聖旨에 適當한 것이다.
(衆議院議員選擧法調査會, 1923, 「選擧權ニ關スル調査資料」, 『衆議院議員選擧法改正案ノ沿革』, 18쪽)

준비하여야만 한다. 이것의 정신적 준비로서 보통선거 실시를 필요로 한다.[90]

이처럼 보통선거를 국가에 대한 의무이고, 총동원을 위한 정신적인 준비로서 위치시키고 있었다. 국체론에 기초한 보통선거론은 민본주의적인 보통선거론에 대하여 수세적인 입장만이 아니라 공세적으로 대응하려고 하였고, 이는 정부의 보통선거 논의에도 반영되었다.

가토내각 뒤를 이은 야마모토 곤노효에(山本權兵衛) 내각은 1923년 10월 8일 각의에서 임시의회대책과 보통선거문제에 관한 정강을 명확히 할 것을 검토했다. 10월 15일의 각의에서 보통선거문제에 대한 각 각료의 의견을 물었다. 대체적으로 보선찬성론이었다. 덴 겐지로, 다나카 기이치 등 번벌세력의 중심인물들도 보통선거에 명백히 찬성을 표했다. 야마모토 수상은 각료의 동의를 얻어서, 현역군인인 다나카 육군대신을 제외한 5인을 선거문제위원에 지명해서 구체안을 강구하도록 했다. 10월 16일 수상관저에서 선거문제위원회가 열려, 5인 전원일치로 선거법개정에 관한 기본원칙이 결정되었다.[91] 그러나 야마모토 내각의 붕괴로 보통선거법은 실현되지 않았다.

---

90 衆議院議員選擧法調査會, 1923, 앞의 책, 20~21쪽.
91 ─ 납세자격은 全廢한다.
    ─ 選擧權·被選擧權의 年齡을 25세 이상으로 한다.
    ─ 「獨立의 生計를 영위하는 者」라든지, 「世帶主」라든지의 제한을 두지 않는다.
    ─ 새롭게 神官·僧侶·小學校敎員에게도 被選擧權를 부여한다.

3) 실현된 국민참정권-호헌 3파 내각의 보통선거법

야마모토 내각은 보통선거 실시에 적극적이었지만, 정당 내각을 열망하는 정당과 민중의 지지를 받지 못하는 상황에서 도라노몬(虎ノ門)사건[92]을 계기로 총사직했다. 야마모토 내각을 이어, 1924년 1월 7일 귀족원을 모태로 하는 기요우라 게이고(清浦奎吾) 내각이 등장했다. 헌정회·정우회·혁신구락부의 3당은 기요우라 내각을 특권내각으로서 규정하고 반대의사를 분명히 했다. 1924년 1월 18일 정우회의 다카하시 고레키요(高橋是清), 헌정회의 가토 다카아키(加藤高明), 혁신구락부의 이누카이 쓰요시(犬養毅)의 각 당 당수는 추밀원 고문관이던 미우라 고로(三浦梧郎)의 주선으로 3당수회의를 개최했다. 이 회의에서 정당 내각제를 확립한다는 합의가 이루어졌다.[93] 이것이 제2차 호헌운동의 계기가 되었다.

1924년 1월 22일, 3파 영수협의회에서는 "정당 내각제를 확립할 것, 특권세력의 전횡을 저지할 것, 이 목적을 관철하기 위하여 장래에도 또한 일치된 태도를 취할 것, 이상의 취지에 따라 기요우라 내각을 부인할 것" 등을[94] 결정했지만, 보통선거의 시행에 대해서는 아무런 언급도 없었다. 같은 해 2월 15일 공표된 3파 협동성명에도 특권내각의 타도와 여당의 절멸을 외치고 있을 뿐이었다. 이것은 지금까지 보통선거를 반대했던 정

---

92 도라노몬 사건은 1923년 12월 27일, 일본의 도쿄시 도라노몬 바깥에서 황태자·섭정궁인 후의 쇼와 천황이 무정부주의자의 난바 다이스케(難波大助)로부터 저격을 받은 암살 미수 사건이다. 그 책임을 물어 제2차 야마모토 내각은 총사직했다.

93 『大阪朝日新聞』, 1924.1.19.

94 橫山勝太郎監修, 1926, 「第二護憲運動秘史」, 憲政会史編纂所(『憲政会史』, 付錄), 25쪽.

우회에 대한 배려로 생각된다. 한편, 이를 이용하려는 기요우라 내각의 움직임도 있었다. 기요우라 내각은 유권자를 일부 제한하는 조건을 붙여 보통선거법안 제출을 약속했다. 이는 정우회를 동요시키는 효과를 기대했던 것이었다.[95]

제2차 호헌운동에 대응해서 기요우라 내각은 1924년 1월 31일, 중의원을 해산했다. 총선거에 임하는 호헌 3파는 보통선거에 대하여 원칙적으로 동의했다.[96] 1924년 5월 실시된 중의원선거에서 호헌 3파는 여당인 정우본당에 압승하게 된다. 헌정회가 154석의 의석을 얻어 제1당이 되었다.[97]

총선거의 결과 6월 9일 헌정회의 가토 다카아키(加藤高明)가 내각 수상으로 지명되었고, 6월 11일 호헌 3파(헌정회, 정우회, 혁신구락부) 연립내

---

95 松尾尊兊, 1989, 『普通選擧制度成立史の硏究』, 岩波書店, 앞의 책, 296~298쪽.

96 정우회는 1924년 2월 8일 간부회에서 가까운 장래에 총선거에 대처할 정책을 결정했다. 정책은 농촌진흥, 세제정리, 행정정리, 금리인하, 농산물 관세부활 등에 그쳤다. 보통선거는 「그 때에 당의(党議)결정의 기관이 없기 때문에 각 후보자의 자유의지에 일임하는 것」으로 되었다. 그러나 정우회는 2월 12일 정우회·헌정회 양당 최고수뇌부의 비밀회의에서, 보통선거법을 제정하는 것에 원칙적으로 동의했다(앞의 책, 「第二護憲運動秘史」, 28쪽). 헌정회는 1924년 2월 9일 선거위원회에서 보통선거 즉행(卽行), 기강숙정, 행·재정정리를 특히 강조했다. 2월 27일 최고간부회는 구체적인 세목을 정했다. 세목에는 보통선거에서 납세자격의 무조건철폐, 대선거구제의 채용, 다음 총선거에서 실시라는 세 가지 원칙을 명시했다(『国民新聞』, 1924.2.11, 1924.2.29). 혁신구락부(革新俱樂部)는 보통선거의 단행(납세자격의 무조건철폐), 귀족원령의 개정, 행정·재정·세제의 근본적인 정리단행의 3대정강을 계속해서 내걸기로 결정했다(『国民新聞』, 1924.2.27).

97 총선거 전의 의석수는 다음과 같다. 정우본당 149명, 입헌정우회 129명, 헌정회 103명, 혁신구락부 43명, 경신구락부(庚申具樂部) 23명, 무소속 14명이었다. 선거 후의 의석수는 헌정회 154명, 정우본당 114명, 입헌정우회 101명, 중정구락부(中政俱樂部) 42명, 혁신구락부 29명, 실업동지회 8명, 무소속 16명이었다.

각이 성립했다. 신내각의 정강(政綱)은 헌정회가 주장한 보통선거의 실시, 행정·재정의 정리, 기강숙정 중심이었다. 보통선거의 문제는 제49회 특별의회(1924년 6월 28일~7월 18일)에서는 기간이 촉박하였기 때문에 다음의 통상의회로 연기되었다.

    호헌 3파는 보통선거법을 제정하기 위하여 1924년 6월 30일 「3파보선위원회」[98]를 설치했다. 이 위원회는 7월 10일 이후 정부와 관계없이 조사를 진행하여 9월 1일 보통선거법 전체 요강의 심의를 끝냈다. 한편 7월 27일 내무성에서 지방국·경보국 관계자회의를 열어 근본방침을 협의 결정하여 입안했다. 8월 22일 내무성내 수뇌회의에서 원안을 심사했다. 중의원의 제출법안은 9월 4일과 8일 정부와 협의하고, 내무성과 사법성에서 작성한 원안과 3파위원회안을 합쳐서 만들어졌다. 그러나 벌칙과 구제(區制)의 요강은 결정할 수 없었다. 10월 15일은 벌칙, 10월 29일에는 구제가 완성되었다. 이 안을 중심으로 검토한 법률안은 1924년 12월 12일 각의에서 결정되었다. 정부는 보통선거법을 1924년 12월 16일에 추밀원에 송부했다.[99] 추밀원은 보통선거실시에 따른 사회주의 사상의 확산을 우려하여 정부에 대하여 교육의 정비, 사상 통제의 법규제정과 단속을 요구했다. 추밀원의 요구는 치안유지법 제정으로 실현되었다.[100]

---

98 3파보선위원회의 위원은 헌정회 7명, 정우회 5명, 혁신구락부 3명의 15인으로 구성되었다.

99 중의원 의원선거법은 「헌법에 부속하는 법률」의 하나이기 때문에, 개정은 초안을 천황이 추밀원에 자문하는 것으로 되어있다(「樞密院官制」 제6조). 따라서 정부는 법안을 의회에 제출하기 전뿐만 아니라, 의회에서 수정된 이후에도 추밀원의 심사를 받아야만 했다.

100 치안유지법은 1925년 3월 19일에 제정되었다. 보통선거법은 10일 후인 3월 29일에 제정되었다.

1925년 2월 20일 보통선거법안은 추밀원을 통과했다. 정부는 중의원 의원선거법개정법률안을 2월 21일 중의원에 제출했다.

가토 수상은 보통선거법안을 중의원 본회의에 제출하고서, 선거권의 근거에 대하여 "헌법제정의 궁극의 취지는 넓게 국민으로 하여 대정(大政)에 참여하게 하고, 널리 국민으로 하여 국가의 진운(進運)에 부조(扶助)하는 데 있다"[101]라고 말하고, 헌법제정의 취지에 근거해서 국민에게 참정권을 부여했다고 주장했다. 구체적으로 보통선거의 사상은 주권재민에 근거하는 것이 아닌가라는 질의에 대하여 내무대신 와카쓰키 레이지로(若槻禮次郎)가 다음과 같이 말했다.

> 민주주의를 토대로 입안되어진 것이 아닌가라는 질문이 있었는데 전연 그렇지 않습니다. 무릇 입헌정치의 시행은 국민과 함께 정치를 하겠다는 취지로 그 국민의 정치능력이 충분히 발달한다면, 모든 국민과 함께 정치를 하는 것이 입헌정치를 편 처음의 취지입니다. … (중략) … 국민에게 보통선거제도를 실행하는 것은 일본이 입헌정치를 편 당초부터 결국 도달해야 할 당연의 행로였다고 생각합니다. 결코 근거가 민주주의 등에 있을 이유가 없습니다.[102]

즉 와카쓰키는 보통선거법의 근거를 민주주의가 아닌, 입헌정치에 기초한 국민의 정치능력의 발달에 따른 당연한 결과라고 말하고 있다. 와카쓰키가 말한 입헌정치에 근거한 국민과 함께 정치를 하겠다는 취지는 어

---

101 『第50回帝国議会 衆議院議事速記録』, 355쪽.
102 『第50回帝国議会 衆議院議事速記録』, 367쪽.

떠한 의미인가는 분명히 드러나지 않는다. 가토 수상은 입법취지 설명 중에 다음과 같이 말했다.

> 넓게 국민으로 하여금 국가의 의무를 부담시키고, 널리 국민으로 하여금 정치상의 책임에 참가시켜 국운발전의 중심으로 하는 것이 현재 가장 급무라고 인정했던 것입니다. 이러한 취지에 따라서, 보통선거제를 골자로 하는 중의원 의원선거법개정안을 제출하는 사정입니다.[103]

입헌정치에 근거한 국민과 함께 정치한다는 취지가 국민에게 국가의 의무를 부담시키고, 정치상의 책임에 참가시키기 위해서라는 주장이었다. 보통선거를 보통선거운동에서 주장한 국민의 정치적 권리가 아니라 국민의 의무이자 국운발전의 수단으로서 위치시키고 있었다. 가토 수상은 보통선거를 실시하는 근거로서의 '정치능력'에 대해서도 다음과 같이 말했다.

> 학제반포 이래 실로 50여 년이 지난 오늘날 국민의 지견(知見)도 크게 진전되었고, 국민교육의 보급 정도에 있어서도 세계 열강에 비해 손색이 없습니다. 징병령에 의해 국민개병제도를 시행한 이래 50년, 그 사이 수차례의 대외 전쟁도 겪으면서 많은 국민이 의용봉공(義勇奉公)의 정성으로 국가 방호의 책임을 다하는 실적을 거두는 것을 보고 충분히 (국민을: 인용자 주) 신뢰할 수 있게 되었습니다. 또한 지방자치의 창시 이래 국민의 정치적 시험을 거친 것도 약 50년 가깝기 때문에 정

---

103 『第50回帝国議会 衆議院議事速記録』, 355쪽.

치적 책임의 자각과 보급이 이루어진 것도 자못 철저하다고 인정됩니다.[104]

가토는 국민교육의 보급에 따른 국민지식의 향상, 대외 전쟁을 통해 발휘된 국민능력의 발휘, 그리고 지방자치 이래의 정치경험에 기초해서 일본 국민이 보통선거를 실시할 수 있을 정도로 성숙하다고 생각했다. 보통선거는 '국민의 정치능력'이 성장했기 때문에 가능하고, '국민의 정치능력'이 발전한 결과이기도 하다. 또한 이전 국민의 정치능력이 충분히 발달하지 못한 때에는 국민의 정치참여 문제는 어떻게 설명될 수 있는지에 대하여 다음과 같이 설명하고 있다.

> 그중에 정치능력이 발달한 자에게만 선거권을 부여하고, 정치적 판단능력이 없는 자가 정치에 참여했기 때문에 국무를 잘못하는 것이 없도록 하는 것이, 이제까지 납세에 제한을 두는 이유였다. 나는 납세제한이 있었다는 것은 이전부터 나쁘다고는 생각하지 않습니다.[105]

가토는 국민의 정치능력의 판단기준으로 납세에 따른 선거자격에 제한을 두는 것은 적당한 조치로 인식하고 있었다. 다만 현재는 국민의 정치능력이 성장 발전했기 때문에 납세액에 따른 제한선거에서 보통선거로 나갈 수 있게 되었다고 주장했다.

가토의 이러한 인식은 여당을 구성하고 있는 호헌 3파의 다른 정당에

---

104 『第50回帝国議会 衆議院議事速記録』, 355쪽.
105 『第50回帝国議会 衆議院議事速記録』, 356쪽.

서도 보인다. 혁신구락부를 대표해서 선거법개정법률안에 찬성 연설을 행한 하마다 구니마쓰(濱田國松)는 다음과 같이 말하고 있다.

> 헌법을 시행하고서 벌써 30여 년, 이 사이에 우리 제국의 국민은 어떠한 시련을 겪었습니까. 말할 필요도 없이 청일, 러일의 양대전쟁 당시, 우리 국민은 국방의 방면에서 경제의 방면에서 혹은 정치의 방면에서 극도의 국민적 능력을 발휘하여 그 소질이 어떤가를 세상에 공인받은 국민입니다. 더욱이 근년의 유럽전쟁이 일어나서 또다시 이 전쟁에 참가하여 세계열강에 비교해서 손색이 없는 국민 소질과 민족 실력을 세계에 발휘하여 국위를 선양하였던 것은 어느 누구도 이론이 없는 바라고 생각합니다. 이를 중요하게 인정해서 오늘날 우리 국민에게 보통선거권을 부여하는 것은 당연한 것입니다.[106]

즉 하마다는 전쟁을 통해서 발휘된 국민의 능력에 의해 보통선거를 실현할 수 있는 기초가 마련되었다고 인식하고 있었다.

한편 보통선거가 국체와도 관련이 없다는 주장도 다시 확인되었다. 납세조항 철폐가 가족제도를 해치고 궁극적으로 천황 국체에도 영향을 미칠 염려가 있다는 것에 대하여 와카쓰키는 보통선거와 만세일계의 황실을 받드는 국체는 하등 관계가 없다고 했다.[107] 결국 보통선거의 근거는 민주주의에서도, 국체에서도 근거를 두고 있지 않다는 것이다.

이러한 헌정회를 비롯한 호헌 3파 지도부의 보통선거찬성론과는 다

---

106 『第50回帝国議会 衆議院議事速記録』, 493쪽.
107 『第50回帝国議会 衆議院議事速記録』, 470쪽.

른 찬성론도 있었다. 헌정회를 대표해서 보통선거찬성론을 주장한 사이토 다카오(斎藤隆夫)[108]의 찬성론이 대표적이다. 그의 보통선거론은 사이토의 시대인식에서 출발한다.

> 소수정치에서 다수정치로 옮겨가고, 관료정치에서 국민정치로 옮겨가는 것은, 오늘날의 세계입헌국이 확실히 다수정치, 국민정치의 시대로 옮겨가는 것은 당연한 사실이다. 그리고 이 사실은 각국에 있어서 정체(政體)의 차이와는 아무런 관계가 없고, 각 정체에 공통으로 나타나고 있는 점으로 근대 문명정치의 특징으로 생각할 수 있다.[109]

그는 다수정치, 국민정치로의 이행은 시대의 추세이고, 보통선거는 정체의 성격과는 관계없는 어느 나라에도 적용될 수 있는 일반적인 것으로 이해했다. 사이토의 보통선거론에서 주목되는 점은 '정체'에 대한 사고방식이다.

> 확실히 일국의 정체는 역사의 정화이다. 이것을 윤리적으로 본다면

---

108 사이토 다카오는 1870년 8월 18일 효고현(兵庫県)에서 태어났다. 그는 동경전문학교(早稲田大学)를 다니고 변호사가 되었다. 1901년 도미해서 엘대학 법과대학원에서 공법과 정치학을 배웠다. 1912년 국민당의 추천으로 효고현에서 출마하여 당선되었다. 1919년에는 4개월간 만국상사회의(万国商事会議)의 참가를 위해서 유럽을 방문하여 민본주의의 대세를 확인했다. 그는 제42의회에서 헌정회의 간부로서 스스로 보통선거법의 시안을 작성한 헌정회의 보통선거법 즉행론자의 중심인물이었다. 1924년 보통선거를 다루기 위하여 삼파위원회가 조직되었을 때에 조사항목의 정리를 담당했다. 그는 당시 헌정회의 대표적인 보통선거 이론가였다 (伊藤之雄, 1987, 『大正デモクラシーと政党政治』, 山川出版社, 292쪽 참조)『第50回帝国議会 衆議院議事速記録』, 478쪽.
109 『第50回帝国議会 衆議院議事速記録』, 478쪽.

건국의 대정신이고, 이것을 법률적으로 본다면 권력의 소재이다. 그렇지만 이것의 정치상의 운용방법은 아무래도 그 시대의 문화의 정도, 국민의 사상, 정치계의 상황, 그 외에 존재하는 사회적 현상에 순응하지 않으면 안 되는 것은 논할 필요도 없는 것이다. 군주정체하에서 입헌정치를 일으키고, 이어서 보통선거를 행하여, 소위 다수정치의 열매를 거둘 수 있는 것은 전부 이러한 원인에 있는 것이다.[110]

정체는 권력의 소재에 다름 아니지만, 정치상의 운용은 시대의 추세에 순응해야 한다는 것이다. 보통선거를 일본과 같은 군주국에서도 위치시킬 수 있는 것도 다수정치, 국민정치로의 시대의 변화에 따라 정체와 관계없이 정치상의 운용으로서도 가능하기 때문이라는 것이다. 사이토는 한발 더 나아가 보통선거와 국체와의 관계를 헌법 규정에 대한 해석에서 명확히 드러냈다.

대일본제국은 만세일가의 천황이 통치한다. 이것이 우리 국체의 전부라는 것은 아마도 일본국민은 어느 누구도 답변할 수 있는 것이다. 그리고 헌법의 다른 장조(章條)를 살펴본다면, 천황은 국가의 원수로서 통치권을 총람할 수 있지만, 통치권을 행사하는 데 있어서는 반드시 헌법의 장조에 따르지 않으면 안 된다.[111]

사이토는 입헌군주제라는 관점에서 출발했지만, 천황의 통치권은 반

---

110 『第50回帝国議会 衆議院議事速記錄』, 478쪽.
111 『第50回帝国議会 衆議院議事速記錄』, 479쪽.

드시 헌법에 따라서 행사되어야 한다고 주장했다. 천황은 제국의회의 보필을 받아서 통치해야 하고, 제국의회에서 국민들의 의견 수렴은 중의원을 통해서 이루어진다고 보았다. 특히 중의원 의원선거권을 '국민이 국가 의사 결정에 관여하는 권리'[112]로서 이해한 위에, 구체적으로 보통선거의 의미에 대하여 다음과 같이 말했다.

> 보통선거를 단행하지 않는다면, 안으로는 민의를 신장시킬 수가 없다. 국민의 정치능력을 발휘할 수가 없다. 국민의 정치적 통일을 유지할 수가 없다. 정체된 모든 정치문제를 해결할 수가 없다. 또한 밖으로는 세계의 대세에 순응하여 제국의 지위를 유지하는 것은 매우 곤란하다고 판단된다.[113]

그는 보통선거의 결과 국민의 정치적 통일과 함께 국민의 정치적 능력을 발휘할 수 있게 되었다고 지적했다.

보통선거법안은 정부안으로서 1925년 2월 21일 중의원 본회의에 상정되었다. 중의원에서 3파는 3월 2일에 수정안을 가결시켰다. 3월 4일 귀족원에 상정되었고, 3월 26일 귀족원에서 수정안을 가결, 중의원에 회부했다. 3월 27일 양원협의회가 개최되었다. 법안은 3월 29일 중의원·귀족원을 통과했다. 이후 5월 5일 법률 제47호로 공포되었다.

1925년 중의원 의원선거법개정에서 눈에 띄는 변화는 선거권자의 증가에 있다. 1919년 하라 다카시(原敬) 내각의 선거법개정으로 확보된 선

---

112 『第50回帝国議会 衆議院議事速記録』, 478쪽.
113 『第50回帝国議会 衆議院議事速記録』, 479쪽.

거권자의 수는 약 300여만 명 정도로, 자격은 직접 국세 3엔 이상을 납부하는 자로 한정되었다. 1925년 보통선거법의 제정으로 선거권자의 수는 1,240여만 명으로 급증하여, 1919년보다 4배 이상이 증가했다.[114] 그렇지만 1925년 선거법은 선거권자의 대규모 확대에도 불구하고, 많은 문제점을 내포하고 있었다.

우선 유권자의 비중이 전인구의 6%에서 21%로 증가했다. 이러한 수치는 서구에 비해 떨어지는 비율이었다. 당시 여성참정권이 있는 독일은 전인구의 60%, 영국은 50%, 미국은 42%인 데 반해, 여성참정권이 없는 프랑스는 27%, 이탈리아는 34%에 그쳤다.[115] 일본의 유권자 비율은 가장 낮은 프랑스와 비교해도 6% 정도 적었다. 그 이유는 서구 유권자의 연령이 20세인 반면에 일본은 25세로, 일본은 타국에 비해서 20세에서 24세까지의 청년에게 선거권을 제한했기 때문이었다. 특히 20세에서 24세의 노동자가 전체 노동자의 20%를 차지하고 있는 당시의 상황을 놓고 보면,[116] 일

---

114 유권자의 추이

연도	1889년	1900년	1919년	1925년
유권자수	약 45만 명	약 100만 명	약 300만 명	약 1240만 명

衆議院·参議院編, 1990, 『議会制度百年史』 10권, 議会制度編, 531쪽 참조.

115 坂千秋, 1925, 「普通選挙法要綱」, 『改造』 普選特輯号, 88쪽.

116 남자노동자의 연령별 구성

연령	15세이하	16-19	20-24	25-29	30-34	35-39	40-44	45-49	50-54	55-60	60세이상	합계
인원	38,294	96,270	122,965	106,098	79,918	59,174	44,610	29,226	12,499	5,781	3,307	598,232
%	6.4	16.1	20.6	17.7	13.4	9.9	7.5	4.9	2.1	1.0	0.6	100.0

※ 노동통계실지조사는, 공장은 30인 이상, 광산은 50인 이상 고용회사를 대상으로 했다. 1923년 남자노동자의 수는 2,699,734명, 1925년에는 2,892,409명이라는 것을 고려할 경우, 실제 조사 598,232명은 전체 남자노동자의 약 20%에 지나지 않는다. 20%로 전체를 파악하는 것은 곤란하지만, 전체적인 형태를 짐작하는 데는 지장

본의 선거법개정은 젊은 노동자에 대한 선거권 제한의 의미가 강했다.

　선거권 제한의 요소는 개정된 선거법의 다른 조항에도 보여졌다. 선거인명부의 요건으로서 '주소'는 '주거'로 변경되었고, 기간도 6개월에서 1년으로 연장되었다. '주거'는 주소와 주거지의 일치를 의미한다. 1년 이상 주거의 요건은 주소와 실거주지가 일치하면서, 1년 이상 동일한 주소지에서 거주한 자만을 선거인명부의 등록자격을 부여했다. 두 가지의 요건을 충족시키지 못하면 선거인명부에 등록되지 못하고 선거권을 가질 수 없었다.[117] 이 같은 개정은 계절에 따라 이동하는 계절노동자와 주거가 불완전한 광산노동자에게 절대적으로 불리했다.[118] 때문에 25세 이상 남자 중에서도 주거가 불완전한 사람들은 선거에서 배제되었다.

　한편 국체에 기초한 보통선거론에 근거한 그룹의 구체적인 활동도 나타났다. 우에스기 신기치는 1925년 1월 보통선거법제정이 확실히 된 후, 보통선거를 준비하기 위해 「보통선거준비회를 설립하자」라는 의견서를 고토 신페이(後藤新平)에게 제출했다.[119] 그 내용은 국체에 기초한 보통선거의 실시와 그 준비를 위한 단체를 설립하자는 것이었다. 그 후 고토는 「보통선거준비회」를 만들었다.[120] 민중운동에서 출발한 민본주의와 그것에 기초한 보통선거운동과 다른 한편으로 국체에 근거한 보통선거론과 그것에 기반한 정치활동이 동시에 진행되고 있었다.

　　 이 없을 것이라고 판단된다. 信夫淸三郎, 1974, 『大正政治史』, 勁草書房, 1260~1261쪽에서 재인용.
117　衆議院事務局, 1925.4.6, 『衆議院議員選擧法改正理由書』, 39쪽.
118　信夫淸三郎, 1974, 위의 책, 1259쪽.
119　國立國會圖書館憲政資料室所藏, 『後藤文書』, 「普通選擧準備會を設立せよ」.
120　鶴見祐輔 編著, 1937, 『後藤新平』 第4卷, 後藤新平伯傳記編纂會, 768~782쪽.

2. 조선 참정권 문제의 다른 형태-재일조선인 참정권 문제

한국이 일본의 식민지가 되면서 다수의 일본인들이 한국으로 건너오고, 조선인도 다양한 이유로 일본으로 건너가기 시작했다. 재일조선인은 일부 기업의 공장 노동자와 토목 노동자, 유학생 등으로 제1차 세계대전이 시작된 1914년의 시점에 약 4,000여 명 정도였다.

당시 재일조선인의 참정권 행사를 위한 전제조건은 일본 국민으로 인정 여부와 선거권의 조건 충족 여부에 있었다. 당시의 일본 정부당국은 조선에서 일본으로 건너온 조선인이 일본인과 동일한 '제국 신민'으로, 중의원 의원선거법의 시행지역인 내지(일본 본토)에 거주함으로써 참정권을 취득할 수 있는지에 대한 명확한 규정이 없었다. 한편 선거법의 납세 요구 사항을 충족시킨 재일조선인의 유무도 확인되지 않는다.

일본의 보통선거운동과 보통선거법은 재일조선인의 참정권 획득 운동에 중요한 계기가 되었다. 제1차 세계대전 이후 일본 노동력 수요의 갑작스런 증가로 1920년대 조선인이 대량으로 일본에 정착하면서 재일조선인이 증가했다. 당시 재일조선인의 일본 중의원 의원선거법에 관한 관심은 높았다. 일본의 보통선거법 성립으로 재일조선인의 납세조건이 없어지면서, 일본 거주 조선인의 참정권 문제는 조선인을 일본인과 동일하게 취급하는지의 여부와 연관되었다. 더구나 일본 정부는 보통선거법이 시행되면서 재일조선인의 법적 지위 처리 문제에 봉착하게 되었다.[121]

121　松田利彦, 1995, 『戰前期の在日朝鮮人と參政權』, 明石書店, 13~14쪽.

재일조선인의 법적 지위에 관한 구체적인 논의는 「공통법」 논의에서 출발한다. 1918년 1~3월에 걸쳐, 제40회 제국의회에서 「공통법」안이 심의되었다. 공통법이란 민·형사에 관해 일본과 식민지라는 "이법(異法) 지역 간의 연락통일을 도모하고… 법률질서의 조화적 적용범위의 확정을 목적"으로 하는 것으로, '준거법의 확정'이나 '사안의 실질법적 해결'을 위한 것이었다.[122] 즉 당시 조선, 대만 등의 일본식민지는 메이지 헌법을 기반으로 하는 본국의 법령과 다른 법역(法域)을 형성하고 있었기 때문이었다.[123] 「공통법」안은 일본 본국과 식민지 간의 원활한 법적인 상호 연락을 목적으로 했다. 1917년에 간신히 정리된 법률안은 1918년에 정부 법률안으로 의회에 제출되었다. 전문(全文) 19개조의 비교적 짧은 법안으로 귀족원과 중의원의 공통법안특별위원회에 회부되어, 1918년 3월 말에 성립했다. 그 심의과정에서 식민지 지배를 규정하는 법적 질서를 둘러싸고 여러 문제가 논의되었다. 재일조선인의 참정권도 그중 하나였다.

귀족원에서 이 문제를 거론한 것은 척식국 부장 시절 공통법 책정 작업에 스스로 앞장섰던 에기 다스쿠(江木翼) 의원이었다. 에기는 공통법의 의의를 인정하면서도, 그 범위를 민사·형사(民事·刑事)로 한정하는 것을 비판하고 재일 식민지 민족의 선거권을 문제 삼았다.[124]

에기는 중의원 의원선거법이나 시정촌제의 선거인 자격 규정에는 '제국 신민의 남자'라고 하지만, 이들 법이 제정된 것은 식민지 영유 이전이

---

[122] 実方正雄, 1942, 「共通法」(末弘厳太郎編, 1942(復刊), 『新法学全集』 第27巻, 日本評論社), 1~6쪽.

[123] 春山明哲, 2008, 「近代日本の植民地統治と原敬」, 『近代日本と台湾』, 藤原書店 참조. 이하 대만 관련 기술은 春山明哲 저술에 의거함.

[124] 『第40回帝国議会貴族院 共通法案特別委員会(第2回)』, 1918.1.28.

기 때문에, 여기에 '제국 신민'은 대만인·조선인을 상정하고 있지 않다는 것을 확인하고자 다음과 같이 질문했다.

> 조선인과 대민인이 내지에 와서, 어느 시구(市区)에 살면서, 2년 이상 그 토지에 거주하고, 그리고 1년 이상 그 토지의 공과금을 납부하였다면, 이러한 사람이 시정촌의 공민이 되겠는가의 여부, 혹은 조선인·대만인이 일본제국 내의 중의원 의원선거법을 시행하고 있는 구역 내에 거주하는 경우에 그 자격(선거권:인용자 주)이 있는지의 여부.[125]

재일대만인·조선인에게 선거권이 있는지를 묻자, 정부위원 법제국장관 겸 척식국장관 아리마쓰 히데요시(有松英義)는 다음과 같이 대답했다.

> 정촌제(町村制)에서 민족이 다르기 때문에 주민권을 인정하지 않는다고 하는 해석을 취하는 사람도 있지만, 혹은 당연히 정촌제의 규정에 따른다면 주민으로 보고, 공민권을 향유하는 존재로 보아도 괜찮다고 해석을 하는 사람도 있습니다. 그렇지만 현재 … 정촌제 혹은 시제(市制)에서 공민권을 인정해야만 하는가의 여부는 실제 문제가 일어나고 있지 않습니다.[126]

아리마쓰의 답변은 명확하지 않았다. 이를 통해 당시 일본 정부는 재일조선인의 선거권 인정 여부에 대한 정부의 공통견해가 없었다는 것을

---

125 『第40回帝国議会貴族院 共通法案特別委員会(第2回)』, 1918.1.28.
126 위의 자료.

드러냈다. 정부위원의 견해는 시정촌제에 대한 것으로, 재일조선인에게 선거권을 인정할지 여부가 일본 내에서 실제 문제로 일어나지 않았기 때문에 구체적 방침을 가지지 않았다는 것이다. 중의원 의원선거법에 대해서는 조선에서 시행하지 않고 있다고만 할 뿐 명확한 답변을 피하고 있었다. 그렇다고 재일조선인의 중의원 의원선거권을 적극적으로 인정하는 것은 아니었다. 정부위원의 답변은 아마도 구체적인 조사를 바탕으로 하지 않은 것으로 보이며, 사실 일본에 거주하는 식민지 민족에게 참정권이 발생할 수 있다는 가능성을 염두에 두지 않았던 것으로 보인다.[127]

귀족원에서 공통법안이 심의되고 있는 가운데 1918년 2월 9일 자로 소에다 게이이치로(添田敬一郎) 내무성 지방국장 명의로 한 장의 통첩이 내려졌다. 그 내용은 "조선인·대만인으로서 내지에 주소를 가진 자로 법정의 요건을 구비한 경우에도 공민권을 지닐 수 없다는 것은 알겠지만, 귀 관할에서 실제 다루는 것을 급히 알려 주기" 바란다는 것이다. 통첩은 먼저 재일대만인·조선인의 공민권을 확실하게 부인하면서도, 현장에서 어떻게 대응하고 있는가를 알려 달려는 것이었다. 이 통첩에는 다음과 같은 이유가 덧붙여져 있다. "선거법에서는 제국 신민이란 내지인(內地人)인 신민을 가리킨다. 징병령에서 말하는 제국 신민이란 내지인인 신민을 말하고, 신부(新附: 새로운 영토, 즉 식민지, 인용자 주)의 신민을 포함하지 않는다는 것과 동일하다. 대만인·조선인은 그 주소지에서는 자치능력을 인정할 수 없는데도 우연히 내지에 있기 때문에 이를 인정할 이유는 없다(이하 생략)."[128] 통첩은 선거법에서 가리키는 일본 국민과 징병의무의 담

127　松田利彦, 1995, 앞의 책, 17쪽.
128　「添田敬一郎通牒」로 알려짐. 『大阪每日新聞(兵庫版)』, 1926.6.18.(松田利彦, 1995,

당자로서의 일본 국민은 식민지 대만인과 조선인을 포함하지 않는다고 명언했다. 통첩이 내려진 시점은 에기의 질문이 있고 정부 측이 귀족원에 답변을 한 약 10일 후이다. 제국의회에서의 문답이 1918년 2월의 소에다 통첩이 내려지게 된 직접적인 계기였다고 볼 수 있다.

그러나 재일조선인 참정권에 대한 해석은 불과 2년 만에 뒤집히게 되었다. 내무관료를 주요 저자로 하는 잡지 『지방행정(地方行政)』은 제28권 제5호(1920년 5월)의 「질의회답-중의원 의원선거법」란에 다음과 같은 문답을 게재했다. 「질의회답」란은 내무성 지방국 관료가 집필한 것으로 내무성의 견해를 나타내고 있다고 볼 수 있다.

(질문) 조선·대만·사할린인은 선거구 내에서 법 제8조의 요건 「제국 신민 남자, 납세액 등의 선거인 요건」을 구비한다면 선거인 명부에 등록을 제한하지 않는다고 생각할 수 있겠는가?
(답변) 조선·대만·사할린인이라 하더라도 선거권에 필요한 전체 요건을 구비한 경우에는 선거권이 있는 것이다.[129]

이 판단은 「행정실례(行政実例)」로, 1920년 3월 18일에 내려진 것이라고 한다.[130] 이날은 내무성에서 지방장관회의가 열렸으며, 제14회 중의원 의원총선거(1920년 5월 시행)에 대비하여 선거집행상 법적 문제가 협의되었다는 신문보도가 있었다(『中央新聞』, 1920.3.19. 夕刊). 재일조선인·대

20쪽에서 재인용·)
129 「質疑回答―衆議院議員選挙法欄」, 『地方行政』 제28권5호, 1920.5.
130 宮司功編, 1927, 『選挙法規実例類輯』, 自治館, 66쪽.

만인 등에게 선거권을 인정하는 재해석은 이 자리에서 나온 것이므로, 방침 전환은 직접적으로는 1920년 총선에 따른 법적 정비의 일환으로 이루어진 것이라고 생각한다.[131]

1920년 선거에서 실제로 소수의 조선인이 선거권을 행사한 것도 사실이다. 선거 이듬해 제국의회에서 하타노 쇼고로(波多野承五郎)가 재일대만인의 선거권 유무를 묻자, 정부위원 법제국 참사관 바바 에이이치(馬場鍈一)는 다음과 같이 답변했다.

> 대만인도 내지에 와서 중의원 의원선거법에서 정한 요건을 갖춘다면 선거권을 가지게 됩니다. 설명대로 나도 아직 실례로서 대만인이 선거명부에 등록했다는 것을 듣지 못했지만, 법률의 해석을 잘못하지 않았으며, 사실은 그런 사람은 없습니다. … 현재 내가 들은 바에 따르면, 조선인이 선거인명부에 기재되어 선거권을 행사한 예는 있다고 알고 있습니다.[132]

선거권에 대한 해석의 전환은 이 시기 재일조선인과 식민지 참정권 문제를 둘러싼 상황의 변화와 관련성을 살펴볼 수 있다. 재일조선인 인구는 아주 빠르게 증가하여 1920년에 3만여 명을 넘어섰다. 또한 1918년 9월 수상이 된 하라는 일찍부터 '내지연장주의'를 지론으로, 조선인의 중의원 의원선거 가능성도 언급했다.[133] 하라는 1919년 8월 8일, 신임 총독

---

131 松田利彦, 1995, 앞의 책, 21~22쪽.
132 『第44回帝国議会衆議院台湾ニ施行スヘキ法令ニ関スル法律案委(1)』, 1921.2.2.
133 『原敬日記』第3巻, 1911.4.24.

과 정무총감으로 내정된 사이토와 미즈노를 만나 식민지배 정책의 기본이 될 「조선통치사건」을 통해 '내지연장주의'에 근거한 동화정책을 조선통치의 근본 방침으로 제시하였고, 이후 하라의 '내지연장주의'는 새로운 식민지 지배정책으로 관철되었다.[134] 이러한 하라의 정책 전환이 재일조선인의 참정권에 대한 해석 변경을 가져오는 계기가 되었다고 생각해 볼 수 있을 것이다.[135] 또한 1920년 선거 때 재일조선인의 참정권 유무가 현장에서 문제가 되자, 내무성 측이 1918년 2월의 소에다 통첩과의 정합성을 충분히 고려하지 않은 채, 새롭게 참정권 부여 방침을 세운 것으로 추정된다.

실제로 재일조선인에게 선거권을 부여한다고 해도 해당자가 적어 사소한 문제로 인식했다. 1921년 5월 24일 자 『경성일보』에 따르면, 오사카부의 당시 조선인 남자 인구는 약 6천 명에 달했지만, 이 중에서 납세 요건 등을 충족하여 선거권을 가진 조선인은 2명에 불과했다. 우선 이기홍(李起鴻, 인삼상, 40세, 납세액 23엔 80전)은 친일단체로 알려진 상애회(相愛會)의 오사카 지부장을 지냈다. 또 박흥규(朴興奎, 인삼상, 29세, 21엔)는 후에 상애회와는 다른 계통의 친일단체인 조선인협회의 부회장을 맡았다.[136] 다른 지역은 확인이 어렵지만, 조선인이 가장 많이 거주하는 오사카부의 사례를 볼 때 최초의 재일조선인 유권자는 정치참여의 주체라고 하기에는 너무 소수였다. 물론 오사카부의 재일조선인 유권자는 비록 소수이면서 친일적 인물이라는 점은 있지만, 재일조선인의 선거권 문제

---

134 자세한 내용은 이 책 제2부 제1장 1. 2) 참조.
135 松田利彦, 1995, 앞의 책, 23쪽.
136 『京城日報』, 1924.10.19.

에 대한 법적 해석의 변화와 관련해 볼 때, 재일조선인의 참정권 발생을 증명해 주는 존재임에는 틀림없다.[137]

재일조선인의 참정권 문제는 호헌 3파 연립내각이 성립하고 보통선거법안이 통과되면서 다시 논란이 되었다. 조선총독부 정무총감과 내무대신을 역임한 미즈노 렌타로는 "제국의회에서 조선·대만에는 중의원의원선거법을 시행하지 않았는데, 일본 내지에 거주하는 조선인·대만인에게 선거권을 부여하는 것은 '모순'이 아닌가"라고 의문을 표했다. 그는 "내지의 사정조차 알지 못한다고 말할 수 있는 자가 들어와서, 더구나 그 수가 수만을 헤아린다.(보통선거법이 통과되면: 인용자) 그들이 … 바로 선거권을 획득한다는 것이 되는데, 이 점에 대해서는 아무런 지장이 없다고 인식하는가"[138]라면서 재일조선인에게 참정권을 부여하는 것은 위험하다고 지적했다.

그러나 와카쓰키 내무대신은 "내지에서 모든 정치 관계에 접촉"하는 것이 재일조선인·대만인의 '훈련'이 되고 있다고 답변하여 재일조선인·대만인에 대한 참정권 부여 의견을 고수했다. 1926년 중의원 제51의회에서도 마키야마 고조(牧山耕蔵)가 재일조선인의 참정권 부여에 대해 질문하자, 수상이 된 와카쓰키는 재일조선인은 "주위 상황과 접촉하여 익숙한 자"로 보아서 선거권을 인정한다는 논리를 펼쳤다.[139] 이렇게 일본에서 보통선거법이 실현되고 그에 따라 재일조선인의 참정권이 인정되면서, 식민지 조선에서의 참정권 문제도 정치적 문제로 부상하게 되었다.

---

137 松田利彦, 1995, 앞의 책, 26쪽.
138 『第50議会貴族院,「衆議院議員選挙法改正法律案特別委(1)」』, 1925.3.11.
139 『第51議会衆議院本会』, 1926.2.2.

보통선거가 실시된 이후 일본 내지에 거주하는 외지인에 대해서는 선거법이 적용되었기 때문에 재일조선인도 선거에 적극 참여하게 되었다. 1932년 2월 시행된 제18회 총선거(보통선거로 제3회)에는 도쿄4구에서 박춘금(朴春琴)이 입후보했다. 도쿄4구는 도쿄에서 조선인이 가장 많이 살던 곳이다. 그는 6,966표(조선인 유권자 1,236)를 획득하여 당선되었고, 조선인으로서 최초의 중의원이 되었다. 박춘금은 정치적으로는 중립계로 분류되었고, 4년간 본회의와 위원회심의를 합쳐 14회의 발언을 했다. 그 내용은 대체적으로 조선총독부의 정책노선을 대변하는 것이었다. 실제 박춘금은 의회가 쉴 때마다 조선에 건너가 조선총독부에 갔다고 한다. 또한 국민협회와 연계하면서 중의원 의원선거법을 식민지 조선에서 시행할 것을 주장하였고, 동시에 조선에서의 지원병제도 도입도 요구했다.[140]

---

140 松田利彦, 1988, 「朴春琴論」, 『在日朝鮮人史研究』 18号, 19~24쪽.

3. 조선·대만의 참정권 청원운동과 그에 대한 대응

　1919년 3·1운동으로 조선에서 식민지 지배가 전례 없이 큰 타격을 입은 후, 청원운동이라는 형태의 참정권 요구가 친일정치세력 사이에서 구체화되었다. 조선에서 청원이 나온 이듬해 대만에서도 참정권 요구운동이 제국의회에 접수되었다. 식민지 조선의 친일세력들은 3·1운동 반대 활동을 전개하면서, 다른 한편으로는 친일정치세력의 역할 복원과 지배체제 참여를 요구하며 정치운동을 시작했다. 이들 중 한말 계몽운동에 참여한 경험이 있고, 일제 보호통치기의 간접통치 방식을 선호했던 인물들은 주로 자치파로 결집하였고, 한말 친일단체에서 활동했거나 합방운동에 참여했던 인물들은 동화파를 결성했다. 자치파는 조선의회 설치를 주장하는 자치청원운동을 전개하였는데, 유민회(維民會)를 결성하여 활동하였고, 일부는 동광회(同光會)의 내정독립운동에 참여했다. 이에 반해 동화파는 '일본과 조선의 완전한 결합'을 주장하며 일본 중의원 참정권 부여 운동을 전개했다. 이들은 국민협회를 설립하고, 일본 정계에 대해 적극적인 참정권 청원운동을 전개했다.[141]

　1920년 2월 5일 제42회 제국의회에 「중의원선거법의 조선 시행 건」이라는 제목으로 '조선경기도 경성부, 국민협회장 민원식 외 105명'으로부터 청원이 제출되었다. '청원의 취지'란에는 "조선인은 일본의 민적에 들어갔다고 하지만 국민으로서 내지와 동일한 지위에 섰다는 신념을 가질 수 없었다"라고 지적했다. 참정권에 대하여 "제국 헌법 아래에서의 참

141　자세한 내용은 이 책 제3부 제1장 2.와 3. 참조.

정권이 국민의 가장 중요한 권리라는 점, (중략) 조선에 관한 이해의 문제라고 하더라도, 먼저 내지 선출의원이 결정한다는 것을 생각하면, 조선인이 국민으로서 자각할 수 없는 큰 장애가 이 점에 있다는 생각에 이른다. 참정권 부여는 조선인이 (일본)국민이 되는 자각을 환기시키는 유일한 방법이라는 것을 알 수 있다"라고 주장했다.[142] 민원식 등의 청원인들은 일시동인의 관점에서 조선인이 참정권을 갖지 못한다는 점과 그렇기 때문에 조선과 조선인의 문제가 일본의 선출의원이 결정한다는 점을 지적하고, 참정권 부여가 조선인을 일본 국민으로 만드는 방법이라고 주장했다. 이후에도 같은 취지의 비슷한 청원이 거듭 행해졌다. 그러나 조선 민중은 참정권 청원운동에 관하여 관심을 보이지 않았을 뿐만 아니라, 도리어 친일적 굴욕운동으로 공격했다. 국적(國賊)으로 인식된 민원식은 참정권운동을 위해 도쿄로 가는 중 1921년 2월 26일 도쿄 호텔에서 일본대학 유학생인 양근환에 의해 암살되었다.[143]

청원운동의 이해를 위해 다나카 히로시(田中宏)가 「일제 강점하에서의 국적 관계 경위(日本の植民地支配下における国籍関係の経緯)」에서 작성한 「식민지 조선민의 중의원 의원 참정권 청원문제 중의원 청원일람」의 표를 통해 그 특징을 간단히 살펴보자.

---

142 閔元植外105名, 1920.2.5, 「衆議院選擧法ヲ朝鮮ニ施行ノ件」, 『衆議院請願文書表』.
143 이태훈, 2018, 「1920년대 전반 국민협회의 정치활동과 참정권 청원운동의 한계」, 『동방학지』 185.

〈표 1-2-1〉 조선인의 중의원 의원 참정권 청원문제 중의원 청원일람

의회	제출일	건명	청원자	소개의원	결과(보고번호)
42통상	1920.2.5	중의원선거법을 조선에 시행하는 건	민원식 외 105명	斉藤珪次 외 2명	참고송부 4
43특별	1920.7.8	상동	민원식 외 613명	牧山耕蔵 외 1명	참고송부 2
44통상	1921.2.15	상동	민원식 외 3,226명	大岡育造 외 16명	특별보고384
45통상	1922.3.6	조선통치의 건	정훈모 외 42명	副島義一	심사미료
52통상	1927.2.19	조선재주자에 대한 참정권 부여에 관한 건	경성大垣文夫 외 56명	松山常次郎	참고송부4
56통상	1929.2.25	조선에 참정권 실시에 관한 건	多木久米次郎	井上孝哉	참고송부5
58특별	1930. 4.23~5.6	조선에 참정권 실시 그 외 경륜에 관한 건	박근석 외 370명 (9건 합계)	多木久米次郎	참고송부 1, 2, 3
59통상	1931.2.21~ 1932. 3.19	조선에 참정권 실시, 그 외 경륜에 관한 건	竹本作次郎 외775명 (152건의 합계)	多木久米次郎	참고송부 4, 5, 6, 7
62임시	1932. 6.1~6.9	상동, 조선에 참정권 실시의 건	조재욱 외 4명, 神戸 한인경 외 100명	多木久米次郎 中亥歳男	참고송부1 참고송부3
63임시	1932.8.25	조선에 참정권 실시 그 외 경륜에 관한 건	이정춘 외 6명	多木久米次郎	참고송부4
64통상	1933. 1.27~2.1 1933.2.7 1933.3.16	조선에 참정권 실시 그 외 경륜에 관한 건 조선에 중의원선거법 실시의 건 조선에 참정권 실시 그 외 경륜에 관한 건	副島元市 외 10명 (3건 합계) 김명준 외 13명 충청남도 広瀬健次郎 외 724명	多木久米次郎 박춘금 多木久米次郎	특별보고 245,588 참고송부 612로 분할 특별보고189
67통상	1935. 2.9~2.23	조선에 참정권 실시의 건 상동	神戸 한인경 외 120명 김명준 외 1214명	박춘금 상동	특별보고250 상동304
70통상	1937.2.25	조선에 중의원선거법 실시의 건	상동 외 24,625명	守屋栄夫	특별보고208
73통상	1938.2.19	조선에 중의원선거법 실시의 건	상동 외 28명	박춘금	특별보고279
74통상	1939.2.13	조선에 중의원선거법 실시의 건	상동 외 41명	상동 외 1명	특별보고192

75통상	1940.3.9	조선에 중의원선거법 실시의 건	전복일 외 56명	상동 외 8명	특별보고765
76통상	1941.2.18	조선에 중의원선거법 실시의 건	金田明 외 35명	守屋栄夫 외 1명	특별보고250
79통상	1942.2.14	조선에 중의원선거법 실시의 건	경성高島基 외 35명	박춘금	특별보고246
84통상	1944.3.15	조선·대만에 중의원선거법 시행을 위한 조사 촉진 청원	大西只雄	坂東幸太郎	참고송부3

출처: 田中宏, 1974, 「日本の植民地支配下における国籍関係の経緯」, 『愛知県立大学外国語学部紀要』, 地域研究·関連諸科学編(9), (72~73쪽)

　　결과는 참고 송부와 특별보고로 되어 있다. 참고 송부는 청원위원회에서만 「정부에 참고 송부할 것」으로 결정하였기 때문에 본회의에는 상정되지 않는 것이다. 특별보고는 청원위원회에서 채택되어 본회의 의결을 거쳐 중의원의 총의로 의장이 수상에게 송부하는 것이다. 중의원에서 그 청원이 정식으로 채택되었다는 것을 의미한다.

　　조선 참정권 청원서는 1920년대에는 거의 참고 송부에 그쳤으나 국민협회는 참정권 청원운동을 활발하게 전개하였다. 그 결과 민원식 외 3,226명의 대규모 청원이 이루어진 1921년 제44회에서는 특별보고로 중의원에 상정되었고, 수상에게까지 보고되었다. 그 외의 나머지 청원은 모두 참고 송부에 그쳤다. 이는 중의원에서 조선의 참정권 청원운동에 대해 크게 관심을 기울이지 않았다는 것을 보여준다. 그러나 1930년대에 들어, 특히 1932년 2월 박춘금이 중의원에 당선된 이후, 참정권청원에 개입하면서부터는 대부분 특별보고의 단계로 올라가는 양상을 보였다. 그러나 이때 조선에서의 참정권청원운동은 우가키 총독에 의해 사실상 중단 상태였다. 참정권청원이 다시 활발해지는 것은 1937년 조선에서 지원

병 실시가 논의되면서부터였다.[144]

조선의 청원은 일관되게 제국의회 참여라는 형태를 요구하고 있었다. 유일한 예외는 1922년 제45의회에 제출된 「조선통치의 건」이라는 제목의 청원에서 "총독정치를 폐지하고 조선인에게 내정을 처리시키는 외에 길이 없다. 따라서 천황 폐하 통치하에서 내정을 조선인에게 개방하여 조선인이 자치하도록 해야 한다"[145]라고 식민지의 자치를 주장했을 뿐이다. 이는 '동광회 조선총지부'에서 확대 개편한 '내정독립기성회'가 제출한 것이었다.[146] 그리고 그 청원만이 참고송부도 되지 못한 채, 「심리 미료(審理未了)」라는 결과를 초래했다. 식민지 자치에 부정적인 중의원의 여론을 일부 보여준다고 할 수 있다.

참정권청원은 일본 정부가 이를 받아들이지 않자, 조선 전역에 참정권을 실시하는 것은 무리라고 보았다. 제52의회에 대한 청원에서는 "이제 보통선거법 시행되는 때에 이르러 … 경성부, 부산부, 대구부, 평양부를 추가하여"[147]와 같이 도시지역에 우선 중의원 의원선거법을 시행하도록 그 주장을 약화시켰다. 그렇지만 이 역시 실현되지 못했다. 일본 정부는 민도가 낮아 시기상조라는 태도를 계속 견지했다.[148] 1932년에는 참정권에 관한 조선으로부터의 청원이 152건에 이르렀다. 같은 회기의 중의원

---

144 자세한 내용은 이 책 제3부 제3장 3. 2) 참조.
145 鄭薰謨外42名, 1922.3.6, 「朝鮮統治ノ件」, 『衆議院請願文書表』.
146 자세한 내용은 이 책 제3부 제1장 1. 2) 참조.
147 大垣文夫外56名, 1927.2.19, 「朝鮮在住者ニ対スル参政権付与ニ関スルノ件」, 『衆議院請願文書表』, 京成.
148 田中宏, 1974, 「日本の植民地支配下における国籍関係の経緯」, 『愛知県立大学外国語学部紀要 地域研究·関連諸科学編』(9), 73~74쪽.

에 대한 청원 총 건수는 2,270건이기 때문에, 전체의 7%를 차지했다.

대만으로부터의 참정권 요구운동은 조선과는 상당히 방향을 달리하고 있었다. 제국의회에 대한 청원이란 형식을 취해, 1921년 제44의회부터 1934년 제65의회까지 전후 15회에 걸쳐 반복되었는데, 그 취지는 일관되게 대만의회 설치의 건이라는 제목으로 식민지 자치를 요구하고 있었다. 이 청원은 당초 도쿄 주재 대만인 유학생 가운데서 생겨난 총독전제정치의 근거가 되고 있는 「법률 63호」의 폐지를 요구하는 운동에서 비롯됐다. 그러나 63법 철폐운동은 오히려 대만의 특수성을 부인하고 일본 제국주의의 내지연장주의·동화주의를 긍정하는 것이라는 견해가 대두되어, 운동은 대만의회설치운동으로 급선회했다. 따라서 63법을 역이용한 운동이라고 해도 좋을 것이다. 그리고 이 운동은 많은 청년, 학생, 지식인들의 지지를 바탕으로 대만의 반일정치운동으로 고양되어 갔다.[149]

대만의 참정권청원은 15회에 걸쳐 매번 반드시 한 건의 청원으로 제기되어, 조선처럼 제각각, 연속성 없이 반복된 것과는 매우 대조적이었다. 또한 이 운동은 조선의 참정권운동과 달리 대만총독부로부터는 항상 위험시되었다. 일본 정부는 조선과 달리 치안경찰법을 참정권운동에 적용하여, 1923년 12월 16일 주동자를 치안경찰법에 따라 검거하는 등 강경한 탄압을 가했다. 또한 제국의회도 일관되게 불채택으로 대응했다. 이 점도 의회에서 9회에 걸쳐 채택한 조선의 청원과 큰 차이를 보였다. 대만의 참정권운동은 일본 치안당국에 매회 청원 동향, 청원자의 출신지, 신분, 청원 횟수 등이 조사되어 상세한 기록이 남아 있다.[150] 식민지 조선에서의

---

149 田中宏, 1974, 앞의 글, 77쪽.
150 田中宏, 1974, 위의 글, 78쪽.

청원은 일본 중의원에 대한 참정권 요구였고, 대만에서의 청원은 대만의회 설치에 대한 참정권 요구였기 때문에 단순한 비교는 불가능하다. 또한 대만 참정권운동은 반일적인 성격이 강하다고 할 수 있다.[151]

일본 정부는 식민지 조선과 대만의 참정권운동에 대한 유화적 대응책으로 극소수의 식민지 조선인과 대만인을 귀족원 칙선의원으로 임명했다. 1931년의 만주사변으로 일본은 15년 전쟁에 돌입했다. 이러한 상황에서 장기간에 조선총독의 지위에 있던 사이토 마코토가 수상이 되고, 대만의회설치운동의 소개원역을 맡았던 나가이 류타로(永井柳太郎)가 식민지 담당대신인 척무대신으로 취임했다. 그들은 식민지에 대한 회유책으로서 식민지인의 귀족원 의원 칙선을 실현시켰다. 조선인 박영효는 1932년 12월 23일 칙선의원으로 처음 지명되었다. 이어 1년 반 정도 늦게 1934년 7월 3일에 대만인 고현영(辜顯榮)이 귀족원 칙선의원으로 선임되었다. 그의 칙선 임명은 마지막인 15번째 대만의회설치 청원이 중의원에서 미채택 된 지 몇 달 후였다. 그 후 1939년 9월 21일 박영효가 사망하자, 1939년 12월 19일 조선인 윤덕영이 선임되었다. 그 역시 이듬해 10월 18일 사망하자, 1943년 10월 8일 조선인 이진호(李家軫鎬 창씨개명)가 선임되었다. 한편 대만인 고현영(辜顯榮)이 1937년 12월 9일 사망하지만, 그 후임은 선임되지 않았다.[152]

---

151 대만의회설치운동에 대해서는 若林正丈, 2001, 『台湾抗日運動史硏究』, 硏文出版이 가장 대표적이다.
152 田中宏, 1974, 앞의 글, 78~79쪽.

제3장
일본의 참정권 왜곡과 조선 참정권 성립

1. 일본의 참정권 왜곡과 선거숙정운동

호헌 3파 연립내각이 성립된 이후부터 정당세력은 일본정치의 중심에 서게 되었다. 이후 1925~1932년까지 정우회와 헌정회(1927년 정우본당과 합당하여 민정당으로 개칭)의 양대 정당이 교대로 내각을 조직했다. 이 시기는 정당 내각 중심의 정치가 이루어졌다.

호헌 3파 연립내각은 내부분열로 무너지고 가토를 수상으로 하는 헌정회 단독내각이 성립했다. 1926년 1월 22일, 가토 수상이 병으로 급사하자, 이후 같은 헌정회의 와카쓰키 레이지로(若槻禮次郎, 1926년 1월 30일~1927년 4월 20일)가 수상으로 취임했다. 일본 사회는 제1차 세계대전 이후의 전후 불황과 1923년 관동대지진의 여파를 극복하지 못하고 사회 경제적인 불안이 계속되었다. 이러한 상황에서 일본 경제의 가장 약한 고리인 농촌은 만성적인 불황에 빠졌고, 이어서 1927년 금융공황이 발생하여 경제 혼란은 심화되었다. 경제문제를 해결하지 못하는 정치에 대하여 일본 국민의 불신은 높아졌다. 와카쓰키 내각은 경제적 혼란 수습에 실패하고, 정권은 야당인 정우회에 넘어갔다.

1927년 4월 다나카 기이치(田中義一, 1927년 4월 20일~1929년 7월 2일) 내각이 성립했다. 다나카 내각은 '대륙 국가 일본제국의 신장'을 주장하며 조선을 거쳐 만주로 진출하여 만주를 중심으로 대륙정책을 전개하는 조선연육교관에 입각한 북진대륙정책을 구상하고 있었다. 그런 가운데 1928년 6월, 일본 관동군에 의해 중국 동북삼성을 지배하는 군벌 '장쭤린(張作霖) 폭살사건'이 일어났다. 다나카 내각은 이 사건의 처리를 제대로 하지 못하면서 정치력의 한계를 드러냈다. 다나카는 이에 대한 책임을

지고 총리에서 물러나 총사직했다.[153]

정권은 민정당 중심의 하마구치 오사치(浜口雄幸, 1929년 7월 2일~1931년 4월 14일)에게 넘어갔다. 하마구치 내각의 민정당은 여당임에도 야당인 정우회에 비해 소수당이었다. 이것을 극복하고자 하마구치 내각은 지방관의 이동과 야당 정우회의 오직(汚職)사건을 적발하여 다가오는 선거를 대비했다. 먼저 정우회 내각의 부정부패 문제로 사설철도, 식민지 조선, 매훈(賣勳)의 3가지 의혹을 제기했다. 이 문제를 통해 전 철도상 오가와 헤이키치(小川平吉), 전 조선총독 야마나시 한조(山梨半造), 전 상훈국 총재 아마오카 나오요시(天岡直嘉)를 검거했다. 그런데 이러한 부정 부패사건은 민정당 내각에도 영향을 미치게 되었다. 하마구치 내각의 문부대신 고바시 이치타(小橋一太)가 철도 관련 오직사건으로 적발되자 일본국민은 부정부패가 여·야를 불문하고 모든 정당정치에 만연되어 있다는 인상을 갖게 되었다. 이에 따라 여·야를 불문하고 정당과 내각은 정당정치의 신뢰 회복에 최대한 관심을 가지게 되었다.[154] 여당 민정당은 빈발하는 의혹사건의 발생과 정치계 정화의 여론을 의식하기 시작했다. 민정당은 부정부패 문제의 근본적인 원인을 고비용의 선거라고 인식했다. 그리고 문제해결을 위한 조사와 연구를 정부에 건의했다. 하마구치 내각에서 이 문제에 적극적인 역할을 한 것은 내무대신 아다치 겐죠(安達謙藏)였다.[155]

1930년 1월 7일 각의에서 아다치 내무대신이 제출한「중의원 의원선거혁정심의회관제」안이 승인되었다. 조사항목은 정치교육의 보급, 투표

153　김종식, 2016,「근대 일본 선거숙정운동의 인과적 이해를 위하여」,『日本學』42, 171쪽.
154　伊藤之雄, 1980,「『ファシズム』期の選擧法改正問題」,『日本史硏究』212, 45쪽 참조.
155　김종식, 2016, 앞의 글, 172~173쪽.

의 기권 방지, 비례대표, 선거공영, 중의원 의원선거법의 개정 등 선거숙정과 관련된 모든 사항이 망라되어 있었다. 구체적인 안건 준비는 총선거를 목전에 두고 있다는 점과 겹치면서 관료 중심의 선거혁정심의회 간사회에서 진행했다. 선거혁정심의회 간사회는 선거법개정뿐만 아니라, 선거계 정화라는 관점에서 국민의 정치교육까지 포함하는 광범위한 문제를 다루었다. 선거혁정심의회 간사회는 심의항목의 조사와 연구 결과를 총선거 후의 선거혁정심의회 총회에 제출했다. 한편, 3월 18일 전직 내무관료 다자와 요시하루(田澤義鋪) 등이 주도하는 「선거숙정동맹회」는 선거혁정심의회에 건의서를 제출했다. 건의 내용은 연좌법 제정과 매수사범 엄벌 등 정치교육의 철저가 그 핵심이었다. 그리고 정치교육을 위한 정치교육단체의 설립을 주장했다. 다자와가 구상하는 단체의 사업은 선거숙정에 한정하지 않고 정치교육 전반에 걸친 광범위한 것이었다.

하마구치 수상이 1930년 11월 14일 도쿄역에서 저격을 당하여 중상을 입었다. 이에 선거혁정심의회도 표류하게 되고, 정치교육단체의 설립도 추진력을 잃었다. 그러나 국민의 정당정치에 대한 불신이 높은 상황에서 정당정치에 대한 신뢰 회복은 정당 내각의 사활이 달린 문제이기에 선거개혁에 관한 논의는 지속되었다.[156] 하마구치가 중상으로 수상에서 물러나고, 이어서 같은 당의 와카쓰키 레이지로(1931년 4월 14일~1931년 12월 13일)가 재차 수상에 취임했다. 그런 가운데 1931년 9월 군부 주도의 만주사변이 발생했다. 와카쓰키 내각은 군부의 행동에 전혀 통제력을 행사하지 못했고, 결국 총사직했다. 이후 야당인 정우회의 이누카이 쓰요시 내각(犬養毅, 1931년 12월 13일~1932년 5월 16일)이 성립했다. 이러한 상

---

156 김종식, 2016, 앞의 글, 173~175쪽.

황에서도 1932년 정우회 내에 선거법개정위원회에서 선거혁정위원회안이 만들어졌다. 위원회는 선거숙정, 선거공영, 그 외 선거법 실시의 사무에 관한 협의 및 지방장관의 자문에 응했다.[157] 그러나 해군 청년장교 중심의 반란사건인 5·15사건으로 이누카이 수상이 사망하고 내각이 붕괴되면서 또다시 논의는 중단되었다.[158]

이후 사이토 마코토 내각(齋藤實, 1932년 5월 26일~1934년 7월 8일)이 성립했다. 정우회와 민정당이 연립내각의 구성원으로 참여했지만, 초연내각을 표방하면서 군부의 영향력이 강화되었다. 내각이 구성된 후 1932년 8월, 법제심의회가 구성되고 선거법개정 심의를 시작했다. 심의 내용에는 선거구제, 선거권 확장, 비례대표제 채용, 공탁금제도, 개표방법, 선거비용 제한, 선거운동 단속, 벌칙개정, 선거공영 등 많은 내용이 포함되었다. 심의회에서는 이누카이 내각 시기 정우회가 제안한 선거혁정위원회안도 논의되었다.

심의회 위원으로 선거숙정동맹회의 다자와도 참석했다. 그는 선거법개정안을 먼저 선거운영에 관한 사항과 선거숙정에 관한 사항으로 나누고, 다음으로 선거운영에 관한 사항만 정당의 참여를 인정했다. 그는 정당의 선거숙정 참여를 인정하지 않았다. 이에 정우회 측은 선거숙정에 성낭 관계자의 참여를 강력히 주장했다. 이렇게 선거숙정기관인 '선거혁정위원회' 설치가 문제로 부상했다.

사이토 내각에는 내무관료 출신으로 다자와와 함께 선거숙정운동을

---

157 「昭和七年法制審議会に対する内閣総理大臣の諮問」, 1935, 『内外調査資料』 7-9輯, 11~16쪽; 그 경과에 대해서는 官田 光史, 2004, 「選挙粛正運動の再検討 – 政友会を中心に」, 『九州史学』 139, 23~42쪽 참조.

158 김종식, 2016, 앞의 글, 175쪽.

이끌던 고토 후미오(後藤文夫)가 농림대신으로 입각했다. 그는 선거숙정 운동에 대한 정당세력의 영향력 억제를 위하여 선거숙정위원회의 설치를 주장하였지만 실현시키지 못했다. 정부는 심의회 답신을 1932년 11월에 확정하고 제출했다. 그러나 심의 미결로 결국 무산되었다.

사이토 내각은 비리사건에 휘말려 총사직하고 이후 오카다 게이스케(岡田啓介, 1934년 7월 8일~1936년 3월 9일) 내각이 성립했다. 오카다 내각에는 내무대신으로 농림대신이었던 고토 후미오가 발탁되었다. 먼저 고토는 제67의회(1934년 12월 24일~1935년 3월 25일)에서 선거숙정에 관한 경비예산을 가결시켰다. 이어서 내무성은 1935년 5월 8일 법령이 아닌 칙령으로「선거숙정위원회령」을 공포했다. 이 칙령에 따라 도부현 단위로 선거숙정위원회가 설치되었으며, 회장은 각 지방장관이 맡았다. 각 지방의 선거숙정위원회는 지방장관의 자문에 응해서 선거에 관한 폐해 방지, 공정한 선거 관념 보급, 그 외 선거 숙정에 관한 사항 등 선거공영제도에 관한 사항을 조사 심의하는 것을 임무로 했다. 1935년 6월 18일에는 민간에서 선거숙정운동에 협력하고자 선거숙정중앙연맹이 창립되었다. 법령이 아닌 칙령으로 선거숙정위원회 제도가 만들어진 상황에서 여론의 강한 지지가 필요했기 때문이었다. 선거숙정위원회는 선거숙정의 제도화를, 선거숙정중앙연맹은 여론지지 유도를 담당하며 관·민 연계를 추진했다. 그러나 양 조직의 실제 지도권은 내무관료가 쥐고 있었다.[159]

선거숙정운동에 대한 기대도 바뀌고 있었다. 선거숙정운동의 실천으로 선거에서의 매수와 그를 위한 자금이 필요 없게 된다면 기존 정당세력에게 유리할 것이라는 주장이 나왔다. 실제로 1935년 10월의 부현회 의

---

159 김종식, 2016, 앞의 글, 175~177쪽.

원선거에서 제1차 선거숙정운동이 전개되었는데, 그 결과 기성정당에게 유리하게 작용했다. 이것으로 선거숙정운동의 교화운동적인 한계가 드러났고 정치운동으로서의 필요성이 제기되었다.

이에 정계혁신의 관점에서 선거숙정운동 측은 다른 접근법을 주장했다. 그들은 선거숙정운동의 선구(先驅)인 1932년 오이타현 정촌회 의원선거에서 지방 최말단 부락단위의 선거숙정활동에 주목했다. 그 내용은 지방자치의 당쟁 배제와 그를 위한 무경쟁선거와 과정의 중시에 있었다. 다자와는 당쟁 배제의 선거숙정운동은 지방 진흥의 기초라고 설파했다. 제1차 선거숙정운동에서 경찰관의 활동과 부락간담회가 가장 효과적인 방법으로 인정되었다. 제2차(1936년 2월의 중의원총선거 대비), 제3차 선거숙정운동(1937년 중의원 의원선거 대비, 1939년 부현회의원선거 대비)을 위한 계획에서 부락간담회는 중요한 요소로 인식되었다. 부락간담회는 선거숙정운동뿐만 아니라 지방자치진흥운동과 연대하여 진행했다. 이후 선거숙정중앙연맹은 선거숙정운동을 위해 오인조제도와 부락상회 활성화를 주장했다. 선거숙정운동은 부락간담회를 비롯하여 오인조, 부락상회를 장려하면서, 지방자치에서의 당쟁 배제를 명분으로 정당세력을 배제하고, 경찰과 말단 관료의 개입을 조직화하는 모양새로 드러났다. 그러면서 선거숙정운동은 단지 선거 교화를 넘어서 정당정치를 배제하는 국민조직화로 나아갔다.

이런 인식 기반에서 선거숙정운동 측은 정계 혁신을 위한 방법으로 기존 정당 정우회와 민정당의 해체, 혹은 통합을 통한 기성정당의 재편과 정계 혁신을 주장했다. 선거숙정운동에서 정당세력의 배척은 경찰과 관료 등의 운동주도성과 조직화를 가져왔다. 이것은 선거숙정운동이 국가 주도의 국민조직화로 전용 혹은 변용될 수 있는 가능성을 키웠다. 또한 정당세력 약화와 관료통제 강화로 이어질 수 있었다.[160] 이리하여 선거숙정운동은 결국 일본 국민의 참정권 행사를 왜곡하는 지렛대로 작용했다. 이렇게 되자 기성정당 측은 선거숙정운동에 대해 우려의 시선을 보이기 시작했다. 선거숙정이라는 명목으로 관권이 선거에 간섭하여 정당의 기반을 붕괴시킬 수 있기 때문이었다.[161]

1936년 2월 26일 황도파 중심의 청년장교들이 쿠데타(2·26사건)를 시도했다. 그러나 통제파 군부가 나서서 이를 진압했고, 이 과정에서 군부의 영향력이 크게 확장되었다. 이후 오카다 수상이 물러나고 외무대신 히로타 고키(廣田弘毅, 1936년 3월 9일~1937년 2월 2일) 내각이 성립했다. 히로다 내각에서 육해군은 공동안으로 의회제도 개혁안을 제출했다. 군부는 정당 내각을 부인하고 정부, 의회, 국민 3자의 일체에 의한 거국일치, 일국일당을 주장했다. 이것은 계획에 지나지 않았지만 군부와 관료가 정당에 대한 정치 주도권 장악하고자 획책한 것이었다. 실제로 내각은 군부와 관료 출신자에게 장악되었고 궁극적으로 관료들의 정치계 통제강화는 피할 수 없게 되었다.[162] 군부와 관료가 장악한 내각에서 선거숙정운동은 선거숙정을 위한 운동이라기보다는 정치에 대한 정부의 통제를 강화하는 정치적인 성격을 가졌다. 이렇게 선거숙정운동은 1932년 5·15사건으로 정당 내각이 사라진 상황에서 관료 주도성이 강화되었고, 1936년 2·26사건 이후에는 군부와 관료 주도의 익찬(翼贊)선거를 통해 파시즘으로의 선도 역할을 하기에 이르렀다.[163]

160　김종식, 2016, 앞의 글, 182~187쪽.
161　衆議院議員 船田中, 1936, 「肅正選擧の総決算」, 『政友』 429号.
162　矢部貞治, 1952, 『近衛文麿 上』, 近衛文麿伝記編纂刊行会, 339쪽.
163　김종식, 2016, 위의 글, 181쪽.

2. 1940년대 일본의 태평양전쟁과 조선 참정권 문제의 전개

    1938년 조선에 육군특별지원병제도가 실시된 후, 조선군은 징병제 시행에 대한 의견을 검토하여 육군성에 제출했다. 1941년 4월 16일 육군성 국장회의에서 무토 아키라(武藤章) 군무국장은 조선에서의 징병제도, 대만에서의 지원병제도 실시에 대한 요망이 높기 때문에, 이에 대한 검토를 안건으로 올렸다. 징병을 관할하는 다나카 류키치(田中隆吉) 병무국장은 현재 조선의 지원병제도는 강압으로 이루어지기 때문에 징병제 시행은 고려하지 않는다고 했다. 6월 5일 열린 육군성 과장회의에서 사나다 조이치로(眞田穰一郎) 군사과장은 육군 3장관 사이에서 대만인의 '열의'에 답하기 위해 지원병제도를 채용할 예정이고, 징병제는 조선에서 1950년부터 실시하며, 대만도 조선과 보조를 맞춰 시행할 계획이라고 보고했다.[164]

    1941년 10월 18일 도조 히데키(東條英機) 내각이 성립되었다. 그리고 12월 20일 진주만 기습을 시작으로 태평양전쟁이 본격화되었다. 전선은 태평양, 동남아까지 확대되고 병력 부족이 현실화되었다. 식민지 징병제 시행 논의는 새로운 단계에 접어들었다. 다나카 병무국장도 조선의 징병제 실시를 적극적으로 검토하기 시작했다. 1942년 1월 각 군 징병주임 참모회동을 이용하여 조선 장정의 체위, 일본어 보급, 호적 정비 상황을 조회했다. 조선총독부는 학무국의 학도체력 검사 예산과 박흥식, 김연수 등

---

164 이형식, 2021, 「태평양 전쟁시기 조선인·대만인 참정권 문제」, 『사총』 102, 391쪽.

의 민간유력자 기부금을 합쳐 총액 70만 원으로 장정 체력검사를 실시했다. 수상과 육군대신을 겸임하고 있던 도조는 1942년 1월 29일에 열린 국장회의에서 병무국에 조선 징병제 시행을 검토하라고 지시했다. 육군성 병무국 병비과는 1942년 2월에 육군병력 기준으로 1941년 250만(남방전쟁작전), 1942년 350만(대소전쟁), 1943년 250만, 1944년 300만, 1945년부터 150만을 상정하고 1942년부터 식민지에서 20만 명의 인력을 이용하는 안을 제출했다. 조선군도 1942년 3월 1일부터 10일간, 조선인 장병의 체격, 호적 정비 상황, 일본어 이해 정도를 조사 검토하여, 육군성에 징병검사가 가능하다고 답신했다. 미나미 지로(南次郞) 조선총독은 1942년 3월 초에 도쿄에서 수상 및 육해군 수뇌부와 만나 징병제 문제를 협의했다. 이후 조선총독부와 조선군사령부는 본격적으로 징병제 준비에 착수했다.[165]

한편 도조 수상은 동남아침략이 진행 중인 1942년 1월 21일, 제79회 제국의회 시정방침연설에서 대동아공영권 건설을 내걸고 필리핀과 버마의 독립을 처음으로 표명했다(제1차 도조 성명). 도조 수상의 버마, 필리핀 독립 약속은 통수부와 사전협의 없이 발표되었다. 통수부는 분개하였고 남방군총사령부도 당황했다고 한다. 통수부가 반발하자 수상의 성명안은 2월 9일 개최된 대본영정부연락회의에서 심의되었다. 해군은 '독립'이라는 단어가 조선 독립문제에 적용될 우려가 있으니 삭제할 것을 주장했다.[166] 결국 도조가 원안을 고수하여 2월 16일 1차 성명과 유사한 성명이 발표되었다. 필리핀과 버마의 독립을 약속한 도조 성명은 대동아공영

---

165 이형식, 2021, 앞의 글, 392~394쪽.
166 参謀本部編, 1989, 『杉山メモ』, 原書房, 19쪽.

권에서 '내지(지도국)'에 속해 있지만, 실제로는 '외지(식민지)'였던 조선에 적지 않는 파장을 불러일으켰다.[167]

쇼와 천황은 3월 16일 조선통치상황을 상주하기 위해 입궐한 미나미 지로(南次郎) 조선총독에게 "남방 점령 지방의 자치 또는 독립에 관한 도조 히데키 수상의 주장이 조선통치에 미친 영향에 대해서 하문했다".[168] 천황은 버마, 필리핀 독립을 천명한 도조 성명이 조선통치에 미친 영향을 우려했다. 한편 조선군은 4월 24일에 열린 제1회 갑위원회에서 호적 정리, 일본어 보급과 함께 참정권 문제 대책을 의제로 올렸다. 조선군은 병역이 제국 신민의 숭고한 의무임을 고려해 조선에서 징병제를 시행하는 데 있어 그 대가로 참정권을 부여하지 않는다고 못 박았다. 5월 8일 각의에서 1944년부터 조선에 징병제를 시행한다고 결정하고 그다음 날 도조 수상이 천황에게 상주했다. 천황은 징병령 시행이 참정권 문제를 야기시키지 않을지에 대해 또다시 질문했다. 1942년 5월 내각은 조선에서의 징병제 시행을 발표했다. 조선총독부와 조선군은 징병제와 참정권 문제가 결부되는 것을 극도로 경계했다. 징병제 실시가 발표되자, 조선인 유력자들과 일부 젊은 사람들은 "징병령이 실시된 이상 대가로 참정권을 획득할 것이다"라고 주장했다. 미나미 총독은 이를 경계하고 징병제 시행이 일본 국체의 본의에 따른 최고의 황국 봉사이자 광영이라는 것을 역설했다. 1942년 5월 29일 고이소 구니아키(小磯國昭) 총독이 부임한 후, 조선총독부는 조선어학회사건, 단파방송 사건 등 민족운동을 탄압하는 한편 징병

---

167 이형식, 2018, 「'내파(內破)'하는 '대동아공영권' - 동남아시아 점령과 조선통치」, 『사총』 93 참조.

168 宮內廳, 2017, 『昭和天皇實錄』 8, 東京書籍, 667쪽.

제 시행을 앞두고 민심수습책을 강구하지 않을 수 없었다.[169]

도조가 대동아공영권을 내걸고 버마와 필리핀의 독립을 언급하면서, 일본 정계는 도조의 발언이 조선에도 영향을 미칠 것을 우려했다. 이러한 상황에서 일본의 정치지도자들은 조선의 징병제 실시와 참정권이 연결되어 있다는 것을 인지했고, 조선인 유력자들도 알고 있었다. 조선에서의 징병제 실시는 참정권과 떼려야 뗄 수 없는 문제이기 때문에 조선에서의 징병제 실시는 쉽지 않았다.

그러나 어려운 전쟁 상황은 조선 징병제 도입에 새로운 전개를 가져왔다. 1942년 6월 4~7일 일본군은 미드웨이 해전에서 대패한 후 수세에 몰렸다. 일본군은 1942년 8월부터 과달카날섬을 둘러싸고 미군과 치열한 공방을 벌였으나, 결국 1943년 2월에 엄청난 물적, 인적 소모 끝에 철수했다. 1943년 들어서서 연합국의 반격이 거세졌다. 일본은 연합국의 반격에 대항하여 정략적으로 동남아 여러 국가 및 민족의 힘을 결집시키려 했다. 1943년 1월 14일의 대본영정부연락회의에서 「대동아전쟁 완수를 위한 버마 독립 시책에 관한 건」을 채택하고, 8월 1일 버마 독립을 결정했다. 다른 민족의 독립 우려에 대하여 조선에서는 내선일여, 황민화 원칙으로 응수했다. 한편 인도네시아에 대해서는 원주민의 복지와 발전을 위해 지도하여 그 지위 향상의 도모를 꾀했다. 연락회의는 필리핀에 대해 앞으로 일본에 협력하여 내실을 거둘 수 있다면 버마에 준하여 대우한다는 방침을 세웠다. 도조 수상은 제81회 제국의회 시정방침연설(1943년 1월 28일)에서 버마와 필리핀 독립을 다시 한번 천명했다.

제81회 제국의회에는 조선에 징병제를 시행하기 위한 병역법개정안

---

169 이형식, 2021, 앞의 글, 394~404쪽.

이 제출되었다(1943년 1월 18일 제출, 2월 20일 성립). 개정위원회에서 병역법에 대한 반대급부로 참정권 부여 문제에 대한 질의가 있었다. 이에 대해서 육군 정부위원은 참정권은 대가로 고려하지 않고 있다고 답변했다. 또한 1943년 2월 4일 니시우라 스스무(西浦進) 군사과장은 "조선인의 지원병제, 징병제, 병보(兵補)도 어쩔 수 없는 응급 정책이다. 어떻든 앞으로 상당히 심각한 문제가 될 것이다"라고 말하여, 전황 악화에 따른 병력 부족의 응급 정책으로 조선인 징병제가 시행된다는 것을 명확히 했다. 1943년 2월 26일 열린 귀족원예산분과위원회에서 도조 성명에 대해 미즈노 렌타로 전 조선총독부 정무총감은 조선과 남방 여러 지역을 비교했다. 그는 조선이 문화와 역사에서 진보했기 때문에 남방에 독립을 허락한다면 조선도 독립해야 한다는 청년층의 주장을 소개하면서 대책을 따졌다. 속기는 중지되었고 정부 답변은 알 수 없었다. 조선통치관계자들은 동남아정책이 조선통치에 미치는 영향을 우려했다.[170]

이런 우려에도 병역법개정은 3월 2일 공포되었고, 조선인 징병제는 8월 1일부터 실시되었다. 1943년 4월 도조 수상은 중국, 만주 시찰에서 돌아오는 길에 경성에서 고이소 총독을 만났다. 고이소는 이때 참정권 문제를 제기했다. 도조는 취지에는 찬성했으나 실현에는 미온적인 태도를 보였다. 도조는 조선에 참정권을 실현하는 데 의회와의 절충이 쉽지 않다는 점을 염려했다.[171] 이 단계에서 도조는 조선인 참정권을 찬성하는 입장이었지만, 의회와의 절충이 어려울 것이라는 점과 천황이 징병제와 참정권을 결부시키는 것을 반대했기 때문에 적극적으로 움직일 수 없었다.

---

170 이형식, 2021, 앞의 글, 394~402쪽.
171 小磯国昭, 1963, 『葛山鴻爪』, 小磯国昭自叙伝刊行会, 766쪽.

1943년 5월 11일 미국은 알류샨 열도의 전략적 요충지인 애투섬에 상륙했다. 같은 날 일본 각의에서 "가까운 장래에 급격히 증가할 군 요원을 충족시키기 위해 인적 자원을 조선인 및 대만인으로 보충하고 황민화를 철저히 도모해 조선과 대만의 통치를 완수하기 위해" 조선인 및 대만인에게 해군특별지원병제 신설과 준비를 결정하고 5월 12일 발표했다.[172] 1943년 5월 15일 도조는 대만인 징병검사를 검토하라고 지시했다. 대만에서의 징병제 시행도 군사적인 관점에서 도조의 '결단'으로 빠르게 진행되었다. 한편 조선인 징병검사 시찰을 위해 조선에 출장을 다녀온 다나카 병무국장은 1943년 8월 7일 국장회의에서 조선인이 참정권을 입에 올려 잡혀가는 것은 유감이라고 조선인 유력자의 의견을 소개했다. 이후 조선의 징병제 실시로 조선민심의 폭동화 우려를 염려하여 대책 검토가 이루어졌다. 이러한 가운데 유게 고타로(弓削幸太郎) 중앙조선협회 이사도 8월 7일 세키야에게 "징병제도와 참정권을 교환문제라고 생각해서는 안 된다고 하는데 통용되지 않는 주장입니다"라고 했다.[173]

한편 추축국(樞軸國)과 연합국의 외교적인 대응도 점점 더 적극성을 띠게 되었다. 대본영은 미국으로 망명한 캐손(Manuel Luis Quezon y Molina) 전 필리핀 대통령이 가까운 시일 안에 독립선언을 한다는 방송 보도를 접하고, 1943년 10월 2일 열린 대본영연락회의에서 필리핀 독립을 예정보다 1주일 앞당길 것을 결정했다. 캐손의 필리핀독립선언에 선제적으로 대응하기 위한 것이었다. 이후 일본은 '대동아정략지도대강(大東亜政

---

[172] 「朝鮮人及台湾本島人ニ海軍特別志願兵制新設準備ノ件ヲ定ム」, (국립공문서관 類 02763100).

[173] 이형식, 2021, 앞의 글, 395~407쪽 참조.

略指導大綱)'에 따라 1943년 11월 5일과 6일 도쿄의 제국의회 의사당에서 대동아회의를 개최했다. 일본을 필두로 중국의 왕지웨이(汪兆銘) 정부, 태국, 만주국, 필리핀, 버마의 대표와 옵서버로 인도 대표를 참석시켜「대동아공동선언」을 발표했다. 대동아회의가 폐막하고 얼마 안 된 11월 29일, 연합국은 대만, 만주, 펑후(澎湖)제도의 중국 반환과 조선 독립을 담고 있는「카이로선언」을 발표했다.「카이로선언」은「대동아공동선언」에 대응하는 성격을 지니고 있었다.[174]

1943년 11월부터 1944년 전반기에 걸쳐 미군이 남태평양전선에서 공세를 강화하자, 일본 육군은 인도네시아 독립을 검토하기 시작했다. 참모총장, 차장의 직속기관인 전쟁지도반의 반원 다네무라 사코(種村佐孝)는 시게미쓰 마모루(重光葵) 외무대신과의 의견 교환 자리에서 전국이 호전될 때 인도네시아를 독립시키고, 조선인, 대만인에게 참정권을 부여할 필요가 있다고 말했다. 1944년 3월 22일 도조는 군무국에 대동아경제회 개최와 인도네시아 독립 검토를 지시했다. 인도네시아 독립은 적당한 시기에 정부가 성명하겠지만 군무국은 조선인, 대만인 관계를 고려할 필요가 있다고 판단했다. 육군에서도 인도네시아 독립이 조선과 대만 통치에 미칠 파장을 염두에 두었던 것이다.

1944년 5월부터 조선에서 징병검사가 시작되었다. 고이소 총독은 5월에 동경으로 건너가 도조에게 조선의 참정권 실시 문제를 제기해 보았지만, 수상이 받아들이지 않았다고 한다. 고이소는 1944년 5월 5일, 쇼와 천황에게 1시간 반 이상에 걸쳐 조선의 민정, 농업, 광공업, 노무에 대한 보고와 더불어 참정권 부여 시기를 상주했다.

---

174 이형식, 2021, 앞의 글, 402쪽.

그러나 조선에서의 참정권 실시 문제는 내각, 제국의회, 추밀원의 동의가 필요했다. 그렇기 때문에 도조 수상은 이 문제에 소극적인 입장이었고, 조선인 참정권 문제의 해결은 요원한 것처럼 보였다. 5월 18일 전쟁지도반장 마쓰타니 세이(松谷誠) 대좌는 시게미쓰 외무대신과 만나서 인도네시아와 베트남의 독립, 대동아경제회의 등 대동아정책을 적극적으로 검토할 필요성을 언급했다. 이어서 7월 7일 사이판의 일본인 수비대가 전멸할 때, 하타 히코사부로(秦彦三郎) 참모차장은 인도네시아 독립을 시급히 연구하도록 전쟁지도반에 명령했다. 한편 1944년 7월 9일 사이판 함락을 계기로, 조선에서는 패전사상이 더욱 확대되고 조선 독립론이 확산되고 있었다.[175]

전선에서 일본군의 잇따른 패전과 병력 부족으로 조선인 징병은 필수 불가결한 것이 되었다. 그렇지만 식민지 조선에서의 징병제 시행은 일제의 동남아시아 국가들의 독립논의와 맞물려 조선인들의 불만을 높이는 요인으로 작용했다. 이러한 상황에서 식민지 조선의 징병제와 참정권의 관계는 공개적으로 상관관계를 언급하고 있지는 않지만, 일본정치 지도자에게는 피할 수 없는 문제로 인식되고 있었다. 전선과 민심의 현장에 접해 있는 육군과 조선총독부는 참정권 시행의 필요성을 절감하고 있었다. 그럼에도 도조 수상을 비롯해서 내각, 추밀원, 귀족원, 관료층의 상당수는 조선에 참정권을 부여하는 데 여전히 유보적이고 부정적이었다.

---

175 이형식, 2021, 앞의 글, 403~404쪽.

3. 조선 참정권 성립의 정치 과정

1944년 7월 사이판 함락으로 절대국방권이 무너지자 이를 빌미로 반(反) 도조세력들은 도조 내각을 붕괴시켰다. 중신회의에서 조선총독 고이소가 낙점을 받고, 쇼와 천황은 중신들과 협의하여 고이소와 해군대신 출신으로 수상을 지낸 요나이 미쓰마사(米內光政)가 협력하여 내각을 조직하라는 이례적인 조각 명령을 내렸다. 고이소는 육군 출신이지만 현역을 떠난 지 6년이나 지났고, 2년간 조선총독을 역임했기 때문에 일본 국내에 정치적 기반이 전혀 없었다. 그뿐만 아니라 국내 정보에도 어두웠다. 1944년 7월 22일 시작된 고이소 내각은 약체내각이었지만 도조세력의 대항마로 1945년 4월 7일까지 8개월간 유지되었다.

참모본부와 육군성의 수뇌부는 내각과 통수부의 연락조정을 위해 설치한 최고전쟁지도회의에서 인도네시아의 독립을 발표하고, 조선인과 대만인에게 황민화 정책을 철저히 시행하여 제국 신민으로서의 권리와 의무 부여, 독립운동의 철저한 탄압을 주요 내용으로 하는 지도요강을 제출했다. 이 요강은 「앞으로 취해야 할 전쟁지도의 대강」으로서 8월 19일 열린 제8회 최고전쟁지도회의를 통과했고, 1944년 9월 7일 제85회 제국의회에서 인도네시아의 독립 부여와 함께 조선, 대만의 처우에 관한 소위 「고이소 성명(小磯國昭聲明)」으로 발표되었다. 고이소 내각이 장래 인도네시아의 '독립'을 발표하자 조선 독립론은 더욱 거세졌다.[176]

「고이소 성명」 발표 이후 9월 9일 중의원 예산위원회에서 쓰루미 유

---

[176] 이형식, 2018, 앞의 글, 103~107쪽.

스케(鶴見祐輔)가 조선, 대만인에 대한 참정권 부여를 질문하자, 고이소 수상은 "상당히 고려할 여지가 있기 때문에 충분히 신중한 연구를 거듭하고자 한다"[177]라고 확답을 피했다. 고이소는 조선 참정권에 적극적인 모습을 보여주지 못했다. 그러나 10월 5일 열린 최고전쟁지도회의에서는 조선에서의 독립론에 대응하여, 첩보활동, 공산주의, 조선 독립운동 그 외 대동아 각지의 반일적 민족운동에 대한 단속을 한층 엄중히 하는 동시에 일본이 처우개선을 준비한다는 '적측사상모략파최방안(敵側思想謀略破摧方案)'을 확정했다. 조선의 참정권 문제가 논의될 수 있는 여건이 만들어지는 가운데, 미야기현 지사 마루야마 쓰루키치(丸山鶴吉, 전 조선총독부 경무국장)가 제국의회에 대조사기관을 설치하여 조선 참정권 문제를 논의할 것을 제안했다. 마루야마는 이러한 제안을 고이소 수상, 니노미야 하게시루(二宮治重) 문부대신, 오가타 다케토라(緒方竹虎) 국무대신, 다나카 다케오(田中武雄) 내각서기관장에게 발송했다.[178]

일본 정부는 10월 25일, 도항 제한 완화, 경찰 단속 개선 등의 「일반처우」와 참정권에 관한 '정치 처우'는 '별도의 고려 위에 입안'할 방침안을 내놓았다. 11월 4일 각의에서는 「조선 및 대만 거주민의 처우개선에 관한 건 취급 방침안」을 결의했다. 여기서는 '정치처우조사회'의 신속한 설치와 국정참정권 부여 방침을 명확히 했다. 특히 조선과 대만에서 귀족원 의원 선임 사항은 "다음 의회에 제안의 목표를 두고 촉진"하며, 칙령으로 「귀족원령중개정칙령안」을 제시함과 동시에 「조선 및 대만 거주민 정치처우조사회 설치요강안」을 각의 결정하고, 조사회장에는 고이소 수상

---

177 「第85回帝国議会 衆議院 予算委員会 第3号」1944.9.9.
178 이형식, 2021, 앞의 글, 413~416쪽.

자신이 취임하기로 했다. 이 각의 결정 뒤 내각과 내무부에서는 관제의 발표 시기와 여론 지도 방안이나 참고 자료 작성이 추진되었다. 「정치처우조사회관제」는 12월 23일 재가, 26일에 공포하였다. 「정치처우조사회」는 내각 총리대신의 감독에 따르며 그 자문에 응하여 "조선 및 대만 거주민의 정치상 처우에 관한 중요사항을 조사심의"(제1조)하고, "회장은 내각총리대신의 주청(奏請)을 바탕으로 이를 칙명"(제3조)으로 임명하며, 위원·임시위원은 "내각총리대신의 주청에 따라 관계 각 관청, 귀족원 의원, 중의원 의원 및 학식 경험자 중에서 내각에서 이를 임명한다."(제3조), 서무정리를 위한 간사장은 법제국 장관이 담당하며, 서무정리를 위한 간사는 '관계 각청 고등관'이 내각총리대신의 주청으로 임명된다(제6조). 또한 소관사항의 분장(分掌)을 위하여 부(部)를 설치할 수 있으며 부장 및 부의 위원·임시위원은 회장이 지명한다(제5조). 이와 같이 회의 운영·인사 등 중요사항은 모두 내각총리대신이 장악하는 구조였다. 구성원은 회장 총리대신 1인, 부회장 2인, 위원 40인, 임시위원 10인, 간사장 1인, 간사 15인으로 이루어졌다. 일본정치의 최고위층과 실무담당자를 망라하였지만, 조선과 대만 관련자는 위원에 2인, 간사에 2인을 포함하였으며, 조선인과 대만인은 포함하지 않았다.[179]

그러나 조선 참정권 실시 문제에 대해서는 반대가 많았다. 기도 고이치(木戶幸一) 내무대신은 상당히 문제가 되는 것이라고 하였으며, 중의원 의원 오아사 타다오(大麻唯男, 정치처우조사회 위원)는 조선 참정권의 문제는 상당히 어려운 정치문제로 여러 가지 문제를 불러일으킬 수 있다고

179　岡本真希子, 1996, 「アジア·太平洋戦争末期における朝鮮人·台湾人参政権問題」, 『日本史研究』 401, 54~55쪽.

했다. 한편 중의원 의원들도 중의원 서기관장 오키 미사오(大木操, 정치처 우조사회 위원)를 11월 하순부터 자주 찾아와 조선 참정권에 대해서 반대한다는 의견을 분명히 했다. 선거법을 기안하는 내무성에서도 내무정무차관 다케치 유키(武知勇記)는 조선 참정권 문제는 연구해도 어렵다고 하였으며, 실제로 내무성 경보국장과 지방국장은 전쟁이 진행되는 상황에서 조선인에게 사탕 한 조각 투여해도 전쟁 협력은 불가능하며, 조선인에게 부여하면 대만인, 사할린의 아이누에게도 주어야 한다면서 반대했다. 오다치 시게오(大達茂雄) 내무대신도 지금의 상황은 조선 참정권 문제를 다룰 정세가 아니며, 조선 참정권 문제를 다룬다면 혼란만 가중시킨다며 소극적인 자세를 보였다. 기안 담당자 중 한 명인 고바야시 요조지(小林與三次) 내무성 지방국 내무사무관도 이것은 꼴불견으로 진행할 수 없다는 의견을 제시했다. 관할 성청이었던 내무성이 격렬하게 반대했고, 다른 성청도 결코 우호적이지 않았다.[180]

고이소 내각에는 고이소를 비롯해서 니노미야 문부대신, 후지와라 긴지로(藤原銀次郎) 군수대신, 고다마 히데오(兒玉秀雄) 국무대신, 다나카 내각서기관장 등 조선에서 근무했거나 조선과 인연을 맺은 소위 '조선파'들이 포진했다. 하지만 후지와라를 제외한 인물들은 내각에 참여하기 전에 일본을 떠나 있었기 때문에 일본 정계에 어두워 정치력에 한계가 있었다. 고이소 각료들을 대신하여 참정권 문제해결에 적극 나섰던 사람은 귀족원 의원인 세키야 데이자부로(関屋貞三郎)와 엔도 류사쿠(遠藤柳作) 정무총감 같은 조선통치 관계자들이었다. 엔도 정무총감은 도쿄에 체재하면

---

180 岡本真希子, 1996, 앞의 글, 55~56쪽.

서 각 방면에 조선 참정권 부여를 위한 지지 활동을 전개했다.[181]

육군은 보다 적극적이었다. 11월 22일 오키 미사오를 방문한 다지마(田島) 육군소좌는 조선 참정권 문제를 포함한 조선 처우 문제는 육군 측의 징병령 시행과도 관계가 있기 때문에 내각의 방침을 지지한다고 말했다. 이에 대해 오키 미사오는 참정권 부여 문제가 정치·법률상 여러 가지 문제가 있다면서, 그중에서도 가장 어려운 문제로 중의원 의원선거에 식민지 조선인이 참여하는 것이라고 했다.[182] 식민지 조선에 참정권을 부여하는 데 있어 고이소 내각과 육군은 적극적이었고, 관료와 의회 등 '내지 정치' 측은 소극적인 태도로 대조적인 모습을 보였다.

「정치처우조사회」[183]는 총회를 4회 개최하였고, 제2회 총회에서 부회(部會) 설치를 결정했다. 제1부회가 귀족원 의원 관련 사항을, 제2부회가 중의원 의원 관련 사항을 토의했다. 각 부회는 소위원회를 설치하고, 소위원회 논의사항을 다시 부회에서 심의하며, 최종적으로 총회에서 심의했다.

제1회 총회(1944년 12월 29일)에서는 수상 인사, 의사 규칙, 자문안 발표와 엔도 조선총독부 정무총감의 조선사정 설명(대만총독부 총무장관은 결석)뿐이었다. 정부는 백지의 입장에서 각자 자유롭게 의견 개진을 부탁한다며 복안을 제출할 의사가 없다는 방침을 내세웠다.

제2회 총회(1945년 1월 7일) 초반에는 조선과 대만에서의 귀·중 양의원 선출의 목적이 불분명하다는 이유로, 야마다 사부로(山田三良) 위원은

181　이형식, 2021, 앞의 글, 414쪽.

182　大木操, 1969, 『大木日記 : 終戦時の帝国議会』, 朝日新聞社, 125쪽, 1944.1.22.

183　이하의 「정치처우조사회」 내용은 岡本真希子, 1996, 「アジア·太平洋戦争末期における朝鮮人·台湾人参政権問題」, 『日本史研究』 401 내용을 중심으로 정리하였음.

먼저 총독부 관할의 지방정치에 조선인과 대만인이 참여해야 한다고 주장했다. 이에 대하여 조선인과 대만인의 참정권 찬성파로 알려진 세키야 데이자부로 위원은 "현재 조선과 대만 양쪽에 모두 병역의 의무를 부담시키고 있는 상황에서, 병역과 국정 참여가 교환 조건은 아니지만, 의회에 의원을 보내는 것이 필요하다"고 말했다. 또한 의원 수에 대해서는 전시하에 많은 노무 인력을 공출하고 있기 때문에 그 공출의 실정에 따라 정치참여자의 수를 정할 것을 제안했다. 세키야는 전쟁 상황에서 조선과 대만의 전시 협력을 얻으려면 시급히 실행해야 효과가 크다고 조선 참정권 부여에 찬성 의견을 냈다. 그러나 논의만 계속되고 합의가 이루어지지 않으면서 진전이 없었다. 고이소 수상은 논의가 진전되지 않고 있는 상황에서, 돌연 귀족원·중의원 양의원에 약간의 조선인과 대만인을 임명 또는 선출하는 것이 조사회의 근본방침이라는 의지를 강하게 드러냈고, 심의 목적이 국정참정권 부여 방법임을 명확히 했다. 고이소는 조선의 참정권 부여를 명확히 하고, 그 구체적인 방법론으로 논의를 진전시켰다. 이후 조사회는 귀족원 의원 관련과 중의원 의원 관련 부회로 나뉘어 논의를 진행하였고, 각각의 논의사항을 제3회와 제4회 총회에 회부했다.[184]

귀족원 관련사항은 제1부회(부장 미즈노 렌타로)에서 총 3회, 그사이에 소위원회에서 1회 심의되었고, 제3회 총회에서 표결하였다. 제1회 부회(1월 13일)의 심의내용은 명확하지 않다. 제2회 부회(1월 18일)에서는 간사 참고안을 중심으로 칙임·임기제 등을 심의하였다. 쟁점은 칙임 방법이었다. 유력한 안으로 조선총독부 정무총감, 대만총독부 총무장관이 주관하여 각 총독 추천자의 칙임을 요청하는 것이 검토되었다. 한편 다나카

---

184 岡本真希子, 1996, 앞의 글, 57~58쪽.

다케오(田中武雄) 내각서기관장은 조선인과 대만인으로 한정할 것을 조문에 명기하지 말 것과 임기를 5년이나 7년으로 제한할 것을 희망했다. 또한 미우라 가즈오(三浦一雄) 법제국 장관은 조선과 대만에서 뽑을 인물상으로 현지 지역 사정에 밝으면서, 일본 정부의 국가 운용에 협조적인 인물이어야 하며, '민족대표'의 성격을 지녀서는 안 된다는 점을 강조했다. 결국 논의는 소위원회(1월 23일)로 넘어갔다. 소위원회(소위원회 회장 세키야 데이자부로)도 간사 안에 따라 논의했지만, 쟁점은 역시 칙임 방법이었다. 민의의 반영방법을 둘러싼 논의는 있었지만 결국 총독 추천자의 칙임으로 결정하였다. 선출 인원은 10명으로 조선인 7명·대만인 3명으로 정하였지만, 내각 서기관장의 희망대로 명문화하지 않았다. 소위원회안을 심의한 제3회 부회(2월 8일)에서 미우라 법제국 장관은 조선·대만 거주자의 자격요건을 헌법에서 균등하다(헌법 제19조)는 이유를 들어 조선인과 대만인만으로 하지 않고, 내선대인(內鮮臺人) 구별이 필요 없다는 것을 원칙으로 하자고 주장했다. 이를 제3회 총회(2월 12일)에서 미즈노 제1부회의 회장이 보고하여 두세 번의 질문 후에 채택하였다.[185]

조선과 대만에서의 귀족원 의원 칙임과 관련된 내용을 정리하면 다음과 같다. 자격은 조선 또는 대만에 거주하며 만 30세 이상의 남자로 명망있는 자(거주 연한 조건 없음)로 한다. 의원 수는 10명 이내로, 조선인 7명·대만인 3명으로 하되, 조선인과 대만인 여부를 명문화하지 않는다. 칙임의원의 일종으로 한다. 선임 방법은 명문화하지 않고 총독부의 추천자로부터 선임하고 임기는 7년으로 한다. 귀족원 관련 사항은 정부안을 기본으로 하고, 두 총독부의 의견을 수렴한 형태로 결정했으며, 조선과 대만의

---

185 岡本真希子, 1996, 앞의 글, 58~60쪽.

귀족원 의원 칙임에 현지 총독과 총독부의 주도권을 인정했다.

중의원 관련사항은 제2부회(부장 야마자키 다쓰노스케 山崎達之輔)에서 총 3회, 그사이 소위원회에서 4회 심의하고, 제4회 총회에서 채택하였다. 제1회 부회(1월 19일)에서는 우선 미우라 법제국 장관이 참고안을 내고 설명했다. 부회에서는 중의원 제86의회가 개최되는 상황에서 심의할 시간적 여유가 있는가라는 문제를 먼저 다루었다. 위원들과 미우라 법제국 장관, 야마자키 부장도 사실상 시간적으로 곤란하다는 입장에서 심의를 미루려고 했다. 그러나 수상의 의지가 강하였고, 부회에 참여한 육군차관 시바야마 겐시로(柴山兼四郞)가 "조금이라도 빨리 본안을 결정하여 전력에 큰 도움이 되고 싶다. 현재는 결전을 앞두고 나는 졸속이라도 좋으니 하루라도 빨리 결전에 도움이 되게 하고 싶다. 가능하다면 본 의회 개회기(3월 하순)까지 의회에 제안을 희망한다"라는 뜻을 말하고, 심의와 제출을 강력하게 요구했다. 이후 실제로 참정권안은 제86회 제국의회에 제출, 통과되었기에 수상·육군의 의견이 통과되었다고 볼 수 있을 것이다. 제2회 부회(2월 13일)도 자세한 것은 알 수 없지만, 소위원회가 4회 개최되었다.

소위원회(소위원회 회장 가쓰다 에이키치(勝田永吉)) 경과를 보면, 제1회(2월 17일) 당초에는 백지방침 때문인지 복안이 없었다. 오키(大木操) 위원이 입법형식(단행법이냐 현행법 개정안이냐)·법역문제(단행법의 경우 헌법과의 관계)·내무대신과 조선총독의 관계 등 법률문제가 방해요인이 되어서는 안 된다고 정부에 방침 제시를 요구했다. 제2회(2월 21일)에 야마자키(山崎) 제2부 회장이 간사 안을 제출했다. 그 기본 방침은 현행법 개정안으로 할 것, 내무대신이 총독을 지휘하는 이례(異例)를 둘 것, 법역 철폐, 총독정치에 순차적으로 근본적 변혁을 이룰 것, 기타 직접제한선거제로 할 것 등을 밝혔다. 여기에서 처음으로 정부가 법역 철폐, 총독 정치변혁 등의 식민지 통치를 근지부터 흔드는 근본 방침을 제시하였다. 제3차(2월 24일)에는 의원 수와 선거권, 벌칙문제, 의회 운영에 미치는 영향 등을 논의했다. 제4차(2월 28일) 심의내용을 보면, 선거방법은 직접선거로 하되, 선거권은 '조선 및 대만의 상황'에 비추어 일본과 같이 보통선거법을 시행하는 것이 곤란하고 선거권의 자격을 제한할 필요가 있다고 하여 납세자격을 두었다. 납세액은 최초의 조선 10엔·대만 5엔 이상(부회 제1회 간사 안)에서 소위원회에서는 10엔 또는 15엔 이상이 후보였고, 심의 후에는 다시 후퇴해 15엔 이상이 되었다. 한편 피선거권에는 내지로부터의 들어오는 후보를 막기 위한 거주 조건 추가 요망도 나왔지만, 원칙적으로 일본과 구별을 두지 않는 편이 좋고, 또 실제 문제로도 특별히 생각할 수준의 폐해는 없다는 이유로 거주 조건을 두지 않았다. 의원 수는 한쪽으로는 '헌정의 원만한 운용'을 고려하고, 다른 쪽으로는 '조선 및 대만 거주민의 정치참여의 의의'에 비추어 종합적으로 판단 고려하여 조선 22명, 대만 5명으로 했다. 선거제도 시행방식은 특별법의 시행이 아니라, 조선과 대만에서 일본과 동일 의회 구성에 관한 법률이기 때문에 중의원 의원 선거법이 그대로 확대 연장되어 외지에 미치게 하는 방향이 '내외지일체화'의 취지에도 부합된다는 이유에서 현행법 개정으로 하였다. 소위원회는 간사 안을 기초로 심의하여 소위원회안을 작성했고, 그것은 제3회 부회(3월 4일 오전)에서 만장일치로 찬성을 얻어 제2부 회안이 되었다.[186]

    제2부 회안은 제4회 총회(3월 4일 오후)에서 다시 심의하였다. 의원 수에 대한 논의는 일본정치(내지 정치)와의 관련 속에서 검토되었다. 야마자

---

[186] 岡本真希子, 1996, 앞의 글, 60~61쪽.

키 제2부 회장은 보통선거법의 가능성은 있지만 현재의 정세에서는 할 수 없다고 말했다. 또한 의원 수는 고정적인 것이 아니라고 말했다. 시바야마 육군차관은 전쟁과 관련해서 의원 증원을 요구하였다. 세키야도 의원 산출 기초에 대해 현지 당국의 의견을 전부 받아들이는 것이 좋겠다고 하여 의원의 증원을 요구했다. 조선통이자 전 식민지관료인 구즈우 요시히사(葛生能久)·시모무라 히로시(下村宏) 등의 위원도 증원에 찬성했다. 이에 대해 제2부 회장 야마자키는 의원 수가 너무 많으면 의회 운영에도 지장이 있다면서 의원 수 증원에 강력히 반대했다. 그는 제국의회 운영이라는 '내지 정치' 우선의 입장을 대변하여 의원 수 증원을 반대했다. 이들 모두는 각각 자신의 정치적 입장을 대변했다.

의원 수 산출기준은 인구 100만 명에 의원 1인의 비율로 하고, 80만 명 이상의 나머지에는 다시 1인을 배당했다. 유권자 자격은 제한하는 한편, 분모는 인구 전체로 했다. 이에 따라 의원 총수는 대략 25~35명으로, 조선인·대만인 의원이 중의원 의원 중 차지하는 비율이 약 5~7%가 되도록 했다. 이것이 앞에서 언급한 조선 및 대만 거주민의 정치참여의 의의를 고려하되, 의회 운영에도 지장이 없는 헌정의 원만한 운용을 종합적으로 판단하여 결정한 것이었다. 한편 선거권은 납세액 15엔으로 결정하였으며, 선거에서 '온건한 일류 인물'로 규정하여 '사상적으로 색채 있고 부적당하다고 인정되는 인물의 당선'을 막으려 했다. 결국 제2부회안은 제4회 총회에서 가결되었다.[187]

중의원 의원 관련사항을 정리하면 다음과 같다. 선거방법은 현행법 개정으로 직접선거, 선거권은 제국 신민 연령 25세 이상의 남성으로서 직접

---

187 岡本真希子, 1996, 앞의 글, 61~63쪽.

국세 15엔 이상을 선거인명부 조정 기일까지 계속하여 1년 이상 납세한 자에게 부여하는 제한선거였다. 피선거권은 일본과 같았다.(거주 연한 제한 없음) 의원 수는 조선인 22명·대만인 5명, 차기 선거부터 시행하는 것이었다.

1945년 3월 4일 일본 정부는 「정치처우조사회」 답신안을 거의 변경 없이 성안으로 작성하였고, 3월 7일에 각의에서 결정했다. 각의 결정안은 3월 12일과 13일 양일간 추밀원 심사위원회를 통과했다. 다시 제국의회에 넘겨져 3월 18~23일 논의가 이루어지고 법률로 성립했다. 이로써 4월 1일에 법률 제34호 「중의원 의원선거법 중 개정법률」과 칙령 제193호 「귀족원령」 중 개정이 원안대로 공포되었다. 귀족원에서는 개정된 귀족원령에 따라 4월 3일 조선에서 7명, 대만에서 3명 총 10명을 식민지에서 귀족원 의원으로 선임했다. 그러나 중의원 의원선거법은 구체적인 시행령도 마련하지 못한 채 1945년 8월 15일을 맞이했다.

식민지 참정권 부여를 위한 중의원 의원선거법 논의는 고이소 수상이 조선과 대만의 참정권 부여라는 방향성을 제시하고, 그 틀 안에서 정부안 논의가 진행되어 큰 틀에서 정부안대로 결정되었다. 이 논의의 진행은 일본의 전쟁 전황과 궤를 같이했다. 전황이 점차 불리해지자 좀 더 급히 추진되었다. 일본 국내 정치에서 조선의 참정권 부여는 전쟁 경과와 상관성을 가지고 있다고 생각해 볼 수 있다.

조선과 대만의 참정권 부여는 일본정치의 장에서 충분히 논의를 거치지 않았으며, 모순적인 측면을 지니고 있었다. 조선과 대만의 참정권 부여는 일본과 식민지를 일원적으로 파악하는 것이지만, 조선총독부와 대만총독부의 입법권과 행정권은 유지한다는 모순적인 모양새로 이루어졌다. 그렇기 때문에 조선과 대만의 참정권 부여는 많은 법적인 문제를 남겨놓았다. 내외지 법역의 일체화, 외지행정기구 및 지방자치기구의 개혁, 사법권 통일이라는 근본 문제가 과제로 남아 껍질만의 선거권 부여가 될 가능성이 농후했다. 결국 일제의 조선에서의 참정권 부여는 전쟁 수행을 위한 국제적인, 혹은 식민지 조선에 대한 전략으로 소비되었다.

제2부
조선총독부의 참정권 정책과 자치제 문제

제1장
3·1운동 직후 조선총독부의 통치정책 변화와 '문화정치'의 성격

1. 3·1운동 사후대책 논의와 내지연장주의 정책의 성립

1) 하라 내각의 성립과 육군의 3·1운동 사후대책 논의

전 민족 항쟁이었던 3·1운동은 당시 국내외 정세변화를 반영하여 일어난 운동인 동시에 새로운 민족운동 지형을 창출했다. 그뿐만 아니라 일본 정계에도 큰 영향을 미쳤고, 식민지 조선 지배의 변화를 가져왔다.

1917년 러시아혁명과 1918년 제1차 세계대전 종전의 결과, 러시아, 독일, 오스트리아에서 절대군주제가 붕괴되었다. 이런 상황은 일본 지배층에게는 큰 위협이 되는 것이었다. 일본은 메이지 헌법에서 입헌군주제를 표방하기는 했지만, 사실상 절대적 권위를 가지는 군주제를 기반으로 특권적 권리를 누리는 특권 번벌세력이 통치하고 있었기 때문이다. 동시에 일본의 경제성장을 배경으로 급속히 성장하던 신흥 자본가들을 배경으로 일본 정당정치세력에게는 정치체제 변화의 기대가 높아 갔다.

이런 가운데 1918년 8월에 쌀값 등귀를 계기로 전국적으로 '쌀소동'으로 일컬어지는 대규모 민중 소요가 일어났다. 그러자 정당정치세력과 지식인, 언론인들은 특권 원로제도의 폐지, 군부대신 현역무관제 폐지, 정당 내각제 확립, 노동조합 자유 등을 주장하면서 특권 번벌세력을 압박했다. 민중 소요를 수습하는 과정에서 데라우치 마사타케(寺內正毅) 내각이 물러나고, 9월 29일 정우회 총재인 하라 다카시(原敬)가 조각을 하게 되었다.

하라 내각은 육군과 해군, 외무 세 명의 대신을 제외한 모든 각료를 정우회 회원으로 임명한 최초의 본격적인 정당 내각이었다. 하라 내각 성립을 계기로 기존의 특권 번벌세력은 급속히 약화되기 시작했다. 메이지시대 후기부터 수십여 년에 걸쳐 일본 정국에 막강한 실권을 휘둘렀던 조슈·야마가타벌의[1] 핵심인 야마가타 아리토모(山縣有朋)는 당시 80세가 넘는 고령이었고, 노환으로 적극적으로 정국을 주도하기 어려웠다. 야마가타가 노쇠하자 조슈·야마가타벌은 자연히 원심력이 강해지면서 분열되어 약화될 수밖에 없었다.[2] 특권 번벌세력들은 민주주의의 압력에 따라 정당정치를 받아들일 수밖에 없다는 것을 자각하였고, 정우회와 제휴했다.

특권 번벌세력과의 일정한 제휴 위에서 하라는 정당 내각의 권한을 대폭 강화하려 했다. 그리고 그 과정에서 하라는 천황의 칙임을 받는 식민지 조선총독부의 정책에도 관여하기 시작했다. 당시 일본 육군 군벌과 그에 연결된 관료세력은 식민지 조선을 대륙정책을 위한 기반이자 정치적 기반으로 활용하고 있었다.[3] 또한 동양척식주식회사 등의 식민지 경제 기관을 통해 막대한 경제적 이권을 차지하고 있었다. 그렇지만 정당정치가 시대의 대세가 되고, 특권 번벌세력이 분열 약화된 것을 기회로 하라

---

1 메이지시대 최대 번벌특권세력인 야마가타벌은 1890년대부터 조슈벌과 육군을 기반으로 형성되었다. 야마가타벌은 궁중과 추밀원, 귀족원에 강한 기반을 구축했고, 문관관료는 물론 정당 일부에도 영향력을 행사했다. 주요인물로는 정당과 추밀원의 가쓰라 타로(桂太郎), 육군의 데라우치 마사타케와 다나카 기이치(田中義一), 궁중의 와타나베 치아키(渡辺千秋), 추밀원과 귀족원의 기요우라 게이고(淸浦奎吾), 문관 관료의 히라타 도스케(平田東助) 등 이었다. 季武嘉也, 1999, 『大正期の政治構造』, 吉川弘文館, 27~29쪽; 김종식, 2007, 『1920년대 일본의 정당정치』, 제이엔씨, 181~182쪽.

2 야스다 히로시 지음, 하종문·이애숙 옮김, 2009, 『세 천황 이야기』, 역사와비평사, 192~228쪽.

3 야마가타벌 관련 관료들의 조선에 대한 독점적 지배에 대해서는 다음 참조. 大江志乃夫, 1993, 「山縣系と植民地武斷統治」, 『近代日本と植民地』 4, 岩波書店, 15~27쪽.

는 식민지에서의 정우회 세력을 확장하려고 했다. 이는 무관전임제에 따라 무관만 임명될 수 있었던 조선총독을 문관도 임명할 수 있는 문무병용제로 바꾸는 관제개혁 추진으로 나타났다.

하라는 야마가타의 양자이자, 당시 조선 정무총감인 야마가타 이사부로(山縣伊三郎)를 후임 총독에 임명하는 것으로 총독 문무병용제 개혁을 추진하고자 했다. 야마가타벌의 주요 인물인 당시 육군대신 다나카 기이치(田中義一)도 이에 동의하여, 1919년 1월 조선총독 문무병용제 개혁안이 만들어졌다.[4] 하라와 다나카는 번벌 원로 야마가타와 데라우치 등을 비롯한 군벌 세력들을 설득해 갔다.[5]

이렇게 일본 정계가 일정하게 변화하고 있는 가운데 1919년 3·1운동이 일어났다. 일본은 3·1운동을 예상하지 못했으며, 특권 세력들에게 식민지 지배에 대한 위기를 불러일으켰다. 일본 군부와 내각은 일단 강력하게 무력을 동원해 시위를 잔인하게 진압했다. 시위가 어느 정도 진정되면서 일본 권력 핵심부는 향후 조선에 대한 식민지 정책을 어떻게 할 것인지 재검토했다.

1919년 7월 조선군 참모부는 3·1운동에 대한 원인을 분석하고 사후 대책을 제시한 보고서를 작성했다. 보고서에서는 3·1운동의 원인(遠因)

---

[4] 조선총독부 관제 개혁과 당시 일본 정계의 동향에 대해서는 다음 참조. 春山明哲, 1980, 「近代日本の植民地統治と原敬」, 『日本植民地主義の政治的展開 1895~1934 - その統治體制と臺灣の民族運動-』, アジア政經學會; 李熒娘, 1990, 「第一次憲政擁護運動と朝鮮の官制改革論」, 『日本植民地研究』 3; 李熒娘, 2007, 「原敬內閣期における朝鮮の官制改革論」, 服部龍二·土田哲夫·後藤春美 編, 『戰間期の東アジア國際政治』, 中央大學出版部; 김종식, 2007, 「1919년 일본의 조선문제에 대한 정치 과정-인사와 관제개혁을 중심으로」, 『한일관계사연구』 26집; 전상숙, 2012, 앞의 책, 119~126쪽.

[5] 김종식, 2020, 「3·1운동을 전후한 1910년대 식민지 조선을 둘러싼 일본의 정치 과정 연구-입헌 정우회와 하라 다카시(原敬)를 중심으로-」, 『역사학보』 245, 104~105쪽.

에 대해 첫째, 병합에 따라 조선왕조 당시 지위를 잃은 관리, 양반, 유생의 무리들이 불만을 품고 국경지대 등에서 결사를 설립하고 신문을 발행하는 등의 활동을 지속하였던 것, 둘째, 미국에 유학한 조선인들이 파리강화회의에서의 민족자결주의 사조에 영향을 받아 조선 내 배일자들과 연계하여 운동의 선동자가 된 것, 셋째, 일반시정에 대한 불만으로는 조선인 관리와 일본인 관리들 간의 봉급과 여비 등 물질적 대우와 직급 차별에 따른 불만과 조선인 고등보통학교 부족 등 교육정책과 시설에 있어 일본인과 조선인의 차이에 대한 불만, 급속한 제도 변화 등에 대한 불평, 넷째, 하급관리 및 재조일본인의 조선인에 대한 경멸적 태도, 동양척식회사 등을 통한 조선인 토지 잠식 등이 조선인의 원한을 샀다고 파악했다. 3·1운동의 근인(近因)에 대해서는 첫째, 파리강화회의에서 미국 대통령이 민족자결주의를 발표하고, 재미 및 도쿄 등의 배일 조선인이 이에 호응하여 독립을 고창한 여파가 조선의 소요를 야기했고, 둘째, 고종의 죽음에 대한 유언비어로 조선인이 일본에 대한 적개심을 갖게 되자 이를 해외 배일세력이 선동하였으며, 셋째, 경성과 평양, 진남포와 선천 등의 소요는 계통적 계획이 확실한데, 그 배후에 미국 선교사가 후원자로 존재하는 것이 분명하며, 넷째, 관헌의 압박을 받던 천도교의 교주 손병희가 민족자결주의의 고양과 고종의 죽음을 야심을 이룰 절호의 기회로 여겨, 반목하던 기독교와 제휴해서 소요를 야기했기 때문이라고 파악했다.[6]

이러한 원인 파악을 바탕으로 이후 방침에 대해 다음과 같이 제시했다. 우선 통치방침으로 조선 전 민족을 동화하여 준(準)대화(大和)민족

---

6 朝鮮駐屯軍 參謀部, 1967, 『騷擾ノ原因及朝鮮統治ニ注意スベキ件竝軍備ニ 就テ』, 姜德相·梶村秀樹 編, 『現代史資料』 26, 朝鮮 2, 644~647쪽.

으로 만드는 것을 목표로 하면서도, 폴란드와 아일랜드의 예에서 보듯이 이는 매우 곤란한 것으로 파악했다. 때문에 처음 단계에서는 일제의 강대한 위력과 권력 내에서 조선인의 어떠한 소요도 하등 효과가 없는 불리한 것임을 인식시키는 한편, 조선인의 대우 개선과 생활의 안정을 통해 일본인과 조선인의 심적 융화에 나설 것을 제시했다. 다음으로 동화의 길로 나아가 위압을 점차 완화시켜 진정한 단결된 국가를 형성하고, 관리 등용과 참정권 부여, 지방자치제 등을 일본 본국과 동등하게 할 것을 제시했다. 그렇지만 조선인의 민도가 높아져도 독립을 허용하거나 자치를 허용하는 것은 절대 피해야 한다고 주장했다.[7] 이런 방침은 조선군 및 일본 군부가 소요에 대해서는 강경 진압하면서도, 동화주의 방침에서 단계적으로 동화의 길로 나아가 장래 참정권 부여 등도 고려하고 있었음을 볼 수 있다. 그렇지만 조선 참정권 중에서 조선 자치, 즉 조선의회 설치에 대해서는 조선 독립과 마찬가지로 절대 피해야 한다고 주장하는 점에서 자치제 문제에 대한 일본 군부의 의중을 엿볼 수 있다. 이런 인식은 조선군만이 아니라 일제시기 내내 일본 군부 전체가 비슷하게 견지한 입장이었다. 이는 군부의 영향력이 강한 식민지 조선에서 자치제, 조선의회제 실시가 쉽게 실시될 수 없는 것임을 의미하는 것이기도 했다.

    조선군은 제도의 개혁이 시급하다고 하면서 여러 가지 개혁대책을 제시했다. 첫째, 조선인 관리에 대한 대우를 개선하여 일본인 관리와 동일한 대우를 할 것, 둘째, 조선인과 일본인의 분리 교육을 시정하여 상당한 지위와 신분이 확실한 조선인 자제에 대해서는 일본인 학교 입학을 허가하고, 고등보통학교 증설 및 서울에 대학을 설치하는 등 조선인 교육과정을

---

[7] 朝鮮駐屯軍 參謀部, 1967, 앞의 책, 647쪽.

개선할 것, 셋째, 조만간 헌병제도를 철폐하고, 군사경찰이 담당하던 지방 경찰을 보통경찰관으로 대신할 것, 넷째, 보통경찰을 대폭 증원하여 일본인이 하등 염려 없이 생업에 종사하게 할 것, 다섯째, 제도의 개선은 민정을 고려하여 실시하고, 충분히 이유를 해명할 것, 여섯째, 앞으로 부와 면에 자치를 허용하여, 우선 관선으로 부면과 도군에 자문기관을 설치할 것, 일곱째, '의사 소통'과 '융화의 수단'으로 어느 정도 언론의 자유를 허가하여 불평이 폭발하는 것을 막고, 자유롭게 발표한 것에서 불가한 점이 있으면 반박하여 그 잘못됨을 깨닫게 하고, 참고되는 것은 채용하여 시정에 참고자료로 할 것, 여덟째, 이민 문제에서 동양척식주식회사의 이민정책에 대한 조선인의 불만이 높기 때문에 하천 정리 및 기타 정리로 신토지 개간을 통한 이민 장려, 또는 공업 회사 설립으로 일본인의 이민과 같은 방침을 통해 조선인의 불안을 완화시킬 것, 아홉째, 조선인에 대한 태도에서 하급관리 및 재조일본인의 조선인에 대한 경멸적 태도를 시정할 것, 열 번째, 소요를 주도한 천도교나 기독교에 대응하여 '국가적 관념'을 가진 일본 종교의 포교와 교세 확장을 지원할 것, 열한 번째, 한일병합 공로자 중에서 약간의 귀족원 의원을 선출하는 등의 방법으로 조선인 유력자를 회유하고, 그 효과를 크게 할 친일조선인 유력자 이용 및 보호 조치를 할 것, 열두 번째, 조선인과 일본인의 잡혼을 장려할 것, 열세 번째, 조선인 일본유학생에 대해 동포로서 온정으로 접근하여 일본인에 대한 경모의 마음을 가지도록 유의할 것, 열네 번째, 헌병경찰관 및 하급관리의 조선어 습득을 장려할 것 등이다.[8]

조선군의 방침은 헌병경찰제 폐지, 조선인 관리 처우개선과 동등 대

---

8   朝鮮駐屯軍 參謀部, 1967, 앞의 책, 648~652쪽.

우, 학교 증설과 동등 교육기회 보장, 지방행정기관에 자문기관 설치 등과 같은 유화적인 정책을 상당수 포함하고 있었고, 이후 사이토 총독의 '문화정치' 방침에서 상당 부분 반영하기도 했다. 그럼에도 조선군은 군비증강의 별도의 장을 설정하여 첫째, 조선인에 대해서 위압(威壓)을 보이고, 일본인의 안정된 사업 발전을 보호하기 위해서 소요 진압 및 치안유지를 담당할 총 12개 대대로 구성된 4개의 독립수비대를 편성하여 전국에 분산 배치할 것, 둘째, 독립수비대 중 일부에 조선인 부대를 편성할 것, 셋째, 독립수비대가 편성되기까지의 응급책으로서 19사단의 미설치된 보병연대를 속히 편성하여 조선 내 부대와 함께 분산 배치할 것, 넷째, 장래 대외작전의 제일선 병력으로 군단을 편성할 때 제일착으로 조선에서 완성하고, 군단 편성이 불가능할 경우에는 사단을 증설할 것 등을 주장했다.[9] 이는 3·1운동 진압에서 군 병력 동원이 늦어진 것을 교훈 삼아 조선 각지에 군 병력을 분산 배치하고, 조선인에게 더욱 강한 물리력 행사를 보여주려는 방침이었다. 이는 독립운동을 사전에 방지하고, 운동이 발발할 경우라도 즉각적으로 무력 진압할 수 있도록 체계를 구조화하는 데 일차적인 목적이 있었다. 유화적인 정책은 위력적인 군 편성과 통치가 안정된 이후에야 추진하는 것으로 상정되었기 때문에 조선군의 방침은 사실 기존과 큰 변화가 없는 조치였다.

  이러한 조선군의 방침은 식민지 조선에 대한 일본 육군의 지배력을 약화시키려는 하라 내각에게는 받아들이기 어려운 것이었다. 더구나 3·1운동 발발에 대한 조선군, 더 나아가 일본 육군의 책임론 등과 맞물려 추진력을 갖기도 불가능했다.

---

9 朝鮮駐屯軍 參謀部, 1967, 앞의 책, 653~654쪽.

2) 사이토 총독 임명과 하라 수상의 내지연장주의 정책의 성격

하라는 문관도 조선총독에 임명할 수 있도록 관제개혁을 추진하는 과정에서, 야마가타의 양자인 야마가타 이사부로 총독부 정무총감을 총독에 임명하는 조건으로 육군 군벌들과 합의를 추진했다. 그렇지만 3·1운동이 일어나면서 이 구상이 무너졌다. 3·1운동 발발에 책임을 질 수밖에 없는 총독부의 현역 정무총감에 대한 책임론이 나오는 상황에서, 당사자를 후임 총독으로 승진시킬 수는 없기 때문이었다.[10]

다른 문관을 총독으로 임명하는 것도 불가능했다. 3·1운동의 배경이 되는 일본 육군의 무단정치에 대한 비판과 책임 문제는 고려되었다. 그렇지만 일본제국을 대륙의 침입으로부터 막아내고 일본제국이 대륙으로 진출하는 기지로서, 일본 안보 및 국방상의 생명선과 같은 중요한 위상을 갖고 있는 식민지 조선의 총독에 군인 출신이 아닌 정당세력을 임명한다는 것은 일본 육군과 특권 번벌세력에게 결코 용납할 수 없는 것이었다. 특권 번벌세력의 비호와 육성하에 1890년대 이래 꾸준히 성장해 온 일본 육군은 이미 일본 정치 내에서 가장 강력한 세력으로 성장했다. 메이지 헌법하에서 육군은 내각의 통제가 아닌 천황에게 직예를 하는 존재였다. 한편 원로와 궁중 대신들은 천황이 현실 정치와 국가정책에는 관여하는 것을 반대했기 때문에 일본 정치에서 육군을 통제할 수 있는 제도적 장치나 기구는 미약했다. 이런 이유로 하라 내각이 들어서고, 번벌 원로들이 노쇠화하면서 특권 번벌세력이 급속히 약화되어 갔지만, 그럼에도 육군에 대한 정당의 지배는 대단히 불완전한 것이었다.

---

10 김종식, 2020, 앞의 글, 106~107쪽.

원로를 비롯해 육군, 추밀원과 궁중, 귀족원의 특권 세력들은 문관 총독 임명을 바라지 않았다. 야마가타와 육군참모본부는 문관안에 반대하였고, 병석의 데라우치도 반대했다. 이에 육군대신 다나카는 식민지 조선과는 직접적 이해관계가 없는 해군 출신으로 해군대신을 역임한 사이토를 신임 총독으로 하는 절충안을 제시하였고, 하라와 야마가타가 이에 합의했다. 이에 제도상으로는 문무병용제로 하고, 실질적으로는 군부 출신을 임용하는 선에서 조선총독부 관제 개정안을 1919년 8월 19일, 칙령 제386호로 공포하였다.[11]

관제개혁을 통해 문관도 조선총독에 임명할 수 있게 되었지만, 실제 문관총독이 실현된 적은 일제시기 내내 한 번도 없었다. 더 나아가 하라는 관제개혁 과정에서 조선총독에 대한 내각 수상의 감독권도 관철시키지 못했다.[12] 다만 상주경유권으로 감독 효과를 대신했다. 조선총독은 여전히 법적으로는 내각의 통제를 벗어나 독자적인 권한을 행사할 수 있었다. 육군은 해군 출신 총독이 임용되어 독자적인 군대통솔권을 인정받지 못할 경우, 군령으로 이를 보완할 수 있는 방법을 마련했다.[13]

사이토 총독이 내정되자, 하라와 사이토는 오랜 내무관료 경력을 갖고 있으며, 이미 내각의 내무대신을 역임했던 거물급 관료 미즈노 렌타로(水野鍊太郎)를 정무총감으로 기용했다. 미즈노는 일본 지배 권력의 한 축을 이루는 일본 문관 관료의 대표적인 인물이었다. 그는 '인사대신'으로 불릴 정도로 행정력과 영향력이 출중했다. 미즈노는 1912년 제2차 사이온

---

11 전상숙, 2012, 앞의 책, 124쪽; 김종식, 2020, 앞의 글, 107~108쪽.

12 김종식, 2008, 「1920년대 초 일본정치와 식민지 조선지배-정무총감 미즈노 렌타로의 활동을 중심으로 -」, 『동북아역사논총』, 22호, 312쪽.

13 김종식, 2007, 앞의 글, 291~292쪽.

지 긴모치(西園寺公望) 내각 내무차관을 거쳐, 귀족원 칙선의원(勅選議員), 1913년 야마모토 곤노효에(山本權兵衛) 내각에서 하라 내무대신 아래 내무차관, 1916년 데우라치 내각에서 내무차관과 내무대신을 역임했다.[14] 그는 정우회원은 아니었지만 하라와 긴밀한 관계에 있었다. 그는 하라와 정우회의 지지 위에 내무성에서 성장하여 귀족원 의원과 내무대신까지 오른 대표적 정우회계 관료정치가였다.[15] 그런데 조선총독부 정무총감보다는 내무대신의 영향력이 월등하다는 점에서 그의 기용은 대단히 이례적 인사였다. 미즈노도 문관총독을 바라보는 입장이었기 때문에 무관총독하의 정무총감직을 처음에는 거절했다. 하라는 미즈노를 설득하였고, 하라와 긴밀한 관계에 있던 미즈노는 결국 이를 수락했다. 대신에 조선총독부 인사를 일신하기 위해, 자신이 신임할 수 있는 다수의 관료들을 데려갈 수 있게 인사권 일체를 요구하였고, 하라와 사이토는 이를 수용했다.[16]

하라는 조선총독부관제 개정안이 추밀원을 통과한 1919년 8월 8일, 신임 총독과 정무총감으로 내정된 사이토와 미즈노를 만나 이후 식민지배 정책의 기본이 될 「조선통치사견」을 제시했다. 여기서 하라는 '내지연

---

14 미즈노에 대해서는 다음을 참조. 木村健二, 2000, 「朝鮮總督府經濟官僚の人事と政策」波形昭一·堀越芳昭, 『近代日本の經濟官僚』, 日本經濟評論社, 272~273쪽; 伊藤隆·季武嘉也 編, 2004, 『近現代日本人物史料情報辭典』 1, 吉川弘文館, 383~384쪽; 김종식, 2008, 앞의 글, 312~313쪽.

15 김종식, 2020, 앞의 글, 110쪽.

16 자세한 경과는 다음 참조. 井上清, 1975, 『新版 日本の軍國主義 II : 軍國主義と帝國主義』, 現代評論社, 120~131쪽; 李熒娘, 1993, 「第一次憲政擁護運動と朝鮮の官制改革論」, 『日本植民地研究』 3; 李熒娘, 2007, 「原敬內閣期における朝鮮の官制改革論」, 服部龍二·土田哲夫·後藤春美 編, 『戰間期の東アジア國際政治』, 中央大學出版部; 전상숙, 2012, 앞의 책, 125~126쪽; 김종식, 2020, 앞의 글, 109~110쪽.

장주의'에 근거한 동화정책을 조선통치의 근본 방침으로 제시하였고, 이후 하라의 '내지연장주의'를 새로운 식민지 지배정책으로 관철하였다.[17] 하라는 일찍이 대만사무국 위원이었을 때와 조선 강제병합 직후에 조선을 다녀온 경험에서 식민지에 동화를 위해 내지연장주의 시행을 생각하고 있었다. 또한 3·1운동이 발발하자, 그 원인을 일제의 조선 지배의 근본적 모순 때문이 아니라 일시적인 현상으로 파악했다. 이에 헌병경찰제도를 보통경찰제도로 바꾸고, 문관 본위의 제도를 세우면서, 교육 등에 있어 내지와 동일한 제도를 실시하는 등 내지연장주의를 실시하면 해결될 것으로 보았다.[18]

「조선통치사견」에서 하라는 병합 이래의 조선 식민지배정책이 대만지배정책을 모방하고, 구미제국의 식민지배정책을 참작해서 결정한 것으로 평가했다. 그런데 구미제국과 식민지는 서로 인종, 종교, 역사, 언어, 풍속 등이 근본적으로 상이하기 때문에 특수한 제도로서 식민지를 지배해야 했다면서, 일본과 조선은 언어와 풍속에 다소간의 차이가 있지만, 근본에서는 동일계통에 속하는 인종이며, 역사에서도 상고에 거슬러 가면 거의 동일한 것이라 논할 수 있을 만큼 밀접한 관계에 있다고 주장했다. 따라서 구미제국의 특수한 식민지 제도를 모방해서 조선을 통치한 것은 과오이며, 이런 이유 때문에 3·1운동과 같은 반대운동이 일어났다고 평가했다. 조선에서 행정, 사법, 군사, 기타 경제재정, 교육지도에 내지와 동일

---

17 내지연장주의에 대해서는 다음을 참조. 春山明哲, 앞 논문, 1980, 59~61쪽; 한상일, 2004, 『제국의 시선』, 새물결, 184~200쪽; 기유정, 2011, 「식민지 조선의 일본인과 '조선의식'의 형성 -3·1운동 직후 '내지연장주의(內地延長主義)' 논의를 중심으로-」, 『대동문화연구』 76, 378~393쪽; 전상숙, 2012, 앞의 책, 117~126쪽.

18 김동명, 2006, 『지배와 저항, 그리고 협력-식민지 조선에서의 일본제국주의와 조선인의 정치운동』, 경인문화사, 54~58쪽.

한 제도를 실시하여 조선인의 상태를 호전시켜 일본인에 동화시키는 것을 조선통치의 원칙으로 할 것을 주장했다. 즉 일본인과 조선인을 주의와 방침에서 동일하게 통치하는 것을 근본정책으로 하는 내지연장주의를 주장했다. 다만 현재의 문명의 정도나 생활 상태에서 급속히 동일하게 할 수 없다면 점진적으로 진행하는 방침을 정할 필요가 있다고 했다. 그는 세간에 조선에 자치를 허용해야 한다는 주장들에 대해서 일본에서 실시하는 부현제나 시정촌제 같은 지방자치를 실시하는 것에는 찬성했다. 그렇지만 구미제국에서 실시하는, 즉 인도와 같은 식민지에서 실시하는 중앙정치 차원의 자치제를 조선에 실시하는 것에 대해서는 명백히 반대했다. 이는 동화주의와 같은 조선지배의 근본적 주의를 그르치기 때문이었다. 조선인의 독립을 기도할 의구심을 주는 대조선정책을 실시해서는 안 된다면서, 조선인의 독립에 대한 염원은 수세기가 가도 소멸되지 않을 것이라 판단했다. 그렇지만 조선인의 행복과 안녕을 향상 발전시키는 통치를 하면, 일제 통치에 반역을 기도하는 자들이 대체로 없어질 것이며, 국민을 선동하는 소수의 반역자들은 일본의 병력과 부력으로 쉽게 진압할 수 있다고 주장했다.[19]

하라는 이러한 판단하에서 구체적인 정책을 다음과 같이 15개 항목에 걸쳐 제시했다.[20]

① 조선총독에 문관과 무관 모두 임명 가능하도록 하고, 문관과 무관을 모두 통할하는 조선총독의 제도를 재검토한다.

---

19 齋藤實, 1990, 『齋藤實文書』 13권, 고려서림, 61~67쪽.
20 齋藤實, 1990, 위의 책 68~89쪽.

② 조선에서 시행하는 법률 명령을 만들 때는 가능한 한 일본에서 시행하는 법률 명령을 시행하는 것을 방침으로 하고, 일본에서 행해지는 법률 명령을 일부 또는 전부를 다소간의 경과를 두어 시행하는 것을 원칙으로 취한다. 또한 조선총독의 제령권한을 이용한 법률명령 시행은 특별히 필요로 하는 사항에 한하여 사용한다.

③ 조선에서 특별한 사정이 있는 국방의 문제도 일정 방침은 일본 당국자에 상의하고, 사법과 재정의 사무는 모두 일본 정부와 교섭하여 수행하며, 조선의 특별 사법제도는 가급적 속히 폐지한다.

④ 지방제도는 일본에서 시행하고 있는 시정촌제와 비슷한 제도를 우선 설치하고, 점차적으로 부현제를 실시하는 방침을 확립하되, 오키나와의 예를 참고하여 실시한다.

⑤ 헌병제도는 필요한 지방을 제외하고는 헌병을 폐지하고 경찰관으로 바꾸며, 경찰을 지방장관에게 소속시켜 통할하게 하고, 총독부에는 내무성 경찰국을 두어 전체적인 통할을 하도록 한다.

⑥ 가급적 조선인들과 일본인의 교육을 다르게 하지 않고, 조선인에게도 충분한 교육의 기회를 주며, 조선인들에게 충국애국을 가르쳐 이씨조선왕조의 재흥을 바라는 마음이 끊어지도록 하고, 새로운 일본 국민이 되는 것이 조선인들의 행복과 향상 발전을 꾀하는 길이라는 관념을 깊이 새기도록 한다.

⑦ 조선에서 구역에 따라 일본인과 조선인이 나누어 거주하게 하는 거류지(居留地) 제도를 철폐하여 잡거(雜居)하도록 하고, 일본인과 조선인의 혼인(雜婚)도 공공연히 허용하는 방침을 취해 동화를 유도하도록 한다.

⑧ 관리의 등용과 봉급에서 일본인과 조선인에 대한 구별을 없애, 자

격을 가진 자들은 등용에 있어 동등하게 하며, 차별을 보이는 행정상의 조치들을 시정하는 적당한 조치들을 실시한다.
⑨ 조선의 토지 개발과 수리 사용, 개간을 실시할 때는 일본인과 조선인이 융화하여 함께 이익을 향유하도록 한다.
⑩ 조선에서 문관 관리도 제복을 입고 검을 차게 했던 제도를 폐지한다.
⑪ 조선 병합에 관여하였던 소위 친일당 외에도 조선의 지방명족에도 작위를 주는 은전(恩典)을 내려, 조선의 명가(名家) 구가(舊家)들이 작위의 은혜를 기대하도록 하는 방침을 세운다.
⑫ 조선에 행하는 형법과 형사소송법 등을 가능한 일본과 동일하게 실행하고, 야만적인 태형과 같은 형법을 고치고, 문명적인 형법을 실시하도록 한다.
⑬ 조선의 기독교 선교사 및 기독교 등과 의사를 소통하여 이해를 구하고, 총독부가 기독교를 억압한다는 오해를 풀도록 한다.
⑭ 교육과 종교를 혼동해서는 안 되며, 특히 기독교를 억압한다는 오해가 없도록 행정상에 주의하며, 그와 동시에 종교를 차별하거나 배척하지 않는다.
⑮ 조선의 개발을 위해서 조선의 특별회계는 잠정적으로 현재 상태를 유지하여 발전을 도모할 필요가 있다.

이상과 같은 하라의 지침은 크게 보아 총독의 권한 축소와 일본 본국 정부 지배력 강화, 특별한 경우가 아닌 한 일본 본국과 동일한 법률제도의 실시, 사법과 재정에서 일본 정부와의 협의 강화, 헌병경찰의 폐지, 태형 등 야만적 제도 폐지, 교육과 관리 임용 등에서의 조선인에 대한 차별

폐지, 제한된 차원에서 일본식 지방제도의 점진적 실시, 지역유력자 및 명가 출신에 대한 은전 확대, 기독교 등 종교단체의 반대운동 참여 예방을 위한 소통 확대와 차별 금지 등의 내용이었다. 즉 식민지 조선을 안정적으로 지배하기 위해 내지연장주의를 적용하여 제도를 정비하고, 종교계와 조선 내 유력자들을 회유하려는 것이었다.

하라의 내지연장주의 주장을 보면 일본 본국에서 적용되는 법률과 제도를 한반도로 확장하여 내지인 일본 본토와 외지인 식민 조선의 구별과 차별을 두지 않는다는 것을 기본 골자로 하고 있다. 그렇다고 이런 주장이 실제 일본인과 조선인을 구별 없이 평등하게 대우하는 것을 의미하는 것은 결코 아니었다. 그가 비판하고 고치려는 것은 크게 세 가지였다.

첫째, 일본 군부가 주도하여 일본 본국 정치와 무관하게 지배하고 있는 한반도에 일본 정당세력의 영향력을 강화시키는 데 방해가 되는 여러 법적 제도적 장애들을 제거하는 것이다. 즉, 총독 무관전임제, 별도의 법률제정권, 독자적인 사법과 재정권 등이다. 이 경우는 한반도 내의 민족적 차별과 차이, 즉 재조일본인과 조선인 간의 구별과 차별 문제는 고려되지 않았다.

둘째, 조선인들의 반발을 초래하고 제국일본의 국제적 위상을 훼손하고 비판받을 수 있는 조선인들에 대한 눈에 띄는 차별과 구별들을 초래하는 여러 제도와 방침들을 제거하거나 완화시켜, 조선인의 반발과 국제적 비난을 막기 위한 것이다. 즉 헌병경찰제, 관리 및 교원들의 제복과 검 착용, 관리임용과 봉급의 차별, 일본인과 조선인의 거주 지역 구분과 상호결혼 배척, 기독교를 비롯한 종교에 대한 차별과 배척 등이다. 이런 조치들은 조선인들에 대한 배려보다는 식민지배 반대운동의 요소들을 제거하여 식민지배를 안정시키고, 국제적 비난과 지원을 막기 위한 것이다.

셋째, 식민지배의 장기적 안정을 위해 식민지배에 협조적인 친일세력을 육성하는 데 필요한 조치들이다. 즉 무단통치하에서 친일세력 육성이 조선왕조와 귀족 등 소수의 특권층으로 제한되어 과거 양반 및 명문 가문들의 반발을 초래한 것을 비판하면서, 전국의 명문 가문에 대한 지원을 확대하고, 지방 수준 단위의 지역자치제를 시행하여, 지역의 유력자들을 식민지배 통치기구 내로 흡수하는 것이었다.

이렇게 보면 하라의 내지연장주의 주장은 조선인에 대한 배려가 아닌 식민통치의 안정과 정당세력의 영향력 확대가 목적이라고 할 수 있다.

하라의 내지연장주의 정책은 한반도에서 조슈·야마가타벌과 육군을 일정하게 견제하면서도 그들과 이익을 공유하는 정도이지, 정당정치세력이 식민지정책에 대한 주도권을 장악하려는 것은 결코 아니었다. 일본 안보 및 국방상의 생명선과 같은 식민지 조선의 지배체제를 흔들 수 있고, 대륙진출을 시도하는 일본 육군 군벌의 이해와 권한을 크게 침해할 수 있는 조선의회 같은 중앙정치 차원의 자치제 같은 정책들은 고려될 수 없는 것이었다. 식민지 조선에서 자치제 실시는 일제 권력핵심부에서는 애초부터 고려대상이 되지 못했다.

하라는 「조선통치사건」에서 이러한 성격을 갖는 내지연장주의 정책의 필요성과 방향에 대해서는 비교적 자세히 언급하였지만, 실제 적용할 구체적 내용과 방침까지는 언급하지 않았다. 이는 조선에 부임할 사이토와 미즈노의 과제이기 때문이다.

2. 조선에 적용된 '문화정치'의 성격과 한계

1) '문화정치' 표방과 일부의 자치제 실시 주장

1919년 8월 12일 미즈노는 정무총감에 임명되자마자, 하라와 사이토로부터 총독부 인사 전권을 위임받아 자신의 인맥을 최대한 활용하여 총독부 주요 인사를 빠르게 단행했다. 그는 기존 총무부 관련 관료들을 대거 경질하고, 일본 내무성 관료들을 대거 발탁했다. 통치의 가장 핵심부서로 헌병경찰을 대신할 조선경찰 총책임자인 경무국장에 일본 경시청 경무부장인 노구치 준키치(野口淳吉)를 발탁했다. 노구치는 일본 경시청의 협조하에 베테랑 경찰간부들을 조선으로 배치했다. 행정 책임자인 내무국장에는 아카이케 아쓰시(赤池濃) 시즈오카현 지사를 내정했다. 그러나 노구치의 갑작스러운 죽음으로 아카이케가 경무국장으로 이동했다.[21] 미즈노가 발탁하여 조선으로 부임한 관료들은 1919년 8월부터 12월까지 40명을 넘었고, 1922년까지는 거의 55여 명에 이르렀다.[22] 미즈노가 뽑은 주요 관료들은 매우 유능한 자들로 일본의 엘리트 관료들이었다. 상당수가 조선 근무를 마치고 본국으로 돌아가서도 관료생활을 지속했다.[23] 기존 총독부에서 근무하던 토착 일본인 관료들은 미즈노의 인사에 반발

---

21 김종식, 2009, 「근대 일본 내무관료의 조선 경험 -마루야마 쯔루키치(丸山鶴吉)를 중심으로」, 『한일관계사연구』 33, 288쪽.
22 자세한 인사 내용은 다음 참조. 李炯植, 앞의 책, 98~104쪽; 김종식, 2020, 앞의 글, 111~113쪽.
23 김종식, 2008, 앞의 글, 317~318쪽; 김종식, 2020, 앞의 글, 113쪽.

하였지만, 이를 막을 수는 없었다. 총독부 내에서 토착 일본인 관료들과 신임 미즈노파 관료들 사이의 갈등과 대립은 이후에도 지속되었다.

1919년 9월 2일 사이토와 미즈노가 조선에 부임했다. 9월 3일 사이토는 총독부 관료들을 모아 '신 시정방침'을 훈시했다. 그는 관제개혁의 취지가 총독을 문무관 모두 임용할 수 있게 하는 것, 헌병경찰제도를 보통경찰제로 교체하는 것, 관리와 교원의 제복과 검 착용을 폐지하는 것, 조선인의 관리임용과 대우 등을 고려하는 것이라고 했다. 그는 이러한 문화적 제도의 혁신으로 조선인의 행복 이익이 증진되고 문화의 발달과 민력이 충실하게 될 것이라고 했다. 또한 앞으로 시기를 보아 지방자치제도를 시행할 목적으로 조사연구에 착수할 것이라고 언급했다.[24] 10일에는 훈시와 비슷한 내용을 가진 시정방침에 대한 총독의 유고(諭告)를 언론에 발표했다. 여기서 "조선의 문화를 향상케 하며 문화적 정치의 기초를 확립하여"라고 주장하여, 사이토 총독 시기의 식민통치를 상징하는 소위 '문화정치'를 표방했다.[25]

사이토는 예상치 않게 조선총독이 되었기 때문에 부임 직후에는 총독정치와 조선총독부 운영에 대해 잘 알지 못했다. 초기에는 하라의 지침에 의존했고, 미즈노 정무총감이 실제 정책의 입안과 집행을 총괄했다. 사이토가 부임 직후 발표한 훈시나 유고를 비롯하여 인사행정, 제반 제도개선과 실행 등 총독부 시정 전반은 미즈노가 총괄하여 진행했다. 당시에 정무총감은 있어도 총독은 없다고 말할 정도였다.[26]

---

24 『매일신보』 1919.9.4.
25 『매일신보』 1919.9.10.
26 財團法人齋騰實子爵紀念會, 1941, 『子爵齋藤實傳』 4, 共同印刷株式會社, 368~370, 451~462쪽.

그렇다고 사이토가 하라나 미즈노에만 의존하는 사람은 아니었다. 그는 일본 내각에서 5번이나 해군대신을 역임할 정도로 원로와 추밀원, 군부와 궁중, 정당세력과 관료 방면에 두루두루 원만한 관계를 가지고 있었고, 정치력과 판단력이 탁월한 군인이자 정치가였다. 때문에 총독으로서의 경험이 쌓이고, 미즈노가 조선을 떠난 후 영향력이 점차 약화되면서부터는 총독부의 중요 업무를 점차 관장하게 된다. 이러한 이유로 사이토총독 시기의 '문화정치'는 미즈노가 정무총감으로 재임하던 시기와 그 이후 시기로 나누어 살펴보아야 한다. 이 책에서는 참정 및 자치 관련 문제를 중심으로 '문화정치'를 살펴보고자 한다.

조선인의 전 민족적 항쟁인 3·1운동이 발발하자, 일본 정계 일각에서는 식민지 조선에 자치제를 실시하자는 주장이 제기됐다. 당시 서울에서 발행되던 일본어 월간지 『조선공론』은 제국의회 의원들을 대상으로 향후 조선통치방침에 대한 앙케트 조사를 했다. 이 조사에서는 1안) '무단정치'와 동화정책을 유지·강화하자, 2안) '무단정치'와 동화정책을 폐지하고 자치정책으로 전환하자, 3안) '무단정치'를 폐지하되 동화정책을 유지 강화하자는 세 개의 안을 제시하고 이에 대한 의견을 물었다. 1919년 6월 집계된 의견 결과를 보면, 명확히 응답한 34명의 절대다수인 27명이 3안)인 '무단정치'를 폐지하되 동화정책을 유지 강화하자는 의견에 찬성하였다. 다음으로는 5명이 1안)인 '무단정치'와 동화정책을 유지하자는 의견이었다. 마지막으로 2안)인 '무단정치'와 동화정책을 폐지하고 자치정책으로 전환해야 한다는 설문에는 헌정회 소속 중의원 의원 혼다 쓰네유키(本多恒之) 등 2명만이 찬성했다. 혼다는 조선총독정치가 1세기 전의 구제도에 따른 총독 만능정치라면서, 3·1운동은 이 총독 만능정치의 결함을 증명하는 것이기 때문에 조선에 '어느 정도의 자치'를 받아들여야 한다고 주장했다.[27] 앙케트의 조사 결과는 당시 제국의원의 일부만 참여했기 때문에 앙케트 다수 생각이 제국의원 다수의 의견을 반영한다고 할 수는 없다. 그럼에도 조선 식민정책에 대한 변화된 인식을 볼 수 있다. 다수의 결과인 3안)은 당시 하라의 생각과 비슷했다.

한편 당시 헌정회 총재 가토 다카아키(加藤高明)는 영국공사로 다년간 영국에 머물렀고, 여러 내각에서 외무대신을 역임하며 세계 동향을 잘 알고 있었다. 그는 3·1운동 발발 직후인 1919년 4월, 헌정회 동북지방대회 연설에서 3·1운동의 대응책을 언급하면서 조선에 '십수 년 후에', 때를 보아 '어느 정도의 자치'를 허용할 것을 주장했다.[28] 그의 주장에 대해 일본 특권세력을 비롯한 일본의 정계와 군부, 민간단체 등이 격하게 반대하자, 1919년 7월에 열린 헌정회 관서대회에서 그는 기존의 자치제 주장을 다음과 같이 해명했다.

여(予)가 조선 소요의 선후책으로 조선에 자치를 허흥(許興)하라 설도(說道)함에 대하여 각 지면에 오해를 생(生)함과 여(如)하나, 여(予)의 자치라는 위(謂)함은 '셀프 거버먼트'를 의미하는 것이 아니오, 일층 자유로 조선인의 정치욕을 만족케 할 적당한 방법을 강구함이 가(可)하다는 의미라[29]

그는 자신의 주장이 독립은 물론 '셀프 거버먼트(self government)', 즉

---

27 김동명, 2006, 앞의 책, 39쪽.
28 『大阪朝日新聞』, 1919.4.14.
29 「加藤子之辨明」, 『每日新報』, 1919.7.17; 1919.8, 「加藤總裁の演說お評す」, 『朝鮮公論』 제7권 제8호, 73~74쪽.

자치를 의미하는 것이 아니고, 단지 무단통치로부터의 해방, 정치사상의 선도로 조선인의 정치욕을 만족시켜 주는 적당한 방법을 강구하라는 의미에 불과하다고 후퇴했다.

가토는 1920년 4월 동아일보 창간호에 창간을 축하하는 기고를 게재했다. 여기에서 그는 "동화정책이란 것은 능(能) 불능(不能)을 불문하고 여(余)는 불필요하다 우고(愚考)하노라"라고 하여 동화정책이 필요없다는 부정적 의사를 표시했다. 그렇지만 일본이 조선을 병합한 것은 일본의 국방상의 문제이기 때문에, 지금 조선이 독립한다면 "시(是)는 실로 일본 자신의 국방상 일대 위협을 감(感)할 뿐 아니라 조선은 일청·일로 이전 상태로 귀(歸)"할 것이며, "명실이 상반(相伴)치 못하는 독립은 도리어 화를 자초함이요 동양의 평화를 남란(攬亂)하고 세계의 국제적 화근을 배태함이라 하노라"라고 주장했다. 곧 조선의 독립에 대해서는 명백히 부정적인 태도를 표했다. 그는 윌슨 미 대통령의 민족자결주의에 대해서도 '공상가의 감언(甘言)'이라고 부정적으로 평가했다.[30] 이런 그의 인식은 일본의 조선 지배는 지정학상이나 국제정세상으로 필수불가결하다는 것을 전제로 하고 있었다. 다만 무단통치에 기초한 동화정책은 조선인들의 반감만 초래하기 때문에, 조선인에 대한 차별과 감정적 소외감을 완화시켜 주는 식민지배정책을 펼쳐야 한다고 주장했다. 가토는 그 이후 1924년 호헌 3파 내각 성립 이후 수상에 오르지만, 급서할 때까지 조선 자치 문제는 언급하지 않았다.[31]

---

30 『동아일보』, 1920.4.1.
31 윤덕영, 2010a, 「1920년대 중반 일본 정계변화와 조선총독부 자치정책의 한계」, 『한국독립운동사연구』 37, 173~174쪽.

한편 제1차 호헌운동의 핵심 주도자이자 헌정회의 주요 지도자인 오자키 유키오(尾崎行雄)도[32] 1920년 동아일보 창간호에 「민족자결주의에 취(就)하야」라는 기고문을 게재했다. 그는 민족자결주의가 시대의 대세인 것을 인정하면서도, 이는 각 민족이 민족자결을 할 만한 상당한 실력이 있으면 독립을 허용해야 한다는 것으로 이해해야 한다고 주장했다. 민족자결은 '실력 문제', '시기 문제'로 조선이 자립할 만한 실력을 양성하여 국제적 화근이 되지 않을 경우에만 가능할 것이라고 보았다. 이런 그의 주장은 한편에서는 민족자결의 가능성을 열어두는 것이었지만, 다른 한편으로는 조선민족이 자결을 할 만한 실력이 없는, 현재는 독립이 불가능하다는 문화정치의 논리이기도 했다. 또한 오자키는 동화정책에 대해서는 문화적 실적을 일으켜 '충분한 덕화(德化)'가 있게 되면 '지난지사(至難之事)'는 아니지만, 강제적이고 형식적인 동화는 반감만 초래할 뿐이라고

---

[32] 오자키 유키오(尾崎行雄)는 1858년 가나가와현(神奈川縣)에서 태어났다. 1874년에 후쿠자와 유키치의 게이오(慶應)의숙에 입학하여 근대적 사상을 수학했다. 1882년 오쿠마 시게노부가 창당한 입헌개진당에 적극 참여했다. 1890년에 제1회 중의원 의원 총선거에 입후보해서 당선되었고, 1898년 수립된 오쿠마 내각에서 문부대신에 임명되었다. 그렇지만 이른바 '공화연설'사건 - 금권정치의 폐해를 지적하면서, 비록 가정이라는 전제를 달았지만, 일본에 공화제가 실시되면 미쓰이(三井)와 미쓰비시(三菱)가 유력한 대통령 후보를 배출할 것이라고 연설한 사건 - 으로 사직했다. 1900년 이토 히로부미가 창당한 정우회에 참여했지만, 1903년에 탈당했다. 곧이어 도쿄 시장에 당선되었다. 그는 1912~1913년에 걸친 제1차 호헌운동에서 이누카이 쓰요시와 함께 '헌정2주(憲政二柱)의 신'으로 불리며 적극적으로 운동을 주도했다. 1920년에는 보통선거운동에 앞장섰으며, 1921년에는 군비제한을 주장하는 군축결의안을 제국의회에 제출하였으나 부결되었다. 그럼에도 그는 단신으로 전국 유세를 다니면서 군축을 주장했다. 일본의 군국주의화에 끝까지 저항한 정치인이었다. 伊佐秀雄, 1987, 『尾崎行雄』, 吉川弘文館; 相馬雪香·富田信男·青木一能 編著, 2000, 『咢堂 尾崎行雄』, 慶應義塾大學出版會; 伊藤隆·季武嘉也 編, 2004, 『近現代日本人物史料情報辭典』 1, 吉川弘文館.

주장했다. 곧 강제적이고 형식적인 동화는 문제가 많지만, 문화적인 실적과 덕화에 따른 동화는 괜찮은 것이라면서, 통치정책의 여하(如何)에 따라서는 양 민족이 반드시 '혼연융합(渾然融合)'할 수 있다고 보았다.[33] 그의 주장은 총독부의 무단통치나 폭력적 동화정책을 분명하게 반대했지만, 동화정책 자체를 부정하지는 않았다. 그의 주장은 동화정책의 방법으로서 문화정치의 시행을 주장하는 것으로 읽힐 수 있었다.[34]

이런 가운데 조선총독부에 근무했던 일부 관료들도 자치제를 주장했다. 모치지 로쿠사부로(持地六三郎)는 도쿄제국대학 출신의 엘리트관료로 대만총독부를 거쳐 1912~1920년까지 조선총독부에서 총독부 관방 토목국 국장, 체신부 장관 등 고위 관리로 근무했다.[35] 그는 3·1운동을 경험하면서 병합 당시의 정치방침을 그대로 유지하는 것은 시세(時勢)가 허용하지 않는다면서, 세계 사조의 변화에 맞추어 어느 정도의 언론과 사상 개방이 필요하며, 조선인에 대한 단속방침과 차별적 대우도 개선해야 한다고 주장했다. 그러나 조선은 대만에 비해 통치가 어려우며, 조선의 앞날은 낙관할 수 없기 때문에 점진적으로 개선해야 한다면서 식민통치의 근본은 어디까지나 '강한 힘'과 '권력의 확립'이 바탕이 되어야 한다고 했다.[36]

모치지는 1920년 6월에 총독부 관직을 사직한 후, 1920년 10월에 「조선통치론(朝鮮統治論)」을, 11월에는 「조선통치후론(朝鮮統治後論)」을

---

33 『동아일보』, 1920.4.1.
34 윤덕영, 2010a, 앞의 글, 175쪽.
35 모치지와 그의 주장에 대해서는 다음 참조. 金子文夫, 1979, 「持地六三郎の生涯と著作」, 『臺灣近現代史研究』 2; 김동명, 2006, 앞의 책, 280~288쪽; 박양신, 2014, 「식민지 관료 경험과 식민정책론-모치지 로쿠사부로(持地六三郎)를 중심으로」, 『이화사학연구』 48.
36 박양신, 2014, 위의 글, 188~189쪽.

사이토에게 의견서로 제출했다. 그는 병합 이후에 시행된 동화정책이 실현 불가능한 것이라면서, 그 근거로 첫째, 조선인 대부분이 중국인의 후예로 오랜 역사를 통해 특수한 국민성을 형성했고, 둘째, 조선인이 자신의 문명이 일본문명보다 열등하다고 생각하지 않고, 과거에는 더 우월했다고 자부하며, 셋째, 일본의 국민성이 타민족을 동화시키는 '위대하고 우수한 성격'이 부족하다는 점을 들었다. 그는 제1차 세계대전 이후의 대세는 '민중주의(데모크라시)의 증진'에 있고, 식민통치에서도 '위임통치' 추세로 나간다고 판단했다. 그는 내지연장주의에 기초해서 제국의회에 조선인을 참여시키는 것은 일본어 보급의 상태와 국정 운영상의 곤란을 놓고 볼 때 문제가 있다며 반대했다. 대신에 매우 제한된 어느 정도의 자치를 부여할 것을 건의하면서, 군사, 외교 등 제국의 정무를 제외한 조선의 내정에 관한 입법권과 조선 예산의 협찬권에 한정한 조선의회 창설을 주장했다. 그렇지만 처음에는 중추원의 개조 정도의 자문기관으로 하고, 조선인의 정치적 능력의 발달과 성적 여하에 따라 의결기관화해야 한다는 단서를 달았다. 그는 지방자치제도가 완성된 후 약 10년 뒤에 조선의회를 창설할 수 있을 것으로 전망했다.[37]

이러한 모치지의 주장은 당시 토착 일본인 관료들과 협의하거나, 그들의 의견을 대변해서 제기한 것은 아니었다. 그 자신도 관직을 사직한 후에야 비공식적으로 의견을 제출했다. 의견서에서 밝힌 주장을 이후 언론에 발표하기도 했으나, 조선의회란 용어를 공식적으로 언급한 적은 없다.[38]

---

37   持地六三郎, 1990, 「朝鮮統治論」, 『齋藤實文書』 13, 고려서림, 720~760쪽.
38   박양신, 2014, 앞의 글, 192쪽.

2) 조선에 실시된 내지연장주의 정책의 한계

사이토와 미즈노는 하라의 의견을 반영하여 무단정치를 철폐하되, 내지연장주의에 기초하여 동화정책을 유지, 강화하는 방침을 추진했다. 헌병경찰제 폐지와 보통경찰로제로 전환, 관리와 교원의 제복과 검 착용 폐지, 조선인의 관리임용과 대우의 부분 개선, 조선인의 언론과 출판 부분적 허용, 학교 교육 기회 확대, 각종 자문기관에 조선인의 참여 확대 등의 소위 '문화정치' 정책을 실시했다.

더불어 1920년 7월 제령 12~15호로 지방제도를 개편했다. 그 내용은 다음과 같다. 첫째, 부(府)의 경우 행정 자문기관인 부협의회의 협의회원을 주민 직접선거로 선출하되, 선거권과 피선거권을 부세 연 5원 이상 납부자로 한다. 둘째, 면의 경우 전국 모든 면에 자문기관으로 면협의회를 구성하되, 전국 2,500여 개의 면 중 24개의 지정면에 설치한 면협의회원은 주민 선거로 구성한다. 이때 선거권과 피선거권은 부협의회와 같이 면세 연 5원 이상 납부자로 한다. 지정면을 제외한 대부분 면의 면협의회원은 군수나 도사(島司)가 임명하도록 했다. 셋째, 도의 경우 자문기관으로 도평의회를 설치하되, 도평의회 의원 정원의 2/3는 부협의회원과 면협의회원이 2배수 후보를 추천하여 그중 1명을 도지사가 임명하고, 나머지 1/3은 도지사가 직접 임명하도록 했다. 부협의회원은 부를 대표하는 도평의원을, 면협의회원은 면을 대표하는 도평의원을 선출했다. 넷째, 도협의회는 도지사가, 부협의회는 부윤이, 면협의회는 면장이 의장을 겸임하였고, 의장은 해당 의원들을 해임할 권한을 갖고 있었다.

지방제도 개편은 사이토 총독의 부임 시 훈시와 유고에서 언급되었다. 미즈노 정무총감이 주무국장을 독려하여 입안 발표하게 하였고, 도평의회나 부·면협의회의 권한과 의원의 임명방식까지 구체적으로 개입하였다.[39] 미즈노는 당시를 회상하면서 선거제 실시에 대해 오쓰카 쓰네사부로(大塚常三郎) 내무국장을 비롯해서 주로 토착 일본인 관료들이 시기상조를 주장하며 반대론을 냈었다고 한다. 또한 완벽한 선거주의를 주장하는 자도 있었는데, 이를 절충하여 문화 정도에 따라서 지역 상황에 적합한 제도를 운용하기 위해 절충주의 제도를 시행했다고 한다. 그리고 이 지방제도 개선이 조선통치상 아주 시의적절한 시정의 한 방책이었다고 자찬했다.[40]

또한 중추원 서기장을 역임했던 하리마 겐시로(張間源四郎)는 당시의 지방제도 개정을 회고하면서 "면협의회, 학교평의회, 도평의회를 조직하여 협의회원 또는 평의회원을 선임한 것은 그것 일부는 고도의 제한선거였지만, 그 외 대부분은 민중의 직접 또는 간접선거에 따른 준자치제도를 제정했던 것이다. 이를 지금에서 본다면 아무것도 아닌 것 같지만, 당시에는 조선은 물론이고 외지 일반에서 미증유의 신제도였고, 신총독정치 중에 최대의 영단(英斷)이었다"고[41] 평가했다. 모리야 에이후(守屋榮夫) 총독비서과장은 치안 안정의 전제하에서 궁극적으로는 일본과 같은 중의원 선거구를 설치하여 의원선거를 실시하는 것이 지방제도 개정의 목표라고 주장했다.[42]

그렇지만 이런 지방제도 개편은 일시동인과 내지연장을 내세웠으면서도 일본 본국의 지방자치와는 차이가 나는 대단히 제한된 지방자치제

39　이충호 역, 2012, 『조선통치비화』, 국학자료원, 247~250쪽.
40　이충호 역, 위의 책, 252~253쪽.
41　朝鮮新聞社, 1936, 『朝鮮統治の回顧と批判』, 朝鮮新聞社, 235쪽.
42　李炯植, 2013, 『朝鮮總督府官僚の統治構想』, 吉川弘文館, 117~118쪽.

도였다. 우선 선거권의 경우, 일본은 1919년 중의원선거법 개정으로 국세 3엔 이상 납부자에게 선거권이 주어진 반면,[43] 경제적으로 낙후된 조선은 국세 5원 이상 납부자로 했다. 그 결과 12개 부 거주 전체 조선인 총인구는 40만 1,887명인 데 반해, 선거권을 가진 사람은 4,714명에 불과했다. 전체 인구의 약 1.2%가 안 되는 사람만이 투표권을 가졌다. 반면에 재조일본인의 경우는 12개 부 거주 총인구가 17만 3,682명이고, 유권자는 6,252명으로 전체 인구의 약 4%가 투표권을 가졌다. 조선에서의 선거임에도 일본인 유권자가 조선인 유권자보다 훨씬 많았다. 그 결과 부협의회 의원 당선자는 조선인이 총 57명인 반면, 일본인은 총 133명이었다. 24개 지정면의 경우를 보면 조선인 총인구는 20만 6,834명인 데 반해 유권자는 1,633명, 약 0.8%에 불과했다. 일본인은 거주 총인구가 5만 533명인 데 반해 유권자는 1,399명으로 약 2.8%였다. 그 결과 지정면협의회 당선자는 조선인이 총 126명이고, 일본인은 총 130명이었다.[44]

일제는 지방제도 개정에 따라 식민지 조선에 선거권이 부여되어 획기적인 자치제도가 실행된 것처럼 선전했다. 그러나 실상은 당시 1,780만여 명으로 추정되는 1920년 당시 조선 내 총인구[45] 중 부에 살고 있는 4,714명, 지정면에 살고 있는 1,633명, 총 6,347명의 조선인만이 투표권을 부여받은 것이었다. 이는 내지연장이라기보다는 조선인 인구 중 극히 일부분인 자산을 가진 유산층만을 일제 지방 지배체제의 하위 동맹자로 편입시키는 정책에 지나지 않은 것이었다. 그리고 그조차도 불안해 조선

---

43 김종식, 2007, 앞의 책, 45~46쪽.
44 손정목, 1992, 『한국지방제도·자치사연구』 상, 일지사, 194~195쪽.
45 박경숙, 2009, 「식민지 시기(1910~1945년) 조선의 인구 동태와 구조」, 『한국인구학』 32, 32쪽.

에서의 선거임에도 일본인 유권자 수와 당선자 수가 많도록 제도적으로 고려한 정책이었다. 부협의회의 경우 총 당선자의 70%는 일본인이었고, 지정면의 경우도 일본인이 조선인보다 더 많이 당선되었다.

이런 선거 양상은 1920년대 내내 크게 변화하지 않았다. 지방선거는 1923년과 1926년, 1929년에 각각 실시되었다. 부는 1929년에 개성과 함흥이 부로 승격되면서 14개 부가 되었는데, 다음 〈표 2-1-1〉과 같이 부협의회 의원의 조선인, 일본인의 당선자 수와 비율은 큰 변화가 없었다. 일본인은 여전히 당선자의 60% 이상을 안정적으로 점했다.

〈표 2-1-1〉 1920년대 부협의회 선거 결과(단위: 명)

연도	1920			1923			1926			1929		
분류	정원	조	일	정원	조	일	정원	조	일	정원	조	일
합계	190	57	133	196	70	126	230	84	146	266	103	163
비율	100	30	70	100	35.7	64.3	100	36.5	63.5	100	38.7	61.3

출처:「地方團體選擧狀況調」,『中樞院 官制 改正에 관한 參考資料』, 국사편찬위원회 한국사데이터베이스 http://db.history.go.kr/id/ju_016_0060_0050_0020

지정면의 경우 1926년 선거에서는 지정면 18곳이 대거 추가되어 42개 면에서 선거를 실시했으며, 1929년 선거에서는 1개 면이 더 추가되어 총 43개의 지정면에서 선거를 실시했다. 그 결과는 다음 〈표 2-1-2〉와 같다. 지정면이 주로 재조일본인들이 많이 살던 신흥 면지역을 중심으로 지정되면서 1923년 선거에서 일본인 당선 비중이 급증하자, 이에 대한 비난 여론이 거세졌다. 이에 1926년 선거에서는 종래부터 읍지로서 발달해오던 지역 18곳을 추가했다. 그 결과 1926년과 1929년 선거에서는 조선인과 일본인이 각각 절반 정도씩 당선되었다.

〈표 2-1-2〉 1920년대 지정면 협의회 선거 결과(단위: 명)

연도	1920			1923			1926			1929		
분류	정원	조	일	정원	조	일	정원	조	일	정원	조	일
합계	256	126	130	270	114	156	488	245	243	518	260	258
비율	100	49.2	50.8	100	42.2	57.8	100	50.2	49.8	100	50.2	49.8

출처: 「地方團體選擧狀況調」, 『中樞院 官制 改正에 관한 參考資料』, 국사편찬위원회 한국사데이터베이스
http://db.history.go.kr/id/ju_016_0060_0050_0020

　도평의회, 부협의회, 면협의회의 구성과 운영도 당시 일본의 지방자치제와는 차이가 많았다. 일본의 경우는 최하급 기관인 정촌(町村)회에서만 정촌장이 의장을 겸임했지만, 나머지 지방기관은 모두 의원 중에서 선거하여 의장을 뽑았다. 정촌회의 경우도 조선과 달리 선거제였다. 식민지 조선의 도평의회와 부·면협의회에서 의장의 권한은 막강하여 광범하게 직권을 행사하고, 의원 발언의 금지와 취소, 퇴장 및 해임까지 명령할 수 있었다. 일본에서는 의원들이 의견서 제출 권한이 있었지만, 조선의 경우는 도평의회 의원만이 '도의 공익에 관한 사건'에 한하여 의견서 제출 권한이 있었고, 그 외 부·면협의회와 학교평의회 의원은 의견 제출 권한이 없었다. 또한 자문 대상도 도평의회는 도지방비의 세입세출예산, 지방세·사용료·수수료의 징수, 기채 등의 자문에 한했다. 부협의회는 부 조례의 설정 또는 개폐, 세입세출예산, 기채(起債), 부 재산의 설치와 처분 등을 자문했다. 면협의회는 도로, 교량, 관계 등과 농업과 임업 등의 산업개량, 위생 관련, 소방 등을 자문했다. 자문의 범위도 협소했고, 통치상 시급한 업무에 한해서는 자문을 생략할 수 있도록 했다.

　지방제도 개정과 함께 식민통치의 안정화를 위해서 친일세력과 단체에 대한 직접적 지원도 강화되었다. 3·1운동 대응 과정에서 드러난 종래

조선귀족과 조선인 관리들의 무능을 보완하고자 총독부는 친일세력 개편에 직접적으로 개입했다. 특히 친일단체 중 가장 활발한 활동을 보인 국민협회를 미즈노의 직계인 모리야 에이후(守屋榮夫) 총독 비서과장, 마루야마 쓰루키치(丸山鶴吉) 사무관 등이 직접 나서 집중지원 했다. 이들은 국민협회에 자금지원, 총독부 고위관료와 일본 유력인사들과의 교류는 물론 구체적 활동 방향까지 자문해 주었다.[46] 또한 1921년 중추원 개편에서 새로 임명된 지방대표 13명 중 5명을 국민협회 회원으로 충원해 주었다. 그 결과 국민협회는 전국적 조직으로 급성장했다.[47] 국민협회는 이를 바탕으로 일본 중의원 참정권 획득을 목표로 한 참정권 청원운동을 적극적으로 전개하고, 몇 차례에 걸쳐 청원서를 제국의회에 제출했다.[48]

총독부는 국민협회를 적극 지원하면서도 이들의 급진적 참정권 청원운동에는 부정적이었다. 참정권을 부여하려면 치안의 안정과 함께 조선인의 '충실한 신민'이 되기 위한 '민도 발달', '문화 수준의 향상', '지방 자치제도의 완성' 등을 달성해야 하는데, 이는 단기간에 달성할 수 없는 것으로 보았기 때문이었다. 그럼에도 1921년 회장 민원식이 양근환 의거로 피살되자, 이를 '일한병합을 위한 순교'로 미화하는 등 내선융화 및 내지연장의 선전도구로 이용했다.

총독부의 내지연장주의 정책은 자치청원운동을 전개하던 친일단체

---

46 마쓰다 토시히코 지음, 이종민·이형식·김현 옮김, 2021, 『일본의 조선 식민지 지배와 경찰』, 경인문화사, 401~402쪽.

47 이태훈, 2018, 「1920년대 전반 국민협회의 정치활동과 참정권 청원운동의 한계」, 『동방학지』 185, 155~156쪽.

48 자세한 내용은 이 책 제1부 제2장 3.과 제3부 제2장 1. 참조.

유민회 등의 약화를 가져왔다.⁴⁹ 한편 일본 국가주의 세력인 우치다 료헤이(內田良平)의 동광회가 1922년 3월, 동광회 조선총지부를 '내정독립기성회'로 확대 개편하고, 「조선내정독립청원서」를 제출했다. 총독부는 내정독립기성회의 내정독립운동, 곧 자치청원운동을 억제 통제하였고, 10월 27일에는 해산을 명령했다.⁵⁰

미즈노 정무총감 시절의 조선 식민정책은 3·1운동 직후 일각에서 제기된 자치정책 주장을 배격하고 동화주의와 내지연장주의 정책을 추진하였다. 그러나 그 내지연장주의도 대단히 제한되고 한계가 많은 것이었다. 지방제도 개정에서 보이듯이 극히 제한된 선거권과 재조일본인의 우의를 보장하는 선거제도, 제한된 자문 내용과 제한된 권한, 각 단위 자문기관의 의장을 겸임한 행정기관장의 독단적 운영과 막강한 권한을 제도적으로 보장한 극히 비민주적인 지방자치제도였다. 내지연장주의의 궁극적 목표라 할 수 있는 중의원 참정권 부여는 결코 이루어질 수 없는 꿈이었다. '문화정치'로 포장된 지배정책 변화의 핵심도 조선의 발전이나 민중의 제 권리 향상에 있는 것이 아니라, 일제 식민통치의 안정화에 초점이 맞추어져 있었다.

총독부가 문화정치를 구체적 실행하려면 무엇보다 예산 확보가 중요한 과제였다. 1919년 재정 자립을 이루었던 조선총독부 재정은 문화정치를 시작하면서 급격히 적자로 전환되었다. 보통경찰제가 시행되고, 3·1운동 이후의 치안유지를 위해 단기간에 13,887명의 경찰이 증가되었다. 기존 6,300여 명이던 경찰은 이제 2만여 명을 넘어섰다. '1부군 1경찰서', '1면

---

49 이태훈, 2001, 「1920년대 초 자치청원운동과 維民會의 자치구상」, 『역사와현실』 39.
50 이태훈, 2010, 「일제하 친일정치운동연구」, 연세대 사학과 박사학위논문, 128~143쪽.

1주재소'가 실현되었고, 1,600만 엔 이상이 경찰제도 개편에 사용되었다.[51] 1919년부터 2년 사이에 총독부 관리가 11,000여 명에서 28,000여 명으로 급증하였는데, 여기에도 막대한 예산이 소요되었다. 문화정치는 민족운동의 고양에 대항하기 위한 식민지 지배기구의 비약적 확장정책이었다.[52]

총독부는 예산 확보를 위해 미즈노를 중심으로 적극적으로 활동했다. 미즈노는 하라를 통해 경찰 증원과 예산 확보 도움을 요청하였을 뿐만 아니라, 중의원 예산위원회에도 직접 참여하여 예산 확보의 필요성을 설명했다. 총독부의 예산 중 본국에서 직접 지원을 받는 예산은 보충금 형식이었는데, 보충금은 내각은 물론 제국의회의 동의를 얻어야 하기 때문이었다.[53] 미즈노는 하라와의 긴밀한 관계, 그가 가진 폭넓은 영향력 등을 활용해 문화정치 실시에 필요한 제도 개선과 예산 확보에 대한 본국의 내각 및 중의원의 협조를 얻어냈다.

---

51   마쓰다 토시히코 지음, 이종민·이형식·김현 옮김, 앞의 책, 260~263쪽.
52   김종식, 2008, 앞의 글, 322쪽.
53   김종식, 2008, 앞의 글, 322~325쪽

제2장
조선총독부 권력의 부분적 개편, 자치 주장과 공작

1. 정무총감 교체와 토착 일본인 관료의 자치 주장

1) 아리요시 주이치 정무총감과 관동대지진의 여파

1922년 6월, 정우회가 분열하면서 다카하시 고레키요(高橋是淸) 내각이 붕괴하고, 중간 내각으로 가토 도모사부로(加藤友三郎) 내각이 성립되었다. 이때 미즈노 정무총감이 내무대신으로 입각했다. 그 후 미즈노의 추천으로 사이토 총독과도 오랜 연고가 있는 아리요시 주이치(有吉忠一)가 후임 정무총감으로 부임했다. 아리요시는 강제병합 전후 통감부에서 총무장관, 병합 후 총독부에서 총무부 장관을 역임했던 경력이 있었다. 일본에 돌아가서는 주로 지방 현의 지사를 역임하면서, 철도 토목공사 및 학교 증설 등의 행정을 적극적으로 펼쳤다. 그렇지만 그는 일본 중앙관료 생활을 거의 하지 못하고, 식민지와 일본 지방 관리로 보냈기 때문에 내각과 의회 교섭력이 대단히 떨어졌고, 미즈노의 협조에 의존할 수밖에 없었다.[54] 이런 그의 위상은 총독부 예산 확보를 위해 내각 및 중의원과 교섭력이 중요해진 상황에서, 정무총감으로서의 권위를 가지고 역할을 수행하는 데 큰 한계로 작용했다.

아리요시는 총독부 관료를 장악하는 데도 한계가 있었다. 미즈노는 가토 내각과 뒤이은 기요우라 내각에서도 내무대신을 재차 역임하면서 조선에 대한 영향력을 여전히 유지하고 있었다. 총독부 관료 중 칙임관 이상의 관료 인사는 내각에서 결정하였고, 내무성을 통해 인사이동이 이루

---

54 李炯植, 2013, 앞의 책, 133쪽.

어졌기 때문이다. 한편 미즈노가 귀국하면서, 그가 데려왔던 관료들 중 아카이케 아쓰시(赤池濃) 경무국장이 일본으로 돌아가 내각 척식국 장관에 임명되고, 시바타 젠자부로(柴田善三郎) 학무국장도 일본으로 귀환하는 등 10여 명이 차례로 일본으로 귀환했다. 그러나 상당수는 일본으로 귀환하지 않았다. 이들은 후임 경무국장인 마루야마 쓰루키치, 서무부장 모리야 에이후 등을 중심으로 세를 형성하고 있었다. 이들과 아리요시 정무총감과는 갈등이 끊이지 않았다. 아리요시는 부임 후 자신의 인맥으로 나카무라 도라노스케(中村寅之助)와 오니시 이치로(大西一郎)를 데려오는 데 그쳤다.[55]

1923년 9월 1일 관동대지진이 발생했다. 군경과 자경단은 대규모 조선인 학살을 자행했다. 조선총독부는 조선인 학살이 조선통치에 미칠 파장에 주목하였고, 이를 계기로 조선인 봉기가 일어나지 않을까 노심초사했다. 정무총감 아리요시는 조선인의 봉기가 일어나면 조선 주둔 2개 사단으로는 막을 수 없다는 위기감을 가지고 있었다.[56] 때문에 총독부 고위 관료들은 학살을 은폐하면서 파문이 확산되는 것을 막는 데 주력했다. 학살사건 이후 재일조선인 귀환 문제가 제기되자, 귀환한 재일조선인들을 통해 학살사건이 조선에 퍼지는 것을 우려한 총독부는 조선인의 귀환을 반대했다. 물론 일본 치안 유지를 위해 조선인의 조속한 귀환을 주장한 일본 내무성에 밀려 귀환을 수용할 수밖에 없었다. 그러나 부산에 피난민 수용소를 두어 귀환 조선인들이 한반도 전역으로 흩어지는 것을 가급적 막으면서 지방의 동태를 예의주시했다.

55　李炯植, 2013, 앞의 책, 134쪽.
56　李炯植, 2013, 위의 책, 148쪽.

더불어 총독부는 반일감정을 완화시키고 내선융화를 강화할 수 있는 제반 조치를 적극적으로 추진하기 시작했다. 당시 경무국장 마루야마는 '예방경찰론'을 식민지 조선에 변형하여 적용시켜 '교화를 위한 조선의 민도 향상'에 이용하였고, 미래의 협력세력이 될 조선청년의 교화와 친일파 양성에 주력했다. 통치 위기가 감지되자, 마루야마는 친일조직들에 대한 지원과 개입을 보다 강화했다.[57] 총독부의 지원하에 '내선융화의 철저한 실행'을 표방한 조선인과 일본인의 연합회인 동민회 발기인회가 1923년 11월 소집되었고, 1924년 4월에 동민회가 결성되었다. 마루야마는 조직 결성의 산파역으로 깊숙이 개입했다.[58]

1924년 1월에는 친일단체 소작인상조회, 국민협회, 동광회, 유민회, 조선경제회, 노농회 6개 단체가 각파유지연맹을 발기하였고, 3월 25일 11개 단체 34명의 발기인으로 창립했다. 이들은 참정권 청원운동을 전개하던 국민협회, 내정독립론을 주장하던 동광회 계열, 유민회 구 자치운동 계열을 중심으로 결합한 양상이었지만, 국민협회가 주도했다.[59] 의견과 성격이 다른 여러 친일세력들이 결합할 수 있었던 것은 관동 대학살사건 이후 악화된 일본인에 대한 조선인의 반감을 무마하고, 내선융화에 친일세력들을 내세워야 할 총독부의 긴급한 필요가 있었기 때문이었다.

그러나 총독부의 이러한 시도는 별 성과를 얻지 못하고, 친일세력의 연합은 도리어 조선민족운동 진영의 강력한 반발을 초래했다. 당시 동아일보는 연이은 사설을 통해 각파유지연맹이 주목할 필요도 없는 총독부

---

57 김종식, 2009, 앞의 글, 291~292쪽.
58 마쓰다 토시히코 지음, 이종민·이형식·김현 옮김, 앞의 책, 406~407쪽.
59 이태훈, 앞의 박사학위논문, 184~186쪽; 지승준, 2012, 「1924~5년 '各派有志聯盟'의 정치적 성격」, 『사학연구』 105, 244~249쪽.

의 앞잡이이며, 파렴치한 정상배라고 공격했다.[60] 동아일보의 공격에 대해 각파유지연맹의 친일세력들은 폭력으로 대응했다. 1924년 4월 2일 각파유지연맹을 공격하는 동아일보의 두 번째 사설이 나가자, 마루야마 경무국장의 노골적인 비호를 받고 있었던[61] 친일파 박춘금은 동아일보 사장 송진우와 대주주 김성수를 식도원에서 집단 폭행하고 권총으로 위협하는 '식도원 육혈포 협박사건'을 일으켰다.[62]

각파유지연맹의 폭력 행동은 조선사회의 공분을 일으켰다. 4월 9일 민족주의 계열 40여 인이 모여 각파유지연맹을 응징하기 위한 민중대회 개최와 폭행에 대한 당국의 태도를 규탄하는 결의를 했다. 그리고 이종린, 김기전, 김철수, 안재홍, 양원모, 고한, 김원벽, 김승묵, 김양수, 이대위 등 10인이 발기인으로 민중대회발기회를 조직했다.[63] 4월 22일 조선변호사협회에서도 임시총회를 개최하고 각파유지연맹의 폭행사건에 대해 당국자의 문책을 요구했다.[64]

그러나 일제는 4월 24일로 예정된 민중대회를 금지했다. 또한 총독부 기관지인 매일신보는 동아일보에 대한 공격 및 흠집 내기에 앞장섰다.[65] 총독부는 마루야마 경무국장 주도로 문화정치라는 허울을 벗어버리고 조

---

60 「所謂 各派有志聯盟에 對하야」, 『동아일보』, 1924. 3. 30; 「官民野合의 漁利運動」, 『동아일보』, 1924.4.2.
61 마쓰다 토시히코 지음, 이종민·이형식·김현 옮김, 앞의 책, 403~405쪽.
62 박춘금의 동아일보 협박 과정과 육혈포협박사건의 내용에 대해서는 다음을 참조. 고하선생전기편찬위원회, 1990, 『독립을 향한 집념: 고하 송진우 전기』, 동아일보사, 231~243쪽; 인촌기념회 편, 1976, 『인촌 김성수전』, 인촌기념회, 268~278쪽.
63 『동아일보』, 1924.4.11.
64 『동아일보』, 1924.4.25.
65 『매일신보』, 1924.4.7; 1924.4.13.

선인 언론과 결사에 대해 대대적인 탄압과 공작을 전개했다.[66] 당시 마루야마는 조선 식민정책과 강압적 통치방침을 둘러싸고 일본의 민본주의자 요시노 사쿠조와 공개적인 논쟁을 전개하기까지 했다.[67] 때문에 이에 대한 민족운동 세력의 반발도 민족주의 세력이나 사회주의 세력을 막론하고 거세게 전개되었다.[68]

2) 오쓰카 쓰네사부로의 자치 주장과 한계

아리요시 정무총감 시절이 되자, 미즈노 계열의 내무성 출신 관료들과 대립했던 토착 일본인 관료들도 점차 힘을 회복하고 본격적으로 자신들의 입장을 내기 시작했다. 당시 토착 일본인 관료들을 대표하는 인물이 오쓰카 쓰네사부로(大塚常三郎) 내무국장이었다. 오쓰카는 관동지방 도치기현 출신으로 도쿄 제국대학 법과대학을 졸업했다. 고등문관시험에 합격하여 오키나와현 경시, 조선통감부 서기관, 총독부 서기관과 참사관, 중추원 서기관장을 역임한 대표적인 토착 일본인 관료였다.[69] 그는 1919년 사이토 부임 시 내무국장으로 내정된 아카이케가 경무국장으로 자리를 옮기자 내무국장으로 기용되었다. 이후 사이토의 신임을 얻어 1925년 6월까지 장기간 내무국장에 재임했다. 미즈노 계열의 관료들과 갈등 관

---

66   일제의 조선어신문 압수기사는 1920년 26건, 1921년 42건, 1922년 30건, 1923년 39건에서 1924년 127건, 1925년 132건, 1926년 93건, 1927년 108건으로 급증했다. 朝鮮總督府 警務局 圖書課 編, 1932, 『諺文新聞差押記事輯錄』, 朝鮮總督府 警務局.
67   논쟁의 전개와 내용에 대해서는 한상일, 2004, 앞의 책, 312~327쪽 참조.
68   1924년 일제의 언론탄압과 그에 대한 민족운동의 투쟁에 대해서는 다음 참조. 장석흥, 1998, 「1924년 언론집회 압박탄핵운동의 전개와 성격」, 『한국학논총』 21.
69   https://ja.wikipedia.org/wiki/大塚常三郎

계였던 아리요시는 오쓰카에게 힘을 실어주었고, 당시 언론에서는 '오쓰카정치(大塚政治)'라는 말이 등장할 정도로 영향력을 가지고 있었다. 오쓰카는 아리요시 정무총감 체제에 만족하면서 적극적으로 활동했다. 1923년 5월에는 시베리아 출장을 다녀온 후 사회주의운동의 조선 침투를 경계하는 보고서를 사이토에게 제출하기도 했다.[70]

1923년 말경 오쓰카는 「조선의회(참의원)요강(朝鮮議會(參議院)要綱)」이란 제목의 문건을 작성하여 사이토 총독에게 개인 의견으로 비밀리에 제출했다. 요강에서 오쓰카는 조선에서 중의원선거법 실행이 불가한 이유에 대해서 다음 4가지를 제시했다.

첫째, 조선에 중의원선거를 하면 조선에서 선출될 의원이 적어도 130명에 달할 것인데, 이중 조선인의원은 110여 명으로 추산할 수 있으며, 이는 중의원 총의원의 20% 이상을 점하는 것이다. 많은 조선인이 내심에 여전히 독립의 욕구가 있고, 일본제국 신민으로서 제국의 안위를 제일로 하는 신념을 가지고 있지 못하다. 때문에 중의원에 당선된 조선인 의원들이 조선 문제에 대해 '완전한 결속'을 보려는 민족심리를 보일 수도 있다. 그렇게 되면 아일랜드국민당의 전례에서 볼 수 있듯이 조선인 의원들이 도쿄 제국의회에서 난리를 칠 것이고, 앞으로 조선통치가 난국에 빠지고, 제국의 국정을 쓸데없이 혼란시킬 것이다. 둘째, 조선인이 병역의무를 부담하거나 국방비를 부담하지 않는 금일에 조선에 대하여 일본인과 동일한 참정권을 부여할 필요가 없다. 셋째, 조선은 교육의 보급과 민도가 낮아서 대표자를 선거할 정치적 훈련이 되어 있지 않고, 국민 대다수가 투표하기에 곤란한 상황에 있다. 넷째, 점진적인 조선 지방자치

---

[70] 李炯植, 2013, 앞의 책, 151~152쪽.

시행에 따라 조선인의 정치사상을 향상하고, 공공에 봉사하는 단체적 관념을 양성하는 것이 우선이며, 조선인에게 조선의 내정에 관한 참정권을 부여하여 국민으로서 자각을 촉진한 후에야 적절히 해결할 수 있다.[71]

구미 출장 등을 통해 서구 사정에 비교적 밝았던 오쓰카는 영국이 아일랜드에 참정권을 부여한 후, 영국 의회에서 아일랜드 의원들이 세력을 형성해 영국 의회를 교란한 경험을 알고 있었다. 당시 아일랜드에서는 영국 의회에서의 활동뿐만 아니라, 1918년 12월 영국 의회 총선거에서는 아일랜드 독립을 주장하는 신페인당이 아일랜드지역에 할당된 의회 의석의 다수를 장악하고, 독자적인 아일랜드 의회를 구성하여 아일랜드공화국을 선포한 일도 있었다. 신페인당은 정부 수립과 함께 아일랜드공화국군(IRA)을 조직하여 2년간에 걸쳐 영국과 독립전쟁을 전개하였는데, 영국과 일정하게 타협하여 1922년 1월, 아일랜드 자유국을 수립했다.[72]

일제의 다양한 세력들은 아일랜드의 사례를 식민지에 참정권을 허용했을 경우의 위험한 선례로 보았다. 오쓰카도 그중 하나였다. 그가 중의원 선거권 부여를 비판한 것은 사실 첫 번째 이유에 들어 있는 110여 명에 이르는 조선인 의원들이 아일랜드와 같이 어떤 행동을 할지 모른다는 것에 집약되어 있었다. 이들의 존재 자체가 제국의 안정에 큰 혼란을 불러일으킨다는 것이다.

오쓰카는 총독부에서 상당 기간 식민지 법제에 관여했었다. 그는 조선특수사정론에 근거해 본국의 법률이나 제반 제도를 식민지에 모두 동일

---

71 齋藤實, 1990, 『齋藤實文書』 2권, 고려서림, 735~738쪽.
72 아일랜드 민족운동의 전개와 이에 대한 조선 민족운동 세력의 인식에 대해서는 다음 참조. 윤덕영, 2010, 「1920년대 전반 민족주의 세력의 민족운동 방향 모색과 그 성격」, 『사학연구』 98, 370~381쪽.

하게 적용하는, 형식적이고 명의뿐인 동화는 오히려 반발을 초래할 뿐이라고 주장했다. 대신에 조선의회 같은 형식으로 조선의 내정에 참정권을 부여하는 것이 조선의 사정에 적합할 뿐 아니라 조선인의 불평을 완화할 수 있다고 보았다. 이를 통해 조선인이 '제국 신민으로서의 자각'을 갖게 하는 것이 일본 본국과 조선이 일체가 되어 이후 세계적인 경제전쟁에서 살아남는 가장 현실적인 방침이라고 주장했다.[73]

오쓰카는 조선의회 조직에 대한 반대 여론을 다음과 같이 예상하면서 그에 대한 답변을 준비했다. 첫째는 조선의회의 신설이 종래의 동화정책 내지 일시동인에 반하는 통치방침이라는 주장이다. 이에 대해 그는 동화는 역사적 결과이지 '법제의 여하'로 좌우되는 것이 아니라면서, 동화는 장기간에 걸쳐 민족의 심리를 파악하는 정치를 통해, 오랜 기간의 융합을 통해 '동일민족화'되어야 이루어지는 것이지, 강제적이고 형식적으로 명의만 동일하게 하는 것은 도리어 반발을 초래한다고 주장했다. 일시동인에 대해서도 기계적으로 여러 제도를 무차별평등하게 하라는 것이 아니라, "차이를 차이로 보고 무리 없이 적절하게 제도를 설치해서 발달 번영을 도모"하는 것으로 해석하면서, "통치의 정책은 시세의 추이에 따라 변경"되어야 한다고 주장했다.

둘째는 특수한 의회를 설치하는 것은 독립 또는 분리로 가는 단계로 나아가 병합의 정신에 역행한다는 주장이다. 이에 대해서 그는 조선의회를 이용하는 것이 일본과 조선의 분리로 작용할 것인가 또는 장래 민족결합의 기관으로 작용할 것인가는 금후 정치가의 수완 여하에 달려 있다면서, 전제적 정치보다는 민중적 정치로 조선인의 심리를 파악해야 한다고

---

73   李炯植, 2013, 앞의 책, 153쪽.

주장했다. 그는 조선이 동화냐 독립이냐의 둘 중 하나로 귀착하는 것이 아니며, 일본과 조선과의 관계는 문화, 풍속, 인종, 신념, 지리적 관계가 밀접하지 않는 여타 식민지와 모국과의 관계와 전혀 취지를 달리하기 때문에 궁극적인 동화를 얻으려면 오히려 병립하면서 나라의 기초를 공고히 하는 것 외에 다른 길이 없다고 주장했다.

셋째는 조선의회가 설치되어 조선인이 내정에 참여하면, 소수의 재조일본인이 억압을 받아, 재조일본인의 발전 기세가 말살될 것이라는 주장이다. 이에 대해 그는 조선의 시정은 대화민족의 우월로 조선민족을 억압하는 것을 용납하지 않는 것처럼, 소수의 재조일본인을 억압하는 것도 용납하지 않을 것이다. 의회를 조직하였을 때 과격한 의견을 억제할 수 있는 방안을 고려하는 동시에 의회에 대해 재의(再議), 원안 집행, 해산 등의 방법을 운영하면 적당한 결과를 얻을 수 있을 것이라고 주장했다.[74]

오쓰카의 주장은 동화에는 오랜 시간이 걸리기 때문에 시세의 추이에 따라 특수한 형태의 조선의회를 설치해 병립하는 것이 필요하며, 총독부가 조선의회를 통제할 수 있는 제반 장치들을 만들어 운영하면 여러 우려를 불식할 수 있다는 것이었다. 그의 주장은 동화주의와 내지연장주의 적용의 어려움을 토로하면서, 이를 통해 식민통치를 본국 정치와 일정하게 분리시키려는 토착 일본인 관료들의 주장 근거를 잘 보여주고 있다.

오쓰카는 조선의회의 권한에 대해서는 제국 전반의 이해와 관련한 사항이나, 제국의 통일적 필요가 있는 사항을 제외한 조선의 이해와 관련한 사항을 심의하도록 하되 교육, 산업, 토목, 위생, 사회시설에 한정하도록 했다. 반면에 국방, 경비 외교, 해운 및 선박, 외국 무역 및 관세, 철도·우

---

74 齋藤實, 1990, 『齋藤實文書』 2권, 고려서림, 739~744쪽.

편·전신·전화, 화폐, 도량형, 특허·상표·저작권, 보험, 관업 및 국유재산, 민사 및 형사, 관청조직 및 관리임면 등의 사항은 조선의회가 간섭하지 못하도록 했다.[75] 이렇게 보면 조선의회는 교육과 산업 일부의 내용만을 심의하는 대단히 제한된 권한을 가진 기구였다. 당시 아일랜드 자유정부 의회와는 비교조차 불가했다. 일제의 통치와 관련된 거의 모든 주요사항, 산업의 경우도 일본 본국과 연관된 부분은 모두 심의 대상에서 제외하고, 오직 식민통치 수행에 필요한 산업 일부와 교육에 한정했다. 이렇게 아주 제한된 권한만을 갖는 조선의회이기 때문에 개설해도 조선통치에 큰 문제가 없을 것이라는 게 오쓰카의 판단이었다. 그뿐만 아니었다. 조선의회는 처음에는 자문기관으로, 장래에는 의결기관으로 발전시킬 것인데, 그때에도 의회의 권한을 제한하기 위해 총독의 원안을 집행하고, 법에 위반된 결의 및 부적당 이유로 부결된 원안의 집행과 재의 명령, 총독의 해산 명령이 가능한 규정을 만들려고 했다.[76]

　오쓰카는 조선의회의 조직에 대해서는 일원제로 하고, 의원 총수는 4년 임기의 120명으로 하되, 과반은 관선으로, 과반은 민선으로 선출하도록 했다. 관선의원은 귀족, 공로자 또는 학자, 실업가에서 각각 20명씩 선발하고, 민선은 경성과 부산, 평양에서 4명, 나머지는 56명은 각 도에서 선출하도록 했다. 선거와 피선거 자격은 독립 생계를 영위하는 자로 일정한 납세자격 또는 중등학교 졸업 정도의 학력자로 했다.[77] 의원의 과반수를 관선으로 한다는 것은 총독부가 의회를 직접적으로 통제하겠다는 의

75　齋藤實, 1990, 앞의 책, 749~751쪽.
76　齋藤實, 1990, 위의 책, 756~758쪽.
77　齋藤實, 1990, 위의 책, 759~765쪽.

지 표현이라 할 수 있다.

오쓰카의 조선의회안은 명목만 조선의회이지 실제로는 대단히 제한된 권한을 가지고 있고, 그 권한과 구성도 총독부에서 철저히 통제하는 기구였다. 인원의 절반을 선거로 뽑는다는 명분하에 조선인의 불만을 일부 완화시키는 조치에 불과했다. 선거제도의 구체안이 제시되지 않아서 실제 어떻게 선거가 치러질지 알 수 없지만, 도평의회, 부와 지정면 지방선거 실시상황에 비추어 보면 재조일본인이 우위를 점할 수 있도록 기획했을 가능성도 적지 않다.

한편 오쓰카의 주장에는 아리요시 정무총감 시대 조선에 영향력을 강화하는 정당 내각에 대한 토착 일본인 관료들의 반발과 지향도 일정하게 반영되었다. 아리요시 취임 이후 총독부는 내각과 제국의회에서 예산 획득과 정책 협조에 곤란을 겪고 있었다. 반면에 조선은행 감독권의 대장성 이관, 은행·체신·사법 기구를 본국의 기관에 통일시키고, 척식성을 설치해서 조선총독부에 대한 간섭이 강화되었다. 때문에 독립적 예산심의권을 가진 조선의회 설치는 예산 독립을 바라는 토착 일본인 관료들의 바람을 반영한 것이었다. 이에 반해 오쓰카와 경쟁관계에 있던 미즈노 계열의 모리야 서무부장은 『조선공론』에 「척식성 설치의 급무(急務)」란 글을 투고하고, 미즈노 내무대신를 비롯한 일본 정계인사에 척식성 설치를 적극 주장했다.[78]

오쓰카의 조선의회안은 그가 토착 일본인 관료의 대표적 인물이라는 점에서 주목받은 것이었다. 그는 토착 일본인 관료들을 중심으로 '계림구락부'란 조직을 결성해 매주 모임을 가지고, 아일랜드의 독립, 식민지의

---

78 李炯植, 2013, 앞의 책, 154~155쪽.

자치 등에 대해 토론했다고 한다.[79] 그런 점에서 그의 안은 개인 사안으로 사이토에게 비밀리에 제출했지만, 토착 일본인 관료들의 내심과 주장을 일정하게 반영하고 있다.

　오쓰카의 주장은 총독부 고위관리의 조선총독에 대한 정책건의안이었지만, 본국 정치에 영향을 미칠 수 있는 수준의 것은 아니었다. 더구나 총독의 공식적인 지시를 받아 작성한 것도 아닌 말 그대로 사안(私案)이었다. 조선총독부 내에서 오쓰카의 사안을 정책으로 검토하고 고려한 적은 없다. 조선총독부 국장의 자리는 일본 내 현의 지사급에 비견되는 위치로, 당시 일본의 최고 엘리트 행정관료들은 식민지 조선으로 파견되는 것을 반기지 않았다. 식민지로 가게 되면 이후 본국 정부의 요직으로 갈 수 있는 기회가 줄어들기 때문이었다. 1920년대 이후 미즈노와 함께 조선에 부임한 미즈노 계열의 일부 관료들은 일본 본국 정부의 요직으로 돌아갔고, 이후에도 각계에서 상당한 영향력을 행사하고 있었다. 그렇지만 토착 일본인 관료들은 일본 정계와 관계에 인맥과 영향력이 부족했다. 특히 일상적인 식민지배정책이 아닌 자치정책 또는 중의원 참정권 정책과 같이 식민지배정책의 커다란 변화를 초래하는 정책은 총독부의 국장급 관료들이 결정할 수 있는 것이 전혀 아니었다. 총독이나 정무총감 수준에서도 결정할 수 없는, 본국 정부와의 협의와 승인이 필요한 것이었다. 식민지 조선정책이 일본 본국의 특권세력과 군부세력, 관료세력의 입김과 영향력에서 자유로웠던 적은 일제시기 내내 거의 없었다. 따라서 총독부 국장급 관료들이 자치제를 주장하고 논의했다고 해서 이를 총독부의 식민정책으로 간주하는 것은 당시 일본 정치권력 구조와 식민정책의 결정

---

[79] 李炯植, 2013, 앞의 책, 155쪽.

과정을 간과하는 것이다. 그렇기 때문에 오쓰카 사안을 당시 총독부의 정책 방향으로 봐서는 안 되며, 당시 자치제를 주장했던 일부 토착관료들의 의식과 내용을 살펴볼 수 있다는 한정된 의의가 있을 뿐이다.

2. 헌정회 내각과 식민통치정책

1) 헌정회 내각의 성립, 조선정책 변화의 기대와 한계

1922년 2월 1일, 특권 번벌세력의 최고 실력자이자 핵심인물인 야마가타 아리토모가 노환으로 죽었다. 야마가타의 죽음을 계기로 메이지시대 이래 일본 정계를 좌지우지했던 특권 번벌세력은 이제 역사의 뒤안길로 사라지게 되었다. 전 세계적 차원에서 민주주의의 고양, 다이쇼 데모크라시로 상징되는 일본 내에서 민주주의적 사상의 광범한 확산, 노동자·농민 등 민중의 성장, 보통선거권 요구의 확산 속에서 정당정치는 이제 일본 정치의 대세가 되었다.[80]

이런 상황에서 1924년 1월 7일, 추밀원 의장인 기요우라 게이고(淸浦奎吾) 내각이 성립했다. 그는 육군과 해군, 외무대신을 제외한 전 각료를 귀족원으로 구성했다. 이에 반발하여 정우회 총재 다카하시 고레키요와 요코다 센노스케, 헌정회 총재 가토 다카아키, 혁신구락부의 이누카이 쓰요시(犬養毅)가 제휴하여 제2차 호헌운동을 전개했다.[81] 제2차 호헌운동은 특권세력을 배제하고 민주주의와 정당정치를 실현하려 했던 1912년 제1차 호헌운동과 달리 정당세력 내의 권력투쟁 양상을 강하게 갖고 있었다. 광범한 대중의 참여와 투쟁 속에 진행되지는 못했지만, 정계 구조

---

80 윤덕영, 2010a, 앞의 글, 168~169쪽.
81 升味準之輔 저, 이경희 역, 1992, 『일본정치사』 Ⅲ, 형설출판사, 23~32쪽.

변화에는 큰 영향을 미쳤다.[82]

1924년 5월 실시된 중의원선거에서 호헌 3파는 여당인 정우본당에 압승했다. 헌정회는 154석의 의석을 얻어 제1당이 되었다. 그 결과 1924년 6월 11일, 헌정회 총재 가토를 내각 수상으로 하는 호헌 3파 연립내각이 수립되었다. 군주제 국가인 일제에 있어 보통선거권 문제는 1912년 제1차 호헌운동 이래 뜨거운 논란의 대상이었다. 그렇지만 호헌 3파 연립내각이 성립될 당시에 이르면 보통선거제 실시의 필요성은 중의원의 여야는 물론 특권세력들에게도 폭넓게 확산되고 있었다. 일련의 논란 과정을 거치기는 했지만, 보통선거제에 대한 공감대가 광범하게 확산되면서 1925년 3월 29일, 보통선거제 실시를 위한 중의원 선거법 개정안이 중의원과 귀족원을 통과했다. 이로써 유권자의 수는 종래 300여만 명에서 1,240여만 명으로 급증했다. 그럼에도 유권자의 비율은 여전히 전 인구의 21%에 머물렀다.[83]

그렇지만 보통선거법이 통과되었다고 해서 일본 정체가 민주주의 체제로 나간 것을 의미하는 것은 아니었다. 이 책의 제1부에서 설명한 것처럼 가토 수상을 비롯한 내각 구성원들은 보통선거법 실시에도 국가 권력의 주체는 여전히 천황에게 있으며, 보통선거는 천황의 명을 받는 권력기관의 하나인 중의원의 의원을 선출하는 것으로 주권 소재와는 관련 없는 제한된 권리의 보통선거제를 의미하는 것으로 설명했다.[84] 이는 정당정치 세력이 기존의 특권세력 및 천황제와 타협한 것을 의미했다. 다른 한편으

---

[82] 松尾尊兊, 1989, 『普通選擧制度成立史の硏究』, 岩波書店, 292~298쪽; 升味準之輔 저, 이경희 역, 1992, 『일본정치사』 Ⅲ. 32~33쪽.

[83] 김종식, 2007, 앞의 책, 83~90쪽.

[84] 제1부 2장 1)절 (3)항 참조.

로는 메이지시대 이래 일본 특유의 천황제 권력 체제하에 있던 기존의 특권세력이 의회제와 정당 정치체제를 받아들여 자기 변신을 했다는 것을 보여주는 것이었다.

이런 한계에도 불구하고 호헌 3파 내각이 성립하면서부터 일본 정계는 정당정치 시대로 접어들었다. 과거의 특권 번벌세력은 정치적 영향력을 상실하였고, 일부는 정당정치에 합류했다. 분열 후 제3당으로 세력이 약해진 정우회가 1925년 4월, 과거 조슈·야마가타벌의 핵심 인물이자 육군의 실력자였던 다나카 기이치를 총재로 영입한 일은 그 상징적 사건이었다.

호헌 3파 내각과 뒤이은 헌정회 단독내각이 수립되면서 이에 따른 식민지 조선정책의 변화에 대한 기대가 조선의 언론과 민족운동 세력 내부에서 일어났다. 동아일보는 일본 정우회에 대해서는 '구세력', '수구세력', '특권세력'으로 강한 거부감을 보였지만, 헌정회에 대해서는 상당한 기대감을 보였다.[85] 헌정회를 제3계급, 즉 일본 부르주아지의 이해를 대변하는 정당으로 일본 특권정치세력과 앞장서서 싸우는 '신기운', '신세력'의 자유주의 정당으로 표현했다. 그들은 헌정회 내각이 집권함에 따라 식민지 조선에 대한 지배정책도 일정하게 변화할 것으로 기대했다.[86]

한편 이관용(李灌鎔)은 헌정회에 대해 다음과 같이 전망했다. "가장 희망적인 정당이고 가토 자작이 이끌고 있는데, 그는 보통선거법을 적극 지지하며 일본 자본가들의 부도덕한 착취의 멍에도 불구하고 제3계급의

---

[85] 1926년 1월 28일 헌정회 가토수상이 죽자, 동아일보는 그의 죽음을 애도하는 사설을 게재하기도 한다. 「加藤首相의 逝去」, 『동아일보』 1926.1.29.

[86] 윤덕영, 2010b, 「1920년대 중반 민족주의 세력의 정세인식과 합법적 정치운동의 전망」, 『한국근현대사연구』 53, 86쪽.

이해를 대변한다. 또한 가토 자작은 광범한 독립운동이 일어난 1919년에 완전한 자치가 조선에 실시되어야 한다고 말했다. 우리는 이 발언을 에누리해서 받아들였다. 왜냐하면 그것은 단순한 아이디어일 뿐만 아니라 선거 캠페인을 목적으로 말한 것이라는 것을 알고 있었기 때문이다. 그럼에도 가토 내각은 조선에 많은 변화를 야기시킬 것이고, 정우회 사람인 사이토 총독은 소환될 것이다"[87] 물론 이관용의 기대와 전망은 이루어지지 않았다. 가토는 사이토를 유임시켰고, 조선사회에 큰 변화를 가져오지 않았다.

시대일보는 사설을 통해 '헌정 옹호'는 관료벌(官僚閥)에 대한 자본가의 정치적 세력의 옹호로, 호헌 3파의 기요우라 내각에 대한 반대도 그 하나에 지나지 않는다고 혹평했다. 그렇지만 가토 내각이 성립된다면 보통선거 실시의 실현이 곧 이루어질 것이며, 제4계급의 정당(무산정당-인용자)을 보게 될 것도 멀지 않을 것이라고 주장했다.[88] 시대일보는 가토 자작이 3·1운동 당시 조선의 자치를 주장했었고, 가토 내각이 실현된다면 조선의 식민정책에 변동이 있을 것이라 전망하면서, 일본 정계의 추이를 주목할 필요가 있다고 강조했다.[89] 이런 시대일보의 주장은 헌정회 내각 성립에 따른 보통선거 실시와 무산정당 출현과 같은 일본 정계의 변화가 조선 식민정책의 변화를 가져올 것이라는 기대를 반영하는 것이었다.

그렇지만 조선 민족운동 세력과 언론의 기대와 달리, 일본제국 내에서 헌정회의 정치적 영향력은 제한적이었다. 일본제국주의는 의회가 권력을

87　李灌鎔,「日本의 總選擧와 其結果」(下),『동아일보』1924.5.20.
88　「日本總選擧와 政局의 將來」,『시대일보』1924.5.15.
89　윤덕영, 2010b, 앞의 글, 86쪽.

갖는 일반 자본주의·민주주의 국가와 권력 구조가 달랐다. 천황을 정점으로 두고, 그 하위에 내각을 구성하는 중의원, 상원격인 귀족원, 천황의 자문기관인 추밀원, 그리고 육군과 해군이 각기 권력을 분점하여 행사하는 독특한 권력분립구조를 가졌다. 1920년대 정당정치 시대가 도래하면서 중의원의 다수당이 내각을 구성하였지만, 귀족원과 추밀원, 군부 등은 여전히 정당세력의 통제하에 있지 않고 별도의 막강한 영향력을 행사하고 있었다.[90] 그리고 즉위 때부터 병약하여 천황으로서의 직무를 수행하기 곤란할 정도인 다이쇼(大正) 천황은 명목상의 천황이었다. 천황을 둘러싼 원로와 궁중 대신들은 천황이 현실 정치와 국가정책에 직접 관여하는 것을 반대했다. 결과적으로 일본 정치에서 군부를 통제할 수 있는 제도적 장치나 기구는 미약했다.[91]

이 때문에 정당정치 시대가 도래했음에도 중의원에 기반한 헌정회 정당정치세력이 조선 식민정책을 마음대로 좌지우지할 수 없었다. 일제 군부와 군국주의세력, 추밀원과 귀족원의 특권세력, 보수정당세력의 상당수는 여전히 식민지 조선을 대륙(러시아) 침략으로부터 일본을 지키고, 대륙(중국) 진출을 위한 교두보로서 일본의 국방상·안보상 사활적 위치로 인식하고 있었다. 때문에 조선 식민지배에 큰 주의를 기울이고 있었다.[92]

그들은 식민지 조선의 전략적 중요성을 위협하는 식민정책의 변화는

---

90 윤덕영, 2010a, 앞의 글, 171쪽.
91 천황을 둘러싼 일본 내부 권력의 동향에 대해서는 야스다 히로시 지음, 하종문·이애숙 옮김, 2009, 앞의 책을 참고할 것.
92 이런 이유로 권태억은 일제 식민통치의 가장 중요한 기조를 대륙침략 기지화정책이라 규정했다. 권태억, 「일제 식민통치의 기조」, 한일관계사연구논집 편찬위원회편, 2005, 『일제 식민지 지배의 구조와 성격』, 경인문화사, 116~122쪽.

결코 용납하지 않았다. 예컨대 일제 본국 권력과 분리되어 독자적으로 운영되는 중앙정치 차원의 조선의회 설립, 즉 조선자치제 실시를 이들 세력이 받아들일 가능성은 거의 없었다.[93] 1910년대와 같이 육군 군벌세력이 직접 조선을 통치하는 시기도 아닌 정당정치 시대에, 일제의 대륙 진출 발판인 식민지 조선에 조선인이 상당수 참여하는 자치의회가 수립된다면, 일제의 대륙 진출 정책은 그 전도가 오리무중이 될 것은 분명하기 때문이었다. 더 나아가 식민지 조선에 대한 지배력 약화는 일제의 특수한 정치구조상 군부 및 특권세력의 약화를 반드시 가져올 것이므로 그들은 조선의회 같은 조치를 결코 허용할 수 없었다. 심지어 1919년 관제개혁으로 문관도 조선총독에 임명될 수 있었지만, 조선총독은 일제시기 내내 군부출신만 임명되었다. 문관 조선총독도 용납하지 않는 이들 세력이 식민지 조선에 커다란 변화를 초래할 조선 자치정책을 받아들일 가능성은 거의 없었다고 해도 무방할 것이다.

2) 일본 내 조선 자치 주장과 한계

일본 자유주의 세력과 헌정회 내에서는 동화주의와 내지연장주의 정책의 문제를 지적하면서 자치정책을 주장하는 사람들도 있었다. 1924년 12월 말, 일본 내각 척식국 사무국장인 하마다 쓰네노스게(浜田恒之助)가 만주를 경유하여 서울에 도착했다. 그는 시모오카 정무총감 및 오쓰카 내무국장 등과 회담했다. 하마다는 당시 회담 분위기에 대해서 "현재 총독부 당국자들 대부분이 동화정책이 성공하지 못했다는 것을 알고 있으며,

---

93 윤덕영, 2010a, 앞의 글, 172쪽.

그 대신에 동화주의나 문화주의, 내지연장주의를 새로운 방향으로 전환해야 한다고 주장했다"라고 회고했다. 그는 1925년 8월 식민지 지역 시찰보고서를 가토 수상에게 제출했다. 그는 보고서에서 "조선과 대만의 풍속·관습, 문물제도를 일본화하려고 한 결과, 유형·무형의 파괴가 일어나 토착민들의 반항을 초래하였다"면서, "이 같은 식민지통치책을 적당한 정책으로 바꾸지 않으면 50년, 100년 되어도 성공하지 못할 것"이라고 주장했다. 그러면서 동화주의와 내지연장주의를 변경할 것을 건의했다. 그는 3천여의 역사를 가진 1,700여만 명 조선 민족의 언어와 풍속, 관습과 신앙 등을 동화하는 것은 절대 불가능하다고 전망했다. 그러면서 조선인을 일본국민화하는 동화정책과 내지연장주의 정책을 폐기하고, 민족이 협동하여 동일 국민으로서 이해와 감정, 이상을 함께하는 다민족국가체제를 구상했다.[94] 그러나 그의 구상은 헌정회의 식민정책으로 반영되지 않았다. 하마다는 그 직후인 1925년 9월, 히로시마 지사로 발령받아 식민정책에서 멀어졌다.

　헌정회 지도자 중에서 당시 조선에서의 자치제 실시를 구체적으로 언급한 사람으로는 오자키 유키오(尾崎行雄)가 있었다. 그는 헌정회 내에서도 독자적으로 행보하였다. 1924년 10월 2일, 조선을 방문한 그는 동아일보 기자와 짧은 문답을 했다. 그는 현재 조선의 절대 독립은 중국과 같은 혼란한 사태를 초래할 것이기 때문에 조선인이 "절대 독립을 주장하는 것은 현재 세계 대세를 생각하지 아니하고 공상에 굴리는"것이라고 주장했다. 대신에 "지금 조선의 정치를 군사와 외교만 일본중앙정부에 위임하고 내정은 완전히 자치를 한다면 적당한 일이 아니될까(물론 나의 愚見으로

94　李炯植, 2013, 앞의 책, 178~180쪽.

이것을 지금 실시하라고 주장하는 것은 아니지만), 이러한 정치적 형식으로 말하면 현 세계 각처에서 성공하고 있으니, 하고(何故)로 조선인 제군이 이러한 실제사정에 연구를 하지 않고, 절대 독립만을 주장하는 것은 감정에만 끌리는 것 같다"[95]라고 주장했다. 오자키는 조선의 독립에 대해서는 공상과 같은 것이라면서 명백히 반대했다. 그렇지만 지금 당장 실시하는 것은 아니라면서도 내정독립, 자치제의 가능성을 언급했다. 또한 조선인들이 감정에 이끌리어 절대 독립을 주장하지 말고, 내정 자치를 연구하라고 주문했다. 그렇다고 자치제 문제를 자신이 추진한다거나, 일본 헌정회가 이를 추진해야 한다고 언급한 것은 아니었다. 또한 공식적인 기자 회견을 한 것은 아니었고, 동아일보 기자와의 짧은 간담 과정에서 나온 것이기 때문에, 그의 진의를 기자가 제대로 전달하였는지도 확실하지는 않다. 그럼에도 조선자치제 문제에 대한 일부 자유주의 정치인들의 의중을 살펴볼 수 있는 주장이라 생각한다.[96]

다음으로 일본 자유주의 정치세력의 주요 지도자이자, 이념적 기반 중 하나인 민본주의를 주장한 요시노 사쿠조(吉野作造)의 조선에 대한 인식과 식민정책론이다.[97] 요시노는 1910년대부터 조선 문제에 대해 관심을

---

[95] 『동아일보』, 1924.10.4.

[96] 윤덕영, 2010a, 앞의 글, 174~175쪽.

[97] 요시노와 그의 조선문제 인식에 대해서는 다음의 논문을 참조. 松尾尊兌, 1968, 「吉野作造と朝鮮」, 『人文學報』, 25, 京都大學; 松尾尊兌, 1995, 「解說: 吉野作造の朝鮮論」, 『吉野作造選集』, 9, 岩波書店; 松尾尊兌, 1997, 「吉野作造と朝鮮・再考」, 『朝鮮史研究會論文集』, 35, 5~19쪽; 최상룡, 1986, 「大正데모크라시와 吉野作造」, 『아세아연구』, 76호; 최상룡, 1987, 「吉野作造의 정치사상에 관한 소고」, 『동아연구』, 12; 노영희, 2002, 「요시노 사쿠조와 나츠메 소세키의 韓國觀 비교연구」, 『일어일문학연구』, 43; 平野敬和, 2000, 「帝国改造の政治思想-世界戰爭期の吉野作造」, 『待兼山論叢』 34; 황미주, 2002, 「吉野作造の韓國觀」, 『日語日文學』, 18; 황미주, 2005, 「吉野作造의

가지고 많은 글을 남겼다. 특히 3·1운동 직후부터 1921년에 걸쳐 무려 60여 편의 시론과 평론 등에서 조선 문제를 다룰 정도로 조선 문제에 대한 관심이 많은 인물이었다.

요시노는 제1차 세계대전 후의 국제관계는 개별주의에서 협동주의로, 제국주의에서 국제민주주의로 전환하고 있으며, 도의적 원칙주의를 중시하는 방향으로 가고 있다고 보았다. 그는 "일본이 민주주의와 민족자결주의의 대두라는 세계의 대세에 순응해야 하며, 이를 위해서는 국방 본위와 관료주의적 정책을 철폐하고, 국내 정치에서는 민본주의를 철저히 실행하며, 대외관계에서는 국제적 평등주의에 입각해야 한다"고 주장했다. 이런 점에서 "조선 문제는 3·1운동을 계기로 커다란 인도적인 문제로 세계의 이목을 끌고 있으며, 세계가 일본을 비판하고 일본을 국제사회로부터 고립시키고 있는 시발점"이라고 주장했다.[98] 그가 볼 때 조선의 3·1운동은 식민지 조선에서의 '폭동'이라는 단순한 사건이 아니었다. 일본의 식민지 경영능력과 동양 선진국으로서 일본의 위상, 그리고 제1차 세계대전 후 새로 형성되는 국제무대에서 일본의 지위에 지대한 영향을 미치는 중대한 사건이었다.[99] 때문에 요시노는 국제사회의 비난과 고립을 자초할 무단통치에 기반한 식민정책을 비난하면서 식민통치의 성공적 수행을 위해 새로운 통치 방법을 도입할 것을 주장했다. "조선인의 마음을 살 수 있는 정책"을 만들어서, 이를 통해 조선인들이 식민정책에 협조하고 동조하게 만들어야 한다는 것이었다. 그는 풍속과 습관, 언어와 전통이

韓國觀의 化とアジア主義의 影響」, 『日本文化硏究』, 14; 한상일, 2004, 『제국의 시선』, 새물결; 이규수, 2009, 「민본주의자 요시노 사쿠조의 조선인식」, 『역사비평』 88.

98 「對外的良心의 發揮」, 『吉野作造選集』 9권, 55~66쪽.

99 한상일, 2004, 앞의 책, 333쪽.

다른 이민족을 통치하려면 "어느 정도 언론의 자유를 용인하고, 융통성 있는 법 집행으로 식민 민족을 회유해야 한다"고 주장했다.[100]

그렇지만 요시노는 조선총독부 경무국장을 지낸 마루야마 쓰루키치와의 논쟁에서 "나는 일선융합(日鮮融合)과 제휴가 동양평화의 근간이고, 일본의 대동양정책의 근거라고 생각한다. 이 이상은 마루야마 군과 완전히 일치한다고 생각한다. 다만 어떻게 하면 그것을 실현하는 것이 가능할까의 방법에 차이가 있을 뿐"이라고 언급했다.[101] 그는 자신이 '조선방기론자', '조선포기론자'가 아닐뿐더러, 식민지 조선이 일본의 안정에 있어 절대 필요하다는 것을 강조했다. 그런 점에서 그는 자신이 추구하는 목표도 마루야마와 같은 안정적인 식민통치에 있다는 것에 동의한다. 다만 목표를 실현하는 수단과 방법에 있어 그는 '포섭'과 '포용'이라는 보다 현실적인 방법을 고려해야 한다고 주장했다. 이런 점에서 요시노는 "보다 자비로운 자유주의 식민론자"[102]에 가까웠다.

헌정회 주요 지도자들의 조선 문제에 대한 인식도 요시노와 별 차이가 없었다. 번벌과 군부의 무단통치에 기반한 동화정책을 맹비난했다. 그렇다고 동화정책 자체를 전면 부정한 것은 아니었고, 무력이 아닌 도덕과 문화에 따른 동화정책 추진을 주장했다. 그렇기 때문에 그들은 내지연장주의에 기반한 사이토 총독의 '문화정치'를 환영했고, 사이토 총독 개인에 대해서는 별다른 비판을 하지 않았다.[103] 심지어 무단통치를 실시한 데

---

100 松尾尊兌 編, 1971, 『吉野作造 : 中國 · 朝鮮論』, 平凡社, 159~192쪽.
101 吉野作造, 「朝鮮統治策に關する丸山君に答不」, 『吉野作造選集』 9권, 148~149쪽.
102 한상일, 2004, 앞의 책, 377쪽.
103 윤덕영, 2010a, 앞의 글, 177쪽.

라우치 총독에 대해서도 비판을 주저했다.[104] 헌정회 지도자들과 그와 관련된 조선총독부 관료들의 기본적 출발점도 내지연장주의의 전면적 실현에 따른 일선융화와 동화에 있었다. 조선인에 대한 교육 기회 확대, 조선인과 일본인의 혼합교육 실시, 언론 통제 완화, 조선에서의 산업 육성과 일본 경제권 편입 강화 등의 내지연장주의에 따른 동화정책은 헌정회를 비롯한 일본 정당정치세력과 자유주의 세력들에게 있어서도 함께 공유하는 바탕이었다.[105]

헌정회 내각이 조선에서 자치제 실시를 구체적으로 구상하고 정책으로 추진했다는 증거는 현재까지 찾아보기 어렵다. 그들 중 일부는 3·1운동으로 폭발한 조선 민중의 반발과 저항의 원인을 일제의 무단통치 방법과 비과학적 동화에서 찾았고, 일시적으로 조선에서 자치제 실시를 주장하기도 했다. 그러나 일본 특권과 군부세력, 정당세력과 민간세력의 반발에 직면해서 그 주장을 곧 거둬들였다. 그들은 천황제하 정당정치 구도에 편입되어 가면서 일본 특권세력과 군부세력을 의식해서, 또한 점차 보수화하는 일본 국민들의 정서를 반영하여 조선 참정권 정책의 변화, 곧 조선의회 설치 같은 자치제 실시 주장을 하지 않게 된다. 보통선거법이 통과된 1925년 3월, 제국의회 제50회 회의에서 헌정회 와카쓰키 내무대신은 "조선, 대만의 선거권에 대해서는 곧바로 선거권을 부여하기에는 이르다고 생각하는데, 그들이 본법의 시행에 따라 더욱 희망을 가질지도 모르겠지만, 일에는 순서가 있다"고 하여 조선에 대한 참정권 기대에 찬물

---

104 이규수, 2009, 앞의 글, 319쪽.
105 윤덕영, 2010a, 앞의 글, 177~178쪽.

을 끼었었다.[106]

소수 약체 내각인 헌정회 내각은 식민정책의 변화를 가져오지 못했다. 더군다나 3·1운동 직후 잠시 조선에서의 자치 실시를 주장했고, 조선의 민족주의 세력과도 일정한 교류가 있던 헌정회의 가토 수상은 1926년 1월에 급서했다. 후임 수상인 와카쓰키 레이지로는 대장성 관료 출신으로 전임 가토 수상보다 식민지 조선의 참정권 정책의 변화를 모색할 만한 정치력에는 한계가 많았다.[107]

3) 시모오카 츄지와 유아사 구라헤이 정무총감 시기의 식민통치정책

호헌 3파 연립내각과 이후 헌정회 단독내각이 수립되었음에도 조선총독의 교체 시도는 없었다. 가토 수상은 사이토가 조선총독으로서 최고의 적임자라고 주장하면서, 조선총독을 바꾸지 않을 것임을 공개적으로 표명했다.[108] 소수 내각인 헌정회 내각이 일본 특권세력과 군부세력의 반대를 뚫고 문관총독을 임명하는 것은 사실상 불가능했다. 현실적으로도 헌정회 측은 독자 정치세력화하고 있는 육군에 대응할 만한 경력과 능력을 가진 군부 출신 인물을 찾을 수 없었다. 경력과 능력이 있으면서도 사쓰마벌과 해군에 구속되지도 않고, 정우회 세력과도 거리를 두고 있는 사이토 외에 다른 인물을 해군 내에서 찾기 어려웠다.[109]

---

106 마쓰다 도시히코 저, 김인덕 역, 2004, 『일제시기 참정권 문제와 조선인』, 국학자료원, 169쪽.
107 윤덕영, 2010a, 앞의 글, 180~181쪽.
108 『東京朝日新聞』, 1924.6.24.
109 윤덕영, 2010a, 앞의 글, 184쪽.

그러므로 헌정회 내각은 정무총감의 교체를 시도하여 식민지 조선통치에 부분적으로 간여했다. 1924년 7월 4일, 헌정회의 중진 시모오카 츄지(下岡忠治)가 조선 정무총감으로 임명되었다. 그는 관료 출신으로 농상무성과 내무성 차관을 역임한 행정 경력을 가지고 있었다.[110] 그는 호헌 3파 연립내각에 입각 하마평에도 올랐고, 대만총독을 바라볼 만큼 중량감이 있었다. 그런 점에서 일본 중앙정부에 기반이 거의 없던 아리요시 전 정무총감과는 그 위상과 역할이 다를 수밖에 없었다. 전임 정무총감인 아리요시는 대의회 및 내각 정책에서 스스로 해결하지 못하고, 사이토 총독에 의존하는 경향이 강했다. 반면에 시모오카는 일본 정계에의 기반과 영향력을 배경으로 조선총독부의 행정기구 개편과 인사정책, 식민지 통치정책 등을 주도적으로 수행했다.[111]

시모오카는 취임 직후 총독부 내에 있던 마루야마 경무국장을 비롯한 미즈노 인맥의 관료들을 대거 퇴임시키고, 모리야 서무과장은 한직으로 전보시켰다. 그 대신 헌정회와 관련된 관료들과 일부 토착 일본인 관료들을 발탁했다. 미쓰야 미야마쓰(三矢宮松)가 경무국장에, 이케다 히데오(池田秀雄)가 식산국장에 선임되었다. 또한 내각과의 원활한 예산 협조를 위해 대장성 조폐국장인 구사마 히데오(草間秀雄)를 재무국장에 선임했다. 토착 일본인 관료로는 호헌 3파와 관련이 있는 오쓰카 내무국장이 유임

---

110 시모오카 츄지(1870~1925)는 도쿄제국대학 정치학과를 졸업하고, 1895년 고등문관 시험에 합격했다. 1908년 농상무성 농무국장, 1912년 12월 농상무성 차관, 1913년 2월 추밀원 서기관장, 1914년 4월 내무차관에 선임되었다. 1915년부터 제국의회 중의원 의원으로 선출되어 연임했다. 1924년 7월 조선총독부 정무총감으로 부임하였지만 1925년 11월 22일 병으로 죽었다. 三峰會 編, 1930, 『三峰 下岡忠治傳』, 三峰會; 秦郁彦 編, 2002, 『日本近現代人物履歴事典』, 東京大学出版会, 267쪽.

111 李炯植, 앞의 책, 167쪽.

되었다. 오쓰카가 사임하자 후임으로 이쿠타 세이사부로(生田淸三郞)가 임명되었는데, 그 역시 토착 일본인 관료였다.[112]

취임 후 시모오카는 산업제일주의를 전면에 내세우며 산미증식계획 정책 수행에 전력을 다했다.[113] 다른 한편으로 전후 공황의 여파로 긴축재정을 실시하던 일본 정부의 정책에 따라 조선총독부 예산도 긴축재정으로 운영했다. 대대적인 총독부 기구개편도 단행하여 1925년 12월, 총독부 행정기구 개편에서 고등관 이상 관료 350여 명, 그 이하 직원과 고용원 등 총 5,700여 명을 정리했다.[114]

1924년 말 시모오카는 "조선인에게 정치상의 발언권을 주는 문제", 즉 식민지 조선에서 참정권을 실시하는 문제에 대해, 우선 "논자에 따라 내지연장주의인가, 조선의회의 개설인가 말하고 있지만, 이들의 논의를 지금 용인하는 것은 있을 수 없다"고 주장했다. 또한 "내지와 같은 지방자치제를 시행하여 선거권을 부여하는 문제는 그 파급되는 바가 심대하며, 국시(國是)의 근본에 관한 문제이기 때문에 지금 언급하는 것도, 또 실시하는 것도 할 수 없다"고 단정했다. 그러나 "시대의 진보에 따라 조선인에 대하여 어느 정도의 정치상의 발언권을 주는 것은 반드시 필요한 것이라 생각한다"면서, "요약하면 이들 제 문제에 대하여 이미 연구를 진행해 구체적인 의견도 가지고 있으며, 여러 방면의 의견도 참고하여 어느 시기에는 이들 제 문제를 원만히 해결하여 조선인에 대하여 정치상의 발언권을

---

112 李炯植, 2013, 위의 책, 169쪽.
113 三峰會 編, 1930, 앞의 책, 408~417쪽.
114 森山茂德, 1991, 「日本の朝鮮統治政策(1910~1945)の政治史硏究」, 『法政理論』, 第23卷 第3·4號, 87쪽.

부여하는 기회를 만들려고 생각한다"는 의사를 표명했다.[115] 그렇지만 시모오카는 1925년 11월, 병으로 죽을 때까지[116] 그 구체적 내용을 진행시키지 않았기 때문에 그가 생각했던 복안이 드러나지 않았다. 다만 내지연장주의에 입각하여 중의원 선거권을 부여하는 것이나, 조선의회 개설 같은 식민통치의 큰 변화를 초래하는 정책의 논의를 용인하지 않겠다는 발언과 조선의회 같은 중앙정치 차원의 자치제가 아니라, 일본 본토에서 시행하고 있는 지방자치 수준의 지방자치제의 시행조차도 파급력이 크고 '국시의 근본'과 관련한 문제라고 조심스럽게 말하는 것으로 놓고 볼 때, 그가 말하는 조선인에게 정치상 발언권을 주는 문제가 조선의회 같은 중앙정치 수준의 자치 문제를 고려한 것은 아니라고 판단된다. 일본 본토에서 시행하고 있는 지방정치 수준의 지방자치권 확장, 그것도 전부 보장이 아닌 어느 정도 수준의 확장을 염두에 두고 있는 것으로 보이는데, 아무튼 그가 죽으면서 그 내용은 드러나지 않게 되었다.

1924년 8월 당시 조선인 사회에 별 영향력을 끼치지 못하던 기존 친일단체를 대신하여, 주로 도·부·면 협의회 회원 및 학교평의원들로 구성된 새로운 친일정치단체인 갑자구락부가 설립되었다. 시모오카 정무총감은 여기에 직접 관여하였다. 갑자구락부는 설립 이후 자치운동보다는 참정권획득 운동을 지속적으로 전개했다.[117] 다른 한편 시모오카는 총독부의 통제를 벗어나려는 국민협회의 참정권운동에 대해서는 제재를 가했다.[118]

---

115 三峰會 編, 1930, 앞의 책, 263~264쪽.
116 『동아일보』, 1925.11.23.
117 갑자구락부에 대해서는 이태훈, 앞의 박사학위논문, 206~217쪽 참조.
118 자세한 것은 이 책 제3부 제2장 1. 참조.

일본 헌정회 내각과 이와 연결된 조선총독부 시모오카 정무총감 라인에서 조선 식민정책의 변화나 중앙정치 수준의 자치제 실시를 구체적 정책으로 마련한 증거는 없다. 1925년 11월 22일 시모오카 후임 정무총감으로 유아사 구라헤이(湯淺倉平)가 임명되었다. 그는 1927년 12월 23일까지 재임했다.[119] 유아사도 조선 참정권 문제에 관련한 구체적인 식민정책 변화를 시도하지 않았다. 이렇게 해서 조선에서의 조선 참정권과 관련한 식민정책 변화는 공식적으로 이루어지지 않았다.[120]

---

[119] 유아사 구라헤이(1874~1940)는 도쿄제국대학 정치학과를 졸업했다. 1912년 1월 내무성 지방국장, 1923년 9월 경시청 경시총감, 1924년 6월 내무차관 등을 역임했다. 1925년 12월 총독부 정무총감으로 부임하여 1927년 12월까지 재임했다. 이후 일본에 돌아가서 1929년 11월, 회계검사원장에 임명되었다. 이후 1933년 2월에는 권력의 요직인 궁내대신에 선임되었고, 연이어 1936년 3월에는 내대신에 임명되어 1940년 6월까지 재임했다. 林茂, 1969, 『湯淺倉平』, 湯淺倉平傳記刊行會; 秦郁彦 編, 2002, 『日本近現代人物履歷事典』, 554~555쪽; 伊藤隆·季武嘉也 編, 2004, 『近現代日本人物史料情報辭典』 1, 吉川弘文館, 432~433쪽.

[120] 윤덕영, 2010a, 앞의 글, 187쪽.

3. 민족운동 분열공작으로서 자치 주장

1) 아베 미쓰이에의 활동과 중앙조선협회

시모오카와 유아사 정무총감 시기에 식민지 통치정책으로서 자치제는 모색되지 않았다. 그렇지만 총독부의 경무 라인을 중심으로 조선의 민족운동을 분열시키기 위한 공작으로서의 자치정책은 일정하게 추진되었다. 이와 관련해서는 사이토 총독의 정치고문이자 '제국의 브로커' 아베 미쓰이에(阿部充家)[121]의 동향, 경성일보 사장 소에지마 미치마사(副島道正)의 자치제 주장, 미쓰야 미야마쓰(三矢宮松) 경무국장의 정치공작 활동이 주목된다. 우선 아베의 활동부터 살펴보자.

아베 미쓰이에(1862~1936)는 규슈(九州) 구마모토(熊本)현 구마모토(熊本)시 출신이다. 동향인 도쿠토미 소호(德富蘇峰)의 최측근으로, 그와 평생 교유관계를 지속했다.

그는 도쿠토미가 설립한 오에기주쿠(大江義塾)의 사감으로 참여했었고, 1887년 도쿠토미가 언론단체이자 출판사인 민우사(民友社)를 설립하

---

[121] 아베 미쓰이에(阿部充家)에 대해서는 심원섭 책과 이형식의 일련의 다음 글을 참조. 심원섭, 2017, 『아베 미츠이에(阿部充家)와 조선』, 소명출판; 이형식, 2015, 「메이지·다이쇼 초기 아베 미쓰이에(阿部充家)의 궤적: '민권'파 교사에서 '권력정치가'에 접근한 정치기기자로」, 『일본역사연구』 42; 2016, 「경성일보, 매일신보 사장 시절(1914.8~1918.6)의 아베 미쓰이에(阿部充家)」, 『사총』 87; 2017, 「'제국의-브로커' 아베 미쓰이에(阿部充家)와 문화통치」, 『역사문제연구』 37; 2018, 「1920년대 중후반 아베 미쓰이에(阿部充家)의 조선에서의 정치 행보」, 『민족문화연구』 78; 2018, 『『동명』·『시대일보』 창간과 아베 미쓰이에(阿部充家)』, 『근대서지』 18.

고, 잡지『국민지우(國民之友)』을 창간했을 때도 참여했다. 그 시절 도쿠토미가 그랬던 것처럼 그도 자유민권운동의 급진파로 활동했다. 메이지 정부의 보안조례에 따라 도쿄퇴거명령을 받고는 고향에 내려가,『구마모토신문』을 경영했다. 그는 1890년 도쿠토미가 '평민주의'를 내세우며 일간지『국민신문(國民新聞)』을 창간하자 정치부 기자로 참여했다. 도쿠토미는 이후 평등주의와 번벌세력 타파를 내세웠던 자유민권운동 급진파에서 점차 번벌세력 일부와 타협하고 한국침략과 대륙진출을 주장하는 대외강경파로 변신하게 되는데, 아베는 이를 충실히 따랐다. 1894년 청일전쟁에 종군하였고, 이를 계기로 가쓰라 타로(桂太郎), 가와카미 소로쿠(川上操六), 데라우치 마사타케 등 번벌 군부세력과 친분을 쌓게 되었다. 1897년 도쿠토미가 마쓰가타 마사요시(松方正義) 번벌내각의 칙임참사관에 임명되면서부터는『국민신문』의 주간이 되어 마쓰가타 내각의 기관지 역할을 충실히 수행했다. 이로써 도쿠토미와 아베는 자유민권운동의 급진파에서 번벌 및 군부세력의 대변인으로 전환하며 '변절자', '어용신문'이라는 비난을 받기도 했다. 1904년 러일전쟁이 발발하자, 두 사람은 일본의 전쟁행위 정당성 선전에 전력하면서 일본 내 여론을 전쟁 수행으로 유도하는 데 앞장섰다.

 1911년에 아베는『국민신문』 부사장이 되었다. 1912년 12월 육군의 2개 사단 증설 요구를 계기로 광범한 자유민권세력과 정당세력, 민중이 참여해 번벌세력 타파와 헌정 옹호를 주장하는 제1차 호헌운동이 일어났을 때,『국민신문』은 국민의 반대편에 서서 가쓰라 번벌내각을 옹호하는 입장의 기사를 다수 게재했다. 이에 분노한 군중이 국민신문사로 투석을 하자, 부사장 아베는 직접 일본도를 뽑아 들고 시위대와 맞섰다. 국민신문사 사원들은 시위대에 발포까지 하여 시위대 1명이 죽고, 부상자가 여럿

발생하였는데, 그는 살인미수죄로 재판에 회부되어 징역 2년에 집행유예 3년을 받았다.[122]

도쿠토미는 '일본 군국주의의 괴벨스'라는 세평에서[123] 드러나듯이 대표적인 일선동화론자이자 군국주의자로서 일본의 한국병합과 대륙 침략을 적극적으로 주장하고, 군국주의를 설파했다. 또 초대 조선총독인 데라우치와의 가까운 인연을 계기로 강제병합 시 총독부 기관지인 『경성일보』와 한글판 『매일신보』의 언론통폐합을 주도했다. 그는 조선인에게 언론의 자유를 준다는 것은 "정말로 위험천만한 것"이라며 무단통치기의 사상적·이론적 토대를 제공했다. 이런 도쿠토미의 최측근이 아베였다. 그는 도쿠토미의 식민사상을 실현하기 위해 『경성일보』 사장으로 임명되었다.[124]

아베는 1914년 8월부터 1918년 6월까지 『경성일보』와 『매일신보』 사장으로 재임하면서 '일선융화'를 목표로 내걸고 식민사상 유포와 독립의식 척결에 앞장섰다. 이 시기 아베는 조선의 귀족, 문인, '신지식층', 종교계 인사들과 활발히 교류했다. 특히 심우섭(沈友燮), 이광수(李光秀), 최남선(崔南善), 진학문(秦學文) 등 촉망받는 재일유학생 출신과 만나 친밀한 관계를 형성했다.[125]

3·1운동 이후 사이토가 조선 총독으로 부임하자, 도쿠토미는 사이토에게 아베를 정치고문으로 추천했다. 이후 아베는 자신이 구축한 네트워크를 활용하여 사이토의 비공식적인 정치고문 역할을 수행했다. 그는 많

---

122 이형식, 2015, 앞의 글, 119~148쪽; 심원섭, 2017, 앞의 책, 제1~2장.
123 정일성, 2005, 『일본 군국주의의 괴벨스 도쿠토미 소호』, 지식산업사.
124 정진석, 2005, 『언론조선총독부』, 커뮤니케이션북스.
125 이형식, 2016, 앞의 글, 179~191쪽; 심원섭, 2017, 앞의 책, 제3장.

은 조선인과 접촉하면서 조선인 사회의 동향과 진정을 사이토에게 전달했다. 1920년대 사이토 총독에게 보낸 서한이 225통에 이를 정도로 사이토와 긴밀한 관계를 유지했다.[126] 그는 주의와 사상을 가리지 않고 조선의 언론인, 지식인, 유학생, 전도유망한 학생들과 접촉을 지속하며 그들의 동향을 파악했다. 유진오는 그의 회상기에서 1924년 10월경 일면식도 없던 아베의 조선호텔 만찬에 초대되었으며, 그가 한국 유학생 중 똑똑한 사람이면 누구라도 접촉하려 했다면서 일본 정부의 대조선인, 특히 젊은 엘리트에 대한 고등정책을 맡아보는 사람인 것 같다고 회고했다.[127] 아베는 경제적으로 어려운 조선의 지식인·학생들을 경제적으로 후원하면서 이들을 친일로 이끄는 역할을 했다. 아베와 이광수의 교류는 유명했다. 그렇다고 조선인들이 아베에게 일방적으로 이용당한 것은 아니었고, 그를 통해서 총독정치에 대한 의견과 불만을 전달했다. 아베는 '제국의 브로커' 역할을 수행했다.[128]

아베는 일본과 조선의 경제통합 강화, 국책은행과 회사를 통한 조선인 자본가나 실업가, 유력자에 대한 경제적 지원과 회유 등을 주장했다. 반면에 총독부 내 미즈노파 내무성 관료들의 국민협회 참정권청원 지원을 비판했다. 그리고 미즈노와 아리요시 정무총감 시절에는 아카이케 경무국장, 마루야마 경무국장 등 미즈노파 내무성 관료들의 견제를 받았다.[129] 강동진을 비롯한 일부 연구들에서 아베의 주장이 곧 조선총독부의 정책으로 실행되었다고 보는데, 이는 잘못된 것이다. 아베의 의견이 사이토에

---

126 이형식 편저, 2018, 『齋藤實·阿部充家 왕복서한집』, 아연출판부.
127 유진오, 2007, 『양호기』, 고려대학교출판부, 11쪽.
128 이형식, 2017, 앞의 글, 443~444쪽.
129 이형식, 2017, 위의 글, 462~468쪽.

게 수용된 경우도 있었지만, 기본적으로 총독부 내 관료들은 아베에 상당한 거리를 두고 있었고, 특히 미즈노파 관료들은 그의 활동을 제지하기도 했다. 사이토 역시 그에게 전적으로 의존한 것은 아니었다. 주요한 정보원이자, 제한된 정치고문이었다.

1924년 일본 헌정회 내각이 수립되고, 조선총독부 고위관료들이 교체되자 미즈노파 내무성 관료들의 발언권이 약화하며 아베의 활동은 활발해졌다. 아베는 1924년 이후 조선 방문 횟수가 많아지며 다양한 조선인들을 만나게 되었다. 이들로부터 조선인의 내밀한 상황과 정보를 얻어내어 총독에게 보고하는 한편, 총독에게는 정보원들의 진정을 해결해주기를 부탁했다.[130]

1925년 들어 아베는 자치제를 내세워 천도교 신파의 지도자인 최린과 동아일보 계열의 김성수, 송진우 등을 연합시켜 민족운동 진영을 분열시키려 했다.[131] 그러나 60대 중반의 고령이자 사이토 외에는 조선 내 기반도 없는 그가 할 수 있는 일이 아니었다. 미쓰야 경무국장을 비롯한 총독부 관료들도 적극적으로 협조하지 않았다. 미쓰야 경무국장은 11월 18일 사이토에 보고한 서한에서 "아베 미쓰이에와는 두 번 간담했습니다. 분부하신 것도 이야기해 두었습니다. 최린과의 이야기도 들었습니다. 송진우도 끌어들일 생각인 것 같습니다만 구체적으로는 아무것도 진행되고 있지 않은 것 같습니다. 저희로서도 지장이 없다면 충분히 원조하고 싶지만 이 점이 어렵기에 상황을 잘 지켜봐 달라고 이야기해 두었습

130　이형식, 2018, 앞의 글, 160~162쪽.
131　「1925년 8월 17일 자 사이토 앞 아베 서한」, 이형식 편저, 2018, 앞의 책, 142쪽.

니다"라고[132] 보고했다. 미쓰야 경무국장의 보고에서 몇 가지를 알 수 있는 점이 있다. 첫째, 사이토의 명에 의해 아베를 만났지만, 그가 구체적으로 아무것도 진행하지 못하고 있었다는 점과 둘째, "저희로서도 지장이 없다면 충분히 원조하고 싶지만 이 점이 어렵다"고 완곡하게 표현하고 있지만, 총독부 경무국이 아베의 활동을 지원하고 있지 않다는 점이다.

그렇다고 미쓰야가 자치제를 내세운 공작을 하지 않았던 것은 아니다. 뒤에서 살펴보겠지만, 그는 아베와 만난 며칠 뒤 도쿄에서 경성으로 귀선하는 소에지마에게 전보를 보내 만날 것을 요청하고, 11월 24일 만나서는 자치론 발표에 대해 협의했다.[133] 기존 일부 연구에서는 아베의 지시를 받아 미쓰야가 소에지마를 만났다고 주장하는데, 현재까지 밝혀진 근거가 없다. 기존 연구 대부분이 자료적 근거 없이 그랬을 것이라고 추론할 뿐이다. 아베가 미쓰야 경무국장을 만난 일을 사이토에게 보고하는 1925년 11월 17일 자 서한에서도 소에지마와 관련한 얘기는 나오지 않는다.[134] 아베의 성향이나 다른 서한으로 미루어볼 때, 자치제를 공론화하는 중차대한 일을 미쓰야 경무국장과 상의했다면 아마 사이토에게 직접 보고했을 것이다. 그런데도 내용이 없다는 것은 미쓰야가 아베와 상의하지 않았을 가능성도 엿보게 한다. 앞서 본 11월 18일 자 미쓰야 서한에서도 소에지마 관련 부분은 나오지 않는다. 이런 점에서 아베와는 별도로 미쓰야가 독자적으로 행동했을 가능성이 크다. 식민통치를 직접 담당한 고급 관료들의 입장으로 볼 때 아베는 총독이 데려온 낙하산, 그것도 연

---

132 「1925년 11월 18일 사이토 앞 미쓰야 서한」, 『齋藤實關係文書』 1470-2.(이형식, 2018, 앞의 글, 165쪽 재인용)

133 趙聖九, 1998, 『朝鮮民族運動と副島道正』, 硏文出版, 168쪽.

134 「1925년 11월 17일 자 사이토 앞 아베 서한」, 이형식 편저, 2018, 앞의 책, 149~151쪽.

로한 참견자로 보았을 가능성이 크다.

1926년 1월 일본에서 중앙조선협회(中央朝鮮協會)가 결성되었다. 아베는 조직 결성에 주요한 역할을 담당하고, 협회 전무이사에 선임되었다. 전 조선총독부 관료들을 중심으로 조선은행, 식산은행, 동양척식주식회사 등 식민지 특수은행과 국책회사의 최고 간부들, 그리고 식민지 조선에 이해관계를 가지고 있는 일본의 '조선통'들이 참가했다.[135] 이 단체의 초대 회장은 번벌세력의 최고 원로였던 야마가타 아리토모의 양자인 야마가타 이사부로(山縣伊三郎)였다. 그는 1910년대 무단통치기에 조선 제1대 정무총감을 지냈다. 이사나 고문을 맡은 초기 주요 인물은 무단통치기 관료였던 우사미 가쓰오(宇佐美勝夫)와 세키야 데이자부로(關屋貞三郎), 그리고 3·1운동 이후 내지연장주의 정책을 추진한 제2대 정무총감 미즈노 렌타로와 그의 측근들인 모리야 에이후(守屋榮夫) 전 총독비서관, 마루야마 쓰루키치(丸山鶴吉) 전 경무국장, 또 제2차 호헌운동의 빌미가 된 야마가타벌 귀족원의 중심인물인 전 수상 기요우라 게이고(淸浦奎吾), 그리고 이노우에 준노스케(井上準之助)와 일본 재무 관료 및 은행가를 역임한 재벌 시부사와 에이이치(澁澤榮一) 등이었다.[136]

중앙조선협회는 무산계급이 대두하고 무산계급적 세력이 민족적 색채를 갖는 것, 이에 따라 기성 정당이 격화되는 것을 우려하면서, "조야(朝野)가 힘을 모아 조선의 정치·사회·경제상 진보 발달을 조성"하고, '내선인(內鮮人)의 융화공영'을 실현하는 것을 목표로 한다고 주장했다.[137] 일부

---

135 李炯植, 2007, 「戰前期における中央朝鮮協會の軌跡-その設立から宇垣總督時代まで-」, 『朝鮮學報』204, 朝鮮學會.
136 윤덕영, 2010b, 앞의 글, 103쪽.
137 『조선일보』, 1926.2.6.

에서는 중앙조선협회를 일본인 자치론자들이 결성한 조직으로 그 구성목적이 조선의 자치운동 지원에 있다고 주장하지만[138] 실제로는 이와 거리가 멀었다. 일부 헌정회 계열 인사들도 있었지만, 정우회 계열도 있었고, 특권세력 출신도 있었다. 전체적으로 보면 당시 일본 정계의 보수화가 반영되어 보수적 성격이 강했다. 조선에 근무했거나 이해관계를 가진 사람들의 모임이었다.

중앙조선협회는 특별조사위원회를 설치하였는데, 정치 및 행정을 연구하는 제1부는 조선에서의 참정권 문제를 담당했다. 제1부 위원은 이즈미 아키라(泉哲), 나가이 류타로(永井柳太郎), 야마모토 미오노(山本美越乃) 등 식민정책학자를 비롯하여 소에지마 경성일보 사장, 야마가타 이소오(山縣五十雄) 전 서울프레스 사장, 바바 에이이치(馬場鍈一) 식산은행 이사, 오자키 다카요시(尾崎敬義) 등이었다. 이 중에서 소에지마, 바바, 이즈미 등이 식민지 조선에서의 자치의회 설치를 언급했었다.[139] 그렇다고 중앙조선협회가 식민지 조선에서 자치제 실시를 지지한 것은 결코 아니었다. 뒤에서 살펴보겠지만 1929년 10월, 고다마 히데오(兒玉秀雄) 정무총감은 일본으로 가서 하마구치 오사치(濱口雄幸) 수상 및 마쓰다 겐지(松田源治) 척무대신 등 내각 요인들과 미즈노 렌타로와 우사미 가쓰오 등 중앙조선협회 요인들을 만나 조선에서의 참정권 문제를 협의한 바 있다. 그때 중앙조선협회의 미즈노와 우사미 등은 조선에서의 자치제 실시를 강하게 반대했다. 조선지방의회에 대한 것은 조선인들에게 충동을 일으켜 장래

138　박찬승, 1992, 앞의 책, 337쪽.
139　이형식, 2018, 앞의 글, 168~169쪽.

화근이 될 가능성이 있다는 것이었다.[140] 일부가 조선지방의회를 주장했지만, 전체적으로 보면 중앙조선협회는 이에 비판적이었으며, 일본 정부의 기본 입장을 따르고 있었다.

한편, 일부 연구에서는 1925년 중반 총독부 측과 조선인 자치론자들 간에 교섭을 담당한 인물로 중앙조선협회의 이노우에 준노스케(井上準之助) 일본 중의원 의원의 역할을 상정하고 있다.[141] 이노우에[142]는 일본은행 총재와 대장대신을 두 번이나 역임한 대표적인 경제계 인물로서 중앙조선협회 위원 중 정치적 색깔이 적었다. 때문에 헌정회계열과 일정한 유대 관계를 표명하던 『동아일보』계열을 비롯한 조선의 민족주의자들이 그와 만났을 가능성은 크다. 특히 경성방직을 경영하던 김성수는 반드시 만나야 할 일본 경제계 중요 인물이었다.[143]

---

140 이형식, 2013, 앞의 책, 235쪽.

141 박찬승은 제2차 조선공산당 사건의 강달영신문서에 나오는 이종린의 전언을 근거로 이노우에가 총독부와 동아일보 주류세력 간의 자치교섭을 담당했다고 주장했다(박찬승, 1992, 앞의 책, 336쪽). 또 김동명도 최린이 이노우에와 소에지마, 동아일보 간부들과 빈번히 교류하면서 자치운동 전개를 모색하고 있었다고 주장했다(김동명, 2006, 앞의 책, 346쪽).

142 이노우에 준노스케(井上準之助)는 1869년 오이타현 히타시에서 태어났다. 1896년 도쿄제국대학을 졸업하고 일본 은행에 입사했다. 1919년 제9대 일본은행 총재에 취임하여 1923년까지 재임했다. 1923년 9월 제2차 야마모토 내각에서 대장대신에 선임되었다. 1924년 중의원 의원으로 칙선되었다. 1927년부터 1928년까지 다시 일본은행 총재를 역임했다. 1929년 7월 야마구치(濱口雄幸) 내각이 성립되면서 다시 대장대신에 취임했다. 이후 1931년 제2차 와카쓰키 내각까지 대장대신을 연임했다. 1932년 2월 9일 극우파에 암살당한다. 그는 재정통으로 특별한 정치색을 갖지 않은 인물이었다. 秋田博, 1993, 『凜の人 井上準之助』, 講談社; 秦郁彦 編, 2002, 『日本近現代人物履歷事典』東京大學出版會, 61쪽; 鈴木隆, 2012, 『高橋是清と井上準之助 インフレか'デフレか'』, 文春新書.

143 윤덕영, 2010b, 앞의 글, 99쪽.

그렇지만 이러한 만남을 곧 자치제 교섭을 위한 만남으로 상정하는 것은 대단히 무리다. 그는 대장상을 여러 차례 지냈지만 금융계통에 오랫동안 종사한 전문 금융인, 재정통이었다. 일본 정계에서 정치적 조정과 거래에 나선 적이 별로 없었다. 뒤에서 살펴보겠지만 1927년 사이토 총독의 자치제 계획 수립이나 1930년 지방 행정제도로 귀결된 조선총독부의 조선자치제 추진과정에서 단적으로 드러나듯이, 천황의 칙임을 받고 내각총리대신 다음 지위라는 조선총독조차 조선자치제 문제에 대해서는 대단히 조심스럽게 접근하고 있었다.

이 책 제1부에서 살펴보았듯이, 친일조선인들과 재조일본인들이 일본 중의원에 보낸 참정권청원서는 1920~1944년까지 지속되었다. 청원서 대부분은 '참고 송부'로 내각에 보내졌고, 1930년대 들어서는 '특별보고' 형식으로 중의원에 채택되어 내각에 보내지는 경우가 늘어났다.

그런데 이런 청원서 중 유일하게 '참고 송부'도 되지 못하고 '심리 미료(審理未了)'로 끝낸 청원서가 하나 있었는데, 1922년 제45의회에 제출된 「조선통치 건」이었다. 거의 모든 청원서가 참정권을 요구하는 것이었는데, 이것만은 내정 독립, 즉 식민지 자치의회를 주장했다. 때문에 심리 자체가 되지 못했다.

한편 조선과 달리 대만에서의 청원서는 일관되게 대만의회 설치를 주장했다. 일본 정부는 조선에서의 청원과는 달리 대만청원운동에 대해서는 강경한 탄압을 가했다. 또 제국의회도 일관되게 불채택으로 대응했다. 조선에서의 청원이 9회에 걸쳐 채택되어 내각에 보내진 것과는 큰 차이를 보였다.[144]

---

144 자세한 것은 이 책 제1부 제2장 3. 참조.

이러한 상황은 중의원에서조차 식민지 자치의회 설치 문제에 대해 부정적이었음을 보여준다고 할 수 있다. 궁중과 추밀원의 특권세력, 군부세력, 귀족원 등은 더 부정적이었다. 당시 일본의 정치 상황을 고려해 볼 때, 조선에서 자치의회를 실시하는 문제는 군부와 보수세력, 보수화하고 있는 일본 국민의 정서 등에 반하는 극히 민감한 정치문제였기에 정치에 관련된 사람들로써는 언급하기도 쉽지 않았다. 가토 수상도 3·1운동 직후 조선에서 자치제 실시를 언급했다가 엄청난 곤욕을 치렀다. 그런 상황에서 일본 경제전문가가 식민지의 자치제 문제같이 극히 민감한 문제에 대해 정치적 교섭과 조정을 했다는 것은 당시 일본 정계나 정치구조를 보면 생각하기 힘든 일이다.[145]

동아일보는 1925년 7월 18일과 19일, 2회에 걸쳐 「천박한 조선 사정 선전-井上准之助의 망론(妄論)」이란 제목의 사설을 게재했다. 사설에서는 이노우에를 정우회 계통의 인물로 지목하면서, 그가 연설에서 일본 국민 생활과 물자 공급을 위해 조선 개발을 추진해야 하며, 조선인을 북방 노령으로 이주시키되 그 자리는 일본인이 차지하고 조선의 교육은 과도히 발달하여 도리어 폐해를 일으킨다고 주장했다고 하면서, 이를 '망언'으로 규정하고 조목조목 강하게 비판했다.[146] 동아일보가 이노우에의 발언에 대해 이례적으로 2회에 걸쳐 1면 사설을 통해 '망언'으로 강력히 규탄하는 바로 그 시점에, 일부 연구에 따르면 송진우로 대표되는 동아일보 주도세력과 이노우에가 자치제 실시 논의를 긴밀히 진행했다는 것은 상식

---

145 윤덕영, 2010b, 앞의 글, 99~100쪽.
146 「淺薄한 朝鮮事情宣傳- 井上准之助의 妄論」, 『동아일보』 1925.7.18.~19.

적으로 가능하지 않은 일이다.[147] 이면교섭을 하였을 가능성도 거의 없다.

아베가 집중하여 공략한 인물은 최린이었다. 최린에 대해서는 '걸출하다'고 평가하면서 많은 접촉을 하였고, 1926년 10월 최린의 도쿄 방문을 알선하면서 도쿄의 정치가와 유력자, 중앙조선협회 관련자, 식민학자들에게 두루 소개했다.[148] 이때 최린은 형성한 인맥을 이용해서 1927년 6월 미국과 유럽으로 여행을 떠났다. 그렇다고 일부의 주장처럼 이때 최린이 아베에게 넘어가 총독부의 입장으로 돌아섰다고 보는 것은 잘못된 것이다. 단적인 예가 최린의 외유에 대한 총독부의 태도이다. 사이토 총독은 최린이 변호사 허헌과 '공화국 건설'을 추진했으며, 그 방법으로 각국의 무정부주의자와 '공산혁명자' 등과 연계하기 위해 외유하는 것으로 판단한 내용의 서한을 아베에게 전달했다.[149] 이에 따라 총독부는 최린에게 외유 여권을 발급하지 않았다. 이에 최린은 조선중앙협회의 사카타니 요시로(阪谷芳郎) 고문의 주선으로 일본 외무성으로부터 여권을 받았다. 이런 사정은 총독부의 허가 없이 외유조차 할 수 없는 당시의 상황에서 최린이 아베를 총독부와 일본 정계 요인들을 소개받는 통로로 이용하고 있음을 보여준다.

최린은 1926년 전후 본격적으로 자치운동을 전개하기 시작했고, 이를 위해 아베를 통해 일본 정계의 주요 인사들과 접촉했다. 이런 그의 활동은 아베의 공략으로 자치운동으로 넘어간 것이 아니라 당시 천도교 신파의 운동노선에 따른 것이었다. 1925년 말 제2차 분규를 계기로 천도교

---

147 윤덕영, 2010b, 앞의 글, 100쪽.
148 이형식, 2018, 앞의 글, 166~171쪽.
149 「1927년 3월 1일 자 아베 앞 사이토 서한」, 이형식 편저, 2018, 앞의 책, 356~357쪽.

는 신파와 구파로 분리되었다. 그리고 1920년대 후반 신파의 교세는 크게 증가했다.[150] 신파는 천도교인 중 80% 이상을 확보한 주류였으며, 천도교청년당은 신파의 '민족운동 중심세력론'과 전위당론에 따라 전위조직 역할을 수행했다. 청년당의 주요 지도자들은 김기전, 이돈화, 박달성, 박시직, 조기간, 방정환, 이두성 등으로 방정환을 제외한 대부분이 이북 출신의 최고 엘리트였다.[151]

당시 최린과 천도교청년당 지도자들은 일제에 직접 저항하기보다는 일제의 존재를 인정하면서 '합법적 정치운동'을 전개하는 것이 가장 현실적인 방법이라고 판단했다. 이들은 실력을 양성하여 훗날을 기약하자면서 우선 조선 민족의 중심세력이 될 큰 단체, '민족운동 중심세력'을 천도교청년당의 지도하에 결성하고자 했다. 그러면서 막연한 '민족적 대동단결'을 통해서는 '민족운동 중심세력'을 결성할 수 없다면서 민족협동전선에 부정적이었다. 동아일보 계열이나 안창호의 홍사단·수양동우회 세력과는 달리 다른 제 사회세력과의 연대보다는 자신들의 세력 기반을 공고히 하는 독자 활동에 주력했고, 신간회의 의의를 인정하지 않았다.[152] 그것은 자신들의 주의·주장이 옳은 것이라는 종교적 신념에서 출발한 것이면서도 자신들의 정치조직이 조선의 정치를 독자적으로 담당할 수 있다는 자신감에서 나온 것이었다.[153]

---

150   자세한 내용은 다음을 참조. 김정인, 2009, 『천도교 근대 민족운동 연구』, 한울아카데미, 193~272쪽; 성주현, 2019, 『근대 신청년과 신문화운동』, 모시는 사람들, 157~208쪽.

151   성주현, 2019, 위의 책, 175~176쪽; 조규태, 2006, 『천도교의 문화운동론과 문화운동』, 국학자료원, 155~163쪽.

152   성주현, 2019, 위의 책, 228~235쪽.

153   정용서, 1999, 「일제하 천도교청년당의 운동노선과 정치사상」, 『한국사연구』 105,

최린과 청년당지도자들은 현실적으로 일제 지배하에서 '조선민족자치'를 구상하였는데, 이는 재조일본인과 친일정치세력들이 주장하는 자치와는 거리가 있는 것이었다. 이들은 일본의 제국주의 질서뿐 아니라 민족국가 단위의 민족주의나 세계질서도 부정했다. 그러면서 양자를 모두 비판하는 가운데 '세계일가', 곧 '세계연방'을 건설하기 위한 준비과정으로써 '조선민족 자치'를 주장했다. 이런 입장에서 청년당 지도자들은 일제의 지배를 거부하는 저항적 운동과 일제 지배하의 참정권 요구도 올바른 것이 아니라고 주장했다. 이런 인식의 이면에는 낙관적 세계관과 일본의 시혜적 정책에 대한 기대가 암묵적으로 전제되어 있었다.[154] 이런 의미에서 최린과 천도교 신파는 일본 정계의 동향이나 객관적 정세 변화와 크게 상관없이 자치제를 주장하며 이를 실현하고자 했다.[155] 최린은 자치운동의 가능성이 완전히 사라진 1934년도에도 일제가 조선통치체제를 바꾼다면 그것은 자치제일 수밖에 없다고 주장했다.[156] 그리고 일제와 타협하며 친일의 길을 갔다.

아베는 1927년 사이토가 조선총독을 사임하면서부터 영향력을 크게 잃었다. 그는 이제 사이토의 사적인 고문 역할을 할 수 없었기 때문에 활동무대를 일본의 중앙조선협회로 옮기며 조선인들의 진정과 청원 창구

259~260쪽; 정용서, 2012, 「1920년대 천도교 신파의 '민족 자치' 구상」, 『동방학지』 157, 427~433쪽.
154 정용서, 1999, 위의 글, 253~261쪽; 정용서, 2012, 위의 글, 445~451쪽.
155 윤덕영, 2022, 「1930년 전후 합법적 정치 운동의 퇴조와 신간회를 둘러싼 민족주의 세력의 동향」, 『한국학연구』 64, 119쪽.
156 이태훈, 2011, 「1930년대 일제의 지배정책 변화와 친일정치운동의 '제도적' 편입과정」, 『한국근현대사연구』 58, 157쪽.

역할을 했다.[157] 그러다가 1929년 사이토가 조선 총독으로 재부임하자 조선을 세 차례 방문하면서 영향력을 키우려 했다. 하지만 사이토와의 의사소통이 원활하지 않았고, 역할도 제한적이었다. 또 총독부 내에서의 평판도 좋지 않았다.[158] 그의 의욕과 달리 그는 구태의연한 늙은 참견자가 되고 말았다.

이상에서 살펴본 바와 같이 1920년대 아베가 조선에서 일정한 역할을 한 것은 사실이지만 그것은 제한적이었다. 사이토의 사적인 정치고문이자 브레인의 위상도 한계가 있었고, 총독부 관료들을 장악한 것도 아니었다. 조선의 엘리트들과 민족운동세력이 그를 이용한 측면도 강했다.[159] 때문에 아베는 역할이 제한된 연로한 '제국의 브로커'로서 파악해야 한다.

2) 소에지마의 자치 주장과 미쓰야 경무국장의 정치공작

사이토 총독의 후원으로 경성일보 사장에 취임한 소에지마는 『경성일보』에 1925년 11월 26일부터 3회에 걸쳐 「總督政治の根本義」란 논설을 발표하며 조선의 식민정책에 변화를 주어 홈룰(Home Rule) 형태의 자치제를 실시할 것을 주장했다. 그는 논설 발표 이틀 전인 11월 24일 미쓰야

---

157 李炯植, 2013, 앞의 책, 232쪽.
158 이형식, 2018, 앞의 글, 180~188쪽.
159 사이토와 아베의 서한이 남겨져 있어 아베의 행적은 그동안 많은 관심을 받아왔다. 그러나 그의 기록은 자화자찬과 과잉이 심하기에 비판적으로 읽어야 한다. 조선인들뿐만 아니라 총독부 관료들에 대해서도 거의 일방적으로 자기 역할만 강조하고 있다. 1990년대 후반 이후 조선 민족운동의 기독교와 천도교 계열, 동아일보 계열, 사회주의 운동에 대한 새롭고 광범한 연구 성과를 파악하고, 그 성과와의 비교 속에서 비판적이고 제한적으로 이용해야 한다.

경무국장과 만나 자치론 발표에 대해 상의하며, 『경성일보』의 조선어 자매지인 『매일신보』의 부진을 타개하기 위해 '독립독보 불편불당의 주의를 발휘하는 자치론'을 제창할 것을 제안하고, 미쓰야의 찬성을 얻어냈다.160

소에지마(1871~1948)는 도쿄 출신으로 메이지 원훈(元勳) 집안에서 태어났다. 일찍 영국으로 유학하여 리스중학교와 케임브리지대학교 정치과를 졸업했다. 1894년 귀국하여 동궁(東宮) 시종(侍從)으로 관직을 시작했다. 가쿠슈인(學習院)대학 강사를 거쳐, 1905년 부친의 사망으로 백작 작위를 물려받았고, 1918년 귀족원선거에 당선되어 정치가로 활동했다.161

1923년 5월에 조선을 처음으로 방문하였는데, 방문 경험을 토대로 일련의 논설을 총독부 기관지 『조선』과 『조선지방행정』에 발표했다. 그는 조선 지배에 대한 비관설을 비판하면서, 일본이 조선을 지배할 충분한 실력이 있고, 총독부의 문화정치 실시로 조선 민족에 '굉장한 이익'을 주고 있으며, 조선의 독립 의지를 충분히 억제할 수 있기에 일본이 조선 지배를 지속할 수 있다고 주장했다.162

1924년 8월에는 사이토 총독의 초빙으로 『경성일보』 사장이 되었다. 아베는 조선 민족분열의 고등정책 차원에서 소에지마의 취임을 환영했지만, 사이토가 그를 초빙한 것은 『경성일보』의 재정 문제 해결을 기대했기 때문이다.163

---

160 李炯植, 2013, 앞의 책, 182쪽.
161 趙聖九, 1998, 앞의 책, 9~10쪽.
162 김동명, 2006, 앞의 책, 321~323쪽.
163 趙聖九, 1998, 앞의 책, 146쪽.

한편 미쓰야 미야마쓰(1880~1959) 경무국장은 1907년 도쿄제국대학 법과대학을 졸업했다. 같은 해 11월 고등문관시험 행정과에 합격하여 내무성에서 근무를 시작하였고, 나라(奈良)현, 미에(三重)현, 미야기(宮城)현, 교토(京都)부 등의 경찰부장을 역임했다. 1917년 후쿠이(福井)현 내무부장 당시에는 독직 사건으로 일시 휴직하기도 했으나 무죄 판결을 받아 내무성으로 복직했다. 경찰강습소 교수 겸 내무성 참사관, 내무성 토목국 항만과장 겸 서무과장, 내무성 감찰관 겸 참사관 등을 역임했다. 1923년 10월부터는 내무성 사회국 제2부장으로 사회정책 노동문제 사상 문제 등을 담당했다. 1924년 시모오카 정무총감이 부임하면서 조선총독부의 경무국장으로 임명되었다.[164] 1925년 6월 11일에는 중국 동북 3성을 장악하고 있던 동북군벌 장쭤린(張作霖)과 미쓰야협약(三矢協約)을 체결하는 수완을 발휘하였는데, 이 조약은 당시 만주에서 활동하던 조선 무장독립운동이 약화하는 데 큰 역할을 했다. 이렇게 그는 정치공작에 능했다. 이후 1926년 9월에 궁내부 임야국장으로 임명되어 일본으로 돌아갔다.

소에지마 논설의 배경에 대해서 강동진은 소에지마가 총독부 당국과 빈틈없이 사전협의하고, 동아일보 간부와도 사전에 논의하여 제기된 것이라고 주장했다.[165] 그의 주장은 별다른 논란이 없이 이후의 상당수 연구에서 그대로 받아들여졌다. 하지만 조성구는 소에지마 관련 문서들을 폭넓게 분석하여, 그가 평소 조선 자치제 시행에 소신이 있었고, 이를 알고 있던 사이토의 정치 참모인 아베와 경무국장 미쓰야가 이를 민족운동의

---

164 秦郁彦 編, 2001, 『日本官僚制總合事典 : 1868-2000』, 東京大學出版會. https://ja.wikipedia.org/wiki/三矢宮松
165 강동진, 1980, 앞의 책, 345~353쪽.

분열정책으로 이용하기 위해 논설을 발표하게 하였다고 했다. 다만 이 과정에서 동아일보와의 사전협의는 없었다고 주장했다.[166] 이형식은 당시 총독부 관료들이 자신의 필요와 요구에 따라 식민정책 변화와 자치제에 대한 의지가 있었으며, 소에지마는 이런 총독부 관료들의 자치제 동조 분위기를 고려하고, 『매일신보』의 경영난을 타개하기 위해 논설을 발표하였다고 주장했다. 더불어 미쓰야 경무국장에 의해 민족주의자를 자치론으로 유도하려는 민족운동 융화책으로 이용되었다고 파악했다.[167] 조성구와 이형식의 연구를 통해 소에지마의 논설은 소에지마가 주도적으로 발표했고, 그 과정에 총독부의 미쓰야 경무라인이 개입했으며, 총독부 관료들 사이에 자치제에 동조하는 기류가 있었고, 동아일보 그룹과는 사전협의가 없었다는 것이 대체로 밝혀졌다.

 소에지마는 논설에서 내지연장주의에 따른 참정권을 조선에 주는 것에 반대한다고 주장했다. 특히 조선인들로 하여금 제국의회에서의 활동을 허용하여 일본의 문제에 간여하게 하는 참정권 부여는 절대 반대라고 강조했다. 2천만 조선인들의 대표자들이 제국의회에 가면, 영국의회에서 아일랜드 대표들이 했던 정치적 행로를 쫓을 것이며, 아일랜드 대표들로 인해 영국의회가 혼란하고 정치가 악화한 것과 같은 일이 벌어질 것으로 보았다. 그는 2천만 조선인의 대표자들은 약 100명일 것인데, 이들이 반드시 '민족적 정당'을 형성하려는 것이 각국의 공통된 정치 현상일 것이기 때문에 일대 세력을 형성할 것은 확실하다고 전망했다. 그리고 보통선거 실시에 따라 정계가 본질적 변화를 보이는 정치 상황을 놓고 볼 때, 조

---

166 趙聖九, 1998, 앞의 책, 151~172쪽.
167 李炯植, 2013, 앞의 책, 182쪽.

선에서는 일본 이상으로 무산계급 세력이 대두할 충분한 이유가 있으며, 그 무산계급 세력이 '민족적 색채'를 농후하게 띨 것임은 조선의 사회 상황과 사상 경향을 관찰하면 의심의 여지가 없다고 판단했다. 또 이렇게 형성된 조선의 '민족적 정당'이 내지의 노동자당 또는 무산자당과 제휴할 것이 명백하며, 기존 정당 중에도 정권에 욕심을 내며 조선의 '민족적 정당'과 어떠한 타협을 할지 알 수가 없다고 관측했다. 때문에 조선에 참정권을 주는 것은 일본제국을 일대 위기에 빠트리는 것이라면서 절대 반대의 이유를 말하였다.[168]

소에지마의 이러한 관측과 판단은 당시 조선의 민족운동 세력이 기대와 지향하는 바를 정확히 파악한 것이었다. 동아일보 계열을 비롯한 조선의 민족운동 세력은 헌정회 집권에 따른 일본 정계 변화를 기대했다. 그렇지만 이는 헌정회 내각 자체에 대한 기대는 아니었다. 이보다는 보통선거가 실시됨으로써 초래되는 일본 정계의 변화에 대한 기대였다. 동아일보 계열은 보통선거가 실시되어 일본 무산대중이 선거에 대거 참여하게 되면, 이들의 이해를 대변하는 합법적인 무산정당이 출현할 것으로 전망했다. 또 영국의 노동당을 통해 나타난 바와 같이 시대의 진전에 따라 무산정당 세력은 급속히 확장하여 의회에 대거 진출할 것이고, 결국에는 일본 정계가 사회주의 무산정당 대 자본주의 비무산정당으로 재편될 것이라고 전망했다. 이 과정에서 일본의 특권세력과 군부세력이 크게 약화할 것으로 보았다. 이러한 무산정당의 출현과 일본 정계의 민주화는 식민지 조선에 대한 정책에 큰 변동을 가져올 것이며, 조선에 정치적 자유와 권리를 부여하는 식민정책의 커다란 변화의 동력이 될 것이라고 기대했다.

---

168 副島道正, 「總督政治の根本義」, 『京城日報』, 1925.11.26.

즉 그들의 주된 관심은 보통선거가 실시되면서 일본 정계에 등장할 무산정당과 그 성장에 있었다.[169] 이 때문에 무산정당 세력의 동향은 동아일보 계열을 비롯한 조선 민족운동 세력에게 주목의 대상이었다. 만약 아일랜드처럼 조선에 참정권이 부여된다면 일본 무산정당은 최우선의 제휴대상이었다.

동아일보 계열을 비롯한 대부분의 민족운동 세력은 1920년대 초반에 이미 아일랜드 민족운동을 주도한 신페인당의 합법적인 정치 활동을 자세히 파악하고 있었다. 전투적이고 급진적인 신페인당은 투쟁을 계속하면서도 영국의회 참정권 선거에 지속적으로 참여했다. 1920년 12월 영국의회에서 아일랜드 자치법이 통과되고 아일랜드 자치의회 구성을 위한 총선거가 실시되었다. 영국에 대해 무장투쟁을 전개하던 신페인당은 아일랜드 독립을 주장하며 자치의회 총선거에 참가하되, 선거 결과로 성립하게 되어 있는 자치의회 구성에는 참여하지 않는 전술을 구사했다. 선거 결과 신페인당이 압승하면서 자치제를 통한 영국의 마지막 아일랜드 포섭정책도 실패로 돌아가게 된다. 이후 아일랜드자유국을 둘러싸고 신페인당 내부에서 내전이 전개되기도 했으나, 결국 내정의 독립을 이룬 아일랜드자유국이 성립되었다. 조선 민족주의 세력의 상당수는 신페인당의 민족운동에 긍정적 입장을 보이고 있었다.[170]

조선의 민족운동 세력이 아일랜드를 보면서 기대했던 바를 소에지마

---

169 일본 보통선거법 실시와 무산정당 진출이 식민지 조선의 정책변화와 어떠한 관련이 있으며, 이를 조선의 민족운동 세력이 어떻게 인식했는지에 대해서는 다음 참조. 윤덕영, 2010b, 앞의 글, 85~91쪽.

170 자세한 것은 다음 참조. 윤덕영, 2010, 「1920년대 전반 민족주의 세력의 민족운동 방향 모색과 그 성격」, 『사학연구』 98, 370~381쪽.

는 정반대의 입장에서 보고 있었다. 그는 식민지 조선에 제국의회로의 참정권을 부여하는 것, 특히 내지연장주의의 입장에서 일본과 같은 보통선거제를 실시하여 제국의회 참정권을 부여하는 것을 절대 반대했다.

소에지마는 '정치적 동화주의'가 조선인의 현실 사상과 생활을 무시하는 것으로 조선인의 언어, 풍속, 관습, 특수한 문화 등을 경시하는 것이라고 했다. 조선인은 일본인과 다른 문화적 길을 걸어왔기 때문에 이들을 통합하는 것은 쉽지 않으며, 조선인의 문화권은 '정치적 동화주의'로 소멸될 수 있는 것이 아니라고 판단했다. 또 조선인의 민족주의는 결코 공허한 관념이 아니기에 이를 부정해서는 안 된다고 파악하면서 조선의 사회적 부패, 도덕적 결여, 사상적 악폐 등을 제거하고, 교육·경제적으로 일본인과 동등하게 나아갈 수 있다는 동화주의를 조선 통치의 기본으로 삼을 것을 제안했다. 만약 이 제안이 이루어진다면 조선인은 정치적 권리를 얻으려 할 것이라고 전망했다. 그는 이런 인식하에서 조선인에게 일본과 같은 정치적 권리를 주는 대신 조선 고유의 문화적 제도를 얻을 수 있는 조선 참정권 문제를 적극적으로 고려해야 한다면서, 조선에 '자치'를 부여할 것을 주장했다. 그는 자신이 주장하는 자치는 홈룰(Home Rule) 형태의 자치제이며, 제국의 영토로서 조선 고유의 문화적 특질에 입각한 문명적·정치적 형식을 갖는 자치제라고 주장했다.[171]

소에지마의 구미 유학과 그 이전의 주장 등을 관련하여 볼 때, 그의 논설은 조선 식민정책에 대한 평소 생각을 공개적으로 주장한 것이었다. 이는 앞서 살펴본 일본 내 헌정회 계열이나 자유주의 정치세력이 일반적으로 갖는 조선에 대한 인식과 크게 다르지 않았다. 다만 헌정회 관련자들

---

171 副島道正,「總督政治の根本義」,『京城日報』, 1925.11.27.

은 일본 특유의 천황제 정치체계와 정당정치 구조 속에서 특권 및 군부세력, 보수적 국민 여론에 타협하면서 식민지 조선 문제에 대해 내지연장주의에 기초한 동화주의 기조를 유지했다. 이에 반해 소에지마는 식민지 조선의 현지 언론사 사장으로서 조선 민족운동의 고양과 조선인들의 민심 이반을 피부로 느끼고 있었고, 이에 식민정책의 변화가 일정하게 필요하다는 점을 제기한 것이었다. 물론 그는 자치제를 선호하는 총독부 일부 토착 일본인 관료들의 동조 분위기도 알고 있었을 것이다.[172]

그렇지만 그의 논설이 공개적으로 발표된 데에는 이를 이용하여 민족운동을 분열시키려는 미쓰야 경무국장의 역할도 크게 작용했다. 미쓰야 경무국장은 소에지마의 논설에 대해 총독부의 제도가 시대의 추이와 조선의 발달 상태, 심리적 추이에 따라서 '다소의 손질'이 필요하다고 하면서, 소에지마의 본지(本旨)는 '제국의 전도(前途)'를 생각한 것이라며 옹호했다.[173]

한편 소에지마는 논설에서 조선인 중에는 '독립'을 꿈꾸는 자들이 있다고 하면서 "일미전쟁에 의해 조선의 독립운동을 기대하는 것은 일소(一笑)의 가치도 없으며", "일미전쟁이 불가능한 까닭은 분명하다. 일미전쟁은 세계혁명을 야기할 것이며, 문명은 종언에 이를 것"이라고 경고했다.[174] 그는 '일미전쟁은 불가능'하며, 조선 독립은 있을 수 없는 공상이라면서, 조선인 중에 이런 공상에 취해 정치적 이상을 실현하려는 세력이 있다고 비판했다. 그의 이런 주장을 뒤집어보면 일미전쟁 발발에 의해 조

---

172 윤덕영, 2010a, 앞의 글, 189쪽.
173 『朝鮮及滿洲』, 제228호, 1926년 1월, 70쪽.
174 副島道正, 「總督政治の根本義」, 『京城日報』, 1925.11.27.

선의 독립을 기대하는 조선 사람들이 있다는 것을 보여준다. 그는 논설을 통해 그런 사람들에게 헛된 기대를 품지 말라고 공개적으로 경고했다.

당시 일미전쟁론은 조선의 신지식층에 상당히 넓게 퍼져있었다. 조선일보의 안재홍도 그러한 인식을 표명한 적이 있었고, 동아일보의 송진우도 그러했다. 송진우는 1925년 7월 1일 하와이에서 개최된 태평양문제조사회의에 참석하였다가 8월에 귀국했다. 귀국 도중에 일본에서 아베 미쓰이에를 만났고, 귀국해서는 사이토 총독도 만났다. 송진우는 이들의 바람과는 달리 8월 28일부터 9월 6일까지 10회에 걸쳐, 「세계 대세와 조선의 장래」라는 장문의 논설을 『동아일보』에 발표했다. 논설에서는 각국의 정계가 앞으로 자본주의적 정당과 사회주의적 정당의 대립 구도로 변화할 것이고, 이민 문제와 중국 문제로 일본이 미국의 자본적 제국주의와 충돌할 것으로 전망했다. 송진우는 영국이 미국과 일본의 충돌을 촉진하고 있기에 일미 충돌은 예상하기 어렵지 않다면서, 그 도화선은 중국 문제가 될 것이라고 전망했다. 또 러시아의 외부 활동이 활발할 때, 미국 해군의 확장계획이 완성되고, 영국의 군항계획 확립과 중국 정계가 동요할 때, 일미전쟁이 일어날 것으로 예견했다. 그는 이러한 세계적 변화에 대비해 '사상적 훈련과 민족적 단결'을 주장하며 조선사정조사연구회 결성에 나섰다.[175]

소에지마의 논설은 동아일보 계열을 비롯한 한국의 민족운동 세력과 지식층을 겨냥한 것이었다. 세계정세의 변화에 따른 독립을 기대하는 것은 헛된 것이기 때문에 현실적으로 조선 자치제를 받아들여 타협하라는 요구였다. 또 다른 측면에서는 조선인의 민심 이반과 민족운동에 대응하

---

175 자세한 것은 윤덕영, 2010b, 앞의 글, 92~96쪽.

여 일본 정부와 총독부에 식민정책의 변화를 촉구하는 것이기도 했다.

소에지마 논설에 대한 조선 민족주의 세력의 공식 대응은 안재홍이 조선일보에 「소위 '副島伯'의 언론 '문제'」의 제하로 3회에 걸쳐 연재한 사설이다.[176] 사설의 첫머리에 조선의 정치세력을 구분함에 있어 첫째, "민족자결주의의 원류"에서 나온 국민적 독립국가를 희망하는 '독립파', 둘째, 무산자의 국제적 단결로 사회해방을 목표로 하는 '사회운동자 또는 좌경파', 셋째, 기회주의 세력으로 점진적 지위 향상을 목적으로 총독부 당국에 붙어사는 회색파, 곧 참정권운동 일파로 구분했다. 안재홍은 명백히 독립파와 기회주의 세력을 구분하고, 세 번째 기회주의 세력이 소에지마의 자치론 주장에 따라 모략을 꾸미고 있다고 파악했다.[177] 여기서 안재홍이 말한 두 번째 세력은 사회주의운동 세력이 분명한데, 첫 번째 독립파와 세 번째 회색파 기회주의 세력이 구체적으로 누구를 지칭한 것인지는 해명과제이다. 첫 번째 독립파의 경우, 1923년 당시에는 『동아일보』나 『동명』이 공공연한 대표였다.[178] 세 번째 회색파 기회주의는 구체적 근거가 확실하지 않지만 총독부 당국에 붙어사는 참정권운동 일파로 논하는 것으로 보아 '각파유지연맹'이나 '시국대동단', '갑자구락부' 등 친일정치운동 세력을 가리키는 것으로 추정된다.

소에지마 논설은 재조일본인 사회로부터 격렬한 비판을 받았다. 일본 중의원 의원 마쓰야마 쓰네지로(松山常次郞)는 「공개장, 副島道正伯의 「조선통치의 근본의」를 읽고」를 『조선신문』에 7회에 걸쳐 게재했다. 그

---

176 『조선일보』, 1925.12.4~6.

177 윤덕영, 2010, 「신간회 창립과 합법적 정치운동론」, 『한국민족운동사연구』 65, 130쪽.

178 「곧 해야 할 민족적 중심세력의 작성」, 『개벽』 34, 1923.4, 6쪽.

외 갑자구락부를 비롯한 재조일본인과 친일 정치단체가 비판과 배척에 앞장섰다. 반면 일본 내 언론은 별 반응이 없었으며, 『오사카아사히신문』만이 지지를 표했다.[179]

소에지마의 논설을 계기로 총독부 내 토착 일본인 관료들 일부와 아베 등이 조심히 논의하던 조선에서의 자치제 실시 문제가 공개적으로 나오게 되었다. 물론 소에지마의 주장에 대해 재조일본인과 국민협회 등 참정권 청원운동을 전개하던 친일정치운동 세력은 앞서서 반대하였고, 본국의 특권 및 군부세력, 보수적 정당 세력도 반대 의중을 갖고 있었다. 또 그의 주장은 미쓰야 경무국장의 방조하에 이루어졌지만, 그렇다고 자치제 문제가 총독부 내에서 구체적으로 논의된 것도 아니었고, 그들 중 일부인 토착 일본인 관료들의 구상 수준에 그쳤다. 더군다나 정책결정권자인 사이토 총독이나 시모오카와 뒤이은 유아사 정무총감은 아직 식민정책의 변화를 고려하고 있지 않았다. 앞서 살펴본 바와 같이 일본 정계 구조와 식민지 조선의 전략적 위상 때문에 쉽게 모색될 수 있는 것도 아니었다. 그런데도 헌정회 내각의 동향과 무산정당운동의 확산, 보통선거 실시에 따른 정국의 변화 등과 관련하여 조선의 참정권과 관련한 식민정책 변화 가능성이 전혀 없는 것은 아니었다.[180]

---

179 趙聖九, 1998, 앞의 책, 172~173쪽.
180 윤덕영, 2010a, 앞의 글, 190쪽.

제3장
1927년 사이토 총독의 자치정책 모색과 그 한계

1. 사이토 총독의 자치정책 모색 배경

사이토 총독이 식민지 자치정책과 관련하여 조선 식민정책의 변화를 구체적으로 모색한 것은 1927년 들어서였다. 이는 일제 식민정책학자들의 자치제 주장, 일본 무산정당의 대두와 일본 정계의 변화, 식민지 조선에서 합법적인 정치운동이 확산하는 가운데 1926년 9월 민족주의 세력의 정치단체 결성 시도, 1927년 2월 신간회 결성으로 조선의 민족운동이 급속한 진전을 보이는 상황 등이 배경이 되었다.

1) 식민정책학자들의 자치제 주장

일제강점기 일본제국의 식민지 지배정책을 연구하는 학자들을 식민정책학자라고 일컬었다. 1920년대 들어 식민정책학자들 사이에서 종래 식민정책인 동화주의를 비판하고 자치주의 방침을 적용해야 한다는 주장이 일반화했다.[181] 교토제국대학의 야마모토 미오노(山本美越乃)는 1920년 간행한 『식민정책연구』에서 동화주의와 자치주의를 설명하면서, 동화주의가 '인류 이성의 공통성'에 따른 합리성에 기초한 것이지만, 야만 인종을 대상으로 하는 식민정책에는 적절치 못하다고 단정했다. 그는 제1차 세계대전과 민족자결주의의 결과, 프랑스류의 동화주의 정책보다 영국류의 자치주의 정책이 성공적이었다면서 자치주의 정책으로 식민정책을 전환할 것을 주장했다. 그러나 식민지 영유의 목적이 모국의 이

---

181 박양신, 2019, 「1920년대 일본 식민정책학의 식민정책론」, 『일본비평』 21, 50쪽.

익을 보호하는 데 있기에 식민지의 독립기반을 조성할 수 있는 통치 방법은 제한해야 한다면서, 식민본국과 식민지 사이에는 문명 수준의 차이가 존재하기에 자치주의도 적당한 수준에서 제한되어야 한다고 단정했다.[182] 그는 조선을 '자치식민지'로 만드는 것이 조선통치의 이상이지만, 현재 상태에서는 시기상조라고 판단했다. 따라서 교육을 통해 조선인의 수준이 대의제를 수용할 수 있을 정도로 높아질 때까지는 중추원과 도·부·군 제도를 개혁하여 다수의 민선의원과 소수의 관선의원으로 구성하는 중간적 제도로 바꿀 것을 주장했다. 그러나 그는 대만 자치의회 설치에 대해서는 찬성하면서도, 조선지방의회 설치에 대해서는 '재정적 자급력'과 '정치적 자각'의 미흡을 들어 1920년대 후반까지 부정적 입장을 취했다.[183]

메이지(明治)대학의 식민정책학자 이즈미 아키라(泉哲)도 1921년 간행한 『식민지통치론』에서 프랑스가 알제리에 적용한 동화주의의 실패를 지적한 뒤, 일본도 동화정책을 취해왔지만 식민지민의 반항심만 유발했다고 비판했다. 그 대안으로 '비동화주의'를 주장하면서, 식민지본국의 국고 보조금을 받지 않는 것을 원칙으로 한 통치정책을 제시했다. 그가 주장하는 비동화주의정책은 야마모토가 주장한 자치주의와 그 함의가 다르지 않았다.[184] 이즈미는 1927년 경성제국대학 법문학부 교수로 부임한 후 조선인을 일본인 이상으로 보호·유도하기 위해서는 일본인이 다수를 점하는 관청과 회사, 학교 등의 중요한 지위의 반을 조선인에게 개방할 것

---

182 박양신, 2019, 앞의 글, 53~55쪽.
183 박양신, 2019, 위의 글, 59~61쪽.
184 박양신, 2019, 위의 글, 55~56쪽.

과 중추원의 의결기관화와 의원의 민선선출, 지방 도평의회·부협의회·면협의회의 의결기관화와 민선의원 선출 등을 주장했다. 또 조선인의 초등교육 의무교육화, 조선인 중등교육 기관 증설 등도 촉구했다.[185] 이즈미는 이런 주장 때문에 조선총독부로부터 해임 요구를 받았다.[186]

'시민적 식민정책학자'로 불리는 도쿄제국대학 경제학부의 야나이하라 타다오(矢內原忠雄)도 동화주의 정책을 비판하고 자치주의 정책을 지지했다.[187] 그는 1926년에 간행한 『식민급식민정책』에서 식민정책의 방침을 종속주의, 동화주의, 자주주의(자치주의) 등으로 구분했다. 동화주의는 원주민의 사회생활을 압박함으로써 불만과 반항을 야기하는 결과를 낳았다면서, 조선은 일본과는 다른 사회이고, 조선을 통치정책으로 동화시키는 것은 불가능하다고 비판했다. 또 조선처럼 인구도 많고 역사도 오래된 사회에 주민의 참정권을 인정하는 것은 정의가 요구하는 바임과 동시에 제국적 결합을 공고히 만드는 데 필요한 것이라면서, 조선인의 조선 통치에 대한 참여는 조선의회 방식에 의할 수밖에 없다고 주장했다.[188] 또

---

185 박양신, 2019, 앞의 글, 62~64쪽.

186 정준영, 2018, 「경성제국대학 교수가 된 식민정책학자: 이즈미 아키라(泉哲)의 식민정책론과 〈국제공법강좌〉」, 『사회와 역사』 118, 138쪽.

187 야나이하라 식민정책에 대해서는 다음을 참조. 幼方直吉, 1965, 「矢內原忠雄と朝鮮」, 『思想』 495, 岩波書店; 淺田喬二, 1988, 「矢內原忠雄の植民論」 上·下, 『駒澤大學經濟學論集』 20-(1)-20-(3); 村上勝彦, 1993, 「矢內原忠雄における植民論と植民政策」, 『岩波講座 近代日本と植民地 4 : 統治と支配の論理』, 岩波書店; 한상일, 2002, 「식민지 자치론 -야나이하라 타다오(矢內原忠雄)의 자치론을 중심으로」, 『사회과학연구』 15; 이규수, 2004, 「야나이하라 타다오(矢內原忠雄)의 식민정책론과 조선인식」, 『대동문화연구』 46; 문명기, 2015, 「왜 『帝國主義下の朝鮮』은 없었는가?-야나이하라 타다오(矢內原忠雄)의 식민(정책)론과 대만·조선」, 『사총』 85; 박양신, 2019, 「1920년대 일본 식민정책학의 식민정책론」, 『일본비평』 21.

188 矢內原忠雄, 『植民及植民政策』(1926), 1963, 『矢內原忠雄全集』 第1卷, 岩波書店,

조선이 일본과 동일한 의회에 대표를 보낼만한 사회적 기반을 지니지 못하였다면서, 제국의회 참정권 정책에 대해서는 반대 입장을 분명히 했다. 그 대안으로 '자주주의 식민정책'에 따른 식민지의회 개설을 주장했다. 야나이하라의 식민지의회 개설 주장은 조선 참정권운동의 이론적 근거로 자주 인용되었고, 그가 주장하는 식민지의 자주성 존중은 궁극적으로는 일본으로부터의 평화적인 분리와 독립으로 이어질 것으로 받아들여졌다.[189] 그렇다고 그가 조선민족독립론자는 아니었다. 그는 식민정책의 이상을 식민본국과 식민지의 자주적 결합으로 본 자유주의자였고, 제국주의의 식민지 지배의 근본적 문제를 비판하지는 않았다.

2) 일본의 정계 변동과 조선 민족운동의 확산

1926년 1월 헌정회 와카쓰키 레이지로 내각이 출범했다. 한편 1926년 3월, 일본 최초의 전국적 무산정당인 노동농민당(이하 노농당)이 결성되었다. 중앙집행위원회 의장으로 일본농민조합의 스기야마 모토지로(杉山元治郎), 총비서로 일본노동총동맹의 미와 주소(三輪壽壯)가 선임되었는데, 전체적으로 합법운동을 강조하는 사회주의 우파가 주도권을 갖고 있었다. 일본 정부는 공산주의운동에 대해서는 탄압하였지만, 의회민주주의 질서 내에 있는 합법적 사회주의운동에 대해서는 용인했다. 때문에 1928년부터 실시 예정인 보통선거(남자 25세 이상)에 기초한 일본 중의원 선거에 참여하기 위한 사회주의 세력의 무산정당 결성 움직임이 크게 확

739~742쪽.
189 이규수, 2004, 앞의 글, 202쪽.

대되었다. 사회주의운동의 좌파와 우파, 중간파 등이 경쟁적으로 무산정당 지부를 각 지역에 결성하였으며, 보통선거 실시에 대한 기대 속에 각 지역의 정치운동 그룹과 무산단체들이 이에 적극 호응했다.[190]

무산정당에 대한 관심이 전국적으로 확대되었지만, 사회주의 세력 내부의 대립과 분열은 더욱 심화하였다. 일본노동총동맹과 노농당 지도부는 노농당 창당 이후에도 반공적 태도를 고수하면서, 공산주의 세력의 노농당 참여를 견제했다. 이에 대항하여 사회주의 좌파를 주도하는 지하의 일본 코뮤니스트그룹은 후쿠모토 가즈오(福本和夫)의 '결합 이전의 분리', '이론투쟁', '전위의 의식적 결성과 직접적 개입' 등의 주장을 지지하면서 여타 사회주의 세력에 대해 가차 없이 비판과 공격을 가했다. 이런 가운데 사회주의 중간파 역할을 강조하며 '중간파 좌익'의 결집을 주장하는 세력들이 1926년 3월 창간한 잡지『대중』을 중심으로 형성되었다.[191]

사회주의 세력의 분열이 심화하는 가운데 노농당 본부에 대한 사회주의 좌파의 압박이 심해지자,[192] 10월에 열린 노농당 제4차 중앙집행위원회를 전후하여 사회주의 우파계열 단체와 인물들이 노농당을 탈퇴했다.[193] 이들은 12월에 별도의 사회민중당을 결성했는데, 기독교사회주의자인 아베 이소오(安部磯雄)가 집행위원장에 선임되었다. 이들은 합법적 수단 강조와 급진주의 정당 배격 등 반공사회민주주의 경향을 보

---

190 이토 아키라 저, 후지이 다케시 역, 2006, 「후쿠모토주의(福本主義)의 형성-1926년의 좌익 정치운동-」,『역사연구』15, 266~269쪽.
191 小山弘健 저, 한상구·조경란 역, 1991,『일본마르크스주의사개설』, 이론과실천사, 55~57쪽.
192 岡本宏, 1978,『日本社會主義政黨論史序說』, 法律文化史, 201~203쪽.
193 增島宏, 1978, 「日本勞動黨의 成立」, 神田文人 編,『社會主義運動史』, 校倉書房, 257~258쪽.

였다.[194] 이들과 별도로 일본노동조합동맹과 전일본농민조합동맹, 중견동맹 등은 12월에 중간파 성격의 일본노농당을 결성했다.[195] 노농당은 사회주의 우파계열 인물들이 탈퇴하고, 사회주의 좌익단체 회원들이 대거 가입하면서 급진적 좌익정당으로 변모했다. 이렇게 되면서 노농당은 3개의 무산정당으로 분열되었다. 여기에 일본농민당을 더하여 전국적 규모의 일본 무산정당은 크게 4개로 정립되었다. 물론 각 지역에 거점을 둔 군소 정당들도 여럿 존재했다.

보통선거에 기초한 중의원선거 실시, 그리고 비록 사분오열되었지만 무산정당운동이 사회주의운동의 주류가 되면서 합법적 정치운동과 의회는 일본 정치와 사회운동의 중심 주제가 되었다. 일본 정부는 치안유지법 제정에서 보이듯이 공산주의운동은 직접 탄압하였지만, 그 외 여타 사회주의운동에 대해서는 천황제에 직접적 위협이 되지 않는 한 방관했다. 또 사회주의 세력 내의 분열을 획책했다.

식민지 조선의 민족운동 세력들은 민족주의와 사회주의 세력을 막론하고 국제적 정세변화에 주목하고 있었다. 조선의 독립은 국제적 정세변화와 맞물려 진행될 것으로 대부분 판단했다. 그러한 정세변화 시기에 대비하여 1920년대 중반부터 민족주의 세력은 '민족적 중심단체' 건설을 주장하였고, 사회주의 세력은 민족통일전선 결성을 주장했다. 이는 조직의 주도권을 누가 갖느냐에 있어 차이가 있었지만, 광범한 대중을 민족운동으로 끌어들인다는 목표는 동일했다. 그리고 광범한 대중을 결집하기 위해서는 합법적 형태의 정치단체이어야 한다는 것에도 대체로 동의

194　岡本宏, 1978 앞의 책, 203~204쪽.
195　增島宏, 1978 앞의 글, 252~276쪽.

했다. 때문에 이러한 움직임은 거시적으로 보면 서구와 일본의 보통선거권 확대와 의회적 정당정치의 정착과정에서 나타난 근대 민주주의 정치질서 수립 운동, 합법적 대중정치운동의 전 세계적 확산과정 및 그 대응과정과 맥을 같이하고 있었다.[196]

민족주의 세력은 일본과 중국의 정세 변동을 살펴보면서, 이를 배경으로 민족적 중심단체 결성이라는 구체적 운동 형태를 지속적으로 기획·추진하였고, 1926년 중국 국민정부의 북벌을 계기로는 구체적으로 조직 착수에 나서기도 했다.[197] 사회주의 세력들도 민족통일전선운동에 대한 이해가 확대되면서 합법적 정치운동의 필요성을 적극 제기하기 시작했다. 그 결과 합법적 정치운동론은 1926년 후반에 이르러서는 민족주의와 사회주의 세력 거의 모두에게 일반화되기에 이르렀다. 일본 무산정당운동 발전에 대한 낙관적 전망, 1926년 중반 이후 중국 국민당군의 성공적인 북벌이라는 긍정적인 국제정세에 고무된 조선의 민족주의 세력과 사회주의 세력은 광범한 대중을 망라한 합법적 형태의 민족적 중심단체, 민족단일당을 결성하려고 했다. 그리고 이는 1927년 2월 신간회 창립으로 나타났다.[198] 신간회 창립을 전후로 민족운동 세력의 대중운동에 대한 인식은 확대되었고, 각 부문 운동 및 지역 운동의 경제적 투쟁을 신간회를 매개로 정치적·민족적 투쟁으로 확산시키려는 움직임이 이어졌다.

조선총독부는 보통선거와 무산정당운동으로 대표되는 일본의 정치변

---

196 윤덕영, 2010, 「신간회 창립과 합법적 정치운동론」, 『한국민족운동사연구』 65, 155쪽.
197 윤덕영, 2010, 「1926년 민족주의 세력의 정세 인식과 '민족적 중심단체' 결성 모색-소위 '연정회' 부활 계획에 대한 재해석 -」, 『동방학지』 152, 269~291쪽.
198 윤덕영, 2011, 「신간회 창립 주도세력과 민족주의 세력의 정치지형」, 『한국민족운동사연구』 68, 119쪽.

동, 합법적 정치운동의 확산과 신간회 창립으로 대표되는 식민지 조선의 민족운동 변화에 대응할 필요가 있었다. 한편으로는 민족운동에 대한 탄압과 분열을 획책하면서, 다른 한편으로는 변화된 정세에 맞추어 식민통치정책의 변화를 모색하려 했다. 사이토 총독의 자치제 모색은 이런 배경에서 추진되었다.

2. 나카무라 도라노스케 의견서의 내용과 한계

1927년 3월 사이토는 그의 비서관 출신인 총독부 관방 문서과장 나카무라 도라노스케(中村寅之助)를 통해 조선 참정권 문제에 대한 의견서를 비밀리에 작성했다.[199] 총독부 업무상으로 보면 조선 참정권 문제는 토착 일본인 관료의 대표주자인 이쿠타 세이사부로(生田淸三郎)의 내무국이나 아사리 사부로(淺利三郎)의 경무국 등이 협의해서 그 안을 만들어야 했다. 그렇지만 사이토는 이들을 제외한 채 자신의 비서관 출신인 나카무라를 호출하여 비밀리에 의견서를 작성했다.[200] 이는 뒤에서 살펴보겠지만 1929년 말 사이토가 조선 총독으로 재부임했을 때, 총독부 담당 간부들을 동원해서 조선 참정권 문제에 대한 안을 만든 것과 비교되는 것이었다. 이는 사이토가 아직까지 식민지 조선의 자치문제를 다루는 것에 있어서 총독부 담당 간부들을 동원하는 것조차 부담스러워할 정도로 대단히 조심했음을 보여준다.

나카무라 도라노스케(1889~?)는 히로시마(廣島)현 후쿠야마(福山)시 출신으로 1910년 7월 도쿄제국대학 정치과를 졸업했다. 1914년 11월 고등문관시험에 합격하여 내무관료 생활을 시작하여, 1922년 9월 조선총독부 비서관 겸 참사관으로 임명되어 조선으로 건너왔다. 정무총감 미즈노 렌타로가 일본 내무대신으로 가고, 아리요시 주이치가 정무총감으

199　齋藤實, 1990, 「朝鮮在佳者の國政竝地方行政參與に關する意見」, 『齋藤實文書』 2권, 고려서림, 427~480쪽.
200　財團法人齋藤實子爵紀念會, 1941, 『子爵 齋藤實傳』 2, 共同印刷株式會社, 664~667쪽.

로 부임한지 얼마 되지 않는 시점이었다. 이런 점에서 그는 미즈노파 관료도 아니었고, 토착 일본인 관료도 아니었다. 1923년 총독비서관 겸 조선정보위원회 위원, 1925년 관방 외사과 겸 심의실 사무관을 역임했다. 1927년 총독부 관방 문서과장 겸 심의실 사무관으로 있을 때 사이토의 명을 받아 조선 참정에 관한 의견서를 작성했다. 그는 미즈노파 관료나 토착 일본인 관료파와도 일정하게 거리를 둔 사이토의 최측근이었다.[201]

나카무라 의견서는[202] 조선 참정권에 대해 일본 제국의회 중의원과 귀족원에 조선 선출의원을 참여시키는 참정권 부여 방안[203]과 홋카이도 및 각 부·현의 지방자치제와 비슷한 형태로 조선을 전 구역으로 하는 '조선지방의회'를 설치하는 방안을 나란히 제기하면서, 그에 대한 찬반의 의견을 나열하였다.[204] 그중에서 조선지방의회 설치 이유에 대해서는 다음과 같이 정리했다.

① 민의에 기반 한 조선의 실정에 적절한 시정을 얻을 수 있다.
② 사무의 신속한 처리를 기대할 수 있다.(종래 예산은 대장성의 소관으

---

201 이후 1928년 3월 총독부 관방 총무과장에 선임되었고, 1929년 4월 조선박람회 서무과장을 겸임했다. 1929년 사이토가 총독으로 다시 부임한 이후인 1929년 11월, 토지개량부장으로 승진했다. 그리고 1931년 7월 식산국장을 임시 겸임하였지만 곧바로 9월에 사임했다. 1932년 4월에는 토지개량부장에서도 면직되었다. 국사편찬위원회 한국사데이터베이스(http://db.history.go.kr) 참조.
202 의견서의 작성자로 나카무라가 명기되어 있지는 않지만, 이미 여러 연구에서 밝힌 것과 같이 전후 사정으로 볼 때, 나카무라가 작성한 것으로 추정된다. 森山茂德, 2000, 앞의 글, 20쪽; 김동명, 2006, 앞의 책, 364~355쪽; 李炯植, 앞의 책, 192~193쪽.
203 나카무라 의견서의 제국의회 중의원과 귀족원 참정권 부여 방안에 대해서는 다음 참조. 김동명, 2006, 앞의 책, 365~367쪽.
204 齋藤實, 1990, 앞의 책, 441~443쪽.

로 제국의회에 제출하여 협찬을 요하였는데, 조선지방의회가 설치되면 그에 부의된 예산은 그 결의를 통해 확정할 수 있다.)
③ 조선인의 참정권 기대를 만족시켜 민심의 완화를 얻을 수 있다.
④ 조선인으로 하여금 시정에 대한 책임을 자각하여 자중향상의 마음을 얻게 할 수 있다.
⑤ 현재 조선인의 교육 및 민력의 정도는 광범한 자치 운용을 하는 것에 방해가 된다는 것을 인식하게 한다.

반대의견에 대해서는 다음과 같이 정리했다.

① 조선이 제국에서 분리되는 경향을 일으켜 독립의 기운을 배양할 우려가 있다.
② 조선 인구의 약 98%는 조선인으로, 의원의 선임에 큰 제한을 가하지 않으면 조선지방의회 의원의 대다수는 조선인이 점하게 되고, 이에 따라 재조일본인은 의원이 되는데 곤란을 초래하여 재조일본인의 이익을 의회에 대표하는 것이 적게 되면서, 재조일본인의 발전을 저해하며, 인구 증가를 억제하는 데 이른다.

그는 이 반대의견에 대해서는 재차 반박 의견을 다음과 같이 제시했다.

① 자치의 범위가 광범하지 않은 한에서는 결코 분리의 경향을 생기지 않게 할 수 있으며, 조선인의 참정 기대를 만족시켜 민심을 완화하고, 조선통치에 대한 불평을 감소시켜 제국에 대한 반항적 기운

을 억제할 수 있게 한다.
② 조선지방의회 의원의 다수를 조선인이 점하는 결과, 만약 부당한 재조일본인의 이익을 무시하는 결의가 보이는 경우에 대해서는 감독권을 발동하여 시정할 수 있으며, 또한 재조일본인이 조선에서 정치적으로 우월한 지위를 얻을 수 없어도 경제적 이익을 손상당하는 것과 같은 재조일본인의 발전을 저해하고 인구증가를 억제하는 일은 없을 것이다.

나카무라 의견서에서 제기하고 있는 '조선지방의회'의 실체에 대해 좀 더 자세히 살펴보자. 첫째, 의견서에서는 '조선의회' 대신에 '조선지방의회'를 제시하였으며, 그 성격도 일본 제국의회 중의원에 비견되는 전국 단위의 의회가 아니라, 홋카이도 및 각 부·현의 지방자치제와 같은 지방단체로 조직할 것을 주장했다.[205] 이는 구미 열강의 일반적인 식민지에서 보이는 중앙정치 차원의 의회가 아니라, 홋카이도와 같이 조선을 단일행정구역으로 하는 지방행정체계로서의 자치기구로 그 성격을 규정하는 것이다.[206] 곧 영국이 인도나 아일랜드에 설치한 전국 규모의 별도 자치의회가 아닌, 일본에 부속된 홋카이도와 같은 수준의 지방의회를 주장했다. 중앙정치 차원의 의회가 아니기에 별도의 법령제정권은 크게 제한하거나 부여되지 않게 되었다. 이는 인도나 아일랜드식 자치의회 설립에 부정적인 일본 특권세력 및 군부세력, 보수정치세력을 다분히 의식한 것이다.

둘째, 조선지방의회의 권한에 대해서는 토목, 산업, 교육, 위생, 구제에

---

205 齋藤實, 1990, 앞의 책, 441쪽.
206 윤덕영, 2010a, 앞의 글, 192쪽.

관한 예산과 결산 심의, 조세 사용료 및 수수료의 부과징수, 기채(起債), 예산 외의 의무부담, 계속비 및 특별회계의 설치, 건의와 청원, 예산이 정하는 사업수행에 필요한 제령에 관한 사항 등에 한정하는 등 협소하게 제한하고 있었다.[207] 일반적으로 의회에 부여되는 가장 중요한 권리인 입법권·법령제정권은 사실상 제외되었고, 예산이 정하는 사업수행에 필요한 제령에 관한 사항만 다루도록 했다. 그리고 조선지방의회에 부의되는 예산도 조선총독부 1927년 특별회계 예산 기준으로 세입 6,021만 6천 엔, 세출 6,019만 7천 엔의 예산을 다루도록 했다.[208] 이는 1927년 조선총독부 특별회계의 세입 기준 예산 총 2억 3,424만여 엔 중에서 25%에 해당하는 부분이다.[209] 곧 조선총독부 특별회계 예산의 전부가 아니라 1/4만을 심사하도록 했다. 나머지 3/4은 조선지방의회의 심의를 생략하여 총독부가 마음대로 집행하도록 했다.

셋째, 조선 총독에게 조선지방의회에 대한 감독권을 부여했는데, 그 내용은 조선지방의회 결의에 대한 취소 및 재의 명령, 원안의 집행, 정회, 해산 등 거의 무제한의 감독 권한이 부여되었다.[210] 곧 조선지방의회는 일반적인 3권 분립 체계에서 말하는 행정부에 대한 의회의 감시와 견제 기능이 부여된 것이 아니었다. 3권을 총괄하는 총독 밑에서 조선특별회계 예산의 일부만 심의하는 기능만을 부여한 것이었다. 그것도 총독이 언제든지 무효화하여 총독부 원안을 그대로 집행할 수 있었다. 심지어 총독은 회의의 정회와 해산까지도 할 수 있어 조선지방의회는 총독의 철저한 감

---

207 齋藤實, 1990, 앞의 책, 447~448쪽.
208 齋藤實, 1990, 위의 책 449~453쪽.
209 朝鮮總督府, 『朝鮮總督府統計年報』 1932년도, 朝鮮總督府, 748쪽, 441표.
210 齋藤實, 1990, 위의 책, 454쪽.

독하에 한정된 위치에 있었다.[211]

넷째, 조선지방의회는 총독이 임명하는 임기 3년의 관선의원 40명과 민선의원 79명으로 구성되었다. 민선의원은 부협의회 선거의 예에 따라 경성과 평양, 부산과 대구부의 경우에는 직접선거로 뽑고, 나머지 각 도는 도평의회 선거의 예에 따라 간접선거로 선임할 것을 제안했다. 이렇게 하여 직접선거로 선출되는 인원으로 배정된 것은 경성 3명을 비롯한 평양·부산·대구 각 1명씩으로 모두 합해서 6명에 지나지 않았다. 나머지 73명의 절대다수는 간접선거로 선출하게 했다.[212] 간접선거로 민선의원의 절대다수를 선발하게 되면서 총독부가 민선 선거에도 개입할 수 있는 여지가 충분히 생기게 되었다. 이는 부를 제외한 일반 도의 경우 재조일본인보다 조선인이 압도적으로 많고, 유권자도 적지 않기 때문에 직접선거에 따른 위험을 예방하기 위해 총독부가 개입할 수 있는 간접선거를 선택한 것이다.

다섯째, 각종 지방 자치단체에 대해 자문기관인 지정면협의회·부협의회·도평의회를 의결기관인 면회·부회·도회로 승격할 것을 제안했다.[213] 이렇게 구성되는 하위 지방조직의 선거권과 입후보자 자격, 선거방식 등에 대해서는 특별한 언급은 없다. 그렇지만 첨부로 1926년 지정면협의회와 부협의회의 선거결과 현황표를 예시하고 있는 점으로 보아서, 현재의 선거방식을 준용할 것을 상정하였다고 생각된다.[214]

그런데 의견서에 첨부로 언급한 1926년 부협의회 선거결과를 보자.

---

211 윤덕영, 2010a, 앞의 글, 193쪽.
212 齋藤實, 1990, 앞의 책, 445~447쪽.
213 齋藤實, 1990, 위의 책, 455~460쪽.
214 윤덕영, 2010a, 위의 글, 193쪽.

당시 경성부의 경우는 일본인 인구 7만 7,811명 중 유권자 수는 4,615명이었고, 18명이 당선되어 당선자 1인당 인구수는 4,322명이었다. 이에 반해 조선인 인구 22만 176명 중 유권자는 4,641명이었고, 12명이 당선되어 당선자 1인당 인구수는 1만 8,348명이었다. 즉 경성부 거주 조선인은 일본인에 비해 인구가 3배나 많음에도 유권자 수는 비슷했고, 당선자는 일본인이 더 많았다. 이는 전국의 부를 대상으로 해도 마찬가지였다. 전국의 부 거주 일본인 22만 663명 중 유권자는 총 1만 2,060명이었고, 총 146명의 부협의회원이 당선되었다. 반면에 전국의 부 거주 조선인 총 58만 1,856명 중 유권자는 총 8,574명에 지나지 않았고, 당선자도 총 84명에 그쳤다.[215] 곧 부협의회 선거의 경우 일본인 총거주자 중 유권자는 5.5%인데 반해, 조선인 중 유권자는 1.5%에 지나지 않았다. 그 결과 당선자는 일본인이 전체의 63.5%를 점했고, 조선인은 36.5%에 지나지 않았다. 전체 당선자의 약 2/3가량이 재조일본인이고, 조선인은 약 1/3에 불과했다.

　의견서에서는 이렇게 한반도에서 실시하는 선거임에도 불구하고 소수의 재조일본인이 다수의 조선인보다 더 많이 당선될 수 있도록 구조적으로 안배된 선거결과를 제시함으로써, 자문기관인 부협의회를 의결기관으로 바꾸어도 일본의 이해를 반영하는 데 문제가 없다는 것을 보여주고자 했다.[216]

　이상의 점들을 놓고 볼 때 나카무라 의견서에서 상정하고 있는 자치제는 인도나 아일랜드에서 실시한 중앙정치 차원의 자치제로 보기 어

215　齋藤實, 1990, 앞의 책, 476~477쪽.
216　윤덕영, 2010a, 앞의 글, 193~194쪽.

렵다. 조선지방의회는 실질적인 법률 제정 권한도 없었다. 토목, 산업, 교육, 위생, 구제 등의 분야에 한정된, 1927년도 전체 총독부 예산의 25%에 불과한 예산과 결산에 대한 심의만 할 수 있었다. 조선 총독은 조선지방의회 결정에 대해서 취소 및 재의 명령, 원안의 집행, 정회, 해산 등 무제한의 감독 권한을 가지고 조선지방의회를 언제라도 무력화시킬 수 있었다. 또 의원의 1/3은 관선으로, 나머지 2/3는 대부분 간접선거로 선발하게 되어 총독부가 선거에 개입할 수 있게 했다. 또 선거에서도 소수의 일본인이 다수의 조선인보다 유권자가 더 많도록 안배된 불공정한 선거를 통해, 일본인이 우위에 있도록 했다. 때문에 나카무라 의견서에서 제시하는 조선지방의회안은 그 영역이 조선반도 전역에 걸쳐 있을 뿐이지, 일제 지방자치제도의 왜곡된 조선지역 확대판에 지나지 않는 것이었다.[217]

나카무라 의견서에 대해 내지연장주의 정책의 전면적 변화라든지, 동화주의 정책에서 자치주의 정책으로의 전면 전환을 주장한 것으로 평가하는 것은 잘못된 것이다. 기존 내지연장주의에 따른 동화주의 지방제도를 보완하고 개편하는 성격이 더 큰 것이었다. 이는 당시 조선의 민족운동가들이 생각했던 중앙정치 차원의 조선의회 구상과는 커다란 간격을 가진 것이었다.

그런데 사이토 총독은 이런 제한된 변화조차도 마음대로 결정할 수 없었다. 그는 의견서 안을 가지고 헌정회 내각 와카쓰키 레이지로 수상과 원로 사이온지 긴모치와 협의하여 그 반응을 보려고 했다. 그렇지만 1927년 4월, 헌정회 내각이 무너지고 정우회의 다나카 내각이 수립되면서 협상 대상이 애매해졌다. 사이토는 와카쓰키 전 수상과는 구두로만 협

---

217 윤덕영, 2010a, 앞의 글, 194쪽.

의했고, 사이온지 원로에게만 의견서 1부를 전달했다. 그렇지만 껄끄러운 관계에 있는 다나카 신임 수상과는 어떠한 협의도 하지 않았다.[218]

당시 사이토는 일본 해군 측의 간청을 받아들여 1927년 6월 20일에서 8월 4일까지 개최된 제네바군축회의에 참석하기 위해 임시로 총독에서 물러난 상태였다. 4월 15일에 우가키 가즈시게(宇垣一成) 전 육군대신이 사이토를 대신하여 임시 조선 총독으로 임명되었다. 이 때문에 사이토는 협의를 진척시킬 수 있는 권한도 없었다. 이렇게 되면서 나카무라 의견서는 만들어지자마자 제대로 논의도 하지 못한 채 폐기되고 말았다.[219] 그러므로 사이토 총독의 식민지 조선에 대한 지배정책은 1920년대 초반 이래 내지연장주의에 따른 식민지배정책 기조를 그대로 유지하게 되었다. 1927년 3월 나카무라를 통해 비밀리에 조선 참정권 문제에 대한 의견서를 만들었지만, 제대로 협의도 하지 못하고 중단되었다.

---

218 財團法人齋藤實子爵紀念會, 『子爵 齋藤實傳』 2권, 664~667쪽.
219 윤덕영, 2010a, 앞의 글, 194~195쪽.

3. 야마나시 총독과 이케가미 정무총감의 동화주의 강화 정책

정우회 다나카 수상은 '대륙국가 일본제국의 신장'을 실현하기 위해, 조선을 거쳐서 만주로 진출하여 만주를 중심으로 대륙정책을 전개하는 조선연육교관에 입각하여 북진대륙정책을 구상하고 있었다. 그렇지만 3·1운동 직후 그가 추대하였던 사이토 총독은 본국 정부로부터 자율적인 조선총독정치체제를 추구했다. 때문에 수상이 된 다나카에게 사이토는 배제 대상이 되었다.[220] 이에 다나카는 육사와 육군대학 동기인 전 육군대신 야마나시 한조(山梨半造)를 조선 총독에 내정했다. 그는 제네바군축회의에 참석하고 돌아온 사이토에게 사임을 권고해 받아낸 후 1927년 12월 10일 야마나시를 후임 총독으로 추천했다.

그러니 야마나시는 과거 일본군의 시베리아 출병 당시 기밀비유용사건과 의원매수사건에 관련된 전력이 있었다. 이에 궁중과 추밀원은 물론 정우회조차 그 임명에 우려와 반대가 많았고, 총독부 관련자들과 재조일본인도 비판적이었다. 이에 다나카는 야마나시를 보좌하여 실제 총독부를 관리할 정무총감에 각 방면에서 원만한 인물을 찾고자 했으나 고사하는 사람들이 많아 실패했다. 이에 자신 및 정우회와 관계가 깊고, 10년간 오사카시장을 역임한 후 은퇴한 71세의 이케가미 시로(池上四郞)[221]를 추

---

220 전상숙, 2022, 『조선총독의 지배정책』, 동북아역사재단, 194쪽.
221 이케가미 시로(1857~1929)는 후쿠시마 아이즈번(會津藩) 출신으로, 1877년 경찰로 관직을 시작했다. 각 지역 경찰을 거쳐, 교토부 경부, 下谷·神田 경찰서장을 역임했고, 1900년 이후 오사카에서 경부장(警部長), 사무관, 경찰부장 등을 역임했다.

천했다.[222]

야마나시 총독과 이케가미 정무총감 시기에는 조선총독부 인사에 대한 일본 정당세력의 개입 우려를 반영하여 일본 본토에서의 관료 영입이 대폭 줄었다. 반면에 내무국장 이쿠타 세이사부로(生田淸三郞)를 비롯해서 경무·재무·철도·법무국장이 유입되었고, 토착 관료들의 진출이 확대되었다.[223]

야마나시 총독과 이케가미 정무총감은 사이토 시기 부분적으로 검토되었던 조선 참정권 주장을 일체 부정하고, 내지연장주의에 따른 동화주의 정책 강화를 기본 통치방침으로 삼았다. 그리고 이는 '조선인 교육 제일주의'로 표방된 조선인에 대한 보통교육 확대 정책으로 나타났다. 1928년 4월에 야마나시는 '보통학교확장방안', '1면1교(一面一校)'를 발표하여, 조선의 2,503개 면 가운데 보통학교가 설치되지 않은 1,150개 면에 각각 보통학교를 설치하고자 했다. 이는 조선인 대다수가 일본의 보통교육을 받아 일본어를 상용할 수 있게 하고, 실생활에 필요한 노동을 성실히 하며, 그에 만족하는 실업인으로 살게 하기 위한 '보통실업교육'을 목적으로 한 것이었다. 곧 종래 일본에서 실시하던 '독서교육'이 아동의 사고력과 교양을 함양하여 '순량한 신민'이 아닌 비판적 지성을 기르므로 이를 피하는 대신에, 일본에 충실한 일본어를 아는 신민, 일본의 경제적 요구에 충실히 응할 수 있는 실업인을 키우겠다는 것이었다. 1면1교 설치 계획에 따라서 농촌지역에 신설되는 4년제 공립보통학교의 경우 6년제

1913년부터 1923년까지 오사카시장으로 재임했다. 秦郁彦 編, 2002, 『日本近現代人物履歷事典』, 東京大學出版會, 34쪽.
222 李炯植, 2013, 앞의 책, 195~196쪽.
223 李炯植, 2013, 위의 책, 197~199쪽.

보통학교에 비해 수업 연한과 교과과정이 대폭 단축되었고, 실업과목을 필수과목으로 한 '초등농업학교'의 성격을 가졌다.[224] 야마나시의 교육정책은 이후 조선총독부가 실업교육정책을 통해서 일본어를 사용할 수 있는 초급 노동력을 확보하는 데 기반이 되었다. 이른바 '시세와 민도'를 내세워 조선인 교육을 실질적으로 차별화한 일제의 외지 조선의 2등 국민 만들기 정책이 초등교육의 '실용화 교육'이라는 제도적 기반을 통해서 본격화된 것이었다. 그리하여 이른바 문화정치로 표방된 내지연장주의 1면 1교의 교육정책을 통해 지역 말단까지 침투하는 정책적 효과를 보게 되었다.[225] 그렇지만 야마나시의 정책은 예산문제로 당초 계획대로 실행되지는 못했다.

야마나시 총독과 이케가미 정무총감이 부임하면서 총독부 토착 일본인 관료나 그 주변에서 조선 자치제와 관련한 움직임은 거의 포착되지 않았다. 다만 이케가미 정무총감은 1929년 1월 정례 총독부 국장회의에서 현재 지방 자문기관인 협의회를 결의기관으로 바꾸는 문제를 언급하기도 했는데, 이는 경성과 부산, 평양과 대구 등의 부협의회를 의결기관화 하기 위한 조사라고 했다. 또 2월 중의원 회의에서 모리야 에이후 의원이 조선 지방행정 및 지방자치제도 문제에 대해 질의를 하자, 현재 자문기관인 협의회를 의결기관으로 하는 것을 조사하고 있는 상태이며, 그 선거 방법의 개정도 조선의 사정에 따라 고려하고 있다고 답변했다.[226]

한편 경성일보 사장 소에지마는 1925년 11월 조선자치제 실시를 주

---

224 정규영, 2007, 「'공립보통학교 1면1교 계획'과 조선인 초등교육(1928~1936)」, 권태억 외, 『한국 근대사회와 문화 III』, 서울대학교출판부, 60~65쪽.
225 전상숙, 2022, 앞의 책, 188~190쪽.
226 李炯植, 2013, 앞의 책, 228쪽.

장하는 논설을 발표한 후 재조일본인을 비롯해 내외의 공격을 받으며 경성일보 사장직에 사의를 표명하였다. 하지만 사이토 총독의 신임으로 사장직에서 물러나지는 않았으나 사이토가 총독을 사임하고 야마나시가 총독으로 부임하자, 1927년 12월 사표를 제출했다.[227]

다음으로 소에지마의 논설을 방조함으로써 자치제 문제에 정치공작을 전개했던 미쓰야 경무국장은 1926년 9월, 조선을 떠나 일본 궁내부 임야국장으로 이임했다. 후임인 아사리 사부로(淺利三郎)는[228] 1926년 10월 초 조선에 처음으로 부임했다. 그는 부임 후 1년이 되지 않는 기간 동안 서로 다른 개성을 가진 사이토, 우가키, 야마나시 등 세 명의 총독을 모셔야 하는 상황을 맞게 되었다. 사이토와 달리 육군 출신의 총독들은 조선 자치제 실시를 전혀 고려하지 않았고, 논의조차 불가한 상태였다. 아사리 경무국장은 미쓰야 때와 달리 자치제를 비롯한 조선 참정권 문제에 대해 어떠한 자율성이나 운신의 폭을 가질 수 없었다.

이쿠타 내무국장을 비롯한 총독부 토착 일본인 관료들도 조선 자치제 문제에 대해 특별히 입장을 표명하거나 건의를 하지 않았다. 기실 총독부

---

227 자세한 것은 정진석, 2005, 앞의 책. 참조.
228 아사리 사부로는 1882년 이와테(岩手)현에서 태어났다. 미에(三重)현의 속관으로 관직을 시작했다. 야마가타(山形)현 사무관, 오사카(大阪)부 이사관을 역임했고, 이바라키(茨城)를 비롯한 여러 부·현의 경찰부장 등을 지낸 후 가가와(香川)현 지사로 승진했다. 1926년 10월 1일 조선총독부 경무국장에 임명되어, 10월 10일 경성에 부임했다. 이후 사이토 총독 밑에서 6개월 정도 근무했고, 1927년 4월부터 12월까지는 우가키 임시총독 밑에서, 그리고 1927년 12월부터는 야마나시 총독 밑에서 근무했다. 3명의 총독 모두 서로 다른 입장과 개성을 갖고 있었기 때문에 총독부 최고위 간부로서 그는 3명의 총독을 모시느라 몹시 힘들었다고 한다. 1929년 10월 30일 경무국장을 사임하고 일본으로 건너가 1931년 도치기(栃木)현 지사에 임명되었다. 국사편찬위원회 한국사데이터베이스(http://db.history.go.kr).

토착 일본인 관료들은 총독부 내에서는 최고위 지위에 있었지만, 총독이나 정무총감과 비교해서는 그 지위에서 현격한 차이를 가진 집단이었다. 1920년대 전반 미즈노파 관료들은 일본 본국에 기반을 가지고 뒷받침해주는 후원자가 있기에 정무총감과도 일시적으로 대립할 수 있었지만, 토착 일본인 관료들은 그러한 기반이 없었다. 이들이 총독이나 정무총감의 의사에 반하는 일을 추진하는 것은 생각하기도 어려운 일이었고, 자유롭게 의견과 주장을 개진하는 것도 쉽지 않았다. 이들의 주장과 행동은 총독이나 정무총감이 설정하는 틀 안에서의 자율성에 지나지 않았다. 미즈노파 관료들과 달리 본국 정부의 주요 자리로 갈 수 없는 한계 때문에 그들은 기존 총독부 간부 자리에 대한 기득권 수호를 위해 조선 자치제 실시를 희망했지만, 이는 단지 바람뿐이었다. 토착 일본인 관료들은 중앙정치 차원의 자치의회제 시행이라는 일본 식민통치의 커다란 변화를 끌어낼 만한 권한도, 능력도 갖추기 어려운 존재였다.[229]

---

229 윤덕영, 2010a, 앞의 글, 197쪽.

제4장
1929~1930년 조선총독부의 식민정책 변화 모색과 제한성

1. 사이토 총독의 재부임과 식민지 참정권 정책 모색

1) 민정당 내각과 사이토 총독의 재부임

1929년 들어 정우회 다나카 내각에 대해서 부정부패 연루 혐의뿐만 아니라 불공정한 인사문제로 집권 정우회는 물론이고, 궁중과 천황까지도 불만이 높아졌다. 특히 1928년 6월에 발생했던 중국 동북삼성을 지배하는 군벌 '장쭤린(張作霖) 폭살 사건' 처리 문제에 대해 1년 동안 제대로 해결하지 못하면서 정치력의 한계를 드러냈다. 이에 쇼와 천황이 다나카를 질책하면서 다나카 내각이 총사직하게 되었다.[230]

1929년 7월 '헌정(憲政)의 상도(常道)'에 따라 민정당의 하마구치 오사치(濱口雄幸) 내각이 수립되었다. 이에 정우회 및 다나카와 밀접한 관계에 있던 야마나시 조선 총독의 경질이 구체화되었다. 하마구치 수상은 민정당계 인물인 전 대만 총독 이자와 다키오(伊澤多喜男)를 후임 총독으로 임명하려 했다.[231] 그렇지만 문관총독 임명에 대한 군부의 반대는 거셌다. 추밀원과 궁중에서도 반대가 심했다. 결정적으로 쇼와 천황의 우려가 제

---

230 다나카 내각의 사임 과정, 그를 둘러싼 정당세력과 천황 측근의 궁중세력, 원로, 군부세력의 동향에 대해서는 다음 참조. 야스다 히로시 지음, 하종문·이애숙 역, 2009, 앞의 책, 248~258쪽.
231 하마구치의 이자와의 선임은 언론을 통해 공공연히 알려졌다. 심지어 당시 『동아일보』, 1929년 7월 8일, 7월 14일, 8월 13일 자에도 보도될 정도였다.

기되면서 하마구치는 자신의 주장을 철회할 수밖에 없었다.²³² 하마구치는 궁중 및 추밀원 측과 타협하고, 해군벌을 배려하면서, 결국에는 사이토 마코토를 조선 총독으로 추천하게 되었다.²³³

사이토는 조선 총독에서 물러나 있으면서도 조선에 지속적으로 관심을 기울이고 있었다. 1929년 4월 이케가미 정무총감이 갑자기 사망하자, 그 후임으로 데라우치 총독의 사위였던 고다마 히데오(兒玉秀雄)를 다나카 수상에게 추천하기도 했다.²³⁴ 고다마는 1929년 6월, 조선 정무총감에 임명되었다.²³⁵ 사이토는 총독에 임명되자, 민정당의 반대를 무릅쓰고

---

232 加藤聖文, 2003,「植民地統治における官僚人事 –伊澤多喜男と植民地」,『伊澤多喜男と近代日本』, 芙蓉書房, 118쪽.

233 자세한 것은 다음을 참조. 岡本眞紀子, 앞의 책, 三元社, 2008, 526-528쪽; 李炯植,「政党內閣期岡における植民統治」, 松田利彦,『日本の朝鮮・臺灣支配と植民地官僚』, 思文閣出版, 2009, 576~578쪽.

234 李炯植, 앞의 책, 225쪽.

235 고다마 히데오(1876~1947)는 야마구치(山口)현에서 일본 육군대장 고다마 겐타로(兒玉源太郎)의 장남으로 태어났으며, 조슈벌의 실력자 데라우치 총독의 사위다. 지바(千葉)현 사쿠라에이(佐倉英)학교와 도쿄부 심상중학교를 거쳐 도쿄 제2고등학교를 졸업했다. 1900년 7월에 도쿄제국대학 법과대학 정치학과를 졸업하였고, 11월에 고등문관시험에 합격했다. 대장성 이재국과 임시연초제조준비국 등에서 근무했다. 러일전쟁기에는 요동수비군사령부 등에서 복무했다. 1905년 대한제국으로 건너와, 통감부 서기관, 회계과장 겸 통감 비서관을 거쳤다. 한일강제병합 후 1910년 조선총독부 회계국장 겸 비서관, 1912년 총무국장 등을 역임했다. 1900년 백작이 되었고, 1911~1946년까지 귀족원 의원이었다. 1916년 10월에는 일본 정부의 내각 서기관장에 선임되었고, 이후 상훈국 총재를 거쳐, 1923~1927년까지 관동장관을 역임했다. 1929년 6월부터 1931년 6월까지 조선총독부 정무총감을 거친 후, 1934년 10월 오카다 게이스케(岡田啓介) 내각의 척무대신으로 임명되어 1936년까지 지냈다. 1937년 2월 하야시 센주로(林銑十郎) 내각의 체신대신, 1940년 1월부터 요나이 미쓰마사(米內光政) 내각의 내무대신, 1942년에는 육군 군정 최고 고문을 역임했다. 1944년 고이소 구니아키(小磯國昭) 내각에서 국무대신과 문무대신을 차례로 역임했다. 전후에 공직에서 추방되었다. 秦郁彦 編, 2002,『日本近現代人物履歷事典』東京大學出版會,

고다마 정무총감의 유임을 결정했다.²³⁶ 사이토는 육군과 긴밀한 관계가 있는 고마다의 가계와 귀족원의 정치적 기반을 고려하였고, 고다마의 유임을 통해 민정당 내각이 조선통치에 대한 간섭하는 것을²³⁷ 배제하려 했다. 사이토는 기본적으로 군부가 국가번영을 위한 국가안보와 방위 차원에서 구축한 조선총독정치체제에 정당세력이 정치적으로 관여하여 안정화를 방해하는데 부정적이었다.²³⁸ 고다마는 조선통치에 있어 혼란은 조선 민족운동보다는 일본 정당세력이 조선에 침투하려는 것에서 나타난다고 생각하고 있었다. 그는 1919년 조선총독부 관제개혁 때에도 정당세력의 조선 지배를 경계하여, 조선을 정당세력에게서 초연한 위치에 있는 독립영역으로 남겨 둘 것을 주장했었다.²³⁹

1929년 9월 조선에 부임하면서 사이토 총독은 조선 지배정책의 변화를 예고했다. 사이토는 동아일보 기자와의 간담에서 참정권 문제에 대해서 "즉시라고 말할 수 없으나 조만간 구체화하리라고 생각한다. 이 문제에 대하여 자기에게 생각이 있으나 각 기관과 협의하여 서서히 실현할"

217쪽; https://ja.wikipedia.org/wiki/兒玉秀雄

236 이형식은 고다마의 유임 배경을 정당세력의 식민지 진출을 우려하는 사이토 총독, 귀족원, 우가키를 비롯한 군부 등의 비선출세력이 지지했기 때문이라고 했다. 李炯植, 앞의 책, 225쪽.

237 민정당 내각의 조선총독부에 대한 개입은 척무성을 통해 이루어졌다. 전임 다나카 내각이 물러날 무렵인 1929년 6월 10일, 척무국은 척무성으로 확대되었는데, 곧바로 하마구치 내각이 들어서면서 1929년 7월 2일, 마쓰다 겐지(松田源治)가 최초 전임대신으로 임명되었다. 마쓰다는 이전과 달리 조선총독부의 국장 인사에까지 개입하며 영향력을 행사하려 했다. 이형식, 앞의 책, 225~226쪽; 岡本眞紀子, 앞의 책, 528~538쪽.

238 전상숙, 2022, 앞의 책, 196쪽.

239 李炯植, 앞의 책, 232쪽.

것이라고 했다. 또 지방제도 쇄신 문제에 대해서도 "일본 내지 동향의 경향이라고는 할 수 없으나 개선할 것은 개선해야 한다"고 했다.[240] 이에 대해 동아일보는 사이토가 도·부·면을 대상으로 자치제를 시행할 의사가 있다고 했으며, 그 내용은 종래 조선의 도·부·면 자문기관인 평의회나 협의회를 의결기관으로 개정하고, 선거권·피선거권을 확장하여 자치제를 확립하려는 것이라고 해석했다. 그리고 어느 정도 범위에서 시행할 것인지는 조사 후에 결정할 것이라고 했다면서, 우선 경성, 평양, 대구, 부산 등 4부에서 자치제를 시행할 것이라고 보도했다. 4부에서 먼저 시행하는 것은 이곳이 이미 부협의회를 실질적으로 의결기관으로 운영·준비하는 상황이기 때문에 자치제를 시행해도 아무 불안이 없다고 사이토가 설명하면서, 4부의 운영상 효과를 본 후에 점차 다른 지역으로 확대할 것이라고 보도했다.[241]

동아일보에 보도된 사이토의 조선 자치제에 대한 언급은 그가 식민통치정책 개편, 즉 참정권 문제에 대해 대단히 조심스럽게 접근하고 있다는 것을 보여준다. 사이토는 조선의회나 조선지방의회도 아니고 기존에 실시하고 있는 지방 행정제도인 지방 자치제도의 개정 문제도 아주 조심히 언급했다. 우선 경성, 평양, 대구, 부산 등 4부에 한정하여 기존의 자문기관인 부협의회를 의결기관으로 바꾸는 것만을 주장했다. 그것도 실질적으로는 이미 의결기관같이 운영되었기 때문에 실제 별다른 변화가 없는 것이니, 아무 불안이 없을 것이라는 식으로 언급했다.

이러한 사이토의 태도는 그가 자치제 문제를 조선인이나 조선의 민족

---

240 『동아일보』, 1929.9.10.
241 『동아일보』, 1929.9.9.

운동 세력, 자치청원 운동을 추진하는 친일세력을 의식해서 주장하고 있다는 기존의 일부 연구에 의문을 갖게 한다. 조선의회 설립을 위해 자치운동을 전개하거나 내심으로 바라는 조선인들을 의식해서 자치제 주장을 한 것이라면, 정치적으로 노련한 사이토가 결코 이런 식으로 언급하지 않았을 것이다. 조선의회는 아니더라도 막연하게나마 조선지방의회의 전망을 제시하면서 당장 실현은 곤란하지만 장래 어느 시점에서는 할 수 있을 것이라는 비전을 조금이라도 보여주었을 것이다. 그리고 이런 전망을 실현하기 위해서는 총독부에 협조하고, 총독부의 지침을 따라야 한다고 당부했을 것이다. 그렇지만 사이토에게 조선인이나 친일정치운동 세력은 부차적이었다. 무엇보다 조선에서의 자치의회나 조선지방의회 설치는 말할 것도 없고, 심지어 조선 지방제도 개선 자체에도 의구심을 갖는 일본 정부 내의 보수세력을 다분히 의식하고 있었다.[242]

1929년 정우회 다나카 내각 시절, 수상인 다나카는 '장쭤린 폭살 사건'을 일으킨 관동군 장교의 엄정한 처벌을 내외에 공포하고, 이를 쇼와 천황에게 상주까지 했었다. 그런데도 육군이 처벌에 대해 강력하게 반발하자 1년간 시간만 끌다가 결국 행정처분에 그쳤다. 다나카는 과거 조슈·야마카와 번벌 출신으로 육군대신을 역임한 육군의 최고실력자였다. 그런데도 육군을 통제할 수 없었다. 이는 1920년대 들어 정당정치가 일반화되고 특권세력이 약화되었음에도 내각과 군부가 각기 권력을 갖고 병립하는 일본의 특수한 정치구조가 여전히 개선되지 않았다는 것을 여실히 보여주는 것이었다. 하마구치 민정당 내각이 출범했지만, 정당의 군부 통제

---

242 윤덕영, 2011a, 「1930년 전후 조선총독부 자치정책의 한계와 동아일보 계열의 비판」, 『대동문화연구』 73, 360쪽.

력은 이전보다 훨씬 더 약했다. 번벌과 육군대신 출신의 군부 실력자인 다나카도 하지 못한 군부 통제를 군부 기반이 거의 없는 허약한 민정당의 정치가들이 한다는 것은 일본 천황제 권력 구조하에서는 불가능한 것이 었다.[243]

사이토가 조선 총독에 재차 부임했을 때도 식민지 조선에 대한 군부 세력의 영향력과 관심은 여전했다. 특히 군부는 만주 침략을 앞두고 있었다. 군부세력에게 만주 관동군의 후방을 위협할 수 있는 식민지배정책의 커다란 변화는 용납될 수 있는 것이 아니었다. 조선에 참정권을 부여하는 것, 조선에 자치의회를 설치하는 것은 있을 수 없는 것으로 받아들여졌다. 이 때문에 1927년 조선 임시총독을 거쳐, 하마구치 내각의 육군 대신에 임명되었던 우가키는 "현상에 조선인에게 참정·자치를 허용하는 것은 하늘이 나에게 내린 명을 저버리는 것이다. 반도 2,000만 동포들을 내쟁과 혼란과 기근과 쇠망으로 이끌어 가는 것 외에는 어떠한 것도 수습하기 힘들다"[244]라고 주장했다. 그는 식민지 조선에 중의원 참정권을 부여하는 것이나 조선에 자치의회를 설치하는 것 모두 다 강하게 반대했다.

2) 참정권 정책 모색과 토착 일본인 관료들의 참여

1929년 6월 척무성이 설치되면서 식민지 조선의 참정권 문제에 대한 일본 내각의 연구도 시작되었다. 마쓰다 척무대신과 척무성 관료들은 조선의 참정권 문제와 총독부 재정문제에 대한 장기 계획을 마련하려 했다.

---

243   윤덕영, 2011a, 앞의 글, 360~361쪽.
244   角田順校訂, 1993, 『宇垣一成日記』 1, 국학자료원, 1929.11.8.

척무성의 연구는 민정당으로 내각이 교체된 후에도 계속되었는데, 구체적으로 관동청과 조선의 소원(訴願)제도, 각 외지의 지방자치권 확장 문제 등에 집중되었다.[245]

사이토는 재부임 직후부터 총독부의 관료들을 동원해서 조선에 참정권 문제를 실현하는 방안을 연구하고 안을 작성하게 했다.[246] 토착 관료의 대표주자인 이쿠타 내무국장에게 "조선 민족이 최종 도달할 이상적 정치조직과 함께 그것에 이를 때까지 과정적 단계"[247]에 대한 구체적인 성안을 작성할 것을 명했다. 이쿠다를 중심으로 소위원회가 설치되어 본격적으로 식민지 조선 참정권 부여 방법에 대한 연구가 진행되었다.

일본 정부와 총독부의 참정권 정책 변화 조짐이 보이자 조선에서의 참정권 논의도 다시 활발하게 전개되기 시작했다. 1929년 10월 6일부터 경성에서 개최된 제6회 전선공직자대회에서는 정치참여 문제가 활발하게 토의되어 「조선 참정권 부여 요망 건」, 「지방자치 실시 촉진 건」 등이 가결되었다. 「조선에 특별 입법기관 설치 요망 건」은 조선인 공직자 대다수의 찬성을 얻어 제출되었지만, 일본인 공직자들의 반대로 철회되었다.[248]

그런 가운데 10월 15일, 고다마 정무총감이 일본으로 건너갔다. 그는 하마구치 수상과 마쓰다 척무대신 등 내각의 요인들을 방문하여 조선통

---

245 李炯植, 2013, 앞의 책, 228~229쪽.
246 김동명, 2006, 앞의 책, 439~454쪽; 李炯植, 앞의 책, 234~243쪽; 이태훈, 앞의 글, 233~243쪽.
247 生田淸三郞, 「齋藤總督の大慈悲念願」, '有賀さんの事跡と思い出'編纂會, 『有賀さんの事跡と思い出』, 硏文社, 1953, 256쪽(李炯植, 앞의 책, 234쪽에서 재인용).
248 李炯植, 2013, 앞의 책, 229쪽.

치에 대해 보고하고, 총독부 인사안을 협의했다. 또 미즈노 렌타로와 우사미 가쓰오(宇佐美勝夫), 세키야 데이자부로(關屋貞三郎) 등 중앙조선협회 요인들을 만나 조선에서의 참정권 부여 문제를 협의했다. 하지만 조선자치의회 설치에 대해서는 강한 반대에 부딪혔다. 내각에서는 마쓰다 척무대신과 우가키 육군대신이 부정적이었다. 마쓰다는 조선의회 설치 의견이 도는 것에 대해 궁내성의 주의가 있었다면서 총독부에 주의를 촉구했다. 미즈노 등 중앙조선협회의 중심인물들도 조선의회와 같은 것은 조선인들에게 충동을 일으켜 장래 화근이 될 가능성이 있다면서 반대했다.[249]

11월 7일 고다마 정무총감이 일본에서 협의를 마치고 귀임했다. 그사이 사이토 총독은 10월 말 주요 간부의 사임원을 받아 놓았다. 그리고 고다마가 총무부 인사문제에 대해 일본 정부와 협의한 것을 확인하고, 11월 8일 자로 대대적인 총독부 인사이동을 단행했다. 경찰 출신으로 일본 도치기(栃木)현 지사를 지낸 모리오카 지로(森岡二朗)를 경무국장에, 토착 일본인 관료 출신으로 식산국장을 맡아오던 이마무라 다케시(今村武志)를 내무국장에, 사이토 총독비서관 출신의 마쓰무라 마쓰모리(松村松盛)를 식산국장에, 토착 일본인 관료 출신으로 재무통인 하야시 시게조(林繁藏)를 재무국장에 각각 임명했다.[250] 전임 국장들 다수가 1920년대 중반부터 장기간 근무했었기 때문에 교체는 당연한 것이었다. 전보와 신규 인사에는 대체로 사이토 총독의 의중이 크게 작용했다.[251]

---

249 森山茂德, 2000, 앞의 글, 23~24쪽; 李炯植, 앞의 책, 235쪽.
250 『朝鮮總督府 官報』, 昭和 860호, 1929.11.13.
251 당시 인사 배경과 일본 내각과의 관련에 대해서는 다음 참조. 岡本眞希子, 앞의 책, 533~538쪽; 李炯植, 위의 책, 226~227쪽.

총독부 인사이동 후 조선 참정권 정책을 위한 구체적인 방안을 마련하기 위해 소위원회가 다시 구성되었다. 내무국에서 이마무라 내무국장과 도미나가 후미카즈(富永文一) 지방과장,[252] 재무국에서 하야시 재무국장과 후지모토 슈조(藤本修三) 세무과장, 총독관방에서 하기와라 히코조(萩原彦三) 문서과장, 시로가네 아사노리(白銀朝則) 관방심의실 사무관, 기시 유이치(岸勇一) 관방총무과 사무관, 학무국에서 가미오 가즈하루(神尾弌春) 학무과장, 그 외 나카무라 도라노스케(中村寅之助) 토지개량부장, 소노다 히로시(園田寬) 평안남도지사 등 총독부 내 관련 부서 책임자들이 다수가 동원되었다. 이 위원회는 토착 일본인 관료가 주를 이루었다.[253]

앞서 살펴보았듯이 사이토 총독은 1927년 초, 나카무라를 통해 참정권 문제에 대한 의견서(이하 참여의견)를 비밀리에 작성한 바 있었다. 1927년 3월의 시점에서 사이토는 일본 정치의 특수한 권력 구조에서 총독부 관료들을 거의 배제한 채 은밀하게 안을 만들었다. 이와 달리 1929년 11월의 시점에서, 사이토는 보다 적극적으로 움직였다. 이는 헌정회보다 폭넓은 정치기반을 가진 민정당[254] 내각 집권을 배경으로 하면서, 동시에 육군과 귀족원에 기반을 가진 고다마 정무총감과 제휴했기 때문이었다. 또 1925년 자치제 문제가 공개적으로 불거졌을 때는 미쓰야 경무국장의 정보라인만 움직였지만, 이번에는 총독부 관방, 내무, 재무,

---

252 도미나가는 사이토 총독 부임시에는 경무국 보안과장이었다가, 1929년 12월 11일에는 지방행정을 총괄하는 내무국 지방과장으로 임명되었다.
253 李炯植, 앞의 책, 236~237쪽.
254 헌정회는 정우회에 대항하기 위해, 그들이 1924년 제2차 호헌운동 당시에는 특권세력이라 맹렬히 비판하면서 대립했던 정우본당과 합당해 1927년 6월, 민정당을 결성했다.

학무 등 실제 관련 부서와 책임자들이 대거 참여하였다. 이는 1925년의 경우에는 조선의 민족운동과 민족주의자들에 대한 분열과 회유 공작의 일환으로 자치제 문제가 제기되었기 때문에 굳이 관련 실무부서들이 움직일 필요가 없었기 때문이었다. 반면에 1929년 9월 이후의 시점에서 총독부 관련 부서 인력이 참여하여 활동했다는 것은 일정 정도 실제 정책의 시행을 염두에 두고, 그 담당 부서 책임자들을 중심으로 정책이 추진되었다는 것을 의미했다.[255]

---

[255] 윤덕영, 2011a, 앞의 글, 363~364쪽.

2. 조선총독부의 '조선지방의회' 구상과 문제점

1) 총독부의 다양한 조선 참정권 방안 논의

사이토가 총독부 관료들을 대거 동원해서 만든 방안으로 지금 남아있는 것은 크게 5개이다. 등사본으로 「조선에서의 참정권제도의 방책」 제하의 1개 사료(이하 1안)가 있고,[256] 다음으로 「조선에서의 참정에 관한 제도의 방책」 제하의 2개 사료가 있는데, 일자가 없는 것을 제2안,[257] 1929년 12월 2일이라고 작성일이 명시된 것을[258] 제3안으로 하겠다. 그리고 작성일자는 없지만 활자 인쇄로 된 「조선에서의 참정에 관한 제도의 방책」 제하의 사료가 있는데,[259] 이를 제4안으로 편의상 구분하겠다. 이 사료들은 작성에 일정한 순서가 있었겠지만, 3개는 작성일자가 명시되지 않아 확인할 수 없다. 다만 일본 정부에 대한 보고를 상정하였기 때문에 보고를 등사판으로 할 수 없다는 점에서 활자 인쇄로 된 제4안이 마지막으로 보고되었을 것으로 추측된다. 그리고 제5안으로 「제도 개정에 관한 의견 부속 법령안」이 있다.[260] 이는 별도의 안이라기보다는 제목에 나와 있는 대로 총독부가 일본 본국과 1차 협의한 후에 마련한 협의 의견

256　齋藤實, 1990, 『齋藤實文書』 2, 591~632쪽.
257　齋藤實, 1990, 위의 책, 541~590쪽.
258　齋藤實, 1990, 위의 책, 633~661쪽.
259　齋藤實, 1990, 위의 책, 487~539쪽.
260　齋藤實, 1990, 위의 책, 275~340쪽.

에 부속된 것으로 추정된다.[261]

그럼 제1안에서부터 제4안에 대해 주목해야 할 것들을 몇 가지 살펴봄으로써 이들 방안의 실체에 접근해 보자. 각 방안에서는 일본 귀족원·중의원에 대한 참정권안과 조선지방의회안이 동시에 제기되어 있다.

제1안은 두 개의 안을 제시하고 있는데, 1-1안은 참정권 문제에 대해서 10인 이내의 종신 임기의 귀족원 의원을 선출하지만, 중의원 의원을 선출하지 않는 것을 제시했다. 조선지방의회에 대해서는 10년 후에 설치하되, 임기 4년의 의원은 조선 귀족 및 유작자 중 10명, 조선 총독 임명 관선의원 30명, 각 도를 구획으로 하는 선거구에서 민선으로 45명을 선임하도록 했다. 지방의회의 권한으로는 조선총독부 지방비 세입·세출 예산에 대한 심의, 법률 및 제령에서 정한 것을 제외한 지방세 사용료 및 수수료 부과·징수 사항, 조선지방비에 속한 재산관리, 조선지방채 발행 등을 심의하도록 했다. 그런데 그 지방비예산 중에서도 전체가 아니라 토목, 위생 및 병원, 교육, 권농, 지방의회관련 제 비용, 보조비, 지방세취급비, 예비비 등에 한정하여 심의하도록 했다. 또 총독의 자문에 의견답신과 총독에 의견서를 제출할 수 있도록 했다. 이에 반해 총독은 지방의회 권한에 속한 사항 중 임시 시급을 요하는 경우 전결 처분, 조선지방의회 의결에 대한 취소 및 재의 명령, 원안 집행, 정회, 해산 등의 감독권을 가졌다. 지방제도 개정에 대해서는 면제의 경우 면협의회를 의결기관으로 하고, 면

---

[261] 모리야마는 그 순서에 대해 제2안→제3안→제1안→제4안→제5안의 순서로 추정했다.(森山茂德, 2000, 앞의 글, 21~22쪽) 반면 김동명은 제1안→제2안→제3안→제4안의 순서로 추정하였고, 제5안은 다루지 않았다(김동명, 2006, 앞의 책, 445쪽). 이 책에서는 편의상 김동명의 주장에 따라 제1~4안의 명칭을 부여했지만, 모리야마의 주장대로 제2안과 제3안이 제1안보다 먼저 작성되었을 가능성도 있기에 굳이 그 순서를 따지지 않으려 한다.

협의회원을 전부 민선으로 선임한다. 부제의 경우 학교비와 학교조합을 부로 통합하고, 부협의회도 의결기관으로 한다. 도의 경우도 도평의회를 의결기관으로 한다고 했다.[262]

1-2안의 경우는 상당수를 제국의회 귀족원 의원으로 선임하고, 10년 이내에 조선에 중의원총선거를 실시하되, 각 도에 2~3의 선거구를 두어 30여 명을 선임하는 것으로 제시했다. 조선지방의회에 대해서는 생략되어 있으며, 지방제도 개정에 대해서는 1-1안과 동일했다.[263] 대체로 보면 1-1안은 조선지방의회안에 귀족원 의원 선임을 부가한 안이고, 1-2안은 조선지방의회 설치를 제외하고 귀족원과 중의원 의원을 선임하는 참정권안이라 할 수 있다. 지방제도 개정은 양안 모두 동일했다. 1927년 나카무라의 참여의견의 두 가지 방안을 조금 달리해서 병렬한 것으로 보인다.

제2안은 참정권 문제에 대해서 조선에서 5인 이내의 종신 임기의 귀족원 의원을 선출하고, 경성과 부산, 평양과 대구부를 구획으로, 그리고 각 도별을 구획으로 하는 선거구를 두어 총 20~30인의 중의원을 선출하는 방안을 제시했다. 또 총 100인의 임기 4년의 의원으로 구성된 조선지방의회를 설치하되, 1/3은 총독이 임명하는 관선으로, 나머지 2/3는 경성부 등 4부와 각 도를 선거구로 하여 민선으로 선임하도록 했다. 지방의회의 권한으로는 제1안과 대동소이한데, 지방비 심의에서 계속비 및 특별회계 설치 부분이 추가되어 있다. 특징적인 것은 1929년 조선총독부 특별회계세입세출예산표를 첨부하고, 조선지방의회에서 다룰 예산의 구체적인 규모를 세입 1,756만 4,062엔, 세출 4,136만 1,145엔으로 산정한

262　齋藤實, 1990, 앞의 책, 611~626쪽.
263　齋藤實, 1990, 위의 책, 627~632쪽.

점이다. 그러나 이는 총독부 총세입·세출 2억 4,244만 568엔 중 세입 규모는 7.24%, 세출 규모는 17.06%에 지나지 않았다. 나머지 총독의 지방의회 감독권은 제1안과 동일했다.[264] 제2안은 귀족원과 중의원의 참정권안과 조선지방의회안을 망라한 것이라 할 수 있다.

유일하게 작성날짜가 12월 2일이라고 언급된 제3안은 참정권 문제에 대해서 조선에서 5인 이내의 종신 임기의 귀족원 의원을 선출하는 것을 제시하였지만, 중의원은 선출하지 않는 것으로 제시했다. 조선지방의회 설치에 대해서는 10년 후에 설치하되, 제2안과 같이 총 100인의 의원을 1/3은 총독이 임명하는 관선으로, 나머지 2/3는 민선으로 선임하도록 했다. 지방의회 권한과 총독의 감독 권한도 제2안과 동일했다.[265]

제2안은 중의원참정권과 조선지방의회 설치를 동시에 실시하는 안이며, 제3안은 중의원참정권을 제외한 조선지방의회 설치안이다. 제3안은 1-1안과 유사했다. 이에 반해 1-2안은 조선지방의회 설치를 배제한 중의원참정권안이었다. 모두 소수의 귀족원을 선임하는 것은 비슷했다. 이로 보면 소위원회 논의 과정에서 대체로 4개 방안이 만들어진 것으로 보인다.

그러면 이들 방안이 정리된 제4안 '조선에서의 참정에 관한 제도의 방책'을 살펴보자. 제4안은 크게 두 부분으로 나뉘는데, 제1편은 '조선재주 제국 신민의 참정에 관한 제도'이고, 제2편은 '현행 조선지방제도 개정'으로 되어있다. 그리고 제1편 참정에 관한 제도 부분에서는 2개의 안을 제시했다. 4-1안은 소수의 재조선 신민을 귀족원과 중의원에 나란히

---

264 齋藤實, 1990, 앞의 책, 554~589쪽.
265 齋藤實, 1990, 위의 책, 633~661쪽.

참여시키는 참정권안이고, 4-2안은 중의원참정권을 배제하고, 조선지방의회만을 설치하되, 여기에 소수의 귀족원 의원을 추가로 선임하는 안이다. 4-1안은 앞의 1-2안을 재차 정리한 것이고, 4-2안은 앞의 1-1안과 제3안을 종합하여 재정리한 것으로 보인다.

그런데 제4안에서는 4-1안이 내지연장주의의 이상에 적합한 안이기는 하지만 현재의 실정에는 맞지 않는 것이라 배제했다. 그것은 소수이지만 조선인 대표자가 제국의회 중의원에 가세하면 그들의 향배에 따라 의회의 형세가 좌우되는 결과를 야기할 뿐 아니라, 조선인들에게도 충분한 참정의 실질을 주지 못해 불만을 품게 된다는 점에서였다. 때문에 제4안은 4-2안만을 구체적으로 제시하고 있었다.[266]

귀족원 선임과 관련해서는 조선인 중에서 5인 이내를 임기 7년의 귀족원 의원으로 칙임할 것을 제시했다. 조선지방의회 설치에 대해서는 10년 후에 실시하되, 제3안과 같이 총 100인의 의원을 1/3은 총독이 임명하는 관선으로, 나머지 2/3는 민선으로 선임하도록 했다. 선거권자는 25세 이상 남자이되, 국세 및 지방세 5원 이상을 납부한 자에 한하는 제한선거로 규정했다. 이런 선거권 제한 규정은 앞의 안들에서도 모두 동일했다. 지방의회의 권한에 대해서는 앞의 제2안과 제3안과 동일했다. 법령의 제정 권한이 없이 총독부 전체 예산 중 일부 지방비에 대한 심의·의결 권한만을 부여했다. 제2안과 같이 1929년 조선총독부 특별회계세입세출 예산표를 첨부하였는데, 조선지방의회에서 다룰 예산의 구체적 규모를 세입과 세출 모두 1,681만 8,640엔으로 산정하고 있었다. 이는 총독부 총 세입·세출 2억 4,244만 568엔 중 6.94%에 지나지 않았다. 제2안보다 소

266　齋藤實, 1990, 앞의 책, 500~501쪽.

폭이지만 규모도 더 축소되었다. 반면에 총독은 전결 처분, 조선지방의회 의결에 대한 취소 및 재의 명령, 원안 집행, 정회, 해산 등의 감독권을 가졌다.[267]

제4안은 현행 조선지방제도 개정에 대해 보다 상세하고 구체적으로 제시했다. 부제의 경우 학교비 및 학교조합을 폐지하여 부로 통합하고, 자문기관인 부협의회를 의결기관인 부회로 개칭하며, 의장은 부윤이 겸임하고, 일본인과 조선인 의원의 비율이 의원 총수의 1/3이 넘도록 했다. 면제에 경우에는 지정면은 면협의회를 읍회의 의결기관으로 개칭하고, 보통면은 자문기관으로 존치하되, 협의회원의 임명제를 선거제로 개편할 것을 제안했다. 도평의회도 의결기관인 도회로 개칭하고, 도지사가 의장을 겸임하도록 했다. 도의원의 1/3은 도지사가 임명하고, 2/3는 부회 및 읍회, 면협의회 등의 선거를 통해 선출하도록 했다. 특히 부제 개정에 대해서는 상세하게 내용을 설명하고 있다.[268]

참정권방안에 대한 다양한 안들은 본국 정당정치에 휘둘리지 않고, 안정적 조선식민지 체제를 구축하려는 사이토와 토착 일본인 관료들의 통치구상이 절충된 방안들이었다. 그리고 일본 본국의 동향을 염두에 두고 점차 제4안인 「조선에서의 참정에 관한 제도의 방책」으로 의견이 모아졌다.

---

267 齋藤實, 1990, 앞의 책, 502~521쪽.
268 齋藤實, 1990, 위의 책, 523~539쪽.

2) 총독부 자치제안의 비교와 그 한계

총독부가 제시하고 검토한 조선지방의회안을 비교하면 다음과 같다. 1927년 초에 사이토가 마련한 '참여의견'안도 함께 비교했다.[269]

<표 2-4-1> 조선총독부 자치제안 비교

	참여의견	제1안	제2안	제3안	제4안
명칭	조선지방의회	조선지방의회	조선지방의회	조선지방의회	조선지방의회
구성	관선의원 40명 민선의원 79명	유작자 10명 관선의원 30명 민선의원 45명	총 100명 관선의원 1/3 민선의원 2/3	좌동	좌동
민선선거방식	6명 직접선거 73명 간접선거	무	무	무	무
예산심의권한	토목, 산업, 교육, 위생, 구제에 관한 예산과 결산 심의, 조세사용료 및 수수료 부과징수, 起債, 계속비 및 특별회계 설치	토목, 위생 및 병원, 교육, 권농, 구제 등에 한정된 '조선지방비'와 관한 예산과 결산 심의, 지방비에 속한 재산관리, 조선 地方債 발행	좌동+계속비 및 특별회계 설치	좌동	좌동
예산심의규모	6,021만 6,000엔 (25%) (1927년 조선총독부 특별회계 세입 총예산 중)	무	세입 1,756만 4,062엔 (7.24%) 세출 4,136만 1,145엔 (17.06%) (1929년 조선총독부 특별회계 세입세출 총예산 중)	무	1,681만 8,640엔 (6.94%) (1929년 조선총독부 특별회계 세입세출 총예산 중)

---

269 윤덕영, 2011a, 앞의 글, 366~367쪽.

법률적 권한	예산이 정하는 사업수행에 필요한 법령 중 제령에 관한 사항	법률과 제령에서 정하는 것을 제외한 조선지방비에 속한 지방세, 사용료, 수수료 및 부역현품의 부과징수에 관한 법규(조선총독부령)	법률과 제령에서 정하는 것을 제외한 조선지방비에 속한 지방세, 사용료, 수수료 부과징수에 관한 사항	좌동	좌동	좌동
기타 권한	'건의'와 '청원'	조선총독에 의견서 제출, 총독의 자문에 대한 의견 답신	좌동	좌동	좌동	좌동
총독의 감독 권한	지방의회 결의에 대한 취소 및 재의 명령, 원안 집행, 정회, 해산	지방의회 권한에 속한 사항 중 임시 시급을 요하는 경우 전결 처분, 조선지방의회 의결에 대한 취소 및 재의 명령, 원안 집행, 정회, 해산	좌동	좌동	좌동	좌동
지방 제도 개정	보통면협의회 → 유지, 선거제 지정면협의회 → 면회, 선거제 부협의회 → 부회 (학교조합, 학교비 폐지) 도평의회 → 두회	좌동	무	무		보통면협의회 →면협의회, 선거제 지정면협의회 → 읍회, 선거제 부협의회 → 부회 (학교조합, 학교비 폐지) 도평의회 → 도회
선거 방식	제한선거	제한선거	제한선거	제한선거		제한선거
선거권	일정 세액 이상 납세자	25세 이상 남자 중 국세 및 지방세 5원 이상 납부자	좌동	좌동		좌동
선거 결과	재조일본인이 조선인보다 더 많이 당선될 수 있도록 안배	좌동	좌동	좌동		좌동
실시 시기	무	공포 10년 후	좌동	좌동		좌동

표의 내용을 좀 더 살펴보자.

첫째, 1929년 마련된 조선 자치제 방안들 모두 '조선의회'가 아니라 '조선지방의회'를 제시하고 있었다. 모든 방안이 1927년 '참여의견'에서 제시한 조선지방의회의 예를 따르고 있다. 그 성격에 있어서는 1929년 방안들에는 구체적 명시가 없다. 1927년 '참여의견'에는 홋카이도 및 각 부·현의 지방자치제같이 조선을 단일 구역으로 하는 지방단체로서 조선지방의회를 조직할 것을 제안했었다. 1929년의 방안들도 대체로 같은 선상에 있다. 이런 사실은 사이토 총독과 조선총독부 관료들이 조선 자치제를 구상할 때, 기본적으로 인도와 아일랜드와 같은 영국의 식민지에서 만들었던 중앙정치 차원의 자치의회를 처음부터 상정하지 않았다는 것을 보여준다. 조선지방의회는 그 영역이 조선반도 전역에 걸쳐 있을 뿐이지, 실제로는 홋카이도 지방의회와 같은 수준의 지방자치제 차원에서 고려되었고, 그 기본 성격이 한정되었다.[270]

중앙정치 차원의 의회가 아니기에 별도의 법령제정권은 크게 제한되거나 부여되지 않았다. 1927년 '참여의견'에서는 제령에 관한 사항 중 예산이 정하는 사업수행에 필요한 제령에 관한 사항만을 심의할 수 있도록 했다. 그렇지만 1929년 방안들에서는 법률과 제령에서 정하는 것을 제외하고, 조선지방비에 속한 지방세, 사용료, 수수료 부과·징수 등에 관한 법규(조선총독부령)만을 심의하도록 했다.[271] 법령 심의 대상이 크게 줄어들었다. 이제 조선지방의회는 입법권을 다루는 자치의회가 아닌 지방세 등에 관한 법규만을 심의하는 지방자치기구로 위상이 낮아졌다.

270　윤덕영, 2011a, 앞의 글, 367~368쪽.
271　윤덕영, 2011a, 위의 글, 368~369쪽.

둘째, 조선지방의회에서 심의하는 예산과 결산에 대한 권한을 보자. 1927년의 '참여의견'에는 토목, 산업, 교육, 위생, 구제에 관한 예산과 결산에 대한 심의, 조세 사용료 및 수수료 부과·징수, 기채, 계속비 및 특별회계 설치 등이 권한으로 제시되었다. 그런데 1929년 방안들에서는 더욱 협소해졌다. 조선총독부 예산을 국비와 지방비로 나누고, 심의 대상을 토목, 위생 및 병원, 교육, 권농, 구제 등에 한정된 '조선지방비'와 관련한 세입·세출 예산심의 의결 및 결산 보고, 조선지방비에 속한 재산 및 영조물(營造物) 관리 방법, 조선지방채 발행 등으로 더욱 제한했다. 이 결과 총독부 예산 중 조선지방의회에 부의되는 예산액이 대단히 줄어들게 되었다. '참여의견'에서는 1927년 조선총독부 특별회계 세입기준 예산 2억 3,424만여 엔 중에서[272] 25%에 해당하는 세입 6,021만 6천 엔의 예산을 조선지방의회에서 심의하도록 했다. 반면에 1929년 방안들에서는 2개 방안에서 구체적인 내용을 밝히고 있는데, 제2안에서는 1929년 조선총독부 특별회계 세입세출 기준 예산 2억 4,244만 568엔[273] 중에서 1,756만 4,062엔(7.24%)만을 심의하도록 했고, 세출 기준으로는 4,136만 1,145엔(17.06%)만을 심의하도록 계획했다. 최종 결론안인 제4안에서는 세입 기준으로 1,681만 8,640엔(6.94%)만을 심의하도록 했다. 1929년 방안들에서 예산심의 범위가 1927년 '참여의견'안보다 크게 후퇴하였다는 것을 알 수 있다.[274]

일반적으로 의회는 행정부 예산 전부를 심의하여 결정하고, 그 결산을

272　朝鮮總督府, 1932,『朝鮮總督府統計年報』, 748쪽, 표 441.
273　齋藤實, 1990, 앞의 책, 517쪽.
274　윤덕영, 2011a, 앞의 글, 369쪽.

보고받는다. 그렇지만 조선지방의회는 총독부 예산과 결산 전체를 심의하는 기구가 아니라 약 7%의 예산만을 심의하는, 대단히 협소한 권한을 가진 기구로서 계획되었다. 이는 식민통치기구 유지와 식민지배에 사용되는 예산을 식민지민의 심의에 둘 수 없다는 총독부 의지의 표명이었다. 통치대상인 식민지민이 지배자인 총독부 예산을 심의할 수 없도록 모든 예산을 심의 대상에서 제외했다. 토목, 위생 및 병원, 교육, 권농, 구제 등 식민통치와 관련이 미약한 부분의 예산 일부만 심의 대상으로 했다. 식민지민은 여전히 통치의 대상이고, 지배의 대상일 뿐이었다.

셋째, 조선지방의회를 조선 총독의 철저한 감독하에 두었다. 1927년 '참여의견'과 마찬가지로 1929년 방안들에서도 모두 조선 총독에게 조선지방의회 결의에 대한 취소 및 재의를 명령할 수 있고, 원안 집행이 가능하게 했다. 또 총독은 조선지방의회를 정회시키거나 해산시킬 수 있는 무제한의 감독 권한을 가졌다. 또 1929년 방안에서는 임시시급을 요하는 경우는 지방의회 권한에 속한 사항이라도 심의에 부의하지 않고 총독이 전결 처분 할 수 있는 권한이 추가되었다.[275] 이는 한정된 지방비 관련 예산이라도 총독의 전결로 조선지방의회의 심의와 상관없이 언제든지 마음대로 총독부가 집행할 수 있도록 한 것이었다. 조선지방의회의 기타 권한과 관련하여 1927년 '참여의견'에서는 조선지방의회의 총독에 대한 '건의'와 '청원'으로 간략히 언급했다. 1929년의 방안들에서는 이를 보다 구체화하여 조선지방의회가 조선 총독에 의견서를 제출할 수 있게 하였고, 조선 총독의 자문 요청에 대해 의견 답신할 수 있도록 했다.[276]

275　齋藤實, 1990, 앞의 책, 566쪽.
276　齋藤實, 1990, 위의 책, 567쪽.

조선지방의회는 일반적인 삼권분립 체계에서 말하는 행정부에 대한 입법부의 감시와 견제 기능이 부여된 것이 아니었다. 입법·행정·사법의 3권을 총괄하는 절대 권력자 총독의 감독하에서 조선총독부 특별회계 예산의 일부분만을 심의하는 기능을 부여한 것이었다. 그것도 총독에 의해 결의가 취소되거나 재심의될 수 있는 것이었고, 상황에 따라서 총독은 조선지방의회의 결의를 무시하고 원안을 집행할 수도 있었다. 조선지방의회가 총독의 결정에 반발하면 총독은 조선지방의회를 정회시키거나 심지어 마음대로 해산시킬 수도 있었다.

넷째, 조선지방의회 의원 구성에 대해서는 1929년 방안들은 제1안만 제외하고는 인구 20만 명당 1명, 부의 경우는 10만 명당 1명을 기준으로 대체로 의원 총수 100명을 선임하는 것으로 정리되었다. 그중 1/3은 조선 총독이 임명하는 관선의원이며, 나머지 2/3가 민선의원으로 계획되었다. 1927년 '참여의견'에서는 민선의 구체적 선거방식도 제시되었다. 4개 부의 경우는 직접선거로 선출하지만, 나머지 도는 간접선거로 의원을 선출하도록 했다. 이에 반해 1929년의 방안들에서는 선거방식에 대한 구체적 언급은 없다.[277]

의원 구성안은 조선지방의회 구성에 있어 대단히 중요한 것이고, 특히 민선을 어떻게 선출하는 것이냐는 초미의 관심사일 수밖에 없는데, 정작 조선지방의회에 대한 4개 안 모두에서 이에 대한 구체적 방안이 제시되고 있지 않다. 엘리트인 총독부 관료들이 이를 모를 리가 없다. 그런데도 이를 제시하고 있지 않다는 것은 그 구체안을 마련할 필요가 없었다는 것을 의미한다. 조선지방의회안은 총독부가 마련해 실시할 수 있는 것이 아

---

277 윤덕영, 2011a, 앞의 글, 368쪽.

니라 본국 정부와의 협의와 승인이 반드시 전제되어야 하는 것이었다. 본국 정부와 조선지방의회 구상에 대해 협의도 되지 않은 상태에서 조선지방의회 설치를 전제로 한 의회구성안을 마련하는 것은 본국 정부의 심기를 거스르는 것이 될 수 있었다. 특히 조선지방의회에 대해 부정적으로 생각하는 특권 및 군부세력, 정당세력이 다수인 상황에서 구체적인 의회 구성안을 마련하는 것에 대해 총독부 관료들은 큰 부담을 느꼈을 것이다.

다섯째, 1929년 방안들 모두 조선지방의회 제도의 실시 시기를 10년 후로 명시했다. 1929년 마련된 조선지방의회안은 앞서 자세히 살펴본 바와 같이 대단히 제한되고 많은 한계가 있는 방안이었다. 심지어 1927년 마련된 '참여의견'보다도 크게 후퇴한 방안이었다. 그런데도 총독부 관료들은 조선지방의회안을 당장 실시하는 것에 큰 부담이 있었다. 때문에 10년이라는 상당한 시간을 가진 미래의 과제로 제기했다. 이 때문에 문제를 제기하는 주장이 나오게 된다. 토착 일본인 관료의 대표적 인물이었던 이쿠다 세이사부로 내무국장은 1929년 11월 8일 자 인사이동으로 퇴임했다. 그는 고다마 정무총감에게 조선지방의회가 "지방비 심의회라고 한 이상, 연기하게 되면 반드시 민족적 반감을 불러일으키게 될 것"라고 하여, 10년 후가 아닌 즉시 시행할 것을 주장하기도 했다.[278]

여섯째, 조선의 지방제도 개정과 관련해서는 조선지방의회안보다 상세하게 내용이 마련되었다. 1929년 방안들에서는 모두 도지방비 이하 각종 지방 자치단체에 대해, 자문기관인 지정면협의회, 부협의회, 도평의회 등을 의결기관인 읍회, 부회, 도회 등으로 승격할 것을 제안했다. 특히 최

---

[278] 尙友俱樂部兒玉秀雄關係文書編集委員會, 2010, 「生田淸三郞書簡」, 『兒玉秀雄關係文書』 2, 同成社, 182쪽.

종안이라 할 수 있는 제4안에서는 지방제도 개정에 관한 부분은 아주 상세하게 기술되어 있다. 이에 반해 1927년 '참여의견'이나 1929년 제1안에서는 그 내용이 간략히 기술되고 있고, 제2안과 제3안에서는 전체적으로 빠져 있었다. 이는 최종안에 임하는 조선총독부 관료들의 주된 관심이 조선지방의회가 아니라, 실질적으로는 조선 지방제도 개정에 있다는 것을 일정하게 보여주는 것이다. 제4안에서는 지방제도 개정의 구체적 내용과 도표가 제시되어 있고, 각 단위 지방조직의 선거권과 입후보자 자격, 의원 수 등에 대해서도 상세히 기술하고 있다.[279]

일곱째, 개정되는 지방제도의 선거방식에 대해서도 구체안이 마련되었다. 앞서 살펴본 1927년 '참여의견'에서는 선거방식 등에 대해서는 특별한 언급은 없지만, 1926년 지정면협의회와 부협의회의 선거결과 현황표를 예시하여[280] 이에 준하도록 했다. 이를 통해 한반도에서 실시하는 선거임에도 불구하고 소수의 재조일본인이 다수의 조선인보다 더 많이 당선될 수 있도록 구조적으로 안배된 선거 결과를 제시했다. 1929년 방안들에서는 제1안에서부터 제4안에 이르기까지 이러한 선거 결과를 가능하게 하는 방안을 보다 구체적으로 마련했다.

우선은 각 부와 읍회, 도회의원 등에 대한 선거권과 피선거권의 요건을 25세 이상의 국세 및 지방세 5원 이상 납세자로 한정했다. 당시 일본 본토에서는 25세 이상의 남자에게 세금 납부에 상관없이 선거권을 부여하는 보통선거가 1928년부터 이미 실시되고 있었다. 그렇지만 식민지 조선에는 이를 적용하지 않고, 종래의 5원 납세 조건을 적용하였다. 식민지

---

279 윤덕영, 2011a, 앞의 글, 369~370쪽.
280 齋藤實, 1990, 앞의 책, 476~477쪽.

를 별도의 지역으로 차별한 것이다. 이는 식민지 지배하에 국세 및 지방세 5원 이상을 납세할 수 있는 조선인이 얼마 되지 않는 현실 속에서 대다수 조선인의 선거권을 배제하려는 조치였다.

다음으로 부세 납세액에 학교조합비와 학교비부과금을 합산하도록 하는 조항이 추가되었다.[281] 당시 조선인은 학교비를 부담하고 있었고, 재조일본인들은 학교조합비를 별도로 부담하고 있었다. 이 조항은 학교비와 학교조합비를 부세에 통합해서 하나로 하는 것이었는데, 이렇게 통합을 하게 되면 그동안 부세 5원 미만을 납부하였기 때문에 선거권과 피선거권을 갖지 못했던 사람들이 선거권을 가지게 되고, 선거권자가 증가하는 효과를 가져오게 된다. 그런데 문제는 당시 학교조합비를 납부하는 일본인이 학교비를 납부하는 조선인들보다 월등히 많았다는 점이다. 이런 통합 조치의 결과 선거권을 새로 가지게 되는 조선인은 소수인 반면, 일본인은 급증하게 되었다. 총독부 관료들은 이런 점을 고려하여 선거방식을 재구성했다. 이를 통해 조선총독부는 조선에서 치러지는 선거임에도 선거권자가 일본인이 많을 수밖에 없도록 구조적으로 안배된 선거제도를 마련했다.[282]

이상의 검토를 통해 1929년 총독부가 마련한 「조선지방의회안」의 내용과 문제점, 조선 지방제도 개정안의 내용과 문제점들을 자세히 살펴보았다. 1929년 사이토 총독과 조선총독부 관료들은 1920년대 논란으로만 존재했던 조선 참정권에 대한 구체적 정책안을 만들었다. 이는 소수의 귀족원 칙선의원을 선임하는 것과 조선지방의회를 개설하는 것, 그 하부단

---

281 齋藤實, 1990, 앞의 책, 529쪽.
282 윤덕영, 2011a, 앞의 글, 370~371쪽.

위의 지방제도를 개정하는 것이었다. 그를 위한 여러 안이 제시되었으며, 최종적으로 제4안으로 정리되었다. 그렇지만 이들이 마련한 조선지방의회는 중앙정치 차원의 자치제 방안이 아니었다. 조선지방의회는 실질적인 법률 제정 권한도 없었고, 법률과 제령에서 정하는 것을 제외한 조선지방비에 속한 지방세, 사용료, 수수료 부과·징수 등에 관한 총독부령만을 심의할 수 있을 뿐이었다. 조선지방의회가 심의하는 총독부 예산은 토목, 위생 및 병원, 교육, 권농, 구제 등의 분야에 한정된 1929년도 전체 총독부 예산의 7%에 불과했다. 심지어 지방의회 권한에 속한 사항이라도 임시시급을 요하는 경우, 총독이 전결 처분 할 수 있는 권한이 부여되었다. 조선지방의회는 총독에게 의견서를 제출할 수 있었지만, 총독은 조선지방의회 결의에 대한 취소 및 재의 명령, 원안 집행, 정회, 해산 등의 막강한 감독 권한을 가졌다. 조선지방의회에는 행정부에 대한 감시와 견제의 기능이 부여된 것이 아니었다. 삼권을 총괄하는 총독의 감독하에서 총독부 조선특별회계 예산의 일부분만을 심의하는 기능만을 부여했다. 1927년의 '참여의견'보다도 대폭 후퇴된 구상이었다. 그것도 10년 후에나 실시한다는 대단히 기만적인 것이었다.[283]

이런 사실에 미루어 볼 때, 이형식·전상숙이 이미 제기한 것과 같이[284] 1929년 조선총독부가 자치주의 정책으로 전환했다고 하는 것이나, 중앙정치 차원의 자치제를 실행하려 했다는 일부 연구들의 주장은 역사적 사실과는 다른 해석이라 하겠다. 조선총독부의 구상은 내지연장주의 정책의 전면적 변화를 추구한 것도 아니었고, 동화주의 정책에서 자치주의 정

---

283 윤덕영, 2011a, 앞의 글, 372쪽.

284 李炯植, 2013, 앞의 책, 241쪽; 전상숙, 2008, 앞의 글, 31쪽.

책으로의 전환을 주장한 것도 아니었다. 일본 본국의 반대를 의식하면서 사실상 홋카이도 지방 수준의 지방제도 차원에서 조선지방의회안을 마련했다. 그리고 그 실시조차도 불투명하게 보고 있었다. 물론 이 정책이 실제로 실행된다면, 그 진로는 단순히 지역정치 차원의 조선지방제도에 머무르지 않고, 중앙정치 차원의 조선의회로 장차 발전할 가능성이 전혀 없는 것은 아니었다. 조선지방의회안을 입안한 토착 일본인 관료들은 장기적으로는 그러한 전망을 기대하면서, 단기적으로 그런 안을 만들었을 것이다. 또 사이토 입장에서는 현실적으로 실현 가능한 점진적인 참정권 부여 방안을 실시하는 것이었다.[285] 그렇지만 이들이 마련한 조선지방의회안은 당시 조선 민족주의 세력이나 일반이 생각하는 조선지방의회제 방안과는 근본적 괴리가 있었다. 심지어 자치운동을 추진하는 친일세력들이나 재조일본인들이 기대하던 방안과도 일정한 차이가 있는 것이었다.

---

285 전상숙, 2012, 앞의 책, 146쪽.

3. 지방행정제도 개선으로 귀결된 식민지 참정권 정책

1) 총독부의 '조선지방의회' 구상 협의와 철회

사이토 총독은 마련된 방안을 가지고 1929년 12월 10일 경성을 출발하여 일본 도쿄에 건너갔다. 12월 13일에는 하마구치 수상과 마쓰다 척무대신, 미즈노 렌타로 등을 만나 협의했다. 마쓰다와의 회의에서는 지방자치의 확충으로 조선지방의회 방안이 논의되었을 것으로 보인다.[286] 사이토는 14일에는 다시 마쓰다 척무대신을 비롯해서 1920년대 초반 조선총독부 경무국장을 지낸 마루야마 쓰루키치 당시 경시총감, 우가키 육군대신, 내무대신과 농림대신, 16일에는 후타가미 효지(二上兵治) 추밀원 서기관장 등을 차례로 만나 협의했다.[287] 이들과의 협의 결과에 대한 구체적인 내용은 현재 알 수가 없다. 당시 언론에서는 총독부가 마련한 조선지방의회 설치안과 일본 귀족원 의원 참정 문제에 대해서는 전혀 다루지 않았다. 다만 도평의회와 부면협의회의 의결기관화로 나타나는 지방자치제도 확충 문제만 보도되었다.[288] 이는 협의가 사이토나 총독부 관료들의 바람대로 진행되지 않았다는 것을 보여준다.

당시 동아일보를 보면 12월 15일 자에 사이토 총독이 하마구치 수상

286　李炯植, 2013, 앞의 책, 239쪽.
287　齋藤實, 『齋藤實日記』, 1929.12.13~16.
288　『京城日報』 1929.12.14; 『매일신보』, 1929.12.14.

및 마쓰다 척무대신과 만나 조선 자치권 확충 문제에 포부를 피력하였고, 부면제의 개혁 시행에 양해를 구한 결과 찬성을 얻었다고 보도했다.[289] 이 보도에서 중요한 것은 사이토가 일본 본국 정부 요인들과 협의한 내용인 자치권 확충을 부면제의 개혁이라고 보도하고 있는 점이다. 조선지방의회안에 대해서는 전혀 언급하고 있지 않다. 이는 당시 동아일보가 사이토가 일본 정부와 협의한 복안을 부면제의 개혁으로만 알고 있었다는 것을 보여준다. 12월 16일 자에는 사이토가 마쓰다 척무대신과 만나 조선 지방제도 개정에 관해 협의하였고, 그 결과 도평의회와 부면협의회의 의결기관화에 대해 합의하였다고 보도했다. 그리고 그 제령의 개정 및 세칙은 내년 봄 초에 있을 것이라고 보도했다.[290]

12월 26일 자에는 사이토가 12월 21일 마쓰다 척무대신을 방문하여 '자치제 확충안'과, '재만조선인 보호에 대한 근본적 대책', '조선총독부 관내의 관리임용범위 확충안' 등에 대해 협의하였고, 의견의 일치를 보아 가급적 속히 이를 실현할 것이라고 보도했다.[291] 1930년 1월 9일 자 기사에서는 이마무라 다케시 총독부 내무국장을 중심으로 총독부가 각 도평의회와 부면협의회를 의결기관으로 하는 지방자치제 확충안을 만들고 있다고 보도했다. 그리고 부면협의회는 전체가 아닌 지정면에만 시행할 것이며, 1월 13일 도지사 회의의 의견을 참고하여 그 구체안을 결정할 것이라고 보도했다.[292]

한편 1월 9일 자에는 「지방자치권 확장안」이라는 사설을 게재했다.

---

289 『동아일보』, 1929. 2. 15.
290 『동아일보』, 1929. 12. 16.
291 『동아일보』, 1929. 12. 26.
292 『동아일보』, 1930. 1. 9.

여기서는 사이토가 당초 민의창달, 민심일신을 내세우며 조선에 재임하였을 때와 금일 논의되는 지방자치권과는 상당한 차이가 있는 것 같다고 주장했다. 그러면서 '중앙의회' 차원의 자치권에 대해서는 문제도 삼지 않았기 때문에 민중의 관심은 훨씬 더 멀어지게 되었다고 주장했다.[293] 이는 동아일보가 사이토가 재임하였을 때는 중앙의회 차원의 자치권 문제에 대해 기대했었는데, 지금 총독부와 일본 정부가 이를 전면 배제한 채 지방제도 개정만을 논의하고 있다고 비판하는 의중을 드러내는 사설이었다. 그들은 총독부의 조선지방의회안이라든지 이에 대한 일본 정부와의 교섭 내용을 모르고 있었다. 동아일보뿐만 아니라 조선과 일본의 모든 언론도 이런 사실을 알고 있지 못했다.

사이토 총독은 1930년 2월 12일, 다시 도쿄로 건너갔다. 그런데 1929년 12월 방일 시의 행보와는 달랐다. 12월에는 방일하자마자 하마구치 수상 및 일본 정부 관계 요인 및 조선 식민정책 결정에 영향을 주는 중요 인물과 적극적으로 만나고 협의를 진행했다. 반면에 2월 방일에는 일본 정부 주요 인물들에 대한 적극적인 만남도, 협의도 거의 없었다.

그렇지만 이는 사이토의 재방일 당시부터 어느 정도 예견된 것이기도 했다. 사이토는 재차 방일하면서 언론에는 지방자치 문제에 대해 자기는 복안이 있다고 하면서, 그것은 '중앙당국'에 대해 '자치권 확충'을 역설하는 것[294]이라고 말했다. 그런데 당시 언론은 '자치권 확충'이 조선지방의회가 아니라, 도평의회와 부면협의회를 의결기관화 하는 것을 의미한다고 보도하고 있었다. 곧 노련한 정치가인 사이토는 총독부 관료들이 마련

---

293 「地方自治權 擴張案」, 『동아일보』, 1930.1.9.
294 『京城日報』, 1930.2.13, 2.15.

한 방안 중에서 조선지방의회안에 대해선 일절 언급하지 않고, 이와 함께 마련한 현행 조선지방제도 개정안만을 언급하고 있었다. 실제로도 사이토는 조선지방의회안을 일본 정부에 주장하거나 협의하지 않았다. 재방일 후 얼마 지나지 않은 2월 27일, 사이토는 마쓰다 척무대신을 만나 도평의회와 부협의회, 지정면협의회 등을 의결기관화 하는 방안을 제시했다. 그리고 양자는 곧 합의를 보았다.[295] 이후 추가 접촉과 협의를 거쳐 3월 11일, 조선지방제도 개정안만을 다룬「조선지방자치권 확장안」이 일본 각의에 제출되었다.[296]

이런 상황을 놓고 볼 때 다음과 같은 추론이 가능하다. 사이토는 1929년 12월 처음 방일 시에는 조선지방의회안을 가지고 협의했다. 그러나 이 안에 대해서 일본 정계 요로의 강한 반대에 부딪혀 곧 포기했다. 그리고 마쓰다 척무대신과 조선 지방제도 개정만을 하기로 대체적 합의를 본 후에 조선으로 돌아왔다. 이런 합의의 전제하에서 1930년 1월 중에 총독부 관료들을 동원하여 지방제도 개정의 구체안을 만들었다. 앞서 제5안으로 언급한 바 있는 사이토문서에 있는 「제도 개정에 관한 의견 부속 법령안」이 그 안으로 추정된다.[297] 사이토는 2월 재방일 시 마련된 안, 즉 도평의회와 부면협의회의 의결화로 대변되는 제한된 지방자치제 확장안만을 소지하고 갔다. 그리고 그 안을 기초로 마쓰다 척무대신과 지방제도 개정의 구체안을 협의하여 최종 합의하였을 것으로 보인다.[298]

사이토 총독은 조선자치제안이 '조선지방의회'가 사라진 일반 지방제

---

295 『동아일보』, 1930.3.3.
296 『京城日報』, 1930.3.12;『매일신보』, 1930.3.2.
297 齋藤實, 1990, 『齋藤實文書』, 275~340쪽.
298 윤덕영, 2011a, 앞의 글, 373~374쪽.

도 개정으로 축소된 것에 대한 역풍을 우려했던 것 같다. 그는 총독부의 제2차 지방제도 개정도 조선 지배정책에 대단히 진보가 있는 것처럼 포장했다. 그리고 이런 개정도 자기가 열심히 일본 정부와 교섭해서 얻어낸 것이라고 과장하여 말했다. 사실 사이토는 총독으로 재임해왔을 때부터 한편으로 조선 참정권 정책을 모색하면서도, 다른 한편으로는 그에 대해 대단히 조심스럽게 접근하고 있었다. 당시 언론 어디에도 지방제도 개정 이상을 말한 적이 없었다. 조선의회는 물론 조선지방의회에 대해서도 공개적으로 언급한 적이 없다. 일본 정계의 정치역학관계, 일본 특권 및 군부세력, 정당세력의 조선에 대한 관심을 누구보다 잘 알고 있는 노련한 정치가인 사이토는 일본 정계의 동향을 항상 의식하면서 식민정책의 변화를 모색하고 있었다. 그들이 반대하는 안을 추진할 의지는 처음부터 없었다.

2) 제2차 지방제도 개정의 결과

1930년 3월 11일, 조선총독부가 「조선 지방자치권 확장안」을 일본 각의에 제출하면서 그 구체적 내용이 일반에 알려졌다. 동아일보는 3월 13일 관련 사설을 즉각 게재했다. 사설에서는 그 내용에 대해 조목조목 비판했다. 첫째, 부회와 읍회, 도회 등을 의결기관으로 한다면서 의장을 도지사와 부윤으로 지정하고, 소위 감독권으로 만능적 권리를 부여한 것은 의결기관의 존재를 필요 없게 하는 것으로, 의결기관은 '완전한 사물(死物)'인 것이 명약관화하게 되었다고 비판했다. 둘째, 도회의원의 1/3을 관선으로 임명하고, 대다수의 보통면에는 자문기관으로 면협의회를 존치한 것은 지방자치의 확장이 질과 양에서 이름에 불과한 것이라고 했다.

또 현재 국세 5원의 선거권 자격 제한을 그대로 둔 것은 극단의 제한선거를 존속시키겠다는 일종의 민중우롱책이라고 평가했다. 그러면서 일본의 지방자치제도가 관료의 권한이 너무 강대한 것이 문제가 있는데, 조선의 지방자치안은 일본보다 더욱 불구적이고, 대부분의 조선 민중을 배제하는 유명무실의 눈가림 정책이고, 민중우롱책이라고 강력히 비판했다.[299]

다른 기사에서는 일제의 지방제도 개정안이 실시되면 조선인에 어떠한 영향이 미칠 것인가를 분석했다. 우선 부제에 대해 "현행 학교조합(일본 측), 학교비평의회(조선인 측)까지 병합하여 삼단체가 하나"가 된다면서, 부의원 또는 지정면협의회(읍회)의 유권자(세금 5원 이상 납부자)는 일본인이 조선인보다 많기에 부회와 읍회는 일본인 우위가 확고할 것이라고 전망했다. 또 실제 운영에서도 현행 자문기관인 부협의회에서도 예산안 문제를 지적하면 부윤이 이를 수정하여 집행하기 때문에 앞으로 구성될 부회도 그 실제 내용에서 현재와 별 차이가 없다고 판단했다. 도회도 도지사가 임명하는 관선의원이 1/3이고, 의결기관이 되었지만 당국이 의결의 재의를 명령하고, 해산할 수 있어 실제 권한이 없다고 평가했다.[300]

조선일보도 3월 14일 관련 사설을 게재했다. 사설은 개정안에 대해 비판적이었지만, 맹공을 퍼부었던 동아일보에 비해서는 강도가 약했다. 그러나 비판의 요점은 비슷했다. 납세액에 따른 제한적 선거로 부와 지정면에서는 일본인 유권자가 조선인보다 많으며, 부회와 도회의 의장이 부윤과 도지사가 되는데, 이는 정무총감이 의장인 중추원의 현황을 생각나게 하며, 광범한 감독권을 가져서 의회의 권한이 제한되고, 1/3이 관선인

---

299 「소위 지방자치확장안 -관료식 발휘-」, 『동아일보』, 1930.3.3.
300 『동아일보』, 1930.3.13.

도회의 시행시기가 미정인 점 등을 비판했다. 그간 왕왕 풍설에 오르던 자치문제로는 당연한 결과이기도 하면서 오히려 의외의 감도 있다고 했다. 곧 1920년대 크게 논란이 되었던 전조선 단위의 자치문제가 제한적 지방제도 개정에 한정된 것이 어쩌면 필연적이라면서도 그들의 예상 밖의 결과라고 하였다. 때문에 자치문제가 '태산명동의 서일필'의 결과로 끝나게 되었다고 평가했다.[301] 사설의 맥락을 보면 자치문제에 대한 조선일보의 일정한 기대와 실망을 볼 수 있다. 3월 18일에는 관련 사설을 재차 게재했다. 사설에서는 개정안에 대해 이전보다 조금 더 강하게 비판하면서, 10년의 훈정기를 거쳐 제출된 인도 헌법개정안의 자치권과 비교하여 조선의 안은 본질에 있어 전혀 다르다고 비판했다.[302]

이렇게 식민지 조선의 지방제도 개정에 대한 비판이 민족언론 세력을 중심으로 널리 확산되었지만, 1930년 가을까지는 일제의 자치정책 변화를 기대하는 목소리도 일정하게 계속되었다. 이는 지방제도 개정 내용과 전망이 아직 구체적으로 일반에 알려지지 않았기 때문이다. 사이토와 총독부 고위 관료들은 이미 조선지방의회 설치를 완전히 포기했다. 그렇지만 이는 공식적으로 언급하거나 논의될 수 있는 것이 아니었다. 사이토를 비롯해서 총독부 고위관료들이 조선지방의회 구상 자체를 공식적으로 언급한 적이 없었기 때문에 포기 여부를 말할 필요조차 없었다. 이런 상황을 모르는 대부분의 사람들, 즉 차지청원운동을 전개했던 친일정치운동 세력과 일부 재조일본인, 각 지역의 유지 및 지역 유력자들은 여전히 막

---

301 「조선자치확장안을 보고」, 『조선일보』, 1930.3.14.
302 『조선일보』, 1930.3.18.

연한 기대감을 품고 있었다.[303]

　조선지방제도 개정안은 이후 법조문 정리를 거쳐 11월에 일본 각의를 통과하였으며, 천황의 재가를 받아 11월 29일과 12월 1일 자로 관련 칙령과 제령, 총독부령 등의 개정이 공포되었다. 물론 1930년 3월 각의에 제출된 내용이 별 수정사항 없이 그대로 통과되었다. 이로써 일본 정부와 조선총독부의 지방제도 개정과 그 전망이 최종 확정되었다. 소수 인원의 일본 귀족원 칙선의원 임명과 조선지방의회의 10년 후 설치를 주요 내용으로 했던 사이토 총독과 총독부 관료들의 방안은 없었던 일이 되었다. 이중 소수 조선인의 일본 귀족원 칙선의원 임명만이 마지못해 받아들여졌다. 1932년 12월 귀족원에 조선인 칙선의원 한 자리를 배정하여 박영효를 선임했다. 그 결과 1929년 말부터 1930년 초까지 전개되었던 사이토와 총독부 관료들의 조선 자치 움직임은 결국 도·부·읍회의 설치와 제한된 권한만을 갖는 의결기관화라는 한정된 지방제도 개정으로 최종 결론이 났다. 이제 식민지 조선의 제2차 지방제도 개정이 조선지방의회로의 전환과 사실상 관련 없다는 것이 분명해졌다. 조선지방의회 설립의 기대는 물 건너갔고, 이를 기대하였던 자치제 주장이나 운동도 명분과 동력이 크게 상실될 수밖에 없었다.

　이러한 지방행정제도 개선에 따라 1931년 4월 1일부터 지방제도 개정이 이루어지게 되었고, 5월 21일에 부·읍·면의 지방의원 선거가 예정되었다. 조선의 지방제도 개정은 일본 국내에서 25세 이상 남성을 대상으로 제한 없는 보통선거를 실시한 것과 달리, 5원 이상 납세자를 대상으로 하는 제한선거권을 규정하였다. 또 총독부는 조선인의 학교비와 일본인

303　이에 대해서는 다음 참조. 이태훈, 2011, 앞의 글, 156~157쪽.

의 학교조합비를 부세에 통합시켰다. 이를 통해 일본인 선거권자를 대폭 확대했다. 그 결과 경성을 비롯한 대부분의 부에서 일본인 선거권자가 조선인 선거권자 수를 압도하는 결과를 가져왔다.[304] 부로 한정하면 조선인의 약 2.7%만이 선거권을 가졌다. 반면에 일본인의 경우는 약 14%가 선거권을 가졌다. 그 결과 전국 각 부의 유권자 비율은 조선에서의 선거임에도 불구하고 실제 거주자에 상관없이 일본인이 62.5%를 점하였고, 조선인은 그 절반 조금 넘는 37.5%에 그쳤다.[305] 과거 지정면이었던 곳에는 의결기관으로서 읍회가 설치되었지만, 보통면에는 자문기관으로서 면협의회가 설치되었다. 일본인은 읍에서 10% 내외, 면에서도 5~10%가 선거권을 가졌던 반면에, 조선인은 읍과 면 모두에서 2% 미만이 선거권을 가졌다.[306] 지방행정기관의 최고기관인 도제 시행은 더 미루어졌고, 1933년 2월 1일 자 총독부령으로 공포되어, 4월 1일부터 시행되었다. 부윤과 도지사가 각기 부회와 도회의 의장을 겸임하면서 감독권을 비롯한 절대적 권한을 가졌다.

일제의 1930년 전후 지방제도 개정은 몇 가지 결과를 가져왔다. 첫째, 식민지에 거주한다는 것 때문에 정치적 권리를 상실한 재조일본인들의 정치적 요구를 일정 부분 충족시켰다. 재소일본인들은 보통선거가 실시

---

304 경성의 경우 1929년 부협의회 선거에서는 조선인 유권자 4,660명, 일본인 5,885명으로 조선인 유권자 비율이 일본인에 비해 79% 수준이었다. 그렇지만 1931년 선거에서는 조선인 7,890명, 일본인 14,843명으로 조선인 유권자 비율이 일본인에 비해 53%에 그쳐 그 격차가 급격히 벌어졌다.
305 자세한 내용은 다음 참조. 손정목, 1992, 『한국지방제도·자치사연구: 갑오경장~일제강점기』(상), 일지사, 240~272쪽.
306 허영란, 2014, 「일제시기 읍·면협의회와 지역정치-1931년 읍·면제 실시를 중심으로」, 『역사문제연구』 31, 137쪽.

된 일본 본국보다는 못 미치지만 상당한 선거권의 확대가 이루어졌다.[307] 의결기관화된 부회·읍회·도회의 의원으로 진출할 수 있는 의원 수도 확대되었다. 1930년 지방제도 개정의 최대 수혜자는 사실 재조일본인이었다.

둘째, 한계가 많고 제한된 것이지만 의결권을 가진 도회·부회·읍회가 구성되어 지방정치의 공간이 형성되었다. 이는 정치적 참여를 희망하는 식민지 조선인들의 참여 공간이 제한적이지만 만들어졌다는 의미이며, 일제는 조선인 지역유력자들을 이 공간으로 끌어들이려 했다.[308]

셋째, 만들어진 합법적 정치공간이 극히 제한되고, 권한에 한계가 있어 지방자치의 정치 공간으로 작동하기 어렵게 되었다는 점이다. 5원 이상의 납세자를 대상으로 한 제한선거로 조선인의 유권자 비율은 일부 부를 제외하고는 인구의 2%를 넘지 못했다. 식민당국에 협조적인 '유산계급'에게만 선거권이 부여된 극도의 제한선거였다. 더군다나 조선인이 다수를 점하는 면협의회는 의결기관도 아닌 자문기관이었다. 도회·부회·읍회가 의결기관이기는 했지만, 그 권한이 제한되었고, 식민관료인 도지사와 부윤, 읍장이 감독권을 비롯한 절대 권한을 가졌다. 이런 극히 제한되고, 권한도 별로 없는 지방정치 공간은 지방정치 참여의 의미를 사실상

---

307 일본의 경우 보통선거가 처음 실시된 1928년 중의원 선거에서 선거권을 가진 유권자의 비율은 여전히 전 인구의 21%에 머물렀다. 이는 부인참정권이 없었고, 유권자 연령도 25세 이상으로 제한되었으며, 그나마 빈곤으로 부조를 받거나 일정한 주거를 갖지 않는 자를 유권자에서 제외하여 25세 남자 인구 중 12%가량이 선거권의 제한을 받았기 때문이다. 이에 비해 식민지 조선의 1931년 지방선거에서 부의 경우는 일본인의 14% 내외, 읍의 경우는 10% 내외가 선거권을 가졌다. 동선희, 2011, 『식민권력과 조선인 지역유력자-도평의회 도회의원을 중심으로-』, 선인, 80~81쪽.

308 이태훈, 2011, 앞의 글, 151~152쪽.

무의미하게 만들었다. 조선민족운동 세력이 이에 참여할 명분은 사실상 사라졌다. 이에 따라 민족운동 세력의 합법적 정치운동도 퇴조기에 들어가게 되었다.[309]

---

309 이에 대한 자세한 것은 다음 참조. 윤덕영, 2022, 「1930년 전후 합법적 정치 운동의 퇴조와 신간회를 둘러싼 민족주의 세력의 동향」, 『한국학연구』 64, 114~140쪽.

제3부
친일정치운동 세력의 참정권 청원운동

제1장
1920년대 전반 친일정치운동 세력의 등장과 자치·참정권 청원운동

1. 1910년대 친일세력의 현실 인식과 친일정치운동 세력의 형성 과정

1910년 대한제국을 병합한 일제는 모든 한국인 정치사회단체의 해산을 명령했다. '사회의 안녕, 질서 보지(保持)에 위협이 된다'는 것이었다.[1] 그리고 여기에는 친일단체들도 포함되었다. 일진회, 정우회, 국민동지회 등 보호통치와 병합 과정에서 적지 않은 역할을 한 단체들이었다. 일제가 친일단체들에게도 해산을 명령한 것은 두 가지 이유 때문이었다. 첫 번째는 모든 한국인은 잠재적 저항세력이기 때문에 믿을 수 없다는 것이었다.[2] 두 번째는 보호통치 과정에서 보인 친일세력들의 기회주의적 행태가 일사분란한 통치체제에 방해가 될 수 있다고 생각했기 때문이었다.[3] 병합이 이뤄지자, 활용가치보다는 집단적 정치활동을 초래할 위험이 더 크다고 판단한 것이었다.

해산 명령이 내려지자, 친일단체들은 모두 자진 해산을 결의했다.[4] 불만이 없었던 것은 아니지만, 일제의 명령을 거부하는 것은 상상할 수 없

---

1 해산 명령은 경무총감부 경무총장을 겸임한 주차군 헌병사령관 아카시 모토지로(明石元二郞)의 명의로 발표되었다. 또 아카시는 '해산 후 동요'도 엄금한다고 협박했다. 「命散政社」, 『每日申報』, 1910.9.13.

2 鄭然泰, 2004, 「朝鮮總督 寺內正毅의 韓國觀과 植民統治」, 『韓國史硏究』 124 참조.

3 대표적인 예가 일진회였다. 통감부는 일진회 때문에 치안이 더 불안해졌다고 비판하였고, 수상 가쓰라 타로는 자신과 상의하지 않은 합방운동을 심하게 질책했다. 통제를 벗어났다고 생각했기 때문이었다. 그리고 이런 일진회에 대한 의구심은 일진회가 합방 이후 더는 존속할 수 없게 된 이유 중 하나였다. 「합방문제 증미의견」, 『신한민보』, 1910.2.9; 『元韓國一進會歷史』, 8권, 3쪽; 「在京日記者決議」, 『大韓民報』, 1909.12.23.

4 「又有歸處」, 『每日申報』, 1910.9.14; 「정당해산의 시말」, 『每日申報』, 1910.9.15.

는 일이었다. 그러나 단체 해산은 친일세력들에게 심각한 타격이었다. 지배 권력의 일원이 될 수 있을 것이란 기대가 무너졌을 뿐 아니라 조직적 활동을 할 수 없게 되었기 때문이다. 회원 수가 10만 명이 넘었던 일진회는 재산도 정리하지 못하고 해산하였고, 그 밖의 친일단체들도 사라졌다.[5] 그리고 이런 상황은 1910년대 중반까지 계속되었다. 무단통치가 전개되며 모든 조선인의 정치·사회 단체 설립이 금지되었기 때문이었다. 역설적이지만 병합으로 인해 친일세력들까지도 정치·사회적 활동을 할 수 없게 된 것이었다.

그러나 친일정치단체 해산과 별개로 잠재적 친일세력의 규모는 크게 확대되었다. 정치·경제적 이익을 확보하기 위해 통치세력에 접근한 지주, 자본가들은 물론이고, 근대지식층 상당수가 지배체제에 편입되었기 때문이었다. 대한제국 관리 중 상당수가 병합 이후에도 직을 유지하였고,[6] 근대 학문을 경험한 지식인들은 식민지 엘리트로 변신했다. 예컨대 한말 대표적 계몽단체였던 대한협회의 경우 회원 중 38명이 조선총독부의 관리가 되었고, 평의원 안국선, 석진형, 정운복, 법률부원 태명식, 최진, 교육

5　일진회는 시천교로 재산을 이관하려 했지만, 결국 내부 분열 때문에 실패했다. 한편 일진회가 해산됨에 따라 회원 대부분 소속되었던 시천교의 교세도 크게 줄어들었다. 「雜報: 一進會 財産處分의 解決」, 『每日申報』, 1910.10.5; 「일본에 대한 우리의 결심」, 『신한민보』 1910.5.11; 「해산당한 각사회」, 『신한민보』, 1910.10.19; 朝鮮憲兵隊司令部, 1935, 『朝鮮治安關係一覽表』, 한국역사연구회, 『일제하사회운동사자료총서』, 114쪽.

6　1909년 『대한제국직원록』에 수록된 조선인 관료 3,624명 중 2,449명이 일제시기 관료로 임명되었다. 약 67.6퍼센트에 이르는 높은 비율이었다. 대부분의 대한제국 관료들이 식민지배당국으로부터 배제당하지 않는 이상 그대로 관직에 남은 것이었다. 박은경, 1995, 「일제시대 조선총독부 조선인 관료에 관한 연구」, 『한국정치학회보』 28(2), 139쪽.

부 사무장 이해조 등은 각각 은행 지배인, 변호사, 매일신보사 주필, 기자로 변신했다. 계몽운동 지도자들의 체제협력 활동도 이어졌다. 독립협회와 대한자강회 회장을 지낸 윤치호는 105인 사건 이후 공개적으로 체제협력을 선언하였고, 시일야방성대곡을 발표했던 장지연은 1914년 매일신보 논설 촉탁에 취임하여 체제협력 논설을 발표했다.[7] 그리고 이런 현상은 기성 지식인층에만 국한되지 않았다.

신진지식층이라고 할 수 있는 일본유학생들의 경우도 상황은 마찬가지였다. 일본유학생들은 한말 일제의 국권 침탈을 비판하고, 민족적 자각을 주장하던 대표적 지식인 집단이었지만, 병합이 되자 상당수가 식민지 엘리트의 삶을 선택했다. 강점 이후 유학생단체의 간부들(전체 228인, 행적 확인자 145인) 중 61인이 조선총독부 관리나 중추원 참의, 도평의회원 등 '공직자'가 되었고, 33인은 회사를 설립하거나 회사의 중역이 되었다. 민족운동에 참여한 인물이 없었던 것은 아니지만 그 수는 많지 않았다. 행적이 확인된 인물 중 17명 정도만 민족운동에 투신했다.[8] 인민의 각성과 문명화를 통해 국권을 회복해야 한다고 주장하던 인물들이 막상 주권을 상실하게 되자, 근대화에 실패한 민족의 어쩔 수 없는 운명으로 치부하며 체제 순응의 길을 선택한 것이었다.

한편 양적으로는 늘어났지만, 조직적 활동을 할 수 없었던 친일세력들은 식민통치가 전개되자 두 가지 반응을 보였다. 일단 체제 순응 의식을 더욱 심화하였다. 제1차 세계대전이 중요한 계기였다. 일본이 세계대전

---

[7] 이상 계몽운동 세력의 식민지배체제 참여에 대해서는 이태훈, 2010, 『일제하 친일정치운동연구』, 연세대학교 박사학위논문, 11~12쪽 참조.

[8] 일본유학생의 강점 이후 동향에 대해서는 이태훈, 2014, 「계몽의 모순과 그 귀결」, 이타가키 류타, 정병욱 편, 『식민지라는 물음』, 소명출판, 참조.

을 통해 중국까지 진출하자, 친일협력세력은 조선을 넘어 동아시아 패권 국가로 성장한 일본의 국력을 인정하고 실질적 이익을 취해야 한다고 주장했다. 또 이런 인식의 연장선에서 병합을 세계사의 대세로 받아들여야 한다고 주장했다. 국가 단위를 넘어서는 민족이 생존경쟁의 단위가 된 만큼 역사와 문화가 비슷한 두 민족의 병합도 세계사적 대세로 받아들여야 한다는 것이었다.[9] 식민지배가 장기화하고, 일본의 패권질서가 확대되자 체제 순응 의식을 더욱 깊숙이 내면화하게 된 것이다.

그러나 친일세력들은 통치 현실에 대해 적지 않은 불만을 가졌다. 친일세력조차 부당한 차별을 받고 있다고 생각했기 때문이다. 예컨대 대표적 친일인사라고 할 수 있는 친일귀족과 자본가들도 "조선인은 감옥 속의 죄수가 되었으며, 조선인의 자유권은 심각하게 되었다"거나[10] "식산은행 등의 대부가 조선인에게는 불평등하게 이루어졌다"는 등의 불만을 토로했다.[11] 특히 친일세력들은 이런 문제의 본질적 원인이 무단통치체제라고 생각했다. 일진회 출신의 매일신보 기자 김환에 따르면 무단통치체제는 다음과 같은 문제를 안고 있었다.

---

[9] 이상 친일세력의 제1차 세계대전 인식에 대해서는 이태훈, 2012, 「1910~20년대 초 제1차 세계대전의 소개양상과 논의지형」, 『사학연구』 105 참조.

[10] 이 발언은 3·1운동 이후 조선을 대표하는 귀족이었던 박영효가 동광회와의 인터뷰에서 한 발언이다. 박영효는 자신이 조선의 대표적 귀족이었음에도 메이지 천황 장례식에서 부당한 차별대우를 받았다며 위와 같이 주장했다. 同光會本部, 1923, 『朝鮮民情視察報告』, 45~46쪽.

[11] 일본의 경제정책이 일본인 위주라고 비판한 인물은 한성은행 두취 한상룡이다. 한상룡은 은사금공채를 흡수하여 한성은행의 자본금을 10배 이상으로 확장한 대표적 친일자본가였지만, 그런 그조차도 일본의 모든 경제정책은 일본인 위주라고 생각했다. 同光會本部, 1923, 위의 글, 48~49쪽.

병합 당시에 조치를 잘못한 것이 세 가지이니, 하나는 악정의 종가와 그 방조자인 약탈계급의 명예의 존영을 허하고 악정에 고통받은 슬프고 무고한 상민계급을 잊어버린 것이요, 둘째는 서북인을 극단적으로 간섭·배척하여 이들을 강역 밖으로 쫓아버린 일, 세 번째는 조선 사정에 어두운 무단적 관료가 자기 멋대로 일을 처리하여 조선 사정에 정통한 수많은 지사를 추방한 일이라.[12]

식민통치세력이 병합의 대의에 부합하는 통치를 할 생각이 있었다면, 조선의 상황을 잘 아는 친일세력들을 중용했어야 했지만, 아무 능력도 없는 과거 기득권층만 우대하여 통치체제 전반에 심각한 문제가 발생했다는 것이었다.

체제 순응 의식을 내면화하면서도 통치방식에 불만을 품고 있던 친일세력들은 1910년대 중반 이후 정치적 결집을 모색했다. 1915년 조선물산공진회를 전후하여 무단통치체제가 다소 완화되었기 때문이었다. '귀족, 실업가, 변호사, 의사, 신문기자, 종교가, 교육가, 기타 민간 유지'들이 '내선인의 융화, 관민의 교정, 식산흥업 장려' 등을 표방하며 대정친목회(大正親睦會)를 설립하였고, 일진회와 국시유세단에 참여했던 고희준(高羲駿)은 심령문제연구와 노동문제 연구를 표방하며 심령철학연구소(心靈哲學研究所)를 설립했다.[13] 특히 심령철학연구소는 설립 취지와 달리 '시사

12　金丸, 1923, 「朝鮮時局史觀(七)」, 『時事評論』 2-4, 9쪽.
13　고희준은 일본유학생 출신으로 일진회와 국시유세단에서 활동한 인물이었다. 그는 병합 이후 거제군수로 재임하다, 1919년 12월 친일단체 유민회의 설립을 주도했다. 또 유민회 활동이 실패한 후에는 국민협회와 동민회에 참여했다. 주요 친일단체 모두에서 활동한 특이한 경력의 인물로 1940년대까지 친일활동에 앞장섰다. 朝鮮文友會, 1913, 『朝鮮紳士寶鑑』, 159쪽 참조.

문제 토론' 같은 정치적 모임을 수시로 가졌다.[14] 조심스럽게나마 정치적 활동을 시작한 것이다.

3·1운동은 정치활동을 모색하던 친일세력들이 본격적으로 활동을 시작하는 계기가 되었다. 무단통치체제가 붕괴하며 체제 외곽에 머물던 친일세력들이 자유롭게 활동할 수 있는 기회가 마련되었기 때문이다. 심령철학연구소에 참여했던 고희준은 윤효정(尹孝定), 김명준(金明濬) 등과 함께 '유력자들'을 규합하여 경고문을 발표하였고,[15] 고양군수 민원식(閔元植)은 완전한 '내선통합'을 주장하며 20여 회에 달하는 3·1운동 반대 논설을 매일신보에 발표했다.[16]

친일세력들이 3·1운동을 반대한 논리는 두 가지였다. 하나는 '만세운동은 민족자결주의에 대한 오해에서 비롯된 것이며, 조선인의 희생만 가져온 무모한 "망동"이라는 것'이었다. 민족자결주의는 제1차 세계대전 패전국들만 해당하는 원칙임에도 일부 불온세력의 선동에 휘둘린 '무지한 조선인'들이 헛된 희생을 치렀다는 것이었다. 두 번째는 독립이 필요 없다는 것이었다. 설령 일본이 독립을 허락하더라도 조선 민족에게는 '고등교

---

14 심령철학연구소 구성원들은 현재 구체적으로 파악되지 않는다. 그러나 이 단체가 유민회의 전신이란 점을 고려한다면, 대체로 1919년 자치청원운동을 전개한 '자치파' 세력들이 회원이었을 것으로 추측된다. 한편 대한협회의 핵심 인물이었던 윤효정은 일본유학생 출신 인물들과 한말 계몽운동단체 출신 인물들을 규합하여 심령철학연구소 후원회를 조직했다. 대체로 한말 계몽운동 세력들이 정치활동을 재개하는 과정에서 설립한 단체라고 할 수 있을 것이다. 上田 務, 1926, 『朝鮮統治論』, 78쪽.

15 「全道에 警告文, 有識者 諸氏가」, 『每日申報』, 1919.4.19.

16 민원식의 주장은 내용상으로도 특별했다. 다른 친일인사들과 달리 민원식은 만세운동의 원인, 문제는 물론 대책까지 제시했다. 무단통치기에 축적된 문제의식을 3·1운동을 계기로 표출한 것이었다.

육을 받은 인력과 국가운영 재정이 없기' 때문이었다.[17] 한마디로 3·1운동은 '오해'에서 비롯된 "망동"이며, 조선 민족에게는 독립국가를 감당할 능력이 없기에 제국의 통치에 순응하는 것이 '생명재산의 안전'과 '행복'을 확보하는 최선의 선택이라는 것이다.

한편 친일세력들은 그간의 활동을 바탕으로 체제개편 운동을 시작했다. 헌정회 총재 가토 다카아키(加藤高明)가 조선 문제를 영구적으로 해결하기 위해서는 자치제가 필요하다고 언급하자,[18] 심령철학연구소를 설립했던 고희준과 박병철(朴炳哲), 심우섭(沈友燮), 이기찬(李基燦), 채기두(蔡基斗), 박승빈(朴承彬), 고원훈(高元勳) 등이 자치청원운동을 시작하였고,[19] 현직 고양군수로서 3·1운동 비판에 앞장섰던 민원식은 '신일본 건설'을 주장하는 협성구락부를 조직했다.[20] 이들의 공통된 논리는 '3·1운동의 근본 원인은 조선인을 식민지민으로 취급한 통치방식에 있으므로, 조선인이 통치에 참여할 수 있는 새로운 지배체제를 구축해야 한다'는 것이었다.[21] 무단통치체제가 동요하자, 친일세력 중심의 지배체제를 요구하기 시작한 것이었다.

17　閔元植, 「先覺者의 奮勵를 望함」, 『每日申報』, 1919.3.11~19.
18　「唯是一場惡戲」, 『每日申報』, 1919.7.14.
19　姜德相 編, 1966, 『現代史資料』 25, みすず書房, 579쪽.
20　國民協會宣傳部 編, 1931, 『國民協會運動史』, 1쪽.
21　閔元植, 「騷擾先後策」(1919.5) (內田良平 編, 1920.1, 『朝鮮統治問題』, 58쪽)

2. 자치파의 자치청원운동과 체제 구상

1) 유민회 세력의 자치청원운동과 속령자치론

　3·1운동 이후 먼저 활동을 시작한 세력은 '자치파'였다. 자치파세력은 1919년 8월 일본에 대표단을 파견하여 '자치청원운동'을 전개했다. 통상 '동상 7인조'로 불렸던 이들 대표단은 일본 정부에 '자치청원서'를 제출하고, 정계 요인들을 찾아다니며 자치제 도입을 역설했다. 조선인 지주, 자본가들은 물론이고 '민족주의 세력도 내심 자치를 원하는 경우가 많다'고 관측되던 상황에서,[22] 논의의 주도권을 확보하려 한 것이었다.[23]

　자치청원운동 세력들에 따르면 자치체 도입이 필요한 이유는 세 가지였다. 첫 번째는 '조선인을 위한 조선통치'가 필요하기 때문이었다. 3·1운동은 일본인만을 위한 통치정책으로 인해 발생한 것이기 때문에 문제를 해결하려면 먼저 조선인 중심의 통치체제가 구축되어야 한다는 것이다.[24] 두 번째는 직접통치방식은 두 민족 사이의 구조적 갈등을 악화시키기 때문이었다. 직접통치방식은 '강자가 약자를 지배하는 데 발생하는 필연적 불평등 관계를 더욱 악화시키기' 때문에 안정적 통치체제를 구축하기 위해서는 간접통치방식을 도입해야 한다는 것이다.[25] 세 번째는 역사적·문화적 차이 때문이었다. 조선 민족은 한 번도 이민족의 통치를 받은 경험

22　박찬승, 1992, 『한국근대정치사상사연구』, 역사비평사, 307쪽.
23　『現代史資料』 25, 523쪽.
24　近藤釼一 編, 1964, 『万才騷擾事件(1)』, 巖南堂書店, 117~119쪽.
25　「高元勳外 六名の意見書」, 1919.8 (近藤釼一, 1964, 앞의 책, 121쪽).

이 없는 데다가 고유의 역사와 문화, 풍속, 언어 등을 갖고 있기에 역사·문화가 다른 일본민족이 직접통치를 하게 되면 역효과만 초래한다는 것이었다.[26] 요컨대 직접통치방식의 한계와 민족적 이질성을 고려할 때 자치제가 '합리적' 통치체제라는 것이었다.

한편 자치청원세력은 자치제의 기본 방향을 다음과 같이 주장했다.

제1. 조선은 조선인이 다스려야 한다는 방침을 중외에 선포하여 민심을 안정시켜야 한다.
제2. 최단기간에 조선의회를 설치해야 하며 바로 그 준비에 착수하여야 한다. 의원 선출방법은 다소 불완전한 점이 있겠지만 그 설치 시기를 최대한 빠르게 하여야 한다.
제3. 조선 총독의 감독 아래 조선 정부를 설치하고 직접 그 준비에 착수하여야 한다.
제4. 언론, 출판, 집회, 결사 등의 자유를 인정하고 여기에 저촉되어 조선에서 시행되는 특별법령은 폐지되어야 한다.
제5. 교육제도를 확장하여야 한다. 보통교육제도를 보급하기 위하여 의무교육제도를 시행하여야 한다. 또 고등교육기관을 완비하는 것이 필요하다.[27]

이른 시일 안에 조선인이 조선 통치의 중심임을 선언하고, 행정(총독부)과 입법(조선의회)이 분리되는 새로운 통치체제를 준비하라는 것이다.

---

26 앞의 자료, 1919.8, 118쪽.
27 위의 자료, 1919.8, 122쪽.

물론 자치청원세력들이 '조선인 중심의 통치'를 주장한다고 해서 장래의 독립을 생각한 것은 아니었다. 이 모든 주장의 전제는 영구적인 일국가체제였다. "세계적 경쟁에 대응하기 위해서는 '兩民族의 相互融合團結(양민족의 상호융합단결)'이 반드시 필요"하기 때문이었다.[28] 결국 자치파세력들이 생각한 자치제는 내정과 외정이 분리된 '내정자치'였다. 영구적 일국가체제를 바탕으로 군사와 외교는 일본이 담당하고, 내정은 조선의회가 주도하는 '내정자치'야말로 가장 이상적인 지배체제라고 생각한 것이었다.[29] 자치파세력과 경쟁관계에 있던 국민협회에 따르면 독립에 준하거나 독립을 염두에 둔 자치제와 구분되는 '속령자치제'였다.[30]

자치청원운동을 통해 존재감을 드러낸 자치파세력은 곧 상설단체를 조직했다. 1919년 12월 '시국구제'를 표방하며 설립된 유민회(維民會)였다.[31] 유민회가 천명한 활동목표는 '산업발전책 연구'와 '노동야학 개설'이었다. 정치적 입장을 기반으로 활동 범위를 산업발전 문제와 노자문제로 넓힌 것이었다. 친일단체들이 난립하던 상황에서 설립된 유민회는 세력 확대를 위해 다양한 활동을 전개했다. 설립 직후인 1920년 6월 국제노동회 전 일본 대표 마쓰모토 우헤이(桝本卯平)를 초대하여 강연회를 열었고,[32] 1920년 7월에는 「장사의 득실(商의 得失)」(全聖旭), 「경제계 구제책

---

28 앞의 자료, 1919.8, 120쪽.
29 朝鮮總督府警務局, 1922, 『朝鮮治安狀況(鮮內)』 (金正柱 編, 1971, 『朝鮮統治史料』 7, 韓國史料硏究所, 530쪽).
30 金尙會, 1922, 「朝鮮統治에 關한 私見(2)」, 『時事評論』 2, 3쪽.
31 上田 務, 앞의 책, 78쪽; 朝鮮總督府 警務局, 1930, 『高等警察關係年表』, 13쪽.
32 위의 자료; 「維民會發會式」, 『每日申報』, 1919.12.21; 「維民會講演會開催豫定: 現下의 勞働問題」, 『동아일보』, 1920.6.14.

(經濟界救濟策)」(安國善), 「부자의 책임(富者의 責任)」(鄭應卨), 「세계의 경제공황과 우리나라 상업계의 반성을 촉구함(世界의 經濟恐慌과 我商業界의 反省을 促함)」(蔡基斗) 등을 주제로 연속 강연회를 개최했다.[33]

그러나 유민회는 의욕적 활동에도 불구하고 곧 한계에 부딪혔다. 1920년 4월 경무국 사무관 마루야마 쓰루키치(丸山鶴吉)가 자치제를 공개적으로 비판했고, 1920년 7월 총독부가 지방자치제 개정을 발표하며 자치제 실시 가능성이 사라졌기 때문이었다.[34] 유민회는 산업정책 연구와 노동자 교육을 활동목표로 내세웠지만, 자치청원운동을 기반으로 설립된 단체였기 때문에 영향을 받지 않을 수 없었다. 당분간 자치제 실시가 어렵다는 분위기가 확인되자 곧 내분이 발생했고,[35] 후원세력들은 재정 지원을 중단했다. 유민회 창설을 주도하였던 고희준에 따르면 "별 사업도 없는데다 전황의 여파로 의연금이 줄어들어" 존폐의 위기를 맞게 되었다.[36]

설립된 지 1년도 안 되어 조직이 흔들리자 유민회는 집행부를 교체했다. 새로운 집행부는 회장 박영효(朴泳孝), 간사 이풍재(李豊載), 채기두(蔡基斗), 김일선(金一鮮), 이영(李英), 이현식(李鉉植), 평의원에 남궁훈(南宮薰), 정응설(鄭應卨), 유진태(兪鎭泰), 김주병(金柱炳), 문탁(文鐸), 송정식(宋廷植), 박해묵(朴海黙), 김영걸(金永杰), 남필우(南泌祐), 박승빈(朴勝彬), 오상준(吳尙俊), 안국선(安國善), 전성욱(全聖旭), 이하용(李河用), 박병철(朴炳哲), 정원섭(丁元燮), 오긍선(吳兢善), 김찬영(金瓚泳), 김필수(金弼秀), 이복

---

33 「종로청년회관에서 維民會 主催로 강연회」, 『동아일보』, 1920.7.3.
34 森山茂德, 2000, 「日本の政治支配と朝鮮民族主義-1920年代の'朝鮮自治論'を中心として」, 『戰爭·復興·發展-昭和政治史における權力と構想』, 東京大學出版會, 9~10쪽.
35 『治安狀況』(1922), 575쪽.
36 「運命이 危殆한 維民會, 財政이 困難 하야 經營이 극히 困難」, 『동아일보』, 1920.7.28.

승(李馥承), 이해조(李海朝), 박석태(朴錫泰), 송달섭(宋達燮), 유병룡(柳秉龍), 박사직(朴思稷), 서상팔(徐相八), 서상복(徐相馥), 정규환(鄭圭煥), 박해원(朴海遠) 등이었다.[37] 자치파의 중심이었지만 설립 초기에는 전면에 나서지 않았던 한말 정치단체 출신의 인물들이 본격적으로 활동을 주도하게 된 것이었다.[38]

집행부를 개편한 유민회는 첫 번째 활동으로 '조선인산업대회'에 참여했다.[39] '조선인산업대회'는 1921년 총독부가 개최한 '산업조사위원회'에 조선인 측의 입장을 제시하기 위해 조직된 단체였다.[40] 자치제 실시 가능성이 희박해지자 경제문제로 활동 방향을 전환한 것이었다. 유민회는 산업대회 활동을 적극적으로 주도했다. 회장 박영효(산업대회의 회장)가 산업대회 회장을 맡은 것을 비롯하여 평의원 전성욱, 안국선, 이풍재, 유병룡, 김주병, 박해원, 김필수 등이 설립준비위원으로 참여하였고, 서무회계위원(이풍재, 박해원, 유병룡)과 조사위원(안국선)으로도 활동했다. 조선인 대표로 산업조사위원회에 참여한 전라남도의 대지주 현기봉이 '조선산업대회' 건의안은 유민회의 안이라고 소개할 정도로 유민회 회원들은 초기 '조선인산업대회'에서 상당한 비중을 차지했다.[41]

그러나 유민회의 '산업대회' 활동도 오래가지 못했다. 3·1운동 이후

---

37 「維民會任員改選」, 『동아일보』, 1921.4.26.
38 새로 구성된 간부진의 한말 경력을 살펴보면 다음과 같다. 일본유학생(이풍재, 채기두, 박해묵, 박승빈, 전성욱, 오긍선), 일진회(박해묵, 정원섭, 채기두), 대한협회 간부(남궁훈, 안국선, 김필수, 남필우, 이해조, 이승복, 서상팔), 국시유세단(정응설).
39 「産業大會準備進陟」, 『동아일보』, 1921.7.1.
40 「産業調査會設立, 經費五萬圓을 計上, 日鮮有識者에 委囑」, 『동아일보』, 1921.3.20.
41 朝鮮産業調査委員會, 1922, 『産業調査委員會議事速記錄』, 246~247쪽.

조선 사회에 압도적 영향력을 행사하던 『동아일보』가 '산업대회'에 개입했기 때문이었다. 『동아일보』는 민족적 실력양성을 주장하며 여론을 주도하였고, 그 결과 『동아일보』 계열 인물들이 건의안을 작성할 조사위원의 대부분을 차지했다.[42]

유민회는 '산업대회'를 주도할 수 없게 되자 별도의 건의안을 산업조사위원회에 제출했다. 유민회의 건의안은 '조선인본위 산업정책'을 주장한다는 점에서는 '산업대회' 건의안과 비슷했지만, '본위'의 내용과 '산업발전' 방향이 달랐다. 우선 유민회는 일본과 조선 사이의 이입세 폐지에 동의했다. 1921년 일본 정부가 일본과 조선 사이의 관세, 즉 이입세를 폐지하겠다고 발표한 것에 대해, 조선인 산업의 생존을 위협하는 조치라고 반발한 산업대회와 달리 동의를 한 것이었다. 일본경제와의 결합을 강화하는 것이 조선경제의 발전 방향이라고 생각했기 때문이었다. 조선에서 유이하게 경쟁력이 있는 농업과 수공업 분야를 발전시키기 위해서는 이입세를 폐지하여 수입상품의 가격을 낮추고 자본 유입을 확대해야 한다는 것이었다.[43]

그런데 이런 유민회의 주장은 산업자본으로의 성장을 염두에 두고 있던 조선인 지주·자본가들과 충돌할 수밖에 없었다. 유민회의 논리대로라면 가격 경쟁력을 상실한 제조업 분야는 성장을 포기해야 하기 때문이다. '산업대회'가 이입세 폐지를 생존의 문제라고 주장한 이유였다.[44]

조선인 지주·자본가들의 입장을 염두에 둘 수밖에 없었던 유민회가

---

42 「經濟硏究團體의 必要」, 『동아일보』, 1921.7.7.
43 「維民會建議」, 『每日申報』, 1921.9.14.
44 조선인산업대회건의안의 성격에 대해서는 오미일, 2002, 『한국근대자본가연구』, 한울, 425~431쪽 참조.

위험을 무릅쓰고 이입세 폐지를 주장한 것은 두 가지 이유 때문이었다. 첫 번째는 산업자본이 아닌 상업자본과 금융자본의 이해관계를 중심으로 산업발전 방향을 생각했기 때문이다. 병합 이후 일본자본이 대거 유입된 조선의 은행들은 일본인 기업이나 일본과 거래하던 포목상과 곡물상에게 자금을 대출하여 이윤을 확대하고 있었는데, 이들이 계속 성장하려면 '경제적 장벽'이 사라져야 한다고 생각한 것이다.[45] 실제로 유민회의 주장은 금융자본가들의 조선경제 발전 방향과 일치했다. 예컨대 한일은행 두취(頭取) 민대식(閔大植)은 '조선경제 문제의 핵심은 소자본으로도 가능한 산업의 발전이며, 농업과 소규모 수공업을 발전시킬 수 있는 산업정책이 수립되어야 한다'고 주장했다. 유민회와 동일한 내용의 산업발전책을 주장한 것이다.[46] 두 번째는 일본경제와 조선경제의 유기적 결합을 자치제의 경제적 토대로 생각했기 때문이었다. 즉 앞에서 살펴봤듯이 자치파세력은 '영속적 일국가체제'가 '내정자치'의 기반이라고 생각했는데, 그런 관점에서 보자면 일본과 조선경제도 유기적 관계로 결합해야 했다. 일본이 제조업(일본)을 담당하고 조선이 농업과 수공업(조선)을 담당하는 분업

---

45 예컨대 민대식이 대주주였던 한일은행은 조선은행 자금을 차입하여 은행 규모를 확대하였고, 친일자본가 한상룡이 두취로 있던 한성은행은 총독부의 은사공채금을 흡수하여 자본을 10배 이상으로 증자했다. 그리고 바로 이런 은행들이 주로 거래하던 대상이 곡물상, 포목상 등의 무역상이었다. 정병욱, 1999, 「1910년대 한일은행과 서울의 商人」, 『서울학연구』 12, 131~132쪽 참조.

46 민대식은 조선은 아직 농업국이므로 농업국으로서의 특성을 잘 살려 나가면서 소자본에 의해서도 가능한 산업을 발전시켜야 한다고 주장했다. 또 이것이야말로 교통기관이나 저리자금 융통 이상으로 긴급한 과제라고 주장했다. 이는 교통기관의 발전을 우선순위에 두어야 한다는 일본자본가들의 생각과도 달랐지만, 자금 부족 해결을 요구하던 산업자본의 요구와도 배치되는 것이었다. 한편 유민회의 경제이론가 안국선 역시 해동은행의 서무과장이었다. 韓日銀行 頭取 閔大植, 「實行主義를 取하라」, 『東亞日報』, 1921.6.18.

적 경제구조야말로 양자의 국가적 결합을 뒷받침하는 합리적 구조가 아닐 수 없었다. 요컨대 유민회세력은 '영속적 일국가체제'에 기반한 '내정자치'를 이상적 조선통치체제로 생각함에 따라 산업정책에서도 농업·수공업·금융업 중심의 '종속적 분업체제'를 주장한 것이었다.

그러나 유민회가 재기의 발판으로 활용하려 했던 산업조사위원회는 형식적으로도 '조선인본위'를 언급하지 않은 채, '일선(日鮮)산업연락'이라는 일본 중심의 산업정책을 재확인하며 종료되었다.[47] 산미증식정책을 산업정책의 핵심 방향으로 설정한 총독부가 애초의 입장을 바꿔 조선인들의 입장을 전혀 반영하지 않았기 때문이었다. 산업조사위원회에 기대를 걸었던 모든 조선인 세력들에게 당혹스러운 결과였지만, 유민회에게는 더욱 타격이 컸다. 유민회는 통치당국과 조선인 지주, 자본가들을 매개하는 역할 이외에 다른 활동기반이 없었기 때문이었다. 산업조사위원회가 성과 없이 끝나자 산업대회를 주도했던 『동아일보』는 물산장려운동으로 활동을 전환했지만, 대중적 조직기반이 없었던 유민회는 그런 활로를 마련하지 못했다. 자치청원운동에 이어 산업조사위원회 활동에서도 성과를 얻지 못한 유민회는 곧 해체의 길로 들어섰다. 조직을 책임져야 했던 회장 박영효부터 독자적 정치세력을 구축하기 위해 자파 회원들을 이끌고 탈퇴하였고, 남은 회원들도 활동을 중단했다.[48] 결국 유민회는 명맥만 유지하다가 1924년 각파유지연맹에 흡수되었다.[49]

---

47 「産業調査會決議案」, 『東亞日報』, 1921.9.22.

48 金正柱 編, 『朝鮮統治史料』 7, 535쪽; 『高警』 第2014號, 1922.6, 「新團體創立の件」, 『齋藤實文書』, 1990, 高麗書林, 662~670쪽 참조.

49 각파유지연맹은 관민일치로 내선융화를 이루자는 주장 아래 유민회, 국민협회, 동민회 등의 친일단체가 연합하여 조직한 단체였다. 각파유지연맹을 주도한 세력은 국민

2) 동광회 조선총지부의 '내정독립운동'과 '조선의회 중심 자치론'

한편 유민회가 산업정책 관련 활동으로 노선을 전환할 즈음, 자치제를 주장한 또 다른 정치세력이 등장했다. 한말 일진회를 배후 조종했던 흑룡회와 흑룡회가 끌어들인 조선인 친일세력이었다.[50]

흑룡회가 다시 조선 정계에 등장한 시점은 1920년이었다. 병합 이후 조선총독부의 견제 때문에 조선을 떠났지만, 1910년대 추진했던 '만몽독립계획'[51]이 좌절되고, 3·1운동이 일어나자 다시 조선문제에 개입한 것이었다.[52] 흑룡회가 조선문제에 개입하며 내세운 명분은 '당면한 통치체제 문제의 해결'이었다. 이미 병합 직후에 '자치제를 실시하지 않으면 15년 내에 조선인들의 대대적 저항운동이 발생할 것이라고 경고했는데, 결국 예상했던 문제들이 발생하여 책임을 다하기 위해 다시 활동을 시작

협회였으며, 1924년 협조를 거부한 동아일보의 김성수와 송진우를 폭행하여 사회적으로 적지 않은 파문을 일으켰다. 각파유지연맹에 참여한 유민회 인물은 박병철, 이풍재, 유병룡, 김태훈, 민갑식 등이었고, 이외에 유민회 출신 인물로는 고희준, 채기두 등이 참여했다. 다만 두 인물은 다른 단체의 대표로 각파유지연맹에 참여했다. 姜東鎭, 1980, 앞의 책, 248~249쪽; 「民衆大會를 發起, 所謂各派有志聯盟이라는 不良團體膺懲決議, 구일에 유지 사십여 인이 모혀서」, 『동아일보』, 1924.4.11. 참조.

50 흑룡회는 무단통치가 시작된 이후 조선통치에서 철저히 배제되었다. 조선통치의 독자화를 추구한 초대 총독 데라우치가 정당세력과 우익세력의 활동을 차단했기 때문이다. 흑룡회는 1913년 조선통치 관련 건의안을 제출한 것을 끝으로 조선에서 물러났다.

51 만몽독립계획은 1916년 6월 원세개가 병사하고 여원홍이 대총통이 되자, 중국 혁명파·남방파를 지원하던 참모본부가 군사력을 동원하여 만몽지역을 분리하려 한 계획이었다. 흑룡회도 이에 참여하여 새로운 활동 영역을 마련하려 했다. 그러나 이 계획은 내각의 방침변경으로 중지되었고, 흑룡회 역시 활동무대를 찾아 다시 조선문제에 개입하기 시작했다. 堀 幸雄, 1991, 『右翼辭典』, 三嶺書房, 555쪽.

52 『高警』534호, 1922.2.19, 「同光會支部ノ狀況ニ關スル件」, 『齋藤實文書』9권, 596쪽; 近藤釰一 編, 1964, 앞의 책, 130쪽 참조.

했다'⁵³는 것이었다. 물론 이런 이유는 구실에 불과했다. 실제 이유는 총독정치에 대한 반감 때문이었다. '총독부가 조선병합의 최대 공로자인 흑룡회를 조선통치에서 소외시키고, 제대로 된 급부도 제공하지 않았다'는 불만 속에 다시 조선통치에 개입하게 된 것이었다. 3·1운동으로 총독 중심의 통치체제가 위기에 빠지자 병합 이후 총독부에 밀려났던 우익세력들이 등장한 것이었다.⁵⁴

흑룡회는 1920년 1월 『조선통치문제(朝鮮統治問題)』라는 책자를 배포하며 활동을 시작했다. 『조선통치문제』는 흑룡회의 지도자 우치다 료헤이(內田良平)가 1914년 오쿠마 시게노부(大隈重信) 수상에게 제출한 「조선통치제도안(朝鮮統治制度案)」과 고양군수 민원식이 작성한 「소요선후책(騷擾先後策)」을 하나로 묶은 책자였다. 자신들의 통치구상과 조선인 친일세력의 주장을 결합하여 체제 개편의 필요성을 주장한 책자였다.

『조선통치문제』의 핵심내용은 입법, 행정기관의 분리와 조선재주민 중심의 내정자치제 실시였다. 내용은 다음과 같았다.

제1. 영국의 직할식민지와 반자치식민지제도를 절충하여 총독부의 조직을 변경하고, 그 관제 및 법률을 개정할 것.
(1) 중추원을 폐지할 것.
(2) 일선 양국인의 의사를 저격하는 법률규칙은 철폐하고 획일한 제도를 선포하여 일선인의 구별에서 말미암는 봉급 및 대우의 차이를 없게 할 것.

---

53 黑龍會同人 編, 1920.1, 「序文」, 『朝鮮統治問題』
54 「同光會內田良平ノ朝鮮問題ニ關スル談話要領」, 『鮮高秘乙』 제551호, 1922.7.27.

제2. 조선의 국정에 적응하는 입법의원을 설치할 것. 조선인이 참정권을 갖도록 할 것.

(1) 입법원은 관리, 귀족, 평민 등으로 조직해야 한다. 관리는 총독 및 주차군사령관, 총무장관, 경무총장, 헌병총장, 재판장, 각 부 장관 등을 가리키며, 귀족은 조선의 황족 및 공후백자남 등을 지칭한다. 평민은 각 도 인민의 총대, 이주민의 총대 등을 지칭한다. 단, 의원 수는 백 명으로 하며 총독을 의장으로 한다. 또 선거권은 상당한 제한을 두어 하급노동자가 이에 참여하지 못하게 한다.

(2) 군사령관 이하 관리, 의원은 총독이 추천하며, 귀족은 귀족 단체가 호선하며, 평민은 각 도 인민의 총대 및 이주민 총대를 선거를 통해 선출한다. 모두 천황폐하의 칙재를 받아야 하며, 임기는 5년으로 한다. 일정한 수당 및 여비를 지급한다.

(3) 총독과 입법원의 의견이 충돌하는 경우, 총독은 그 사유를 본국 정부에 구상하여 천황폐하의 재결을 기다린다.

제3. 지방의회를 조직하여 자치의 권리를 조선인 및 이주민에 부여할 것.

(1) 일본의 현회에 준하여 도회를 조직할 것. 단, 도회의 조직, 권한 및 선거인 피선거인의 자격은 조선의 국정 및 습속에 맞추어 일본의 현회규칙을 참작하여 정할 것. 이하 부·군·정·촌회의 조직 권한도 이에 준한다.

제4. 조선인의 호적법을 제정하여 징병령을 선포하고, 전국개병주의를 실행할 것

〈비고〉

조선통치제도안 실행의 결과로 시설되지 않으면 안 되는 문제는 첫째, 본국 정부에서 식민성을 설치하고 식민대신을 두어 식민지 사무를 통괄할 것. 둘째, 대만총독부의 조직을 변경하여 그 관제를 개정할 것. 셋째, 오키나와청 및 관동도독부의 조직 및 관제를 다소 개정할 것. 이들 문제에 대해서는 타일 의견을 진술하도록 할 것.[55]

통치행정은 종래와 같이 총독이 담당하되, 귀족·관리·평민이 모두 참여하는 입법원을 별도로 설치하고 지방자치제를 실시하라는 것이다. 또 입법기관과 총독부가 충돌할 때는 천황이 최종 결정함으로써 본국 정부의 개입범위를 확대하라는 것이다. 요컨대 총독의 역할을 행정수반으로 제한했고, 조선의회와 본국 정부가 입법과 통치를 주도하는 '반(半)자치제'를 주장한 것이다.

체제 구상을 공개한 흑룡회세력은 1920년 5월부터 본격적인 활동을 시작했다. 구일진회 회원 14명이 일진회 고문이었던 스기야마 시게마루(杉山茂丸)에게 할복 요구 편지를 보낸 것이 계기가 되었다. 3·1운동 이후 구일진회 회원들은 흑룡회가 일진회를 방치한 것을 비난하며 스기야마에게 할복을 요구했는데, 이를 무마할 목적으로 방한한 우치다 료헤이가 한말 친일세력들과 접촉하며 조선에서 활동을 재개한 것이었다. 우치다는 일진회 평의원장이었던 윤정식과 이용구의 아들 이현규를 만나 관계 회복을 모색하는 가운데, 신흥 유력세력으로 떠오르고 있던 국민협회(國民協會) 인물들과도 만남을 가졌다. 조선활동을 재개하기 위해 친일세력들

---

55 黑龍會同人 編, 1920.1, 『朝鮮統治問題』, 21~23쪽.

을 다시 규합하려 한 것이었다.[56]

그러나 우치다의 첫 번째 활동은 실패했다. 구일진회 회원들이 흑룡회를 용서하지 않은 것은 물론이고, 국민협회도 협력 제의를 거부했다. 우치다는 국민협회의 생각이 자신들의 입장과 동일하다고 생각했지만,[57] 국민협회는 흑룡회와 협력할 의사가 없었다. 후술할 것처럼 이미 참정권 청원운동으로 활동 방향을 결정했기 때문이었다.

우치다는 조선에서의 활동이 여의치 않게 되자, 흑룡회 고문인 도야마 미쓰루(頭山滿), 법학박사 데라오 도루(寺尾亨) 등과 상의하여 먼저 일본 내 조직부터 설립했다. 1921년 2월 3일 도쿄에 설립된 동광회(同光會)였다. 동광회의 설립 취지는 '민간세력에 의한 일본·조선 양 민족의 융합'이었다. 간부진은 간사장 우치다 료헤이, 고문 오쿠마 시게노부, 상담역 도야마 미쓰루, 오카자키 구니스케(岡崎邦輔), 오카와 헤이키치(小川平吉), 데라오 도루 등 7인, 간사 소에지마 기이치(副島義一), 스에나가 미사오(末永節) 등 10인, 상임 간사 오바타 도라타로(小幡虎太郎), 구즈우 요시히사(葛生能久), 상의원 이토 도모야(伊東知也), 박시규(朴時奎) 등 84인, 평의원 이토 진타이로(伊藤仁泰郎) 등 137인으로 구성되었다. 일본 우익세력의 대부 도야마와 원로대신 오야마, 그리고 정우회와 헌정회 의원들을 끌어들인 거대 정치단체였다.[58]

본국에 동광회를 설립한 우치다는 1921년 5월 15일 흑룡회 상담역 데라오, 상임간사 구즈우, 상의원 스에나가 등과 함께 다시 경성에 들어왔다.

---

56 內田良平, 1920.11, 『朝鮮統治問題に就て先輩竝に知友各位に訴ふ』, 12~16쪽.

57 內田良平, 「朝鮮時局私見(1920.7.28)」, 위의 책, 24쪽.

58 이상 동광회의 설립 과정에 대해서는 동선희, 2003, 「동광회의 조직과 성격에 관한 연구」, 『역사와 현실』 50, 496~497쪽 참조.

두 번째 조선행에서 우치다 일행이 만난 인물은 친일세력의 거두 송병준과 박영효였다. 친일세력을 대표했던 두 인물의 협조를 얻어 조선 내 조직설립 문제를 완료하려 한 것이었다. 그러나 두 번째 활동도 순탄하게 진행되지 못했다. 동광회 간부들은 자신들의 정치적 배경이라면 친일세력들을 설득하는 데 어려움이 없을 것이라고 생각했지만, 현실은 그렇지 않았다. 일단 친일세력의 거두인 박영효와 송병준이 흑룡회를 신뢰하지 않았다. 박영효는 유민회 활동 때문에 분주하다고 우치다의 제안을 거절하였고, 송병준은 자신이 표면에 나서는 것에 난색을 표하였다.[59] 모두 명목상 이유였다. 이미 유민회를 장악하고 있던 박영효는 굳이 동광회에 참여할 이유가 없었고, 송병준은 "흑룡회가 일진회와 연방안을 명목으로 돈을 벌려는 계획을 꾸미고 있다"고 수상 하라 다카시에게 보고할 정도로 흑룡회를 불신했다.

결국 흑룡회 세력은 평판이 좋지 않음을 알면서도 독립협회, 상동청년회, 그리고 헤이그밀사 사건에 관여했던 이희간을 간사장으로 영입하여 1921년 5월 동광회 조선총지부를 설립했다. 다른 대안이 없었던 데다 이희간의 한말 인맥을 기대했기 때문이었다.[60] 그러나 '동광회 조선총지부'는 회원 모집에서부터 어려움을 겪었다. 필요로 했던 신지식층이나 명망

---

59 『每日申報』, 1921.7.17; 동선희, 앞의 글, 501쪽.

60 일제 경찰에 따르면 이희간은 독립협회 간사·상동청년회 간사로 활동했다. 또 활동 당시에는 이승만, 서재필 등과 협력하여 청년들의 미국 유학을 주선하기도 했다. 하지만 헤이그밀사사건으로 체포된 후에는 대금업, 광업 등에 종사하며 일제의 밀정으로 활동했다. 그리고 이런 행적 때문에 병합 이후에는 청장년층의 신뢰를 상실했다. 동광회 역시 그가 적절한 인물이 아니라는 점을 알고 있었다. 다만 대표로 내세울 인물을 찾지 못했기 때문에 그의 수완을 믿고 간사장을 맡긴 것이었다. 실제로 그는 '독립청원활동'을 통해 2,000명이 넘는 만주지역 독립운동자들의 위임장을 확보하였고, 이상재, 양기탁 등의 명망가들과도 계속 접촉했다. 흑룡회와 동광회가 생각한 그의 수완은 바로 이런 경력과 인맥관계였다. 「同光會支部ノ狀況ニ關スル件」, 『齋藤實文書』 9권, 593쪽.

있는 인사들은 거의 참여하지 않고, '구한국시대의 군수나 군서기 혹은 양반, 유생 같은 구세대 인물들만 가입했기 때문'이었다.[61] 애초 구상과 달리 조직기반이 갖춰지지 않은 상태에서 활동을 시작하게 된 것이다.

활동기반이 취약했던 '동광회 조선총지부'는 곧 만주로 활동 영역을 옮겼다. 지지층 확보가 힘들다고 판단한 동광회 본부가 활동지역 변경을 지시했기 때문이었다. 그런데 만주지역으로 활동공간을 옮긴 동광회 조선총지부는 첫 활동을 '독립승인청원운동'으로 시작했다. 1921년 가을에 열릴 워싱턴회의에 독립승인청원서를 제출하겠다며 만주지역 조선인들에게 위임서명을 받은 것이다. 매우 복잡한 공작이 얽혀 있었지만,[62] 자치

---

[61] 이때 회장으로는 안석이 추대되었고, 평의원에는 이태희 등 30명, 상담역에는 김윤구 등 6명, 간사에는 성규식 이하 11명이 선임되었다. 간사장은 이희간이 맡았다. 그러나 회장으로 추대된 안석이나 상담역 김윤구 등은 이후 아무런 활동도 하지 않았다. 실제로는 이희간이 모든 활동을 주도한 것이라고 하겠다. 위의 자료, 593쪽.

[62] 이 사건은 1921년 9월 이희간, 신태현, 계선 등이 1921년 워싱턴회의에 독립승인청원서를 제출한다는 명목으로 2000명의 재만조선인 유력자들로부터 위임장 날인을 받은 사건이다. 1차 시도는 연판장이 봉천서에 적발되어 실패하였지만, 동광회세력은 1922년 1월에 다시 서명운동을 재개했다. 워싱턴회의 극동위원회에 연방제실시 청원서를 제출한다는 명분이었다. 물론 '독립청원승인운동'은 독립청원을 위한 활동이 아니었다. 실제 목적은 동광회 본부가 추진하던 연방제운동의 근거를 마련하는 것이었다. 연방제를 전면에 내세울 경우 민족운동세력으로부터 서명을 받을 수 없었기 때문에 독립청원을 가장한 것이었다. 그런데 이 사건에는 동광회세력만 개입된 것이 아니었다. 만주에서 위임장 서명을 받는 데 핵심적 역할을 한 신태현(전만주조선인회회장)은 경무국장의 지시를 받던 밀정이었다. 즉 '독립청원서 서명 사건'은 자금지원을 명목으로 사회주의자들과 임시정부 인물들에게 접근하여 만주지역 독립운동을 와해시키려 했던 경무국의 공작이기도 했다. 또 재만지역 조선인 독립운동 세력을 연방제 청원으로 회유한다는 구상은 외무성의 아이디어였다. 곧 표면에 나서서 활동한 것은 동광회였지만 '독립승인청원운동'은 조선총독부 경무국과 외무성이 모두 개입된 공작이었다. 그리고 이렇게 복잡한 관계가 얽혀 있었기 때문에 독립청원운동이 발각되었음에도 이희간 등은 구속을 면할 수 있었다. 요컨대 동광회 세력은 '독립승인청원운동'을 통해 조선 대신 만주에서 입지를 확보하려 했지만, 경무국과 외무성이 뒤엉켜

운동의 근거를 확보하기 위한 활동이었다. 일단 독립청원을 명목으로 청원 서명을 받은 다음, 청원서 내용을 '일본연방 내 조선자치'로 바꾸려 한 것이었다.[63] 그러나 독립승인청원운동도 계속되지 못했다. 외무성은 관련 내용을 파악하고 있었지만, 계획을 몰랐던 만주지역 경찰이 동광회 회원들을 체포했기 때문이었다. 비록 체포된 인물들이 처벌받지는 않았지만, 내막이 폭로된 동광회는 만주를 떠날 수밖에 없었다.

만주에서의 활동이 실패함에 따라 다시 조선 내 활동에 주력하게 된 동광회 세력은 1922년 3월 '동광회 조선총지부'를 '내정독립기성회'로 개편했고, '조선내정독립청원서'를 의회와 내각에 제출했다.[64] 공개적으로 자치운동을 추진하기 시작한 것이었다. 동광회는 '내정독립청원서'에서 총독정치의 폐해를 지적했고, '내정독립'을 그 대안으로 주장했다. 즉 '한일병합은 자발적 합병이기 때문에 조선인은 일본인과 동등하게 대우받았어야 했음에도, 통치 당국이 조선인들을 식민지민으로 취급하여 3·1운

있던 상황을 해결하지 못하고 만주에서의 활동을 포기하게 된 것이다.『高警』제505호, 1922.2.17,「同光會ノ行動ニ關スル件」,『齋藤實文書』9권, 579~581쪽;『機密』제28호, 1922.4.6,「在哈爾濱, 朝鮮人居留民團長 申泰鉉ニ關スル報告」; 1921.12.9; 동선희, 앞의 글, 507~509쪽.

63 이희간에 의해 만주에 파견되었던 同光會 간사 이기만은 '독립청원서 서명 활동'이 힘들어지자 1922년 2월 귀국하여 자치청원운동을 준비했다. 다만 그는 자치청원 형식이 될 경우 조선인들의 지지를 얻기 힘들 뿐만 아니라 독립운동 세력의 공격을 받을 가능성이 크다고 생각했다. 동광회세력이 자치제를 지향하면서도 '독립'이란 표현을 계속 사용한 이유였다.『高警』제505호, 1922.2.17,「同光會ノ行動ニ關スル件」,『齋藤實文書』9권, 580~581쪽.

64 이때 청원서를 보낸 대상은 高橋是淸 내각총리대신, 淸浦奎吾 추밀원의장, 중의원, 귀족원이었다. 이밖에 동광회 본부는 內大臣 公爵 松方正義 등에게 따로 서한을 보냈다. 同光會本部,「朝鮮內政獨立請願に就て」(1922년 4월);「朝鮮內政獨立請願經過」(1922년 3월 18일), (近藤釰一 편, 앞의 책, 150~155쪽)

동과 같은 반발이 발생한 것'이므로 '단연 통치의 방책을 전환하여 천황폐하의 통치하에서 조선인을 해방하여 자유로이 조선의 내정을 통치하도록 해야 한다'는 것이었다.[65] 친일 조선인세력을 앞세워 우익세력이 조선통치를 주도하겠다는 의도 아래 1920년의 '조선통치제도안'에서 한 걸음 더 나간 총독정치폐지안을 제기한 것이었다.

동광회의 '내정독립운동'은 위험한 시도였다. 문화통치가 시작된 상황에서 '총독정치 폐지'를 주장한 것이기 때문이었다. 자칫 제국 수뇌부에 대한 도전으로 간주될 수 있는 주장이었다.[66] 실제로 내정독립기성회의 청원서는 일제시기 제국의회 중의원 청원위원회에 접수된 참정권청원서 중에서 거의 유일하게 일본 내각에 '참고송부'도 되지 못했다.[67]

이런 위험에도 동광회가 총독정치를 강하게 비판한 이유는 두 가지였다. 우선 취약한 회세(會勢)를 확대하기 위해서였다. 즉 다음과 같은 생각을 품고 있던 체제협력 세력들을 포섭해야 한다고 생각한 것이었다.[68]

> 무단정치에서 문화정치로 바뀐다고 성명하였지만, 실제는 하등의 변화도 없고 조선 민족은 더욱 불행에 빠지고 있다. 조선인은 금일 세계의 풍조에서 그 지위의 변경을 요구하고 있으며, 이는 전 민족 이천만

---

65 鄭薰謨 等,「朝鮮內政獨立請願に關し要路に竝に貴衆兩院議員諸公に訴ふ」, (近藤釖一, 위의 책, 144~148쪽)
66 이 때문에 동광회 본부 세력은 정계 요로에 '자신들은 내정독립청원을 사전에 알지 못했으며, 내정독립이 천황의 주권을 분명히 하고 있다는 점에 주목해 달라'는 서신을 별도로 보냈다.「內大臣 公爵 松方正義에게 보낸 同光會 서한」(1922년 4월), (近藤釖一 편, 위의 책, 154~155쪽)
67 자세한 내용은 이 책 제1부 제3장 3절 참조.
68 이 발언을 한 최경렬은 조선내정독립기성회위원이자 조선일보사 전북지국 총무였다.

동포가 열망하는 바이다. (중략) 병합 이래의 통치책은 완전히 일본인 본위로 조선인은 노예 취급을 받고 있다. (중략) 절대독립은 조선 민족이 어떤 수단을 가지고 해결할 때가 있으리라 믿지만, 그 제일보로써 첫째 내정의 독립을 도모하고[69] (후략)

이름이 바뀐다고 해도 총독정치로는 '조선인을 노예 취급'하는 상황을 벗어날 수 없다고 생각하는 조선인들을 포섭하기 위해 '총독정치 폐지'와 '조선통치의 자립'을 과감하게 내세운 것이었다.[70]

두 번째 이유는 '대륙진출'에 미칠 영향 때문이었다. 일본제국의 궁극적 목표는 만주와 중국을 통합한 대일본연방 건설이란 점에서 중국인들의 우려를 해소해야 한다는 것이었다.

우리는 누누이 지나인들이 그 국민을 戒飭하여 '일본은 지나를 조선의 두 번째 무대로 만들려고 하는 자이다. 조선의 현상을 보면 누가 의연히 두려워하지 않을 수 있는가'라고 소리 높여 얘기하는 것을 듣는다. 장래 지나가 친일을 할지 혹은 배일을 할지 또 기타의 제 민족이 똑같이 아국에 경도될지 아닐지는 조선 금후의 상태 여하에 있다는 것을 말하지 않을 수 없다.[71]

중국인들은 제2의 조선이 될 것을 두려워하고 있으므로 조선인에게 자

---

69 同光會本部, 1923, 『朝鮮民情視察報告』, 29~30쪽.
70 내정독립기성회 상무간사이자 동광회 조선총지부 상임간사였던 이기만은 '나는 내정의 독립으로 실질적으로 조선인의 행복을 증진할 수 있다면, 형식적인 절대 독립을 원하지 않는 것도 괜찮다고 생각한다'고 내정독립의 의도를 간명하게 정리했다. 위의 책, 27쪽.
71 同光會本部, 近藤釼一 편, 1922.4, 「朝鮮內政獨立請願に就て」, 앞의 책, 152쪽.

치를 허용하여 그런 의구심을 해소해야 한다는 것이었다.[72] 요컨대 동광회 세력은 취약한 회세를 만회하고 대륙진출의 기반을 확보하기 위해 여러 위험에도 불구하고 '총독정치 폐지'라는 과감한 주장을 제기한 것이었다.

그러나 너무 과감했던 '내정독립론'은 결국 탄압을 초래했다. 일단 조선총독부가 이런 주장을 좌시하지 않았다. 조선총독부는 기관지 『조선』을 통해 "동광회의 총독정치 비판은 사실에 근거하지 않은 주장일 뿐만 아니라, 사이토의 문화정치를 데라우치 시기의 통치보다 못하다고 비난한 것은 도저히 묵과할 수 없다"고 맹렬하게 비판했다.[73] 본국 내각 역시 '내정독립청원'은 위험한 주장이라고 생각했다. "내지연장주의가 통치방침으로 정해졌는데도 동광회가 계속 '내정독립'을 주장하는 것은 다른 뜻이 있기 때문"이라는 것이었다.[74] 그리고 이런 비판적 시각은 내정독립운동이 구체화 되자 직접적 탄압으로 전환되었다. 일본 경보국은 동광회 회원들의 집과 주변을 수색하였고, 조선총독부는 내정독립기성회에 해산 명령을 내렸다. "조선에서의 정치를 조선인만이 해야 한다는 것은 총독정치를 개선하려는 것이 아니라 일본의 통치를 받지 않겠다는 의미가 포함되어" 있다는 것이었다.[75] 총독통치에 대한 부정을 제국통치에 대한 부정으로 간주하고, 보안법을 적용하여 해산 명령을 내린 것이다. 1919년 하반기부터 시작된 자치운동의 마지막 결말이었다.

---

72 「日韓併合前後事情」, 1920.11, 『朝鮮統治問題に就て先輩竝に知友各位に訴ふ』, 7쪽.

73 山上 昶, 1921.9, 「同光會の飛檄を駁す」, 『朝鮮』 79, 101~118쪽.

74 近藤釰一, 1964, 「內大臣 公爵 松方正義에게 보낸 同光會 서한」 (1922.4), 앞의 책, 155쪽.

75 「日本의 統治權은 인정하되 朝鮮人만이 정치를 하는 所謂 內政獨立運動의 운동자의 인물은 누구이며 운동비의 출처는 과연 어대, 背後에는 某貴族의 黑手」, 『동아일보』, 1922.10.28.

3. '동화파'의 국민협회 결성과 중의원 참정권 청원운동

1) 국민협회의 설립 과정과 성격

3·1운동 이후 자치파가 자치청원운동과 내정독립운동을 전개한 것과 달리 '동화파'세력은 '일본과 조선의 완전한 결합'을 주장하며 협성구락부(協成俱樂部)를 결성했다. 협성구락부의 설립 취지는 '일선 양 민족 공유의 신일본 건설'이었다. '병합으로 일본은 과거의 일본이 아닌 조선 민족을 포함한 일본이 되었으므로, 조선 민족의 입헌적 정신을 확충하여 양 민족이 공유하는 새로운 국가 신일본을 건설해야 한다'는 것이었다.[76] 약 30명으로 출발한 협성구락부의 주요 구성원은 대표 민원식, 간사 이동우(李東雨), 평의원 김명준(金明濬), 김환(金丸), 김달현(金達鉉), 김석태(金錫泰), 김우식(金禹植), 김형복(金亨復), 김태영(金泰榮), 민석현(閔奭鉉), 유해종(劉海鍾), 이병조(李秉祚), 최강(崔岡), 황석교(黃錫翹) 등이었다.[77] 특히 핵심 인물들은 일진회 관련자들이었다. 회장 민원식은 1907년 일진회의 종교조직인 시천교에 입교하여 1910년까지 활동하다 고양군수가 된 인물이었고,[78] 김명준은 일진회 창립과정에 참여한 후 대한협회 평의원으로

---

76 민원식, 앞의 글, 43쪽; 金丸, 「協成俱樂部의 時局講演會(5)-感情과 思想(2)」, 『每日申報』, 1919.11.9; 國民協會宣傳部 編, 1931, 『國民協會運動史』, 1쪽.

77 이상 협성구락부 결성 과정에 대해서는 마쓰다 도시히코 저·김인덕 역, 2004, 『일제시기 조선인참정권 문제와 조선인』, 국학자료원, 131-141쪽 참조.

78 「시천교당」, 『大韓每日申報』, 1907.10.20; 「정우회발기」, 『대한매일신보』, 1910.3.30;

활동한 인물이었다. 또 민원식의 최측근 김환은 일진회 기관지 『국민신보』 기자 출신으로 병합 직전에는 일진회 정견협정위원회 위원으로 활동한 인물이었다. 그 밖에 황석교 역시 일진회 파견 일본유학생 출신 인물이었다. 한말 일진회에서 활동했던 인물들이 친일세력들을 규합하여 '동화주의' 단체를 결성한 것이었다.

비교적 소규모 결사체로 출발했지만, 협성구락부는 곧바로 두각을 나타냈다. '신일본주의'와 상통하는 내지연장주의가 통치방침으로 결정된 데다,[79] 민원식이 일본 수상 하라 다카시를 찾아가 설립 취지에 대한 동의를 얻어냈기 때문이었다.[80] 민원식과 하라의 대화는 짧은 만남에 불과했지만 정치적 여파는 상당했다. 조선과 일본 언론이 모두 민원식과 하라의 만남을 대대적으로 보도하였고, 협성구락부는 조선을 대표하는 친일단체로 주목받게 되었다.

정치적 위상이 높아진 협성구락부는 조직을 확대 개편하여, 1920년

「출회당해」, 『대한매일신보』, 1910.4.7.

[79] 1919년 하라 다카시(原敬) 수상은 내지연장주의 입장을 담은 「朝鮮統治私見」을 신임 총독 사이토 마코토(齋藤實)와 신임 정무총감 미스노 렌타로(水野錬太郎)에게 전하였고, 사이토 총독은 부임 직후인 9월 시정방침으로 '문화정치'를 선언하였다. 당초 명확한 정치운동 방향을 밝히지 않았던 협성구락부가 국민협회로 개편된 이후 참정권 청원운동을 선언하게 된 배경이었다. 내지연장주의 방침과 '문화정치'의 내용과 성격에 대해서는 이 책 제2부 제1장 1절 2항과 2절 참조.

[80] 1919년 11월, 하라를 찾아간 민원식은 '총독부를 영구히 존속시킬 것인가, 아니면 상당 기간 후에 내지의 부현제 제도를 채용할 것인가'라는 질문을 하여 하라로부터 '결국은 조선도 일본의 완전한 일부가 되어야 한다'는 대답을 얻어냈다. 하라는 조선에서 찾아온 친일조선인에게 원칙적 대답을 한 것에 불과했지만, 협성구락부는 하라와의 만남을 이용하여 정치적 입지를 크게 확대했다. 「原首相 新日本主義를 贊成함, 閔元植 氏의 成功」, 『每日申報』, 1919.11.19.

1월 8일 국민협회를 설립했다.[81] 초대 회장은 민원식이었고, 부회장과 총무는 김명준(부회장), 이동우, 김환, 김상회(이상 총무) 등이었다. 국민협회는 협성구락부를 계승한 조직이었지만, 몇 가지 점에서 성격을 달리했다. 우선 국민협회는 '조선 민족의 입헌 국민다운 자각과 자치 관념을 함양하여 참정권 행사 시기를 촉진하고, 지방자치제를 실시'하는 것을 설립목표로 선언했다. 구체적 활동목표가 불분명했던 협성구락부와 달리 정치적 목표를 공개적으로 밝힌 것이었다.[82] 두 번째로 국민협회는 동화파 세력으로만 구성되었던 협성구락부와 달리 대한제국과 조선총독부에서 중·하급 관리로 근무했던 인물들을 대거 충원했다. 예컨대 1920년대 간부 161명 중 40%가 1870년대에 출생한 인물이었고, 65명이 조선총독부 관리였다.[83] 세 번째로 활동지역을 전국으로 확대했다.[84] 친일단체로서는 드물게 회칙 1조로 지부 설치를 명시하고, 설립 연도부터 지부설립 활동을 시작하여 전국에 15개 지부를 설치하였다.[85] 요컨대 경성 중심의 친일선전단체를 넘어 전국적 활동을 지향하는 정치단체로 조직을 개편한 것이었다.

한편 국민협회는 설립 초기부터 조선총독부의 적극적인 지원을 받았다. 조선총독부의 핵심세력인 내지연장파 관료들이 내지연장주의에 부

---

81 저자 누락, 『國民協會史』(1921), 7~9쪽.
82 저자 누락, 『國民協會史』(1921), 10~12쪽.
83 마쓰다 도시히코, 2004, 앞의 책, 139~140쪽.
84 설립 초기인 1922년까지의 지부 설립 상황은 다음과 같다. (1) 1920년 현재: 평남지부, 충남지부, 경북지부, 전남지부, 마산지부(마산지부는 1921년 자료에 수록되어 있지만, 1920년에 설립된 것으로 추정됨) (2) 1922년 현재: 간도지부, 마산지부, 경남총지부, 수원지부, 전남곡성지부, 충남지부, 평북구성지부, 평남지부, 함남지부, 함남안변지부, 황해지부.
85 『國民協會運動史』(1931), 1쪽.

합하는 참신한 친일단체로 평가했기 때문이었다. 조선총독부는 총독비서과장 모리야 에이후(守屋榮夫)와 경무국 사무관 마루야마 쓰루키치(丸山鶴吉)를 통해 자금과 관직을 알선하는 한편,[86] 1921년 중추원 개편 과정에서 지방대표 13명 중 5명을 국민협회 회원으로 충원했다.[87] 그리고 이런 총독부의 지원은 국민협회의 세력 확대에 중요한 동력이 되었다. 통치권력과의 관계를 염두에 둔 지역의 유력세력들이 국민협회를 주목했기 때문이었다. 100여 명으로 출발했던 국민협회는 설립 2년 만에 6천 명의 회원을 거느린 조선 최대의 친일단체로 성장했다.[88] 독특한 정치 노선과 총독부의 지원을 바탕으로 한말 일진회에 비견되는 거대 친일단체로 등장한 것이었다.

2) 참정권 청원운동 전개 과정과 반응

'참정권 행사시기 촉진'을 설립목표로 선언한 국민협회는 출범과 동시에 참정권 청원운동을 시작했다. 설립 후 한 달도 안 된 1920년 2월

---

[86] 모리야는 1920년 간도 출병 이후 항일운동 세력이 압록강을 건너와 접경지역 군수를 살해하자, 국민협회 회원을 군수에 추천했다. 친일세력들이 관심을 가질 수밖에 없는 관직 진출을 지원함으로써 국민협회의 위상에 힘을 실어 준 것이다. 松田利彦, 2007, 「朝鮮總督府秘書課長と'文化政治'」, 『日本の朝鮮, 臺灣支配と植民地官僚』, 231~232쪽.

[87] 마쓰다 도시히코에 따르면 1920년대 중추원 참의 중 14인과 도지사 3인, 도참여관 4인, 군수 25인이 국민협회 회원이었다. 강동진, 1980, 앞의 책, 222쪽; 松田利彦, 2007, 위의 글 참조.

[88] 예컨대 1922년 설립된 국민협회 곡성지부는 현직 군수였던 황덕순(黃德純)이 자신의 부임지에 설립한 지부였다. 1920년까지 군서기를 전전하다 곡성군수에 부임한 그의 경력을 고려한다면 승진을 위한 활동이라고 할 수 있을 것이다. 「國民協會消息」, 『時事評論』 1호, 1922, 156쪽.

4일 중의원 선거권 부여를 청원하는 '중의원선거법청원서'를 제국의회에 제출하였고,[89] 곧이어 회장 민원식이 『경성일보』, 『조선신문』, 『매일신보』 등에 '참정권 확대' 주장을 발표했다.[90] '신일본 건설'을 위한 정치 활동을 시작한 것이었다.

참정권 청원운동에 대한 반응은 다양했다. 독립운동세력이 민원식을 척살해야 할 첫 번째 인물로 꼽은 것은 당연한 반응이었지만, 식민통치세력의 반응 역시 미묘하였다. '내선융화운동'의 선구로 평가하는 반응도 있었지만 비판도 적지 않았다. '조선인들의 내선융화 실천이 부족한 상황'에서 정치적 권리만 앞세우고 있다는 것이었다.[91] 특히 총독부의 입장이 비판적이었다. 참정권 문제는 의도와 상관없이 '일시동인'의 허구성을 드러내는 민감한 문제이기 때문이었다. 사이토 총독에 따르면 국민협회의 활동은 '지나치게 저돌적'이며, '착실하지 못한' 활동이었다.[92] 총독부의 반응은 참정권 청원운동에 영향을 미쳤다. 총독부 관리나 체제협력세력들이 총독부의 불만을 알면서도 공개적으로 청원 서명을 할 수는 없었기 때문이다. 결국 국민협회는 의욕적인 시작과 달리 개인 명의의 청원서만 제출하고 첫 번째 참정권 청원운동을 종료했다. 정치단체를 자임하며 활동을 시작했지만, 시작부터 난관에 부딪힌 것이었다.

---

89 이때 중의원에 청원서를 소개한 인물은 牧山耕藏, 岡田榮, 齋藤珪次 등 정우회 의원들이었다. 「衆議院選擧法 朝鮮施行請願-閔元植氏 等の計劃」, 『京城日報』, 1920.2.6.

90 「參政權要求に就て(1)(2)-國民協會長 閔元植氏 談」, 『朝鮮新聞』, 1920.4.23, 25; 「請願の根本意-閔元植氏 談」, 『京城日報』, 1920.2.6; 「朝鮮人參政權問題」, 『每日申報』, 1920.2.27.

91 「閑題目」, 『朝鮮新聞』, 1920.5.28.

92 「齋藤總督 談, 朝鮮人に參政權附與は尙早」, 『朝鮮人に對する施政關係雜件一般』 (1932년 소수)

국민협회는 첫 번째 청원운동이 실패하자, 선전활동을 강화했다. 창립 1주년 기념 '시국대연설회'를 열어 참정권 청원운동의 정당성을 선전하였고, 기자들을 신년간담회에 초대하여 관변 매체의 이해를 구했다. 또 총독부 측에 대한 설득 활동도 확대했다. 국민협회의 노력은 일정 부분 성과를 거두었다. '시국대연설회'는 성황을 이뤘고, 관변 매체들은 국민협회의 활동을 계속 소개했다.[93] 자신감을 얻은 국민협회는 1921년 2월 7일 '내지시찰단'을 도쿄에 파견하여 두 번째 참정권 청원운동을 시작했다. 시찰단에는 회장 민원식을 비롯하여 총무 전창수(全昌壽, 평남 실업가), 전라남도 총무 정수태(丁秀泰, 도평의원), 간사 김충희(金忠熙, 전라남도참사), 간사 정병조(鄭炳朝, 전 봉천민단장), 간사 민흥식(閔興植, 충남 실업가), 간사 구노 시게요시(久納重吉, 시사교육 이사) 등이 참여했다. 첫해와 달리 지역 간부들까지 참여하여 본격적인 청원운동을 시작한 것이었다.[94]

그러나 국민협회의 두 번째 참정권 청원운동은 첫 번째 운동보다 더 큰 위기에 직면했다. 회장 민원식이 1921년 2월 16일 도쿄에서 일본유학생 양근환에게 피살됐기 때문이었다.[95] 민원식의 죽음은 심각한 타격이

---

93 양일간에 걸친 이 연설회는 일본어 강연과 조선어 강연으로 이뤄졌다. 발표자와 강연 제목은 다음과 같았다. '22일[일본어(國語)]·23일[조선어(鮮語)] 경성공회당에서 개최. 연사와 연제-22일(국어) 이창환(사회적 정의), 강인우(아 회의 본령), 이기세 (소위 민심 악화), 김명준, 이진우(연제 미정), 민원식(신일본주의); 23일(선어), 서유경(연제 미정), 강인우(동양의 평화에 대하여), 김환(연제 미정), 이봉구(국가와 국민의 정치적 관념), 민원식(신일본주의)'. 또 여기에 참석한 총독부 고위인사들은 다음과 같다. 赤池濃 경무국장, 柴田善三郎 학무국장, 松永武吉 외사국장, 工藤英一 도지사, 경성지방법원장, 검사정, 佐藤吉五郎, 丸山鶴吉 사무관, 황(석교) 전남 곡성군수, 大垣丈夫, 板橋菊松. 「國民協會演說會」, 『京城日報』, 1921.1.20;「新日本主義の叫び」, 『京城日報』, 1921.1.31.
94 「國民協會視察」, 『每日申報』, 1921.2.6.
95 양근환이 처음부터 민원식을 살해하려 한 것은 아니었다. 그러나 양근환이 참정권청

었다. 민원식은 국민협회의 최고 논객일 뿐만 아니라 재정까지 책임지던 지도자였기 때문이었다. 민원식이 사망하자 기관지 『시사신문』은 휴간에 들어갔고, 조직은 분열하여 부회장 정병조 일파가 민원식 측근들을 몰아내고 주도권을 장악하려 했다.[96] 정병조세력은 축출되었지만 정병조를 따르던 세력이 국민공진회(國民共進會)를 만들어 이탈함에 따라 국민협회는 두 단체로 쪼개졌다. 단체가 해체될 수도 있는 위기였다.[97]

국민협회를 위기에서 구한 것은 통치세력의 태도 변화였다. 국민협회의 정치 활동에 불편한 입장을 보였던 통치세력은 민원식이 사망하자 '민원식'과 '국민협회'를 내선융화운동의 상징으로 추켜세웠다. 민원식의 죽음을 체제선전에 이용하기 위해서였다. 총독부는 민원식에게 중추원 찬의를 추서하고, 직접 장례식을 주관하였고,[98] 총독부 기관지 『매일신보』

원은 조선 민족을 배신하는 행위라고 질책한 것에 대해 민원식이 반발하며 살인으로 이어진 것이다. 민원식 살해 사건에 대해서는 장신, 2011, 「양근환의 생애 고증-성장과정과 거사를 중심으로-」, 『한국독립운동사연구』67호 참조.

96 「國民協會の 大會」, 『京城日報』, 1921.3.16.
97 1921년 4월 10일 국민협회 대회에서 부회장 김명준이 새 회장으로 선출되자, 만주지역 친일활동에 국민협회를 활용하려 했던 부회장 정병조(전 봉천조선인회 회장)와 김성수 등은 국민협회를 탈퇴하고 곧바로 국민공진회를 설립했다. 국민공진회의 설립 취지는 "노자 조화, 풍속 개량, 교육 발달, 납세의무의 공평, 참정권 행사 시기 촉진" 등이었다. 국민협회와 같은 활동목표를 내세워 국민협회 회원들을 끌어들이려 한 것이었다. 그러나 국민공진회는 국민협회 회원의 지지를 얻지 못했을 뿐 아니라, 정병조가 배정자를 구타하는 사건이 발생하여 별다른 활동을 전개하지 못한 채 사라졌다. 오히려 이 사건 이후 국민협회는 金甲淳(충남 공주지역 지주), 丁秀泰(전남 곡성의 대지주), 李永錫(일본 정계의 배후 인물 頭山滿과 지우관계)를 총무에 선임하여 조직을 강화하였다. 「國民協會の大會」, 『京城日報』, 1921.3.16; 「國民協會大會」, 『每日申報』, 1921.4.13; 「國民協會新幹部」, 『京城日報』, 1921.4.26; 마쓰다 도시히코, 2004, 앞의 책, 156쪽.
98 「閔君の橫死は洵に氣毒なり 齋藤總督 談」, 『京城日報』, 1921.2.18; 「敢然とてに主義に 猛進した-閔元植氏の死を悼む 警務局 丸山事務官 談」, 『京城日報』, 1921.2.18; 「特旨

와 『경성일보』에 민원식의 주장과 국민협회 활동을 대대적으로 소개했다.[99] 가장 큰 변화는 일본 정계의 반응이었다. 국민협회의 참정권 청원운동에 냉담한 반응을 보였던 중의원은 태도를 바꿔 참정권청원서를 청원위원회에서 정식으로 채택하고, 본회의 의결을 거쳐 '특별보고'로 정부에 송부했다.[100] 조직의 위기를 초래했던 민원식의 죽음이 오히려 반전의 계기가 된 것이었다.

통치세력의 지지를 확보한 국민협회는 그 이전보다 더 적극적으로 활동을 전개했다. 국민협회는 1921년 4월 10일 회장 김명준·총무 김환을 중심으로 새 집행부를 구성하는 한편, 공석이었던 평안남도 지회장에 변호사 문봉의를 선출했다. 또 1921년 5월부터 10월까지 영변, 개천, 고성, 평양, 안변, 대전 등을 순회하는 연속 강연회를 개최하여 참정권청원 논리를 선전했다.[101] 그리고 이런 활동의 성과는 1922년 3월 세 번째 참정권 청원운동으로 이어졌다. 1·2회와 달리 세 번째 서명운동은 1만 명이 참여할 정도로 대규모였다.[102] 통치세력이 비판했던 참정권 청원운동이 내선융화운동을 대표하는 정치운동으로 자리 잡게 된 것이었다.

を以て陞敍」, 『京城日報』, 1921.2.19; 「葬儀委員」, 『京城日報』, 1921.2.22.

99 「新日本主義(1)-閔元植氏 最後の 演說」, 『京城日報』, 1921.2.19; 「社說 國民協會大會」, 『每日申報』, 1921.4.13; 「國民協會の新活動」, 『京城日報』, 1921.4.15.

100 田中宏, 1974, 「日本の植民地支配下における國籍關係の経緯」, 『愛知縣立大學外國語學部紀要』, 地域研究·關連諸科學編(9), 72쪽.

101 「國民協會革新」, 『每日申報』, 1921.4.19; 「國民協會新幹部」, 『京城日報』, 1921.4.26; 「參政權採擇祝賀會」, 『京城日報』, 1921.5.20; 「國民協會復活す」, 『京城日報』, 1921.07.15; 「國民協會講演會」, 『京城日報』, 1921.10.27.

102 「鮮人參政權建白書提出」, 『京城日報』, 1922.3.8.

제2장
1920년대 중후반 친일정치운동 세력의 활동과 참정권 청원운동

1. 국민협회의 조직 확대와 참정권 청원운동의 전개 양상

1920년대 전반이 지나며 친일정치운동을 둘러싼 정치적 환경은 다시 한번 변했다. 자치운동단체들이 소멸하는 가운데 1923년 가토 도모사부로(加藤友三郎) 내각이 보통선거 실시를 예고했기 때문이다. 보통선거제 실시 가능성이 높아짐에 따라 참정권 확대에 대한 기대감도 함께 높아졌다. 보통선거제 논의 과정에서 조선인 참정권 문제도 같이 논의될 것이란 예상이 많았기 때문이었다.

어느 때보다 우호적인 정치 상황 속에서 국민협회는 총력을 다해 참정권 청원운동을 준비했다. 1925년으로 예정된 보통선거 대상 지역에 조선이 포함되려면 적어도 1924년 중의원회의에서 가시적 성과를 확보해야 한다고 생각했기 때문이다. 먼저 국민협회는 본부조직을 강화하기 위해 1924년 4월 10일 지부 대표까지 참여한 정기대회를 개최했다. 1924년 정기대회에서 선출된 임원은 회장 김명준, 부회장 정병조, 총무 이동우, 이병렬, 상담역 고희준, 김환, 서병협(徐丙協), 김상회(金尙會), 평의원 김우식(金禹植), 이겸제(李謙濟), 한영원(韓永源), 강인우(姜麟祐), 이영석(李永錫), 장영한(張永翰), 유완종(劉玩鍾), 김봉수(金鳳洙), 위종기(魏鍾冀), 한문관(韓文寬), 유조환(柳朝桓), 김석진(金錫晋), 한택리(韓澤履), 최두환(崔斗煥), 오헌창(吳憲昌), 남태희(南泰熙), 남상일(南相一), 장상철(張相轍), 김관선(金寬善), 이명환(李明煥), 김창락(金昌洛), 김하섭(金夏涉), 김재문(金載汶), 우성현(禹成鉉), 정*묵(鄭*黙), 박*수(朴*洙), 조용국(趙鏞國), 이원국(李源國), 임종면(林鐘冕), 현부건(玄富健) 등이었다. 정병조와 이겸제 등 국민공진회로 이탈했던 세력까지 복귀시킨 간부진이었다. 또 창립 후 처음으로 강령을 개정하였다. 풍속 개량, 노자 협조 등의 항목을 삭제하고, '참정권 행사 촉진', '내선인 차별대우 철폐' 등의 조항을 추가했다. 교체된 강령 내용에서 보이듯이 모든 역량을 참정권 청원운동에 집중하기로 결정한 것이었다.[103]

조직과 강령을 정비한 국민협회는 조선총독부를 압박했다. 몇 번의 참정권 청원운동을 통해 총독부의 비판적 입장을 확인했기 때문이었다. 국민협회는 참정권 확대가 총독부의 과제란 점을 강조했다. "일본 전역에 보통선거가 실시되는데도 조선에 참정권이 부여되지 않으면, 통치상황은 악화할 수밖에 없으며", "총독부는 특별한 권력을 갖고 있기 때문에 참정권 청원운동에도 더 많은 책임을 져야 한다"는 것이었다.[104] 보통선거가 실시되는데도 조선에만 참정권이 부여되지 않는다면, 총독부가 그로 인한 문제들을 책임져야 한다는 것이었다. 참정권 청원운동이 중대한 분기에 도달했다는 판단 이래 총독부의 태도 전환을 압박한 것이었다.

준비를 마친 국민협회는 1924년 6월 제49회 제국의회 개막에 맞춰 건백서를 제출했다. 건백서에는 참정권 청원운동 이래 최대 인원인 2만 명이 서명하였다. 1921년 청원서의 서명자가 3,226명임을 감안하면 엄청나게 증가한 것이었다. 물론 건백서의 내용은 이전과 크게 다르지 않았다. '참정권이 시행되지 않아 조선의 민심이 악화하고 있고, 제국 발전의 전도에도 장애가 되고 있으므로 참정권 확대가 시급하다는 것'이었다. 예의 논리로 그대로 '조선인의 민심'과 '제국 발전'을 근거로 참정권 확대

---

103 「國民協會總會 任員改選」, 『每日申報』, 1924.4.16.
104 金丸, 「官民一致의 眞意(下)」, 『每日申報』, 1924.5.30.

를 주장한 것이었다.[105]

그러나 예상과 달리 1924년 청원운동은 아무런 성과도 거두지 못했다. 건백서는 정식 안건으로도 채택되지 못했다. 1921년보다 후퇴한 결과였다. 1924년 청원운동이 실패한 가장 큰 이유는 보통선거제 실시를 앞둔 중의원의원들이 선거권 확대에 예민한 반응을 보였기 때문이다. 민원식이 피살된 1921년에는 내선융화운동을 지원해야 하는 입장이었기 때문에 원칙적 차원에서 '참정권 확대'에 동의했지만, 선거제 개편이 현실화되자 예측할 수 없는 '조선인 세력'을 경계한 것이었다. 중의원 의원들 사이에 '불순한 세력이 정치적 야망을 실현하기 위해 조선인 참정권을 요구하고 있다'는 주장이 확산되었고, 참정권 청원운동 비판이 이어졌다. 사이토 총독의 정치자문이었던 호소이 하지메(細井肇)에 의하면 '냉담한 분위기가 최소 3년 이상은 갈 것' 같은 차가운 분위기였다.[106] 일회적 실패를 넘어 참정권 청원운동 자체가 시험대에 오르게 된 것이었다.

1924년 청원운동의 실패는 적지 않은 후유증을 남겼다. 처음부터 참정권 청원운동에 부정적이었던 총독부가 노골적으로 참정권 청원운동을 견제했기 때문이었다. 헌정회 출신의 정무총감 시모오카 츄지(下岡忠治)는 국민협회 출신 군수들의 참정권 건백 찬성을 금지하였고,[107] 내무국장

---

105 「國民協會의 건백서」, 『每日申報』, 1924.6.27; 마쓰다 도시히코, 2004, 앞의 책, 144~145쪽.
106 「細井肇, 內鮮人의 進路(3)-時局團과 參政權要求」, 『京城日報』, 1925.3.23.
107 총독부가 국민협회의 모든 활동을 제한한 것은 아니었다. 앞에서도 살펴봤듯이 지방행정기관과 경찰은 국민협회의 순회강연회를 적극적으로 지원했다. 요컨대 친일선전운동 단체로서의 활동은 지원했지만, 그 범위를 넘어서는 활동을 용납하지 않은 것이었다. 조선총독부의 이런 이중적 태도는 1920년대 후반 이후 국민협회와 조선총독부가 갈등하게 되는 원인이 되었다. 『國民協會運動史』(1931), 74쪽; 마쓰다 도시히코,

오쓰카 쓰네사부로(大塚常三郎)는 조선인의 내지참정이 초래할 위험요소를 보고했다. 총독부가 노골적으로 참정권 청원운동을 경계하자, 국민협회는 궁지에 몰렸다. 참정권 청원운동은 물론, 친일단체로서의 입지까지 불안해졌기 때문이었다. 비주류세력은 노선 전환이 필요하다고 지도부를 공격하였고, 실망한 지방회원들은 지부를 이탈했다.

위기에 처한 국민협회 주류세력은 1925년 1월 정기총회를 소집하여 몇 개의 대응책을 내놓았다. 첫 번째 대책은 회장 교체였다. 누군가 청원운동의 실패를 책임져야 했고, 총독부와의 관계도 회복해야 했기 때문이었다. 새로 선출된 회장은 전 강원도지사 윤갑병이었다. 윤갑병은 1920년에 가입한 창립회원이었지만, 활동을 하지 않았던 인물이었다. 다만 강원도지사를 역임한 데서 보이듯이 조선총독부가 신뢰하던 인물이었고, 독립협회·일진회 시기부터 활동한 '친일세력의 원로'였다. 총독부와의 관계 개선과 조직 안정을 위해 원로인사를 회장으로 선출한 것이었다. 대신 주류세력은 민원식의 측근이자 가장 강경한 참정권청원론자였던 김환을 총무로 선출했다. 경찰 측에 따르면 김환은 국민협회 회장 민원식의 유일한 후계자로서 국민협회를 사실상 좌지우지하는 실세였다.[108] 회장직을 양보하는 대신 총무 김환을 통해 주도권을 계속 유지하려 한 것이었다.[109]

2004, 앞의 책, 165쪽 참조.

108 김환은 일진회 기관지 국민신보 기자 출신으로 매일신보 정치부 기자를 거쳐 민원식과 함께 협성구락부를 조직한 핵심 간부였다. 또 그는 1920년대 후반 총독부가 국민협회의 참정권 청원운동을 견제하자 지배정책 전체를 공개적으로 비판할 정도로 강경한 원칙주의자였다. 주류세력은 대표적 원칙론자였던 김환을 총무에 선출함으로써 참정권 청원운동 강행 의지를 밝힌 것이다.

109 이상 國民協會 정기대회의 상황에 대해서는 京高秘 제294호, 「國民協會 定期總會開催ニ關スル件」.

두 번째 대책은 참정권청원 내용의 완화였다. 국민협회는 조선인에 대한 일률적 참정권 부여를 주장했던 과거와 달리 다양한 형태의 참정권 제도를 받아들였다. '잠정적 특수기관으로서의 의회 설치', '칙선 귀족원 의원 우선 실시', '경성 외 몇 지역에 대한 제한적 중의원 선거 실시' 같은 내용이었다. 현실적으로 전면적 참정권을 관철하는 것이 힘들다는 판단 아래 요구수준을 낮춘 것이었다.[110]

세 번째로 학무국장, 경기도 경찰부장, 경기도 참여관, 고등경찰 과장 등을 정기총회에 초대하여 "신민의 의무를 착실히 이행하고, 건강 착실한 정기를 진작하는 데 힘쓰겠다"는 의사를 밝혔다. 지배정책에 대한 순응을 다시 한번 결의하여, 총독부의 의구심을 해소하려 한 것이었다.[111]

내부 동요를 수습한 국민협회는 다시 참정권 청원운동을 시작했다. 1925년도 중의원회의에 대한 기대가 여전히 남아 있었던데다, 국민협회를 재장악한 주류세력이 "국정참여권리를 포기하고 일본 주권하에 근근이 식민지민으로 살 생각이라면 국민협회는 존재할 필요도 없다"고 운동 강행을 주장했기 때문이었다.[112] 1925년 2월 8일 다시 참정권실시 진정서를 제출하기로 결의한 국민협회는 회장 윤갑병과 총무 이동우를 도쿄에 파견했다. 도쿄에 파견된 윤갑병과 이동우는 각 정당의 주요 인물들과 수상 가토를 방문하여 중의원선거법 확대를 촉구했다.[113] 국민협회가 제

---

110 「內鮮の區別を撤廢して參政權を附與せよ-國民協會會長 尹甲炳氏 演述」, 『京城日報』, 1925.1.21.
111 「完全なる內鮮融合と內地延長主義の下に參政權獲得に努力せん國民協會大會の宣言」, 『京城日報』, 1925.1.21.
112 國民協會 總務 李東雨, 1928.05, 「朝鮮參政權運動의 精神과 그 經過」, 『時事評論』 357호, 14쪽; 金丸, 1927.01, 「國民協會의 本領」, 『時事評論』 341호, 5~11쪽.
113 윤갑병과 이동우는 1개월이 넘는 기간 동안 일본에 체류하며 참정권 확대에 대한 약

출한 건백서의 핵심 내용은 "양 민족 공통의 행복을 위하여 병합이 이루어졌지만, 조선인의 권리 신장을 허락하지 않아 사상 동요의 화근이 되고 있으므로, 스스로 국가 구성 분자임을 각성해가고 있는 조선인에게 불합리한 차별대우를 하지 말라"는 것이었다. 또 "일선 양 민족은 병합을 통해 '민족적 국가'가 아닌 '국민적 국가'를 건설한 것이므로, 그 원칙에 근거하여 조선인에게도 국민적 권리를 보장"하라고 주장했다. 협성구락부 이래의 '신일본주의'를 바탕으로 지배정책 전환을 요구한 것이었다.[114] 회장인 윤갑병은 결과를 낙관했다. 1924년과 달리 수상과 정당 지도자들이 만남을 허락하고, 일본 정계도 일정한 관심을 보였기 때문이었다.

그러나 1925년 청원운동 역시 실패했다.[115] 윤갑병 등의 기대와 달리 중의원은 '조선에 대한 참정권 부여' 건의를 정식 안건으로 회부하지 않았다. 오히려 내무대신 와카쓰키 레이지로(若槻禮次郎)는 "언젠가는 참정권을 부여해야겠지만, 현재 상황에서 조선과 대만에 참정권을 부여하는 것은 시기상조이며, 일에는 순서가 있다"는 입장을 밝혔다. 담당 장관인 내무대신이 참정권을 확대할 의사가 없다는 것을 공식적으로 밝힌 것이었다.[116]

전력을 다한 운동이 두 번이나 실패하자 결국 미봉되었던 내부 갈등

간의 언급이라도 얻어내기 위해 동분서주했다. 냉담한 분위기에도 불구하고 1920년대 초 내지연장주의를 주도한 전 정무총감 미즈노 렌타로가 의회에서 참정권 문제를 거론하고, 정우회 소속 대의사 마쓰야마 쓰네지로(松山常次郎) 등이 지지하자 중의원 회기 마지막까지 희망을 버리지 않은 것이었다. 「細井肇, 內鮮人의 進路(3)-時局團과 參政權要求」, 『京城日報』, 1925.3.23.

114 「參政權을 附與し以て眞に帝國臣民たるの名實을 具備せしめよ-國民協會의 建白書(上)」, 『京城日報』, 1925.2.18.
115 「國民協會의 建白書 首相에게 提出」, 『每日申報』, 1925.2.17.
116 「細井肇, 內鮮人의 進路(3)-時局團과 參政權要求」, 『京城日報』, 1925.3.23; 마쓰다 도시히코, 2004, 앞의 책, 169쪽.

이 폭발했다. 우선 참정권 청원운동을 진두지휘했던 회장 윤갑병이 비주류세력과 함께 노선 전환을 주장했다. '실질적 이익 실현 활동'으로 활동 방향으로 바꿔야 한다는 것이었다. 일본 정계의 반응을 경험하며, 참정권 확대 가능성이 없다는 것을 확인했기 때문이었다. 물론 김명준, 김환 등 주류세력은 노선 전환에 반대했다. '조선인 참정권 실현'은 회의 존립 기반이기 때문에 노선전환은 조직해체를 의미한다는 것이었다. 두 세력의 갈등은 조직을 장악하고 있던 주류세력의 승리로 끝났지만, 분열은 피할 수 없었다.[117] 주도권 경쟁에서 패한 윤갑병은 일선 활동에서 완전히 물러났고, 유민회 회장 출신으로 '신일본주의'를 가장 먼저 주장했던 고희준은 갑자구락부로 소속을 옮겼다. 본부 간부들의 분열은 지방의 지부에도 영향을 미쳤다. 본부의 활동에 실망한 유력인물들이 지부를 이탈하였고, 경찰이 "국민협회의 장래에 희망을 잃은 지회 인물들이 회를 이탈하여 회의 운영자금이 부족해질 정도"라고 보고할 만큼 지방조직이 붕괴되었다.[118] 총력을 다했던 참정권 청원운동이 실패하자 조직기반 전체가 흔들리게 된 것이었다. 그리고 이런 위기 상황은 후술할 총독부와의 갈등 속에 더욱 확대되었다.

---

117 「國民協會 又 分裂」, 『동아일보』, 1925.3.26; 京鐘警高秘 제13069호, 1925.11.18, 「國民協會ノ動靜ニ關スル件」.

118 1920년과 1922년 지회 간부명단에 보이던 이병학(경북), 정수태(전남), 우성현(수원), 김필수(충남) 등 지주·자본가들이 1931년 간부명단에서 사라진 것도 이런 사정의 반영이라 하겠다. 『國民協會史』(1920), 49~51쪽; 『시사평론』 창간호, 1922.4, 156쪽; 『시사평론』 2권 2호, 1923.3, 169쪽; 京城鐘路警察署, 京鐘警高秘 제1319호, 1931년 2월, 「國民協會支部並二會員二關スル件」; 마쓰다 도시히코, 2004, 앞의 책, 171쪽.

2. 조선총독부의 참정권 청원운동 비판과
   국민협회의 대응

앞서 살펴보았듯이 식민통치세력은 통치 초기부터 친일정치세력을 크게 신뢰하지 않았다. 초대 조선 총독 데라우치에 따르면 '조선인은 모두 민도가 낮을 뿐만 아니라 반일세력이며', 언제든 '통제에서 벗어날 가능성'이 있었다.[119] 친일세력 육성을 핵심 정책으로 추진했던 문화통치세력 역시 기본적 관점은 마찬가지였다. 친일세력을 적극적으로 활용해야 한다고 주장했지만, 그 전제는 통제에 충실히 따르는 '착실'한 활동이었다.[120] 국민협회는 그런 기준과 거리가 먼 세력이었다. 계속된 참정권 청원운동은 사실상 총독부의 경고를 드러내놓고 무시한 것이기 때문이다. '일시동인'이라는 통치이데올로기 때문에 참정권 청원운동을 공개적으로 부정할 수 없었지만, 총독부의 불만은 한계에 도달했다.

여러 번의 경고에도 1925년 국민협회가 참정권 청원운동을 강행하자, 통치세력은 결국 국민협회를 공개적으로 비판했다. 본국 내각이 '조선인에 대한 참정권 부여는 시기상조'라는 입장을 공개적으로 밝혀야 하는 상황을 만들었기 때문이었다. 총독부 기관지 『경성일보』는 "정치생활의 갑작스러운 도약은 불가능하며, 경제생활의 확립이 우선되어야 하기 때

---

119 정연태, 2004, 앞의 글, 194~195쪽 참조.

120 예컨대 사이토는 "대동동지회와 같이 점진적으로 견실하게 활동하는 것이 바람직하다"고 국민협회의 활동방식을 비판했다. 「齋藤總督 談, 朝鮮人に參政權附與は尙早」, 『朝鮮人に對する施政關係雜件一般』(1932년 소수). 이 자료는 신문명, 연월일 등이 모두 기재되지 않은 스크랩이지만, 도쿄에서 미즈노 렌타로의 부인을 병문안했다는 내용이 있는 것으로 보아, 1921년 3월경에 작성되었을 것으로 추측된다.

문에, 국민협회는 조선총독부의 새로운 통치목표인 산업제일주의에 집중해야 한다"고 참정권 청원운동을 비판했고,[121] 한때 국민협회와 같은 친일단체를 육성해야 한다고 주장했던 사이토 총독의 참모 호소이 하지메(細井肇)는 "시국대동단과 국민협회의 활동은 친일을 빙자한 불순한 활동일 뿐"이라고 폄하하였다. 호소이에 의하면 "일시동인은 천황의 마음을 의미하는 것인데, 통치자 측이 일시동인을 내선인 차별대우 폐지로 착각하게 만들어 자승자박에 빠졌다"는 것이었다.[122]

국민협회에 대한 비판은 자치제 도입론으로 이어졌다. 1925년 11월 경성일보 사장이자 사이토의 정치참모였던 소에지마 미치마사는 『경성일보』 논설을 통해 "정치적 동화주의는 조선인의 사상, 생활, 언어, 풍습 등의 특수한 문화를 위협하여 조선인들의 반발을 초래하는 정책이기 때문에 다수의 조선인을 포섭하려면 자치제로의 전환이 필요하다"고 주장하였다.[123] 통치상황이 악화되고, 국민협회와 같은 친일세력이 통제에서 벗어난 활동을 거듭하자 지배체제 개편과 협력세력 교체를 주장한 것이었다.[124] 소에지마의 주장은 적지 않은 파장을 일으켰다. 총독의 일급 참

---

121 「參政權運動と産業第一主義」, 『京城日報』, 1925.2.20.
122 「細井肇, 內鮮人の進路(8)-一視同仁の眞意義」, 『京城日報』, 1925.4.5.
123 또 같은 글에서 소에지마는 "내지연장주의에 의해 조선인을 제국의회에 보내면 조선문제에 간섭하고 민족적 정당을 만들어 일본의 노동당 또는 무산자당과 연대하여 일본제국을 위협할 가능성이 있다"고 하여 참정권 부여의 위험성도 함께 지적했다. 副島道正, 「朝鮮統治の根本義」 上中下, 『京城日報』 1925.11, 26~28쪽; 「齋藤實宛副島道正書翰」, 1926.4.12, (趙聖九, 1998, 『朝鮮民族運動と副島道正』, 硏文出版, 168쪽 재인용); 「齋藤實宛副島道正書翰」, 1926.4.12, (趙聖九, 1998, 같은 책, 171쪽 재인용); 副島道正, 1936, 「內鮮融和の實現」, 『朝鮮統治の 回顧と 批判』, 278쪽; 강동진, 1980, 앞의 책, 345~353쪽; 박찬승, 1992, 앞의 책, 317~320쪽, 330쪽.
124 물론 협력세력 교체론이 갑자기 등장한 것은 아니었다. 1923년 정무총감에 부임한

모가 경무국의 묵인 아래 공개적으로 체제개편을 주장한 것이기 때문이었다.[125]

관변 매체의 참정권 청원운동 비판이 계속되고 자치론까지 등장하자, 국민협회도 격렬하게 반발했다. 국민협회는 "사회주의가 쇠퇴하여 회색분자의 자치운동이 등장하고 있는데도, 오히려 총독부가 군중심리에 영합하여 내선융화단체를 보호하지 않고 있다"고 총독부의 입장 변화를 비판하였다.[126] 나아가 "산미증식정책과 경성제국대학은 모두 일본인을 위한 정책이며, 조선의 궁핍은 이민족 지배에 따른 차별 때문"이라고, 조선 통치의 근본적 한계까지 거론했다.[127] 총독부가 국민협회의 존재의의를 부정하고 있다는 판단 아래, 극단적인 언사까지 동원하여 총독부를 공격한 것이다.

물론 국민협회의 반발은 오래가지 못했다. 기관지인 『시사평론』 발행 비용을 비롯해 조직운영 자금의 상당 부분을 총독부에 의존했기 때문이었다.[128] 불만을 표출할 수는 있었지만, 전면적 저항은 불가능했다. 결국

헌정회의 시모오카 츄지도 친일단체육성책이 별다른 성과를 거두지 못했다고 평가하고, 조선인 관리를 중심으로 협력체제를 재편해야 한다고 생각했다. 예컨대 시모오카는 1924년 행정 정리 와중에도 이진호를 조선인 최초로 학무국장에 임명하였고, 학무국 종교과장(유만겸), 황해도 내무부장(이범익), 함북 재무부장(김동훈) 등에도 조선인 관리를 배치했다. 친일단체들보다 조선인 관리들을 활용하여 체제 협력 기반을 확대하려 한 것이다. 李炯植, 2013, 『朝鮮總督府官僚の統治構想』, 吉川弘文館, 169쪽; 1925.2, 「流言蜚語」, 『開闢』 56, 46쪽.

125 자세한 것은 이 책 제2부 제2장 3절 참조.
126 金丸, 1926.11, 「民心의 轉換期를 察하야 思想善導에 勞力하라」, 『時事評論』 339호.
127 金丸, 1926.10, 「地方人士의 總督政治에 對한 誤解, 不評, 希望」, 『時事評論』 338호.
128 1920년 민원식이 사이토 총독에게 제출한 사업정산서에 따르면 1921년도 수입예산은 8만 원인 데 비해 총독부에 요청한 금액은 무려 36만 4,000원이었다. 본부 건물 건축비와 시사신문 예산이 포함된 금액이었지만 수입의 4배 이상을 요청한 것이었다.

국민협회는 참정권 청원운동을 포기하지 않는 선에서 총독부의 요구를 받아들였다. 국민협회는 총독부의 '산업제일주의'에 협조하는 모습을 보이기 위해 기관지 『시사평론』에 '산업강좌'란을 신설하였고, 그 외에 "시세의 추이에 따르겠다"는 입장을 공식적으로 밝혔다.[129] 참정권 문제도 예전처럼 공개적으로 강조하지 않았다. 예컨대 국민협회 황해지부는 1927년 12월 개최된 지부 발회식에서 여러 사항을 결의했지만, 참정권 문제만은 언급하지 않았다.[130] 통상적으로 언급되던 내용을 뺄 정도로 총독부와의 갈등을 피한 것이었다.

한편 통치 당국의 압력이 계속되자, 국민협회 주류세력의 영향력은 급속히 쇠퇴했다. 주류세력의 대표라고 할 수 있는 회장 김명준과 총무 김환은 자리를 유지했지만, 실권은 '시세의 추이'에 따라야 한다고 주장한

총독부의 승인 여부는 확인되지 않지만, 국민협회가 얼마나 많은 자금을 총독부에 의존했는지 알 수 있다. 이 밖에도 총독부는 다양한 방식으로 국민협회의 재정을 지원했다. 예컨대 안변지회장 최달빈은 관동진재 구제를 명목으로 도지사에게 청원 기부 모집허가를 얻어 기부금을 강제로 거두었고, 평양지부 간사 강봉익은 평북 희천군의 산림 벌목 매수에 개입했다. 또 평양지부는 평양부청으로부터 진위대 관사였던 건물을 무료로 임차하여 회관을 이전했다. 직접적인 자금 지원 이외에도 총독부가 제공한 다양한 이권은 국민협회 활동의 중요한 기반이었다. 1920, 「閔元植歎願書」, 『齋藤實文書』, (『친일반민족행위진상규명위원회 편, 2008, 『친일반민족행위관계사료집』 6, 41쪽 소수) 「경찰서를 팔고 단이며 진재기부금을 모집하다가」, 『朝鮮日報』, 1923.12.19; 「平南國民支部總會」, 『每日申報』, 1924.10.6; 「國民協會幹事 횡령죄로 톄포」, 『朝鮮日報』, 1925.8.12.

129 李炳烈, 1926.10, 「紙面의 改善刷新에 對하야」, 『時事評論』 338호.
130 이때 황해도지부는 "1. 일시동의 성소를 받들어 내선 차별을 철폐하여 정치상·경제상·사회상 내선 인간의 권익을 동일하게 할 것을 기한다. 1. 질실건강한 기풍을 길러 경조부박한 사조를 배척하고 건전한 사회의 건설을 기한다."와 같은 내용을 결의하면서도 항상 빠지지 않았던 '참정권 확보에 노력한다'는 내용을 언급하지 않았다. 「國民協會支部發會式」, 『京城日報』, 1927.12.8.

총무 이병렬이 장악하였다. 예컨대 1928년 1월 정기대회는 회장 김명준과 총무 김환이 불참한 채, 총무 이병렬 주재로 진행되었다. 국민협회의 가장 중요한 행사인 정기대회에서조차 이병렬이 회장을 대신한 것이었다.[131] 총무 김환이 "조선 민족 갱생의 도는 참정권 획득에 있다"는 신념에는 변함이 없지만, 참정권 부여 권한이 '총독부나 중앙정부에 있는 상황에서', '나날이 악화해 가는 민심과 그에 따른 국민적 자각의 부족으로 인해 이를 요구하기도 어렵게 되었다'고 한탄할 정도로 국민협회의 분위기는 변했다.[132] 그리고 이런 주류세력의 쇠퇴는 참정권 청원운동의 약화로 이어졌다. 경찰 당국이 "의욕을 잃고 관성적으로 청원운동을 계속하는" 것에 불과하다고 평가할 정도로 국민협회의 참정권 청원운동은 활력을 상실했다.[133] "영원한 안전과 행복을 누리기 위해서는 완전한 일본국민이 되어야 한다"는 근본주의적 활동논리가 역설적으로 조직의 발전을 가로막은 것이었다.

---

131 「國民協會」, 『京城日報』, 1928.1.19.
132 金丸, 1928.12, 「破滅에 瀕한 朝鮮民族을 여하히 하여야 구할가」, 『時事評論』 364호.
133 拓務省 작성, 「朝鮮ニ於ケル參政權運動」(1932) (アジア歷史資料センタ 소장)

3. 참정권 청원운동의 주도권 재편과 갑자구락부의 제한적 참정권 청원운동

1920년대 중반 이후 국민협회의 활동은 쇠퇴했지만, 참정권 청원운동의 동력이 사라진 것은 아니었다. 식민통치하에서 참정권 확보 이상으로 친일세력의 정치적 영향력을 높일 수 있는 방법은 없었다. 실패가 계속되었는데도 국민협회의 참정권 청원운동에 그토록 많은 서명자가 참여한 이유였다. 또한 총독부의 일방적 통치방식 때문에 재조일본인 역시 내지참정권에 관심이 많았다. 재조일본인 세력은 참정권 확보야말로 총독부의 독단적 정책 집행을 저지할 수 있는 확실한 방법이라고 생각했다. 재조일본인들이 선출한 의원들을 통해 총독부를 견제할 수 있기 때문이었다. 요컨대 내지참정권을 필요로 하는 세력은 여전히 많았다. 그리고 이렇게 참정권에 대한 요구가 계속 존재하는 상황에서 국민협회의 활동이 쇠퇴하자, 새로운 세력이 등장했다. 재조일본인 공직자들과 조선인 공직자들이 조직한 갑자구락부였다.

갑자구락부는 1924년 8월 전선공직자대회(全鮮公職者大會)가 보조금 확보를 위해 일본에 파견했던 대표들[회두 와타나베 데이치로(渡邊定一郎)[134] 외 3명]이 '영속적 운동'을 목표로 조직한 단체였다. 모태가 된 전선공직자대회는 경성공직자들이 1922년 설립한 '전선공직자간담회'를 전국 규모

---

134 와타나베 데이치로(1872년 생)는 1904년 경의선 공사에 참여한 것을 시작으로 조선 경제계에서 활동한 토목건축업자였다. 그는 마쓰야마 쓰네지로(松山常次郎)와 함께 1918년 황해사(黃海社)를 창립하였고, 1926년 경성상공회의소 회두로 선출되었다. 그가 대표였던 황해사는 수리 간척 설계 및 청부업을 하던 토목회사였다.

로 확대 개편한 조직이었다.[135] 전선공직자대회는 1년에 한 번 총독부에 의견서를 제출하는 비상설 조직이었기 때문에 핵심 회원들이 별도의 상설조직 갑자구락부를 결성한 것이었다.

갑자구락부의 설립 목표는 헌법적 권리를 확보하고, 총독부의 정책을 감시·비판하는 것이었다. 내용은 다음과 같았다.

> 오늘날 여전히 헌법상의 보장이 균점되지 않은 현재 상황을 이대로 방임한다면 이는 후일 결렬의 단초가 될지 모른다. 현재 우리는 이러한 중대한 문제에 직면해 있고, 무관심한 태도로 우리 총독정치를 내버려 둘 수 없다. 정치를 논하는 것도 우리의 임무이다. 조선통치에 관해 관민 공동의 책임을 자각하고 조선에서의 사무를 연구 조사함으로써 이를 당로에 진언·헌책하고자 한다.[136]

헌법상의 권리가 보장되지 않는 상황이 계속되면 조선통치가 '결렬' 될 수 있고, 총독정치도 방치할 수 없는 상황이기 때문에 정치를 논하는 단체를 설립했다는 것이었다.[137] 헌법상의 권리가 없다고 전제했지만, 사

---

135 1924년 4월 출범한 전선공직자대회는 전선공직자간담회를 전국 조직으로 확대 개편한 조직이었다. 축산회사 설립 문제 등으로 인해 총독부와 대립하던 전국공직자 간담회 소장파 의원들이 경성부윤의 독단적 결정을 막기 위해 간담회 조직을 확대 개편한 것이었다. 개편된 전선공직자대회에는 12개 부소재지의 부협의회원, 학교조합의원, 학교평의회원, 상업회의소 평의원(이후 도평의회원 추가) 등이 회원으로 참여했다. 慶尙北道 警察部, 1934, 『高等警察要史』, 53쪽.

136 『高警』 제2154호, 1924.9.25, 「甲子俱樂部創設竝宣言書配布ニ關スル件」; 『高等警察要史』, 53~54쪽; 『治安狀況』(1927), 6~8쪽.

137 이때 통과된 회칙은 다음과 같다. '1. 본 구락부는 조선통치 및 산업개발에 관한 시세를 조사하고 연구하기 위해 같이 염려하는 인사로 조직하며 본부를 경성에 둔다. 2.

실상 정당 형태의 정치단체를 설립한 것이었다.

총독부의 입장에서는 부담스러울 수밖에 없는 갑자구락부가 순조롭게 설립될 수 있었던 것은 정무총감 시모오카 츄지(下岡忠治)의 지원 때문이었다. 총독부 관리들은 단체의 정치적 성격 때문에 허가를 꺼렸지만, 시모오카가 "온건한 정치연구라면 무방하다"며 단체 설립을 허가한 것이었다.[138] 물론 시모오카의 지원은 단순한 호의가 아니었다. 대부분의 친일단체가 정우회 내각 시기에 설립된 단체였기 때문에 1924년 헌정회 추천으로 정무총감에 부임한 시모오카에게도 새로운 친일단체가 필요했다.[139] 즉 헌정회 출신의 정무총감 시모오카 역시 자신이 활용할 단체가 필요하다는 판단 아래 갑자구락부의 설립을 허가한 것이었다. 정치세력화를 추구했던 재조일본인세력과 새로운 친일세력이 필요했던 시모오카의 이해관계가 맞아 떨어지며 정치단체 갑자구락부가 설립된 것이었다.

갑자구락부는 조직 출범 이후 회세 확장에 노력했다. 처음 40명이었던 회원은 얼마 후 52명(일본인 40명, 조선인 12명)으로 늘어났고, 1926년 말에는 다시 64명으로 확대되었다. 재조일본인 공직자들은 물론 조선인

본 구락부의 목적을 수행하고 시의의 방법을 일임하기 위해 필요한 위원을 선임하고, 중대 문제는 총회의 논의에 붙인다. 3. 본 구락부에 가맹하려는 자는 2명 이상의 소개에 의해 위원회의 승인을 받아야 한다. 본 구락부의 경비는 회원의 갹출과 기부금으로 한다.'

138 경찰 측에 따르면 갑자구락부는 시모오카가 재임하던 시기에는 조선 유일의 정치단체로 자임하였다고 한다. 반민족행위특별조사위원회, 1949, 「曹秉相手記」, 『反民特委調査記錄』; 京畿道 警察部, 1938, 「重要團體表」, 『治安情況』.

139 반대로 이렇게 헌정회세력과 밀접한 관계를 맺고 있었기 때문에 조선통치의 비정당화를 주장한 우가키가 총독에 부임하자 갑자구락부의 입지는 크게 축소되었다. 內田じゅん, 2003, 「植民地期 朝鮮における同化政策と在朝日本人-同民會を中心として」, 『朝鮮史研究會論文集』 41, 178~179쪽 참조.

공직자들도 일반회원으로 참가했다. 갑자구락부의 핵심 인물은 오무라 하쿠조(간사, 大村百藏), 오가키 다케오(간사, 大垣丈夫), 다카하시 쇼노스케(간사, 高橋章之助), 마쓰야마 쓰네지로(松山常次郎), 다카야마 다카유키(간사, 高山孝行), 이케다 초지로(池田長次郎), 나리마스 미도리(成松綠), 와타나베 데이치로(渡邊定一郎), 아라이 하쓰타로(荒井初太郎), 고에쓰카 쇼타(肥塚正太), 송달섭(宋達燮), 방규환(方奎煥), 예종석(芮宗錫), 박걸호(朴傑鎬), 조병상(曺秉相), 전성욱(全成旭) 등이었다. 대체로 일본인 회원들은 한말부터 활동한 장기 정착민들이었고, 조선인 회원들은 친일자본가 출신의 도평의원들이었다.[140]

한편 설립 과정을 마친 갑자구락부는 첫 활동으로 '진언서'를 총독부에 제출했다. '진언서'의 핵심 내용은 다음과 같았다.

1. 일본인 관리의 가봉을 삭제할 것.
2. 도청·군아를 폐합할 것.
3. 중추원을 폐지할 것.
4. 자치제(지방자치)를 시행할 것.
5. 여비를 감액할 것.
6. 홍삼사업을 개방하고 경쟁입찰을 통해 민간에게 불하할 것.
7. 보유 광구를 개방하여 대자본가를 유치할 것.
8. 영림창을 폐지하고 사업을 민간에게 이전할 것.

---

140 일본인들의 경우 대부분 조선에 건너온 지 20년이 넘는 인물들의 모임인 '20년당'의 멤버였다. 우치다 준 지음, 한승동 옮김, 2020, 『제국의 브로커들』, 길, 378쪽; 地檢秘 제758호, 1924.9.16, 「甲子俱樂部議員會の件」; 京本高秘 제8802호, 1924.11.15, 「甲子俱樂部總會の件」.

9. 사회교화사업을 해당 회사로 이전할 것.

10. 잡지 조선을 폐간할 것.

11. 관리 수를 감소시킬 것.[141]

재조일본인 자본가들이 관심을 보인 홍삼사업, 영림사업 등을 민영화하고, 총독부의 조직을 대폭 축소하라는 것이었다. 특히 1·2·11번 조항은 매우 민감한 내용이었다. 총독부 관리의 급료 인하와 인원 감축을 요구한 것이기 때문이었다. 설립된 지 얼마 안 된 갑자구락부가 이렇게 대담한 내용을 주장한 것은 정무총감 시모오카의 '행정정리사업'을 지원하기 위해서였다. 시모오카는 부임하자마자 관동대지진으로 인한 내각의 재정 압박을 타개하기 위해 총독부의 예산과 인원을 감축('행정정리'사업)하고 있었는데, 갑자구락부가 진언서를 제출하여 힘을 더한 것이었다.[142] 갑자구락부의 입장에서 보자면 시모오카와의 관계를 확고히 하기 위한 활동이었다.

진언서 제출로 활동을 시작한 갑자구락부는 1925년 2월과 1926년 1월, 대표단을 도쿄에 파견하여 참정권 청원운동을 시작했다.[143] 갑자구락부가 주장한 참정권 실시 방안은 다음과 같다.

---

141 『高警』제2154호, 1924.9.25, 「甲子俱樂部創設竝宣言書配布ニ關スル件」.

142 실제로 기구 감축에 반대하는 총독부 관리들의 반발은 격렬했다. 특히 정우회 내각 시기에 부임한 총독부 고위관리들은 시모오카의 정책에 정면으로 도전했다. 예컨대 사이토 총독의 측근이자 내지연장파 관료의 핵심이었던 모리야 에이후는 시모오카의 정책에 반발하여 사임했다.

143 慶尙北道 警察部, 1934, 『高等警察要史』, 54쪽.

(1) 귀족원령을 개정하여 조선 귀족에게 내지화족과 동일한 권리를 실행케 할 것. 조선재주자 중 내지와 동일한 자격에 의하여 귀족원 의원 칙선의 길을 열 것.
(2) 중의원 의원 선거법 별표 중에 경성부, 부산부, 대구부, 평양부 등을 더하고, 의원 수는 내지인의 비례에 의하여 이를 정하여 특별히 선거·피선거 자격 및 선거방법 등은 조선의 사정에 적합한 법규를 정할 것.
(3) 조선구관에 준거한 지방부락의 자치제도를 정하여 공동작업을 장려하고, 공존공영의 기초를 확립하여 산업을 발전시켜 국정참여의 의의를 자각하게 할 것.[144]

핵심 내용만 간추리자면 조선재주민에게도 칙선 귀족원 의원이 될 수 있는 길을 허용하고, 중의원 선거지역을 경성부와 부산부, 대구부, 평양부 등으로 확대하라는 것이었다. 요컨대 제한적 조건을 전제로 조선재주민에게도 내지와 동일한 선거권·피선거권을 부여하라는 것이었다. 참정권의 일률적 확대를 주장한 국민협회와 달리 참정권 실시지역과 대상을 제한한 제한적 참정권론이었다.

갑자구락부가 제한적 참정권론을 주장한 것은 몇 가지 이유 때문이었다. 첫 번째는 재조일본인의 정치적 영향력을 최대화하는 방향으로 참정권 확대가 이뤄져야 한다고 생각했기 때문이었다. 참정권 확대는 필요하지만, 다수의 조선인이 참정권을 갖게 되면 조선통치의 주도권을 잃을 가능성이 있기 때문이었다. 두 번째로 일본 정계를 설득하는 데 용이하기

---

144 慶尙北道 警察部, 1934, 앞의 책, 같은 쪽.

때문이었다. 제한적 참정권론은 조선 출신 의원 수와 정치적 성향을 제한한다는 점에서 '조선 출신 의원의 캐스팅 보트화' 우려를 해소할 수 있다고 생각한 것이었다.[145] 마지막으로 세 번째는 제한적 참정권만 허용되어도 내각의 보조금 결정 과정과 사업공채 계획에 개입할 수 있기 때문이었다. 일단, 제한된 조건으로라도 조선 출신 의원을 선출할 수 있다면 실질적 이익을 확보할 수 있다는 것이었다.[146]

공직자그룹이라는 막강한 배경을 가진 갑자구락부가 제한적 참정권을 주장하자 제한적 참정권론은 참정권 청원운동의 핵심 노선이 되었다. 그간 참정권 청원운동을 주도해 왔던 국민협회조차 갑자구락부의 주장을 대폭 수용한 참정권청원서를 1925년 중의원회의에 제출하였고, 1927년에는 갑자구락부가 직접 청원서를 제출했다. 갑자구락부가 참정권 청원운동의 새로운 주도세력으로 떠오르게 된 것이다.[147]

한편 갑자구락부는 자치제 반대운동을 적극적으로 전개했다. 자치제가 실제화되면 다양한 성격의 조선인들이 조선통치를 장악할 수 있다고 생각했기 때문이다. 앞에서 언급한 것처럼 소에지마의 논설을 계기로 자치제 논의가 공론화되자, 갑자구락부는 친일세력을 대표하여 맹렬하게

---

145 김동명, 2006, 앞의 책, 416~417쪽 참조.

146 이승엽에 따르면 재조일본인들이 자치제보다 중의원 참정권을 더 선호한 이유가 이런 경제적 이해관계 때문이었다. 중의원의 보조금 정책 등에 직접 개입할 수 있어야만 재조일본인의 이해관계를 보호할 수 있다고 생각한 것이었다. 「소위 공직자들이 참정권운동을 토의. 총독을 조선대신으로 하자고, 장래에 어찌 될 것은 별 문제로 하고라도 맹랑한 문제를 가지고 떠든 것이 한 장관」, 『朝鮮日報』, 1924.6.18; 內田じゅん, 2003, 앞의 글, 178쪽; 李昇燁, 2003, 「全鮮公職者大會: 1924~1930」, 『20世紀研究』 4, 102쪽.

147 「朝鮮在住者ニ對スル參政權附與ニ關スル件」, 1927.2.19, 『衆議院請願』 519; 李炯植, 앞의 글, 383쪽.

반대 활동을 전개했다. 갑자구락부는 회원 다수가 참여하고 있던 동민회를 동원하여 경성일보 사장 소에지마의 교체를 요구하였고,[148] 친일세력의 공동대응을 위해 시국간담회도 조직했다. 시국간담회에 참여한 단체는 동민회(同民會), 대정친목회(大正親睦會), 대동동지회(大東同志會), 국민협회(國民協會), 청림교(靑林敎), 실업구락부(實業俱樂部), 조선교육협성회(朝鮮敎育協成會), 조선군인장교회(朝鮮軍人將校會), 수양단(修養團), 명치회(明治會) 등 경성 소재 11개 친일단체였다. 경성에서 활동하던 대부분의 친일단체를 규합하여 자치제 논의를 봉쇄하려 한 것이었다.

시국간담회가 결의한 내용은 크게 세 가지였다.

1. 정치문제는 어디까지나 참정권 획득을 주안으로 하야 금년의 의회에도 부여청원운동을 일으키고 그 실현에 진력할 것.
2. 경제문제는 종래 당국의 산업 발달에 치중한 까닭에 불원(不圓)하며, 하등 발전의 적을 ○치 못한 조선의 상공업 진흥을 위하여 노력할 것.
3. 교육문제는 조선인과 일본인의 차별철폐를 주장하야 차의 실현에 노력할 것.

---

[148] 동민회(同民會)는 1923년에 설립된 '내선융화운동' 단체였다. 1923년 관동대지진 이후 통치체제가 동요하자 새로운 내선융화운동단체가 필요하다고 판단한 경무국장 마루야마 쓰루키치(丸山鶴吉)가 경성의 재조일본인 유력자와 조선인 민간 유력자들을 규합하여 동민회를 조직한 것이었다. 주 활동은 하계대학, 출판물 발행 등의 '사회교화' 사업이었다. 특히 경성 재조일본인 유력자들이 중심이 된 조직이었기 때문에 간부진의 상당수가 갑자구락부 부원이었다. 예컨대 갑자구락부의 핵심 인물이었던 나리마쓰 히토리(成松綠), 이케다 초지로(池田長次郎), 조병상(曺秉相) 등도 모두 동민회 회원이었다. 內田じゅん, 2003, 앞의 글, 178~180쪽.

4. 사회사상 문제는 조선공산당 사건이 증명함과 같이 우려할 상황임으로 당국의 일층 엄중한 취체를 희망할 사.[149]

민족운동에 대한 강력한 '취체'를 요구하는 가운데 친일세력의 목표는 '참정권 획득'과 '상공업 진흥'이라는 점을 명확히 한 것이었다.

그리고 이렇게 '시국에 대한 친일세력의 입장'을 통일한 갑자구락부는 체제협력세력 내부에서 자치제론이 확산되는 것을 차단하려 했다. 갑자구락부는 1928년 6월 전선공직자대회에서 히사나가 린이치(久永麟一)[150]가 자문기관의 의결기관화를 주장하자, 히사나가의 안을 맹렬하게 공격하여 기각시키는 한편, 회원 조병상을 내세워 '경성 이하 3개 도시의 참정권 우선 부여안'을 통과시켰다.[151] 수적 우위를 앞세워 논의 자체를 봉쇄한 것이다.

그러나 갑자구락부의 노력에도 불구하고 참정권 청원운동을 둘러싼 정치환경은 계속 악화됐다. 갑자구락부가 어떻게 할 수 없었던 정세변화 때문이었다. 일단 체제협력세력들 사이에서 자치제론이 확산되는 것을 막을 수 없었다. 국민협회의 실패로 내지 참정권 확보가 어렵다는 사실이 확인되었기 때문이었다. 갑자구락부의 기반이었던 전선공직자회의에서조차 정무총감의 조선인화, 조선의회 설치를 요구하는 건의안이 제기되

---

149 「親日業 십일 단체의 소위 간부 간담회」, 『中外日報』, 1927.11.28.
150 1910년 조선에 들어와 재판소에 근무하다 변호사로 개업한 인물이다. 전주학교조합 의원과 전주시민회장을 역임했다.
151 이 회의에서 조병상은 '조선 민중이 완전한 일본인이 되기 위해서는 참정권 부여가 필요하다'고 주장하며, 조선인 공직자들을 설득했다. 「議論白熱の全鮮公職者大會」, 『京城日報』, 1928.6.24.

었고,[152] 1928년 6월 공직자대회에서는 앞에서 언급한 지방 자문기관의 의결기관화안이 정식 안건으로 채택되었다.[153] 조선인 공직자들이 늘어나며 자치론이 우위를 점하게 된 것이었다.[154] 두 번째 더 심각한 문제는 '척식성 관제 설치'였다. 다나카 내각이 식민정책의 효율화를 내세워 조선통치까지 통괄하는 '척식성 관제'를 추진한 것이었다. 다나카 내각의 논리는 식민정책을 효율적으로 집행하기 위해서는 식민 정책 관련 부서의 통합이 필요하다는 것이었지만, 척식성의 조선통치 관할은 그 자체로 '조선의 예외적 지위'를 부정하는 조치였다. 참정권 청원운동의 근거 자체가 사라질 수 있는 상황이 된 것이었다. 참정권 청원운동은 이전과 차원이 다른 위기에 직면할 수밖에 없었다. 특히 새롭게 등장한 위기는 본국 내각의 정책 변화로 인해 발생한 위기란 점에서 더욱 심각한 위기였다. 결국 1929년 '척식성 관제개정안'이 제기되자 참정권 청원운동은 근본적인 한계를 드러내기 시작했다.

---

152 「公職者大會 協議事項」, 『동아일보』, 1927.6.3; 「公職者大會經過 京城府廳에서 第二日」, 『동아일보』, 1927.6.6.
153 「議論白熱の全鮮公職者大會」, 『京城日報』, 1928.6.24.
154 李昇燁, 2003, 앞의 글, 102~103쪽.

4. '척식성 관제' 반대운동과 참정권 청원운동의 쇠퇴

1) '척식성 관제 설치안'의 등장 과정

1927년 문화통치체제는 새로운 변화를 맞게 되었다. 1927년 4월 정우회의 다나카 기이치 내각이 들어서며 1923년부터 계속된 비정우회 내각 시기가 끝났기 때문이었다. 다나카 내각의 첫 번째 조치는 총독교체였다. 수상 다나카는 조선 총독 사이토 마코토가 제네바 군축회의 대표로 차출되자 6개월간의 대리총독 시기를 거쳐,[155] 1927년 12월 육군대장 야마나시 한조(山梨半造)를 조선 총독에 지명했다. 야마나시는 다나카의 육사 동기이자 정치적 후원자였다. 최측근 인물을 조선 총독에 임명하여 조선통치에 대한 장악력을 강화한 것이었다.

정우회가 집권하고 야마나시가 조선 총독에 임명되자 참정권 청원운동 세력은 크게 환영했다. 신임 총독이 헌정회 내각 시기의 자치제 논의와 산업제일주의 정책을 폐기할 것이라고 기대했기 때문이었다.[156] 그러나 곧 이런 기대가 오산임이 드러났다. 1929년 다나카 내각이 참정권 청원운동을 일거에 무너뜨릴 수도 있는 '척식성 관제' 신설을 추진했기 때문이었다. 내각 내 식민 관련 부서를 통괄하는 척식성 설치는 하라 다카시(原敬) 내각 때부터 논의된 문제였다. 그러나 실행 여부가 불분명한 사

---

155 대리총독은 육군대장 우가키 가즈시게(宇垣一成)였다.
156 金丸, 1927.5,「朝鮮統治 根本對策 確保의 秋」,『時事評論』345.

안이기도 했다. 내각의 비대화, 척식대신과 조선 총독과의 관계, 식민지 재주민의 반발 같은 만만치 않은 문제들 때문이었다.[157] 요컨대 답보 상태에 있던 사안을 다나카 내각이 갑작스럽게 끄집어낸 것이었다.

다나카 내각이 척식성 관제 신설을 갑작스럽게 추진한 가장 큰 이유는 대륙침략정책 때문이었다. 1927년 3월 중국의 북벌군이 난징과 상하이를 점령하자, 헌정회 내각의 열강협조외교를 '연약외교'라고 비판했던 다나카 수상은 곧바로 '대지(對支)정책강령'을 확정하고, 대륙침략을 본격화하였는데, 그 후속 조치 중 하나로 척식성설치안을 제기한 것이었다.[158]

---

[157] 척식성 설치는 1921년 하라 다카시 내각 때부터 논의된 문제였지만, 오히려 1922년에는 척식국이 소속된 내무성이 과대해진다는 이유로 척식사무국으로 축소되었다. 그러다 1924년 헌정회가 중심이 된 '호헌 3파 내각'이 척식성 설치를 다시 결의하며 논의가 재개되었다. 논의 재개 이후 중의원이 검토한 척식성 설치 방안은 척식국이 영국 식민성을 모델로 작성한 준비안이었다. '척식국안'의 핵심 내용은 재무성·내무성·농림성의 식민정책 관련 부서를 통합하여 통일이며 적극적인 식민지개발정책을 추진하는 것이었다. 요컨대 '산업제일주의'에 입각하여 내각이 식민지개발정책을 통괄하려는 구상이었다. 그러나 구체적 준비안에도 불구하고 척식국 설치 논의는 진전되지 못했다. 정당 내각의 식민통치 개입 강화에 비판적 입장을 취했던 추밀원과 군부, 식민지 고위관료 출신 의원들 등이 척식성 설치에 부정적 입장을 보였기 때문이다. 답보 상황이 바뀌게 된 계기는 위에서 상술한 다나카 내각의 등장이었다. 척식성 설치를 핵심 공약으로 내세웠던 수상 다나카가 설치 강행을 추밀원에 통고함에 따라 상황이 급격히 바뀌기 시작한 것이다. 「拓殖局官制改正」, 『東亞日報』, 1921.6.13; 「現內閣의 行政整理問題에 의해 拓殖局은 結局廢止乎」, 『東亞日報』, 1922.10.10; 「拓殖務省設置, 最近再燃」, 『東亞日報』, 1925.8.24; 「拓殖事業의 통일과 확장」, 『時代日報』, 1926.6.3; 「日拓殖省設置問題 難捗」, 『東亞日報』, 1926.8.23; 「拓殖省設置 實現은 至難」, 『東亞日報』, 1926.11.2; 「拓殖省 新設計劃에 對하야」, 『東亞日報』, 1927.5.27; 「拓殖省新設案 朝野兩黨全部贊成」, 『東亞日報』, 1927.8.8; 「拓殖省 設置에 樞府가 反對」, 『中外日報』, 1927.8.10.

[158] '대지정책강령'의 골자는 '만몽을 중국본토에서 분리하여 일본이 치안을 유지하는' 것이다. 곧 무력을 동원한 만주침략을 대외정책의 기본 방향으로 설정한 것이었다. 清水水子, 1967, 「拓務省設置問題」, 『歷史教育』 15-1; 岡本眞希子, 2008, 『植民地官僚의 政治史』, 三元社, 90~92쪽 참조.

'척식성신설안'의 핵심내용은 다음과 같은 것이었다.

척식대신은 조선총독부, 대만총독부, 관동청, 사할린(樺太)청 및 남양청에 관한 사무를 통리(統理)하고, 남만주철도주식회사 및 동양척식주식회사의 업무를 감독한다(1조). 성 내의 구성은 관리국·식산국·척무국의 삼국으로 하고, 부의 사무를 관장한다(2조), 조선 총독은 제반 정무를 통리하며, 척식대신에 의하여 내각총리대신을 경유하여 상주를 하고 재가를 받는다(3조). 조선과 그 외 식민지를 병렬한다 (3·4·5조).[159]

조선 관련 내용만 요약하자면 척식성의 3국이 조선을 포함한 모든 식민지 관련 업무를 관리·감독하고, 조선 총독 역시 천황의 재가를 받기 위해서는 척식대신과 내각총리대신을 경유해야 한다는 것이었다.

물론 '척식성설치안'은 쉽게 처리되지 않았다. 식민통치의 명분과 대륙정책, 그리고 정당세력의 이해관계가 복잡하게 얽혀 있었기 때문이었다. 당장 법안 심의를 담당한 추밀원부터 반대했다. 1929년 3월 19일 각의는 척식성관제안을 통과시켰지만, 추밀원은 정당 내각의 권한 확대를 우려하여 척식성 설치를 반대했다.[160] "3·1운동과 같은 상황이 다시

---

[159] 岡本眞希子, 2008, 위의 책, 92쪽.

[160] 반대 요지는 '1)척식성은 제2차 이토 내각 당시 대만총독부 설치 때 이미 관제상 의의 (疑義)가 있어 폐지하였으며, 그 후 설치한 조선총독부, 관동청 등을 모두 친임으로 한 이래, 통치방침의 변화가 없는데 부활시킬 필요가 없다. 2) 종래 총리대신과 직접적인 관계가 있는 식민지장관이 척식대신의 예하가 되면 식민지장관의 신부민 대업을 익찬하는 것이 아니다. 3) 대신병을 구제하기 위하여 대신 의자를 늘리는 것은 정치의 타락이다' 등이었다. 『中外日報』, 1929.4.3, 「拓殖省官制案 樞府에서 反對氣勢」.

야기될 수 있다"는 것이었다. 예컨대 전임 총독이자 추밀원 고문이었던 사이토는 "자신이 추밀원의 유일한 반대자가 된다고 하더라도 찬성할 수 없다"고 완강하게 척식성설치안을 반대했다.[161] 그러나 내각이 결정한 사안을 추밀원이 끝까지 거부할 수는 없었다. 정우회는 탄핵까지 언급하며 추밀원을 압박하였고,[162] 결국 추밀원 정사위원회(精査委員會)가 수정안을 심의하기로 합의했다.[163]

2) '척식성 관제' 반대운동의 전개 과정과 영향

친일정치운동세력은 척식성 설치가 가시화되자 격렬하게 반발했다. 조선의 위상이 완전한 '식민지'로 격하될 수 있다고 생각했기 때문이었다. 갑자구락부와 국민협회는 공개적으로 '척식성 관제' 반대 성명을 발표하였고, 동민회 부회장 박영철(朴榮喆)을 비롯한 조선인 동민회원 13인은 항의의 표시로 '내선합작' 단체 동민회를 탈퇴했다. 특히 동민회를 탈퇴한 인물들은 앞으로도 동민회에 복귀하지 않겠다고 선언했다.[164] 또 국민협회는 단체 해산까지 거론했다.[165] 친일정치운동세력들의 반발은 집단행동으로 이어졌다. 척식성설치반대운동세력은 1929년 4월 21일

---

161 岡本眞希子, 2008, 앞의 책, 93쪽.
162 정우회는 추밀원이 내각의 결정에 일일이 간섭하는 것은 입헌정치체제를 부정하는 것이라 비판하고, 그렇다면 추부를 해체하는 것이 나을 수도 있다고 강경하게 추밀원을 공격했다. 「政權의 앞에는 無主義無政見」, 『中外日報』, 1929.4.15.
163 「拓植省 新設官制, 樞府委員會에 上提, 통과될 희망 확실」, 『中外日報』, 1929.4.15.
164 「拓省官制反對의 輿論 漸次로 重大化」, 『每日申報』, 1929.4.20.
165 重藤末彦, 1929.6, 「拓植省問題と五團體の反對運動」, 『朝鮮公論』 17-6호, 2~8쪽.

박영철의 집에 모여 '척식성 관제반대기성회'를 조직하고, 구체적인 반대 활동에 착수했다. '척식성 관제반대기성회'에 참석한 인물과 단체는 다음과 같았다. 나리마쓰 미도리(成松綠), 이케다 조지로(池田長次郞), 조병상(曺秉相) (이상 갑자구락부), 우라하라 규시로(蒲原久四郞), 고스기 긴파치(小杉謹八), 와타나베 데이치로(渡邊定一郞) (이상 동민회), 김명준(金明濬), 김환(金丸) (이상 국민협회), 데라오 다케시사부로(寺尾猛三郞), 전성욱(全聖旭)(이상 대정친목회), 오태환(吳台煥), 최덕(崔悳) (이상 교육협성회) 등이었다.[166] 재조일본인을 제외한 나머지 인물은 모두 국민협회와 갑자구락부의 회원이었다. 사실상 갑자구락부와 국민협회가 '척식성 관제반대운동'을 주도한 것이었다. 한편 척식성 설치로 인해 권한이 약화될 수밖에 없었던 총독부 관리들도 반대운동에 동조했다. 예컨대 집단행동을 앞둔 반대운동세력들이 경무국장을 찾아가 양해를 구하자, 경무국은 본국의 정책에 노골적으로 저항하는 행동임에도 단체행동을 묵인했다.[167]

'척식성 관제반대기성회'를 조직한 반대운동세력들은 일단 1929년 4월 24일 '척식성 관제 반대 강연회'를 개최한 후, 다시 척식성 관제반대동맹'을 결성하여 박영철, 최덕, 조병상 등을 도쿄에 파견했다.[168] 전임 총

---

166 이중에서 김명준, 김환 등을 제외하면 모두 국민협회와 갑자구락부에 동시에 관여한 인물이었다. 京本高秘 제2403, 1929.4.23, 「拓植省官制反對期成會 打合會ニ關スル件」.
167 「朝鮮除外運動 東上代表銓衡」, 『京城日報』, 1929.4.21.
168 국민협회는 별도로 김명준을 파견하려 하였지만, 경찰 측의 반대 때문에 실패했다. 경찰이 국민협회의 단독행동만큼은 제한한 것이었다. 한편 재조일본인 세력은 대표단에 아무도 참가하지 않았다. 일본 정부와의 직접적 충돌을 피하려 했기 때문이었다. 그리고 이런 태도는 결국 조선인 친일세력들이 재조일본인세력을 비판하는 이유가 되었다. 京本高秘 제2503, 1929.4.25, 『拓植省官制反對 六團體協議會ニ關スル 件』.

독 사이토와 추밀원 의원들이 척식성설치안에 반대한다는 것을 알고, 이들을 통해 안건 통과를 막으려 한 것이었다. 도쿄에 도착한 대표들은 시내에 진정서를 배포하는 한편, 사이토 전 총독과 사카타니 요시로(阪谷芳郞) 중앙조선협회 회장의 주선으로 수상과 추밀원장에게 의견서를 제출했다. 다음과 같은 내용이었다.

> 생각건대 동서양 역사에서 다른 나라의 국토와 민중을 병합하면서 식민지라는 이름을 붙인 선례는 과연 어떤 나라일까. 영국의 아일랜드·이집트·인도, 미국의 쿠바·필리핀, 그리고 프랑스의 베트남이 그렇다. 이들은 지리적 관계와 역사적 요인이 모두 같지 않다. 문화의 계통, 언어, 습관, 풍속 등이 전혀 다르다. 다만 전쟁과 속임수로 나라와 백성을 뺏었다. 그런데 조선과 일본의 관계는 이에 비할 바가 아니다. (중략) 그런데도 백인을 모방하여 조선에 식민지 호칭을 사용하는 것은 실로 옳지 않다. (중략) 조선의 신동포는 대략 2천만을 헤아린다. 그 인심의 융합과 괴리는 일본제국의 국운의 융체(隆替)와 관련된 문제이다. 한 내각의 교체, 일당 일파의 소멸과 동일하게 논할 문제가 아니다. 의심은 피하는 것이 현명하다. 왜 의혹의 새로운 성을 설치하여 신동포의 반감을 조성하여 백년 국운의 화근을 만드는가 (진정서)[169]
> 1. 척식성의 명칭을 변경할 것.
> 2. 관제 내용 중 조선만은 다른 부문을 설정하여 취급하고 기타는 사무별로 할 것.

---

169 「內閣總理大臣·樞密院議長 宛, 各團體聯合ニテ提出シタル陳情文」(國民協會宣傳部 編, 『國民協會運動史』, 1931), 50~51쪽.

3. 관제 발포와 동시에 총리대신은 조선을 식민지로 취급하지 않겠다는 성명을 발표할 것.(田中義一 수상에 제시한 희망 내용.)[170]

식민지는 '전쟁과 속임수로 나라와 백성을 뺏은' 백인들의 지배지역에나 해당하는 '이름'이며, 이런 '호칭'을 자발적으로 병합에 동의한 조선에 사용한다면 '이천만 조선인'들이 반발하여 제국의 국운까지도 위험해질 수 있다는 것이었다. 조선을 대표하는 친일세력들이었지만, '제국의 국운'까지 언급하며 내각의 정책을 비판한 것이었다.

척식성반대세력들의 주장에 대해 일본 언론은 '내지연장주의에 따르면 내각의 척식성에 의해 직접 의견이 대표되는 것이 맞지 않는가?'라는 냉소적 반응을 보였지만, 예상 이상으로 친일세력들이 강하게 반발하고, 통치불안에 대한 우려가 곳곳에서 제기되자, 다나카 내각은 원안 강행을 중단했다.[171] 결국 추밀원과 척무성은 수정안을 재작성하였고, 다나카 내각은 수정안을 받아들였다. 최종적으로 정사위원회를 통과한 수정안의 내용은 다음과 같은 것이었다.

제1조 척무대신은 조선총독부, 대만총독부, 관동청, 화태청 및 남양청에 관한 사무를 통리하고, 남만주철도주식회사 및 동양척식주식회사의 업무를 감독한다.
제2조 척무성에는 조선부, 감리국, 식산국, 척무국의 1부 3국을 둔다. 조선부에 부장 1명을 두고 사무차관겸직으로 한다.

---

170 앞의 자료, 47쪽.
171 『京本高秘』 2503호, 1929.4.26, 「拓植省官制反對運動ニ關スル件」.

제3조 총독은 제반의 정무를 통리하여 내각총리대신을 거쳐 상주 및 재가를 받는다.[172]

부서 명칭을 척식성에서 척무성으로 변경하는 한편, 조선부를 별도로 설치하고, 조선 총독의 척무성 경유 과정을 삭제하여 조선 총독과 조선의 특수한 위상을 유지하게 한 것이었다. 수정안이 통과된 후 다나카는 담화를 통해 "척무성 설치는 조선을 식민지 취급하는 것이 아니며 앞으로도 일시동인의 원칙 아래 조선인을 동등한 제국 신민으로 대우하겠다"는 뜻을 밝혔다.[173] 수정된 내용이나 담화 내용 모두 척식성 관제반대운동세력이 주장한 것이었다. '반대동맹'의 주장이 법안 통과에 영향을 미친 것이었다. 그러나 일부 내용의 수정에도 불구하고 반대운동이 성공한 것은 아니었다. 1조에서 척무대신이 여타 식민지와 함께 조선총독부의 사무를 통리한다고 명시했기 때문이었다. 다나카 내각은 부서명칭과 사무 처리 과정의 형식을 양보한 대신, 관제 설치의 핵심이라고 할 수 있는 내각의 조선통치 관리·감독 권한을 확보한 것이었다.[174]

맹렬한 반대운동에도 불구하고 결국 내각의 입장이 관철되자, 참정권 청원운동 내부에 잠재해 있던 조선인세력과 재조일본인세력의 갈등이 표면화되었다. 먼저 조선인 참정권운동세력들이 재조일본인세력의 소극적 대응을 비판했다. 다음과 같은 주장이었다.

---

172 「朝鮮總督은 拓務大臣 管轄 外, 朝鮮部를 독립시킨 拓殖省官制內容」, 『중외일보』, 1929.5.25; 岡本眞希子, 2008, 앞의 책, 95쪽 참조.
173 『京城日報』, 1929.5.24; 『每日申報』 1929.5.25; 『京城日報』, 1929.6.11.
174 岡本眞希子, 2008, 앞의 책, 98~102쪽 참조.

이 문제에 대해서 일본인과 조선인의 주장이 다르다고 생각한다. 즉 조선인은 식민지 백성이 되는 것에 반대하고 일본인은 이에 동정하는 것에 불과하다. 내가 본 문제에 반대하는 이유는 다음과 같다. 1. 척식이라는 글자는 조선을 식민지로 취급하는 것이다. 2. 조선병합 당시 메이지대제가 환발한 조칙에는 "특히 조선 총독을 두어 이를 통해 짐의 명을 내리고, 총독은 이를 받들어 육·해군을 통솔하고 제반 정무를 통괄한다"로 되어 있지만, 1919년 관제 개정 시에 "조선 총독은 내각총리대신을 거쳐 상주하여 재가를 받는다"로 바뀌었고, 더욱이 이번 척식성 설치 관제는 "총독은 척식대신과 내각총리대신을 거쳐 상주한다"로 변했다. 개정 시마다 그 지위가 저하되어 앞으로 개정이 되면 얼마나 저하될지 모르겠다. 나는 폐하의 적자로서 일본인과 다르지 않다고 생각한다. 그런데도 남양 대만의 토인과 동일한 취급을 받는 것에 불평을 품지 않을 수 없다. 요컨대 제국 신민이 되는 것을 바라마지 않는다. 또 동민회가 오늘날까지 시행해온 사업은 조선인을 일본인 정도로까지 향상하려는 다름 아닌 동민정신이었다. 이번 문제에 대해 앞으로 조선인이 취하려는 운동방침이 동민회의 일본인 회원에게 당혹감을 주지 않을지 염려되어 탈회하는 바이다. 하지만 불행하게도 일본인은 척식성 문제를 둘러싸고 냉정하고도 정관적인 태도로 솔선하여 강구하는 태도를 보이지 않는 것은 유감이다.[175]

조선인들은 갈수록 저하되는 조선인의 지위 때문에 절박한 마음으로 척식성 설치를 반대하지만, 일본인들은 '냉정하고', '정관적'인 태도를 보

---

175 『京本高秘』 제2403, 1929.4.23, 「拓植省官制反對期成會 打合會ニ關スル件」.

인다는 것이었다. 척식성 문제를 계기로 재조일본인세력에게 갖고 있던 불신감이 그대로 표출된 것이었다.[176] 불만은 재조일본인세력도 마찬가지였다. 재조일본인세력은 조선인들의 '과잉 반응'이 불순한 정치적 의도 때문이라고 생각했다. 재조일본인들은 "왜 정치단체인 갑자구락부에서는 탈퇴하지 않으면서 동민회는 탈퇴하는가, 탈퇴를 주도한 조병상 등의 야욕 때문이 아닌가, 불순한 의도가 개입된 직업적 행동 아닌가"[177] 라고 조선인들의 태도를 비판했다. 척식성 설치 문제로 참정권 청원운동이 좌초될 위기에 처하게 되자 그동안 가려져 있던 재조일본인과 조선인세력의 갈등이 전면에 표출된 것이었다. 두 세력의 갈등은 두 세력 모두가 참여하고 있던 갑자구락부가 "개별행동은 반대운동에 도움이 되지 않는다"고 설득하여 봉합됐지만,[178] 참정권 청원운동의 동력은 현저히 약해질 수밖에 없었다. 참정권 실현 가능성 뿐만 아니라 운동 주체들 간의 신뢰도 사라졌기 때문이었다. 한편 참정권 청원운동이 쇠퇴하자, 갑자구락부와 국민협회의 정치적 기반도 크게 흔들렸다. 먼저 갑자구락부의 기반이었던 공직자들의 태도가 변했다. '자문기관의 의결기관화안'도 기각했던 1928년 전선공직자대회와 달리 1929년 10월에 열린 제6회 경성공직자대회는 '조선에 특별입법기관 설치 요망의 건'을 정식의안으로 상정

---

176 그리고 이런 불신감 때문에 조선인 세력은 친일자본가 박영철과 후작 박영효를 끌어들여 독자적 활동을 추진하려 했다.『每日申報』, 1929.4.20.

177 『京本高秘』 2503호, 1929.4.26,「拓殖省官制反對運動ニ關スル件」. 한편 다나카 수상의 측근인 야마나시 총독은 '척식성 설치가 조선통치에 변화를 줄 것이 없다고 척식성 설치에 찬성의사를 보였다.『朝日新聞』, 1929.4.23.(內田じゅん, 앞의 글에서 재인용);『京城日報』, 1929.5.6.

178 「別別の運動は面白くない－甲子俱樂部も二十日總會開催」,『京城日報』, 1929.4.19; 內田じゅん, 2003, 앞의 글, 192~194쪽 참조.

했다.[179] 나아가 이듬해 열린 1930년 대회는 같은 안을 공식 건의안으로 채택했다. 참정권청원론이 압도적으로 우세했던 1928년과 달리 상당수의 공직자세력이 자치제 지지로 입장을 바꾼 것이었다. 특히 조선인 의원들의 변화가 두드러졌다. '특별입법기관 설치'안을 발의한 손치은은 "조선인은 고등교육을 받아도 고등유민이 되고 있으며, 이는 20년간 조선인이 생명·재산의 법률에 참여하지 못했기 때문이다"라고 주장하며 자치제 실시를 역설하였고, 경성부협의회원 한만희는 "참정권은 이상론일 뿐이다. 조선의 현세에 적합하고 가까운 장래에 실현할 방법은 손씨 의견뿐이다"라고 하며 참정권청원론을 정면으로 비판했다.[180] 공직자세력 만이 아니었다. 친일세력의 전반적인 여론도 크게 변했다. 교토제대 출신의 조선인 관료였던 이범승은 "오늘날 조선인들이 열망하고 있는 것은 자치제의 단행"이라고 사이토에게 보고하였고,[181] 한때 참정권 청원운동을 지지했던 친일자본가 한상룡, 박영철 등도 자치제 지지로 입장을 바꿨다.[182] 내지참정 가능성이 희박해지자, 참정권 청원운동 세력을 지탱했던 정치적 기반들이 무너지기 시작한 것이었다.

---

179 『京城日報』, 1929.10.8, 1929.10.9.

180 이런 상황에 대해 조선총독부 경무국은 '회를 거듭할수록 내지인의 정치적 요구는 경시되고 있으며, 조선인 의원들은 노골적으로 민족적 주장을 제기하고 있다'고 경계심을 보였다. 朝鮮總督府警務局, 1930, 『高等警察關係年表』, 200~201쪽; 『京本警高秘』第2537-1號, 「第六回 公職者大會開催ノ件」; 『京城日報』 1929.10.8; 『京城日報』 1930.4.28; 1930.4.29.

181 「齋藤實宛李範昇書翰」1929.8.22, 『齋藤實文書』 書翰의 部, 1888.

182 內田じゅん, 2003, 앞의 글, 192쪽; 『兒玉文書』, 1929.11.8, (李炯植, 2007, 「政党內閣期(一九二四-一九三二年)의 朝鮮總督府官僚의 統治構想」, 『東京大學日本史學硏究室紀要』第十一号, 394~395쪽에서 재인용).

제3장
1930년대 친일정치운동 세력의 제도적 편입과 참정권 청원운동의 소멸

1. 조선총독부의 '제2차 지방제도 개정'과 그 영향

참정권 청원운동 세력이 '척식성 관제 설치' 문제로 혼란을 겪는 동안 조선총독부 역시 위기에 직면했다. 총독 야마나시가 수뢰 사건으로 실각했기 때문이다. 가뜩이나 신간회로 대표되는 민족운동세력의 발흥을 막지 못한 상황에서 총독까지 불명예 퇴진을 하자 조선총독부는 기관의 위상 자체가 흔들렸다.[183] 위기 수습의 책임을 맡은 인물은 전임 총독 사이토였다. 1929년 다시 조선 총독에 취임한 사이토는 당면한 위기의 타개방안으로 지배체제 개편을 추진했다. 계속된 통치불안을 해소하기 위해서는 체제협력 기반을 확대해야 한다고 생각했기 때문이었다. 사이토의 정치참모였던 아베에 따르면 "경찰의 억압 위주 통치가 실제적 효과를 내지 못한 이상, 조선 내지의 권위자를 망라하여 조선민심의 완화를 기도해야 한다"는 것이었다.[184]

사이토는 이미 1927년 측근 관료인 나카무라 도라노스케(中村寅之助)를 통해 비밀리에 자치제를 검토한 적이 있었지만,[185] 이번에는 총독부 관료들을 대거 동원하여 다양한 체제개편안을 준비했다. 본국 정부와의 지난한 협의 속에 최종적으로 결정된 안은 '지방자치제개정안'이었다. 애초

---

[183] 森山茂德, 2000, 「日本の政治支配と朝鮮民族主義-1920年代の'朝鮮自治論'を中心として」, 『戰爭·復興·發展-昭和政治史における權力と構想』, 東京大學出版會; 李炯植, 2007, 앞의 글 참조.

[184] 「兒玉秀雄宛阿部充家書翰」, 1929.6.23, 『兒玉秀雄關係文書』 1-24-1; 李炯植, 위의 글, 393쪽에서 재인용.

[185] 자세한 것은 이 책 제2부 제3장 2절 참조.

에 조선총독부가 중점적으로 준비한 방안은 '조선지방의회설치안'이었지만, 본국 정부가 이를 반대함에 따라, 가장 낮은 수준의 개편안인 '지방자치제개정안'에 합의하게 된 것이었다.[186] 총독부는 1930년 3월 11일, '조선지방자치권확장안'을 일본 내각에 제출하였고, 개정안은 법조문 정리를 거쳐 11월에 일본 각의를 통과했다. 그리고 천황의 재가를 받아 11월 29일과 12월 1일 자로 제2차 지방제도 개정 관련 칙령과 제령, 총독부령의 개정이 공포되었다.

1930년 11월부터 무려 17개의 법령 개정을 통해 공포된 지방자치제 개정 내용은 다음과 같은 것이었다.

1. 종래의 지정면제도 대신 새로이 읍을 신설하여 부·면제를 부·읍·면제로 바꾼다.
2. 부는 이미 1914년부터 공법인이었으나 1930년 12월 개정에서 읍·면·도가 법인이 되어 지방자치단체가 되었다. 따라서 도지방비라는 개념은 폐지한다.
3. 종래 자문기관에 불과했던 부·면협의회와 도평의회 대신에 의결기관인 부회·읍회·도회를 설치했다. 면협의회는 여전히 자문기관으로 존속시키지만, 협의회원은 종전의 임명제 대신 선거제를 채용한다.
4. 부·읍·면 및 도회의원의 임기는 종전의 3년에서 4년으로 1년씩 연장한다.

---

186 이 문제는 결국 정무총감 고다마 히데오의 퇴진 문제로까지 이어졌다. 충남도청 이전 문제를 둘러싼 내각과의 대립이 직접적 이유였지만, 자치안을 둘러싼 내각과의 대립도 사임의 원인이 되었다. 『宇垣一成日記』 1권, 1929.8.27, 729쪽, 자세한 것은 이 책 제2부 제4장 2절, 3절 참조.

5. 부를 관할구역으로 하는 학교비와 학교조합을 부에 통합하고, 부 학교비평의회와 학교조합평의회의 기능을 부회가 원활히 수행하도록 일인 의원 수의 하한(정원의 4분의 1)을 규정한다.
6. 종래와 같이 의회의 당연직 의장은 부윤·읍면장·도지사로 하되, 부회·도회는 부의장제를 두어 의원 호선에 의하여 선출하기로 한다.
7. 의장은 종래와 같이 의원의 발언 제지, 발언 취소 요구권, 발언 금지 및 퇴거 명령권을 가지나, 종전의 의원 자격요건 유무 결정권 및 도지사의 직무 태만 및 체면 오손에 따른 의원해임권은 폐지한다.
8. 도제는 1930년에 공포하지 않고 1933년 2월 1일 자 총독부령 15호로 공포한다.
9. 1931년 3월 24일 자 총독부령 21호로 선거취체규칙이 개정되어 부회의원의 경우 선거 3일 전까지 소관경찰서에 출마 및 추천 의사를 계출하도록 의무화한다.
10. 선거권과 피선거권은 25세 이상, 독립생계를 영위하는 가구주, 부세, 읍·면세 연액 5원 이상 납부자로 제한하는 종전의 규정을 유지하며, 도회의원은 1/3은 도지사의 임명, 2/3은 부·읍·면 의원의 간접선거로 선출한다.
11. 부·읍회 및 도회에 대한 부윤·읍장·도지사와 상급관청의 의결권 제한. 부회·읍회·도회에서 행한 의결이 권한을 넘거나 법령 또는 회의규칙에 위반하거나 공익을 해하거나 그 단체 재정상의 수지에 관하여 부적당하고 인정될 때는 각급 수장은 직속 상급관청에 재의에 부칠 수 있다. 부회·읍회·도회가 의사정족수를 채우지 못하여 성립하지 않았을 때, 회의 소집에 의하지 않을 때, 회의

가 불가능해도 반드시 꼭 의결해야 할 때 각급 수장은 상급관청의 지휘를 받아 그 사건을 직권으로 처리할 수 있다.
12. 법령에 의해 그 자치단체의 비용으로 부담할 수 있는 규정이 있거나, 상급관청이 직권으로 명한 비용을 예산에 등재하지 않거나 예산안을 삭감했을 경우 부·읍·면은 도지사가, 도는 총독의 직권으로 그 비용을 추가할 수 있다. 반대로 부·읍·면·도의 예산 중 부적당한 것으로 인정될 때 부·읍·면은 도지사가, 도는 총독이 직권으로 이를 삭감할 수 있다.[187]

제2차 지방자치제안의 핵심 내용은 자문기관에 불과했던 지방의회를 의결기관으로 격상하고 면협의회를 선거제로 전환하는 것이었다. 즉 조선인의 정치적 욕구를 지방자치기관으로 흡수하여 통치체제의 외연을 확대하는 구상이었다.

그런데 지방자치제 개정안이 발표되자, 조선 사회는 통치 당국이 예상한 것 이상으로 적극적인 반응을 보였다. 지역유력세력들이 의결기능에 관심을 보였기 때문이다. 지방기관의 정책 결정 과정에 영향력을 행사할 수 있게 되었다고 판단한 지역유력세력은 선거 대비 활동을 시작하였고, 그들과 밀접한 관계에 있던 일부 민족주의 세력들도 대응 활동을 시작했다. 예컨대 민족주의 우파세력을 대표했던 동아일보는 지방제도개정안의 한계를 비판하면서도, 급히 '전국 순회 지방발전좌담회'를 조직하여

---

187 이상 지방자치제 개정 내용과 특징에 대해서는 孫禎睦, 1992, 『韓國 地方制度 自治史 研究 上: 甲午更張~日帝强占期』, 一志社, 240~246쪽 참조.

지역 현안들을 소개하였고,[188] 천도교 신파는 '합법적 온건 운동을 창도하려면 내정독립이 필요하다'고 주장하며 자파 관련 인사들의 선거 출마를 독려했다. 경찰이 "민족주의세력들이 지방의회 내부에 자기세력을 부식시켜야 한다며 '민족적 언사'를 농(弄)하며 선거에 입후보 혹은 동지의 운동원으로 활동하는 상황"이라고 걱정할 정도로 뜨거운 선거국면이 조성되었다.[189]

'지방자치제개정안' 공포로 시작된 정치 열기는 1931년 부·읍회선거와 1933년 도회선거에서 정점에 이르렀다. 경찰에 따르면 다음과 같은 상황이었다.

> 조선지방자치제도의 도제는 지난 1930년(昭和 5) 12월 부제·읍·면제 등과 동시에 발포되었지만 그 실시기는 부제·읍제의 실적을 보면서 결정하는 것이었는데 1932년(昭和 7) 12월 시행규칙이 발포되어 1933년(昭和 8) 4월 1일부터 실시하게 되었다. 내선인 모두 신제도의 시행에 대하여 한 목소리로 당국의 영단을 칭하는 것과 더불어 조선 문화의 진전을 여실히 입증하는 것으로, 참정권 부여의 계제를 만드는 것으로 칭하여 신제도에 절대적인 기대를 갖고 신도제 실시 후 최

---

188 '현재 상태의 역량을 조사하고 지혜로운 전도 방침을 세운다'는 취지 아래 1930년 여름에서 가을까지 진행된 좌담회에는 현직 지방자문기관협의회원을 비롯하여 선거 출마가 예상되던 지역유지들이 적잖이 참여했다. 명목상으로는 발전좌담회였지만, 사실상 동아일보 주도의 예비 선거유세였다. 「地方座談會, 地方狀況의 理解위해 本社가 마련」, 『東亞日報』, 1930.10.3.

189 「朝鮮ニ於ケル參政權運動」; 「鮮內地方選擧取締ノ狀況」. 이 자료들은 『朝鮮ニ衆議院議員選擧法施行ノ請願ノ件』(1933)(アジア歷史資料センタ 소장)이란 제목으로 척무성에서 작성한 문서철에 포함되어 있다.

초의 의원이 되기 위해 조기에 입후보를 준비한 자가 적지 않다. 때마침 제국의회에서도 박춘금 대의사 등의 활동에 의하여 조선 참정권 문제에 관한 청원이 채택되었고, 만주사변 이래 일반 조선인 간에 강국 일본에 의지하여 민족 발전의 방도를 구해야 하는 기풍이 발흥하고 있는 때에 참정권 문제의 전제가 되는 지방자치의 확립에 참여하는 것은 유의미하다고 인식하여 종래 이 방면에 비교적 냉담하였던 분자도 다투어 각축, 활동하는 기세를 보이고 있다. 그리하여 2월 1일 지방선거취체규칙의 개정·공포됨과 더불어 재빨리 입후보 계출을 한 자 속출하여 3월 15일 현재 이미 그 수가 366명에 달하여 민선의원 정수 283명을 83명이나 넘었고, 다시 4월 1일에는 686명이 되고, 동월 20일에는 918명이 되어 그 후 계출 마감일에는(5월 3일) 1026명 (내지인 96명, 조선인 930명)의 많은 수에 달하여 정원 1명에 대한 입후보자 수 평균 3.5대 1이었지만, 심하면 정원 1명에 대하여 9명의 입후보자가 난립한 지방도 있어서 맹렬한 경쟁을 연출한 결과 선거 위반을 한 경우도 적지 않았다.[190]

'민족 발전의 방도를 구하기' 위해 '비교적 냉담했던 분자들도 다투어 활동'한 결과, 선거규칙을 위반할 정도의 치열한 선거전이 진행됐다는 것이었다. 조선총독부로서는 자치제나 내지참정 같은 획기적 지배구조 개편 없이도 지역 유력세력들을 흡수하게 된 것이었다.[191]

---

190 朝鮮總督府 警務局 編, 1933, 「最近に於ける朝鮮の治安狀況」, (巖南堂書店, 1966년 복각판), 84쪽.
191 아이러니하게도 경찰 당국의 고민은 선거 과열로 인한 후유증이었다. 예컨대 '직간접으로 조선에 이해를 가진 세력이 법령 개폐에 따른 이해관계를 노려 내선일체를 표방

그러나 지방자치제 개정이 의외로 성공을 거두자, 친일정치운동세력은 1920년대와는 또 다른 압박을 받게 되었다. 친일정치운동세력의 가장 중요한 활동 명분이 바로 지방자치제가 흡수한 '조선인들의 정치적 불만'이기 때문이었다. 체제 안정을 이루기 위해서는 조선인들의 정치적 불만을 해소해야 하며, 그렇게 하기 위해서는 자치제나 내지참정을 도입해야 한다는 것이 친일정치운동세력의 논리였는데 이제 더는 그런 논리를 구사할 수 없게 된 것이었다. 체제 내 입지도 불안해질 수밖에 없었다. 지방자치제를 통해 친일정치운동세력들의 역할을 대체할 수 있는 체제협력세력이 크게 늘어났기 때문이었다.

지방자치제 국면이 확대되자 이미 1920년대 중반부터 침체해 있던 친일정치운동단체의 상황은 더욱 악화됐다. 국민협회는 기관지를 폐간해야 할 정도로 재정 상황이 심각해졌고, 갑자구락부는 참여 회원이 줄어들어 간담회나 성명서 발표 외에는 다른 활동을 할 수 없게 되었다. 그리고 이런 상황은 조선사회의 개량화가 진행되면 될수록 더욱 확대되었다. 통치기반을 확대한 식민통치 당국이 굳이 위험을 감수하면서까지 친일정치운동을 지원할 필요가 없어졌기 때문이었다. 총독부는 친일정치운동세력에게 지배정책 협력에 전념할 것을 요구하였고, 정치적 목표를 상실한 친일단체 회원들은 실질적 이익을 확보하는 데 더 많은 관심을 두게 되었다.

하며 의회, 정부 요로에 청원, 건백서, 진정 등의 운동을 하는 것이 치안 유지에 복잡한 영향을 미치고 있어 이를 어떻게 처리해야 할 것인가'를 검토해야 한다고 평가했다. 京畿道警察部, 1938, 『治安情況』,「부표」 참조.

2. 친일정치운동 세력의 현실 대응 양상과 정치적 분열

1) 참정권 청원운동 세력의 대응 양상과 한계

　1930년대 초 친일정치운동은 잠시나마 다시 활기를 띠었다. 체제협력세력 상당수가 지방제도 개정을 자치제 실시나 내지참정의 전 단계로 생각했기 때문이었다. 여기에 1932년 박춘금(朴春琴)이 조선인 최초로 중의원 의원에 당선되고, 박영효가 귀족원 의원(칙선)에 선출되자 친일정치운동은 다시 활기를 되찾았다.[192] 먼저 국민협회는 1930년 1월 정기총회를 통해 척식성 관제반대운동 이후 공석이었던 회장에 백작 송종헌을 선출하고,[193] 간부진 대부분을 교체했다. 재산가인 송병준의 아들 송종헌과 새로운 인물들을 영입하여 자금난을 해소하고, 조직 전체의 활동력을 복구하려 한 것이었다. 그리고 이렇게 조직을 정비한 국민협회는 1931년 정기대회에서 참정권 청원운동을 재결의했다. 1928년 이후 3년 만에 참정권 청원운동을 다시 결의한 것이었다. 참정권 청원운동을 다시 시작한 국민협회는 1931년과 1932년 연이어 참정권청원 건백서를 제출했다. 특히 1932년에는 중의원 박춘금에게 의회 연설을 부탁하고, 수상이 된 사이토에게 직접 건백서를 전달했다. 총독부가 긍정적 반응을 보이지 않자,

---

192　朝鮮總督府 警務局編, 1937, 『昭和 12年 第73回 帝國議會說明資料』(韓國歷史硏究會 편, 1992, 『日帝下社會運動史資料叢書』 2, 고려서림), 76~77쪽.
193　「國民協會大會」, 『京城日報』, 1930.1.21.(석)

총독부를 경유하지 않고 참정권 청원운동을 시작한 것이었다. 또 국민협회는 1920년대와 달리 '이권 확보 활동'과 '시국 대응 활동'에도 적극적으로 참여했다. 예컨대 1930년 7월 만주와 신의주가 '소화제강(昭和製鋼)' 유치를 놓고 경쟁을 벌이자 갑자구락부 등과 함께 '소화제강유치기성회'를 조직하여 조선유치운동을 전개하였고,[194] 1931년 만주사변 발발 후에는 시국대책회의를 조직하여 체제 선전 활동과 일본군 지원 활동에 참여했다. 친일단체로서의 활동력을 강화하기 위해 총력을 다한 것이었다.[195]

그러나 다양한 노력에도 불구하고 참정권 청원운동의 활기는 오래가지 못했다. 국민협회는 1931년과 1932년 의욕적으로 건백서를 제출했지만 후속 활동을 이어가지 못했고, 회장 송종헌과 간부진도 1932년 총회에서 자진 사퇴했다. 몇 가지 이유 때문이었다. 첫 번째는 고질적인 자금난 때문이었다. 국민협회는 1929년 총독부가 자금 지원을 중단한 이후 만성적인 재정난에 시달리고 있었다.[196] 총독부라는 안정적 재정기반이 사라진 데다, 수입의 상당 부분을 담당했던 지역유지들이 조직을 이탈했기 때문이었다. 1920년대 지방지부에 참가했던 이병학, 김갑순, 서병조, 정수태 등의 대지주 중에서 1931년에도 남은 인물은 서병조 한 명뿐이었다. 그리고 이렇게 지역 유력세력의 이탈이 심각해진 상황에서 자금 지원을 기대하고 영입한 송종헌이 회장직을 사임하자, 국민협회의 재정은 최악의 상황이 되었다.[197] 기관지 『민중신문(民衆新聞)』은 재간행 1년 만

---

194 「昭和製鋼期成會 7日에 委員會開催」, 『每日申報』, 1930.7.7.
195 「滿洲問題와 國民協會의 활동」, 『每日申報』, 1931.10.22.
196 「國民協會大革新進展を策す」, 『朝鮮新聞』, 1929.1.19.
197 京鐘警高秘 제592호, 1931.1.19, 「集會取締狀況報告-國民協會評議員會」; 京鐘警高秘 제593호, 1931.1.19, 「集會取締狀況報告-國民協會 第16會 定期總會」

에 다시 휴간에 들어갔고, 그나마 남아 있던 본부 건물조차 유지하기 힘들어졌다.[198]

그리고 이런 심각한 재정난은 참정권 청원운동의 약화로 이어졌다. 송종헌 이후 새로 선출된 지도부가 총독부의 지원을 확보하기 위해 시국 관련 활동에 모든 역량을 집중했기 때문이다. 1932년 송종헌의 뒤를 이어 회장에 취임한 이병렬은 '국민협회만주출장소개설, 국민청년구락부설치, 월간 기관지 발행 등 만주침략 지원 활동에 모든 역량을 집중하였고,[199] 그에 따라 참정권 청원운동은 점차 핵심 활동에서 멀어졌다. 국민협회는 1933년에도 청원운동을 진행했지만, 제출된 건백서에 서명한 인물은 각 도 대표 15명에 불과하였다.

국민협회의 참정권 청원운동이 침체된 두 번째 이유는 지도부의 교체였다. 앞에서도 살펴봤듯이 국민협회는 이미 1920년대 중반부터 내부 갈등이 심각했다. 참정권 청원운동이 계속 성과를 거두지 못하자 운동 강행을 주장한 주류세력과 노선 전환을 요구하던 비주류세력이 끊임없이 대립했기 때문이었다.[200] 이렇게 계속되던 갈등은 1930년대 초반이 되며 새로운 국면에 접어들었다. 1929년 참정권 청원운동을 상징했던 회장 김

---

198 「陣容を一新した民衆新聞」, 『京城日報』, 1930.2.17; 「國民協會 幹部遞任」, 『每日申報』, 1932.1.20.

199 국민협회는 1932년 1월부터 '조선호헌납금'취급기관이 되어 애국비행기 헌납운동을 주도했다. 또 경성과 함경도에서는 시국강연회를 개최하였고, 국방의회, 아시아민족대회 등에도 발기단체로 가입했다. 만주사변 이후 '시국 대책 활동'에 모든 역량을 투여한 것이었다.

200 앞에서 서술한 것처럼 1925년 회장 윤갑병과 주류세력이 충돌한 이래 국민협회의 내부 갈등은 끊이지 않고 계속되었다. 특히 1929년 평의원 오태환이 공개적으로 회장 김명준과 간부진을 성토하는 사건이 발생하자 관변 언론은 국민협회 주도세력이 교체되어야 한다고 주장했다. 「國民協會大革新進展を策す」, 『朝鮮新聞』, 1929.1.19.

명준이 총독부의 자금 지원 중단에 책임을 지고 회장직을 사임한 데다, 1932년에는 남아 있던 주류세력의 대표 김환과 이동우까지도 『민중신문』 폐간 문제 때문에 총무직에서 물러났기 때문이었다. 민원식과 함께 참정권 청원운동을 시작했던 김명준, 김환, 이동우가 모두 퇴장하자, 자연스럽게 참정권 청원운동은 동력을 상실하였다.[201] 비주류세력을 대표하던 신임회장 이병렬은 거침없이 시국 대응 선전 활동에 역량을 집중하였고, 주류세력이 주도했던 참정권 청원운동은 형식화되었다. 요컨대 지방자치제 개정 이후 다시 시작된 참정권 청원운동도 국민협회의 내적 한계 때문에 동력을 잃게 된 것이었다. 갑자구락부의 상황은 더 심각하였다. 독자적 조직 기반을 갖지 못했던 갑자구락부는 공직자사회가 자치제 지지론으로 기울자, 1932년 '조선재주자에 대한 참정권 부여'를 청원한 것을 마지막으로 더는 참정권 청원운동을 추진하지 않았다.[202]

참정권 청원운동이 쇠퇴하자, 국민협회에 대한 식민통치 당국의 태도는 더욱 냉담해졌다. 예컨대 척무성은 국민협회가 1932년 참정권청원 건백서를 제출하자 '참정권 부여는 문화의 진전과 민력의 향상에 의하여 그 적부가 판단되어야 하기 때문에 지금 시행하는 것은 부적당하며, 다만 그 취지만 받아들여야 한다'는 입장을 보였다. 병합의 대의 때문에 청원 자체를 거부할 수는 없지만, 특별히 대응할 필요도 없다고 판단한 것이었다.

---

201 「國民協會に三派の內爭- 幹部, 革新, 純理派」, 『大阪每日新聞 附錄 西部每日』, 1932.2.28; 「부표-國民協會」, 『治安情況』(1934).

202 한때 100명을 헤아렸던 갑자구락부의 회원 수도 1938년에는 40명으로 줄어들었다. 慶尙北道 警察部, 1934, 『高等警察要史』, 53-54쪽; 京畿道 警察部, 1938, 『治安情況』, 5-7쪽; 京高秘 제8402-10호, 「日支衝突ニ關スル管內狀況(11보)」 1931.10.2, 『思想ニ關スル情報綴』; 京畿道 警察部, 1938, 「부표-甲子俱樂部」, 『治安情況』, 27~28쪽.

국민협회 역시 이런 분위기를 알고 있었다. 국민협회는 1932년 총회에서 지방 공직자들이 청원을 대표하는 방식으로 참정권 청원운동 방식을 변경했다. 국민협회 명의의 청원서가 효과가 없다는 것을 인정했기 때문이었다.

2) 자치운동의 재등장과 조선총독부의 입장 변화

제2차 지방자치제 개정이 발표된 후 가장 활기를 띤 세력은 자치론자들이었다. 지방자문기관이 의결기관으로 승격되자, 조선의회 설치도 멀지 않았다는 예상이 많아졌기 때문이었다. 1920년대 말부터 개량적 민족주의 세력과 공직자들에 의해 제기되던 자치제 도입론은 1930년대 초가 되자 구체적인 활동으로 나타났다. 민족주의 세력에 적지 않은 영향력을 행사하던 최린과 송진우가 자치운동 재개를 위해 1930년 1월 14일 '자치운동촉진회' 설립을 논의하였고, 천도교 신파는 그와 별도로 11월 17일 구파와 만나 자치운동을 염두에 둔 신구합동을 제의했다.[203] 공직자들의 움직임도 구체화되었다. 앞에서 살펴보았듯이 조선인 도평의회원들은 '특별입법기관설치요망건'을 전선공직자대회의 안건으로 통과시키며 자치제 논의를 전면화하였고, 그중 일부는 천도교 신파가 조직한 시중회에도 참여했다.[204] 자치제론은 일본 정계에서도 제기되었다. 일본의 히틀러라고 불렸던 중의원 의원 나카노 세이고(中野正剛)는 조선에 중의원참정

---

203 京鐘警高秘 804호, 1930.1.14, 「自治運動速進會ニ關スル件」;『最近ノ天道敎』, 479쪽;『治安狀況』(1931), 296쪽.
204 예컨대 공직자대회에서 자치론을 선도적으로 주장했던 손치은이 1934년 시중회에 참가했다.

권을 부여하면, 정치적 혼란이 발생할 것이라고 지적하며, 대신 '백인 식민지에도 자치를 부여하는 만큼 조선에도 자치제를 실시해야 한다'고 주장했다.[205] 1920년대 초 자치청원운동이 실패한 후 논의 수준에서만 거론되어 오던 자치제론이 정치적 움직임으로 구체화 되기 시작한 것이었다.

그러나 자치론자들의 움직임도 계속되지 못했다. 지방자치제 개정으로 지배체제 개편을 마무리했다고 판단한 식민통치세력이 더 이상의 후속 조치를 하지 않았기 때문이었다. 여기에 1931년 육군대장 우가키 가즈시게(宇垣一成)가 신임 총독으로 부임하자, 자치제를 둘러싼 상황은 일변했다. 우가키가 생각한 조선통치의 핵심 과제는 확고한 통치체제에 기반한 '사상의 융합'과 '생활의 안정'이었다.[206] 조선인들의 참정 주장을 '주제넘은 행동'이라고 생각했던 우가키는 부임 다음 해인 1932년 중추원 회의석상에서 체제개편 관련 논의를 자제하라고 경고했다. 우가키에 따르면 "일본으로부터 보조금을 받는 처지는 생각하지 않고 현실적으로 불가능한 참정권을 요구하는 것은 감정에 치우친 조선인들의 자기 주제를 파악하지 못한 행동"이라는 것이었다.[207] 그리고 이런 경고에도 불구하고 참정 관련 논의가 계속 제기되자, 우가키는 더 이상의 논의를 용납하지 않겠다는 강경한 의지를 밝혔다.

> 또 일부는 작년 중추원회의 말미에 내가 말씀드렸던 것을 기억하신다면 이해하실 수 있는 것도 있었습니다. 일례를 들어보면, 관리 등용의

---

205 中野正剛(체신성 정무차관), 「內鮮融合の楔として必要だ 朝鮮人參政權賦與問題」, 『京城日報』 1930.8.24.
206 전상숙, 2012, 『조선총독정치연구』, 지식산업사, 180쪽.
207 『제11회 中樞院會議錄』(1931년 9월)

평등과 같은 문제입니다. 현재 상황에서는 차라리 보호의 의미에서 불평등한 제도가 필요한 것입니다. 즉 고등관이 되기 위해서는 고등시험을 통과한 자가 아니면 채용할 수 없고 (중략) 보호를 위해 불평등한 제도를 만든 것입니다. 그러나 조선인의 교육이 진전된다면 자연히 평등한 지경에 도달하게 될 것으로 생각합니다. 우선 그때까지는 보호의 의미에서 차별의 필요가 있는 것입니다. 즉 선의의 차별인 것입니다.

기타 병역의 의무, 자치권 확장, 의무교육 등에 대한 의견도 있었습니다만, 이 문제에 대해서는 지난번 회의에서 말씀드렸듯이 충분히 고려하고 있기에 반복해서 말씀하시는 것은 삼가기를 바랍니다.[208]

조선인에 대한 차별은 '선의의 차별'이기 때문에 이를 무시하고 권리 확대를 계속 요구한다면 중추원 참의라 하더라도 용납하지 않겠다는 것이있다. 총독이 공개적으로 두 차례나 참정 관련 논의를 삼가라고 경고하자 참정권 청원운동은 물론 자치 관련 움직임도 중단되었다. 국민협회는 1933년 이후 잠시 참정권 청원운동을 중지하였고, 자치운동을 주도하던 최린도 정치적 활동을 중단했다. 3·1운동 이후 10여 년간 지속됐던 '친일정치운동'이 처음으로 모두 중단된 것이었다.

---

208 『제12회 中樞院會議錄』(1932년 3월 3일)

3. 친일정치운동 세력의 내선융화운동과 제도적 편입

1) 자치운동 세력의 시중회 활동과 귀결

정치운동이 불가능해지자, 친일정치운동세력은 새로운 활동 방향을 모색했다. 체제 내 입지를 계속 유지하려면 또 다른 활로를 마련해야 했기 때문이었다. 마침 1931년 만주사변 이후 '대륙진출'이 핵심 현안으로 떠오르자, 친일정치운동단체들은 적극적으로 침략 선전 활동에 참여했다. 먼저 천도교 신파의 수령이자 자치운동의 주도자였던 최린은 친일 자본가 박영철과 함께 총독부를 설득하여 1934년 8월 내선융화운동단체 시중회(時中會)를 설립했다. 핵심 인물은 박영철(朴榮喆), 하준석(河駿錫), 장직상(張稷相), 정광조(鄭廣朝), 이정섭(李晶燮), 박희도(朴熙道), 조기간(趙基栞), 이동영(李東英) 등이었다. 조기간과 정광조는 천도교 신파 인물이었지만, 박영철, 하준석, 장직상 등은 지주, 자본가였고, 이정섭과 박희도는 친일 언론인이었다. 천도교 바깥에 새로운 외곽조직을 설립한 것이었다.

1934년 11월 5일에 열린 발회식에서 시중회가 밝힌 설립 취지는 '무위적(無爲的) 타력주의(他力主義)와 퇴영적(退嬰的) 처사주의(處士主義) 등 일체의 인식 착오를 깨끗이 청산하고', '자립적 실력'을 양성을 하는 것이었다. 보다 구체적으로는 '동양대세와 세계정국의 동향'을 고려하며 '일본 민족과 혼연일체가 되어 우리의 자립적 실력을 확충'하는 것이었다. 한마디로 '내선일가' 정신에 기반하여 '자립적 실력 양성'을 추진하는 것이었다. 또 시중회는 구체적 실천지침으로 5개의 강령을 제시했다. 5대 강령은 '① 신생활 건설. ② 신인생관 확립, ③ 내선일가 결성, ④ 근로신성의 체행, ⑤ 성경신(誠敬信)의 실행'이었다.[209] '내선일가 정신'과 '건전한 근로정신, 실행정신' 함양을 통해 '일본 민족과 혼연일체 되는 자세'와 '자립적 실력 양성의 기풍'을 구축하겠다는 것이었다. 특히 시중회는 비정치적 '정신작흥단체'임을 특별히 강조했다. "현하의 동양 또는 세계대세에 감하여 조선 민중의 자립신흥(新興)을 위하여 우선 정신운동과 생활운동을 전개하는 것이 급선무이기 때문에 재래의 형식을 떠나서 인격 중심과 도의 존중을 제일의로 해야 한다"는 것이었다.[210] 만주사변 이후의 정세와 총독부의 참정 관련 논의 금지 상황을 염두에 두고 '재래 형식'의 단체, 곧 정치적 단체로 취급받지 않으려 한 것이었다. 최린은 '합법적 정치운동은 반듯이 다른 기회가 있기' 때문에 '뜨거운 감정을 억누르고 차디찬 이지(理智)'에 기반하여 때를 기다려야 한다고 주장하였다.[211]

그런데 설립 취지와 실제 활동은 상당한 차이가 있었다. 막상 단체가 설립되자 시중회는 '때를 기다리지 않고' 정치적 세력 확대에 주력했다. 회장 최린은 시중회가 설립되자마자 시중회를 내선융화운동의 중심단체로 만들기 위해 일본 정계와 접촉하였고, 시중회 본부는 정신운동 대신 자금 모금과 회원 확보에 역량을 집중했다.[212] 만주사변 이후의 정세와 총

---

209 한편 이상의 취지문과 더불어 1차 총회에서 선임된 간부진은 다음과 같았다. 이사 崔麟·朴榮喆·金思演·張稷相·河駿錫,·朴熙道·鄭大鉉, 간사 李晶燮·朴駿榮.「朝鮮現實運動의 烽火 時中會 第一次大會 11월 5일 朝鮮호텔에서 開催」,『黨聲』36호, 3쪽.

210 「萬目注視中 '時中會'의 呱呱第一聲 今後展開重大視」,『黨聲』34호, 1934.9.1, 2쪽; 「右翼陣營, 左翼陣營(1) 朝鮮人徵兵 等을 語하는 時中會 首領 崔麟氏」,『三千里』제8권 제12호, 1936.12. 51쪽.

211 「右翼陣營, 左翼陣營(1) 朝鮮人徵兵 等을 語하는 時中會 首領 崔麟氏」,『三千里』제8권 제12호, 1936.12. 51쪽.

212 京畿道警察部, 1938,「政治運動槪況」「附表-時中會」,『治安情況』.

독부의 참정 관련 논의 금지 상황을 염두에 두고 '재래 형식'의 단체, 곧 정치적 단체로 취급받지 않으려 한 것이었다. 이런 이중적 활동은 나름의 성과를 거두었다. 시중회는 설립 몇 달 만에 전체 회원의 1/3에 해당하는 300명의 비천도교 회원을 확보하는 데 성공하였고, 도의원, 군평의원, 부면협의원 등의 공직자들도 포섭했다.[213] 자치운동은 좌절되었지만, 천도교 바깥으로 세력을 확대하는데 일정 부분 성공한 것이었다.[214]

그러나 시중회의 활동은 곧 한계에 부딪혔다. 만주 중심으로 정세가 전개되며 '합법적 정치활동에 필요한 기회'가 좀처럼 오지 않았기 때문이었다. 정치활동의 기회가 오지 않는 가운데 설립 취지와 실제 활동이 다르게 전개되자 '계속 준비만 하고, 아무것도 하지 않을 것이라면 해체하는 것이 낫다'는 내외의 비판이 쏟아졌고, 천도교세력과 비천도교세력이 충돌하였다. 시중회를 천도교 외곽단체로 활용한 천도교세력에 대해 비천도교세력이 독단적 운영을 비판하며 반발했기 때문이었다. 여전히 자치운동에 미련이 남아 있던 천도교세력과 '실제적 활동'에 관심이 많았던 지방 공직자, 지주, 자본가세력 등이 단체의 활동 방향을 두고 충돌한 것이었다.[215]

---

213 평안남도, 경상남도, 경상북도, 충청남도, 전라북도, 함경남도, 함경북도, 황해도 등 회원이 가입한 지역도 전국에 걸쳐 있었다. 京畿道警察部, 1938, 「政治運動槪況」, 『治安情況』 참조.

214 조선 사회나 조선총독부 역시 시중회를 정신운동단체로 생각하지 않았다. 정치단체로 곧 전환될 준비단체라는 것이 시중회에 대한 대체적 평가였다. 「三千里機密室-時中會의 現有勢力」, 『三千里』 제7권 제1호, 1935.1, 18쪽.

215 1938년 시중회 해산 직전 회원 수는 1,750명이었지만, 그중 천도교도는 300명에 불과했다. 회를 이끌어간 핵심세력은 천도교도였지만, 갈수록 비천도교인의 비중이 높아진 것이다. 그러나 비천도교인 중심 회원 구성에도 불구하고 천도교 신파와 천도교청년당은 시중회를 천도교의 대외 활동기구로 활용하려 했다. 천도교세력과 비천도

내부 갈등은 활동 부진으로 이어졌다. 시중회는 1936년 지방선거가 다가오자 후보자 공인과 청년회원 교육을 추진했지만, 자금문제 때문에 실행에 옮기지 못했고,[216] 내선융화단체 총괄을 목표로 추진한 '민족유일당' 계획도 무산되었다. 유럽여행 때부터 최린을 수행했고, 시중회에서도 간사를 맡고 있던 이정섭이 '관이 모두 감당할 수 없는 내선융화운동을 시중회가 총괄하겠다'는 뜻을 미나미 지로 총독에게 전했지만, 시중회의 소극적 내선융화활동을 비판적으로 바라보고 있던 총독부는 아무런 답도 하지 않았다.[217] 외부의 비판처럼 원대한 구상을 꿈꾸며 활동을 시작했지만, 실제로는 어떤 활동도 하지 못하는 유명무실한 단체가 된 것이다. 결국 시중회는 1938년 학무국이 내선융화운동단체의 통합을 주장하며 '국민정신총동원조선연맹'을 발족하자 스스로 해체를 결의했다.[218] 더는 단체를 유지할 명분이 없었기 때문이다.

교세력 사이의 갈등이 계속 발생한 이유였다. 京畿道警察部, 1938, 「政治運動槪況」; 「附表-時中會」, 『治安情況』; 김정인, 2009, 『천도교 근대 민족운동 연구』, 한울, 302~303쪽.

216 京畿道警察部, 1938, 「政治運動槪況」; 「附表-時中會」, 『治安情況』.

217 「右翼陣營, 左翼陣營(1) 朝鮮人徵兵 等을 語하는 時中會 首領 崔麟氏」, 『三千里』 제8권 제12호, 1936.12, 48~49쪽. 「總督會見記」, 『三千里』 제10권 제5호, 1938.5, 30~33쪽.

218 시중회가 스스로 밝힌 해산 이유는 다음과 같았다. "반도에서는 국민정신총동원 조선연맹의 결성을 보아 全鮮公私의 諸機構를 들어 모다 이에 참가하야 국력을 종합하야써 시국000의 기본적 시설이 되려 한다. 其 표방하는 9대 강령을 보면 본회의 제창하는 강령은 모다 이에 포함 되엿다. 其 趣旨 亦 본회의 주장하는데 합치된다. 즉 오인은 본회가 특히 일각에 잇서 미력으로 하는 것보다는 오히려 강대有力한 同聯盟의 활동에 따르면 본회 본래의 목적은 벌써 달성한 것이며 또한 시국의 요구에 순응하는 것이다. 玆에 본회를 해산하고 이에 속한 재산을 드러 同聯盟에 기부 하야써 비상시하에서 銃後大同團結의 정신으로 나가려 한다." 「時中會 解散宣言 總動員聯盟에 合流」, 『每日申報』 1938.12.23.

2) 참정권 청원운동의 전개 양상과 귀결

자치운동 세력이 새로 시중회를 조직한 것과 달리 국민협회는 조직을 그대로 유지하며 참정권 청원운동을 계속했다. 우가키 총독의 참정 관련 논의 '자제' 지시에 따라 잠시 참정권 청원운동을 중단했지만, 1935년 이후에는 거의 매해 건백서 혹은 청원서를 제출했다.[219] 특히 1937년 청원운동에는 유례없는 대규모 인원(2만 4,645명)이 서명에 참여했다. 후술할 것처럼 지원병제 실시가 논의되며, 참정권 부여에 대한 기대가 커졌기 때문이었다.

국민협회가 동력이 크게 떨어진 상황에서도 참정권 청원운동을 계속 추진한 것은 두 가지 이유 때문이었다. 우선 일본 정부가 결국은 참정권을 부여할 것이라고 생각했기 때문이었다. 국민협회는 1920년대 후반부터 '지식 있는 조선인'들이 참정권 획득을 위해 내지로 이민할 정도로 조선인들의 민도가 높아진 만큼, 일본 정부도 언젠가는 내지참정권을 부여하지 않을 수 없을 것이라고 생각하였는데,[220] 1930년대에도 그런 논리의

---

219 국민협회는 1935·1937·1938·1939·1940·1941년에 건백서 혹은 청원서를 제출했다. 거의 매해 건백·청원서를 제출한 것이다. 다만 1930년대 이후 국민협회는 참정권 청원운동의 방식을 바꿨다. 회원들의 서명을 받는 방식에서 지방공직자들의 대표서명을 받는 방식으로 바꾼 것이다. 예컨대 각 도회의원 중 내지인 1명, 조선인 1인이 대표로 참정권청원에 참여한 경우도 있었고(1937), 도회의원들이 각 도의 대표로 참여한 경우(1940·1941)도 있었다. 국민협회의 대표성이 약화함에 따라 지방자치기구 공직자들을 중심으로 참정권 청원운동을 전개한 것이었다. 京畿道警察部, 1938, 「政治運動槪況」,『附表-國民協會』,『治安情況』, 1938; 동선희, 2006,「일제하 조선인 도평의회·도회의원연구」, 한국학중앙연구원 박사학위논문, 277~279쪽 참조.

220 金丸, 1927,「國民協會의 本領」,『時事評論』341호; 金丸, 1928,「破滅에 瀕한 朝鮮民族을 여하히 하여야 구할가」,『時事評論』364호 참조.

연장선에서 참정권 청원운동을 계속한 것이었다.

두 번째는 자치운동 세력과 달리 확실한 지원세력이 있었기 때문이었다. 조선인 최초의 중의원 박춘금과 조선총독부 출신 중의원 모리야 에이후(守屋榮夫)였다.[221] 이들은 국민협회세력과 오래전부터 관계를 맺어온 인물이었다. 박춘금은 1924년 국민협회가 주도한 각파유지연맹에 참여한 인물이었고, 모리야 에이후는 문화통치 초기 국민협회 창립을 앞장서서 지원한 총독부 관료였다. 국민협회 창립기부터 밀접한 관계를 맺고 있던 두 인물은 참정권청원서를 중의원에 소개하고, 참정권 확대 필요성을 주장하는 등 정계 진출 이후에도 국민협회의 활동을 계속 지원하였다. 물론 단순한 호의는 아니었다. 조선인 출신 의원 박춘금은 조선인 참정권 확대가 자신의 정치기반 확대에 직결되는 사안이었기 때문에 국민협회를 지원한 것이었고, 모리야 에이후는 정치자금을 조선 관련 이권에서 확보하고 있었기 때문에 국민협회를 지원한 것이었지만, 이해관계를 공유한 일본 정계 인사들의 존재는 참정권 청원운동의 가장 중요한 기반이었다.[222]

그러나 활동만 계속되었을 뿐 1930년대의 참정권 청원운동은 1920년대와 달리 활기 있게 진행되지 못했다. 지배체제 개편 문제가 일단락되

---

221 「朴代議士를 通하야 又參政權運動」, 『每日申報』, 1932.6.8.
222 문화통치 초기 내지연장파 관료의 핵심 인물로서 국민협회의 활동을 지원했던 모리야는 귀국 후 중의원이 된 뒤에도 국민협회와 관계를 계속 이어갔다. 정치적 이유도 있었지만, 조선 내 이권 개입에 국민협회 회원들을 이용했기 때문이다. 예컨대 1930년 대흥전기의 오구라 다케노스케(小倉武之助)가 함흥수력전기 설립에 도움을 요청하자, 국민협회 함남지부장 김하섭을 이용하여 장애가 되었던 함남수리조합 인수 문제를 해결할 수 있게 했다. 모리야는 조선 내 이권 개입을 통해 대부분의 정치자금을 확보하고 있었기 때문에 국민협회와의 유착관계는 견고할 수밖에 없었다. 이형식, 2022, 「정우회 국회의원 모리야 에이후(守屋榮夫)와 조선통치」(규장각한국학워크숍 목요 웨비나 「모리야 에이후 관계 문서를 통해 본 조선통치」 발표원고) 참조.

었다고 생각한 내각과 의회가 형식적인 대응만 계속했기 때문이었다.[223] 조선총독부는 참정권 청원운동을 의례적 활동으로 취급하였고, 중의원은 청원서 채택 이외에 아무런 반응을 보이지 않았다. 참정권청원의 명분만 인정하면 된다고 생각한 것이었다. 특히 1937년 중일전쟁 발발 이후에는 남아 있던 정치적 의미도 퇴색했다. 조선총독부와 본국 내각 모두 '거국일치 분위기를 손상'하는 지배체제 관련 논의가 재론되는 것을 원하지 않았기 때문이었다. 총독부는 참정권 문제는 물론 지원병제에 대해서도 부정적 입장을 보였고, 내각은 시기상조론을 계속 강조했다. 결국 국민협회의 참정권 청원운동은 관변 매체조차 관심을 두지 않는 가운데, 서명자가 100명도 안 되는 형식적 활동으로 축소되었다.[224]

한편 참정권 청원운동이 효과를 발휘하지 못하자 국민협회는 1936년 11월 갑자구락부와 함께 '조선인병역제도실시 청원운동'을 시작했다.[225] 국민협회는 이미 1931년 1월 정기총회에서 조선인에 대한 의무교육, 지원병제 실시 등을 결의한 바 있었다.[226] 국민적 권리와 의무를 함께 제기함으로써 참정권 청원의 설득력을 높이려 한 것이다. 다만 1930년대 초반에는 구체적인 활동으로까지는 추진하지 않았지만, 참정권 청원운동이

---

223 管企 第92號, 1933(昭和 8).2.10,「朝鮮ニ參政權附與ニ關スル請願ニ對スル政府意見決定ニ關スル件」

224 연명자 숫자는 1938년 28명, 1939년 41명, 1940년 56명, 1941년 68명이었다. 마쓰다 도시히코, 2004, 앞의 책, 145쪽 표 참조.

225 京畿道警察部, 1938,「政治運動槪況」「附表-國民協會,甲子俱樂部」,『治安情況』

226 병역제도 문제를 제기한 인물은 평의원 문명기였다. 그는 1920년대 후반부터 국민협회에 참여한 인물로서 참정권 문제보다는 통치세력과의 관계 확대에 관심을 갖고 있던 친일자본가였다. 국민협회 내부의 주도세력 변화가 의제 변화에도 영향을 미친 것이다. 京鐘警高秘 제593호, 1931.1.19,「集會取締狀況報告」.

한계에 부딪히자 본격적인 활동을 시작한 것이었다.[227] 지원병제 청원의 논리는 '국민적 권리를 확보하기 위해서는 먼저 국민적 의무부터 시행해야 한다'는 것이었다. '국민적 권리가 부여되어야만 국민적 충성심을 확보할 수 있다'는 참정권 청원의 논리를 그대로 뒤집어 '국민적 충성심'의 증명을 선결 과제로 주장한 것이었다.[228] 통치 당국이 지원병제도를 검토함에 따라 중단되었지만, 국민협회와 갑자구락부는 한규복과 조병상의 주도 아래 대규모 서명운동까지 준비했다. 참정권 확보를 위한 마지막 시도였다.

그러나 '지원병제도실시청원운동' 역시 참정권 청원운동에 큰 도움이 되지 못했다. 조선인특별지원병제도가 1938년 4월 발표되었지만, 조선총독부는 '시국'과 '당국의 영단'에 따른 결정임을 강조했다. 참정권 문제와 연결되는 것을 원천적으로 차단한 것이었다.[229] 통치당국으로서는 '당연한' 조치였다. 조선인들의 본심을 믿을 수 없을 뿐 아니라 다른 지역들, 예컨대 대만이나 사할린과의 형평성도 고려해야 했기 때문이었다. 일본 정부는 지원병제도 실시가 결정된 후 열린 1938년 중의원회의에서 "조선에 참정권을 시행하는 것은 시기상조이며 현재 검토할 생각이 없다"며 입장을 다시 한번 확인했다. "청원에 적혀 있는 바와 같이 내선(內鮮)거국일

---

227 京畿道警察部, 1938, 「政治運動槪況」「附表-國民協會, 甲子俱樂部」, 『治安情況』.
228 지원병실시청원운동이 등장한 시점이 이런 의도를 잘 보여준다. 국민협회가 청원운동을 시작한 시점은 내각이 해군지원병 법령까지 고쳐가며, 병력 충원에 고심하던 시점이었다. 통치 당국의 관심사를 염두에 두고 활동을 시작한 것이다. 「海軍志願兵令改正 勅令으로 公布(東京)」, 『동아일보』, 1936.8.13; 「朝鮮人志願兵制度問題의 眞相, 大竹十郞內務局長談話」, 『동아일보』, 1937.8.6.
229 京畿道警察部, 1938, 「政治運動槪況」, 『治安情況』; 朝鮮軍參謀部, 1939, 『昭和 13年 後半期 朝鮮思想運動槪況』, 615~616쪽.

치, 국민적 단결을 공고케 할 수 있게 이 목적을 달성함에 유감이 없다고 확인한 후에야 선거법이나 병역법을 시행치 않으면 안 된다"는 것이었다.[230] 지원병제도와 참정권 문제를 분명하게 분리한 것이었다.

지원병제도가 통과되었음에도 참정권 논의에 진전이 없자 참정권 청원운동은 소멸의 길로 들어섰다. 1938년 현재 갑자구락부는 정기총회도 열지 못할 정도로 조직이 와해되었고, 국민협회는 경찰이 '참정권 내지 완전한 지방자치제도 주장'을 '민족운동 등에 이용하려는 무리는 단호하게 취체'하겠다고 발표하자, 곧 '시국활동 전념'을 선언하고 국민총력조선연맹(1940)과 흥아보국단(1941)에 가입했다. 참정권 청원운동에 대한 공식적 포기는 1941년 12월 총회에서 이뤄졌다. 국민협회는 총회 결의를 통해 "중의원 의원선거법의 즉시 시행에 관해 매년 의회 및 정부에 건백·청원서를 제출한다"는 조항을 강령에서 삭제하고, 새로운 강령으로 "① 내선일체의 완성을 도모한다. ② 대동아공영권 확립을 도모한다. ③ 총후 국민의 의무 완수를 도모한다" 등을 추가했다. 전시체제가 본격화되자 마침내 참정권 청원운동을 공식적으로 포기하고 철저한 전시협력을 선언한 것이다. 이후 이들의 활동은 매우 적어졌다. 국민협회의 활동으로는 창씨개명, 정신대동원 등에 참여한 것이 확인되고, 갑자구락부는 미곡 통제 문제 등에 대해 발언한 것이 확인된다. 조직 규모도 현저히 줄어들었다. 1940년 현재 1만 명이 넘었던 국민협회의 회원 수는 2,404명으로 줄어

---

[230] 일제는 조선인에 대한 참정권 부여를 끝까지 주저했다. 황국신민이 되었다는 것을 믿을 수 없다는 것이었다. 그런데도 전쟁 말기 조선인에게 참정권을 부여한 것은 조선인을 동원해야만 했던 육·해군과 조선 총독이 상응하는 지위 부여 없이는 원활한 전쟁 동원이 힘들다며 강력하게 밀어붙였기 때문이다. 자세한 것은 이 책 제1부 제3장 2절과 3절 참조.

들었고, 갑자구락부는 41명에 불과했다. 또 국민협회는 팸플릿 발행 등 어느 정도의 조직 활동을 유지했지만, 갑자구락부는 정기회의도 갖지 못했다.[231]

국민협회는 1944년 징병제와 중의원참정권 확대가 결정되자, "그간의 노력이 드디어 결실을 거두었다"고 자찬하였지만, 조선인참정권은 이미 패전에 몰린 일제가 전쟁 동원을 위해 마지막으로 선택한 수단일 뿐이었다. 20여 년간 전개된 참정권 청원운동의 결과였다.

---

[231] 朝鮮軍參謀部, 1939, 『昭和 13年 後半期 朝鮮思想運動槪況』, 616쪽; 朝鮮軍參謀部, 1940, 『昭和 15年 前半期 朝鮮思想運動槪況』, 790~791쪽; 「勤勞報國의 挺身隊-宗敎, 思想團體서 態勢整備」, 『每日申報』, 1941.09.16; 마쓰다 도시히코 저, 김인덕 역, 2004, 앞의 책, 177~178쪽.

맺음말
일제의 조선 참정권 정책과
참정권 청원운동의 성격

국민참정권은 입헌주의 근대국가에서 국민이 되느냐 못 되느냐를 결정하는 가장 중요한 정치적 권리였다. 국민참정권은 각국에서 우여곡절의 역사적 과정을 통해 형성되고 확립되었는데, 그 과정에서 보통선거권과 남녀평등 선거권을 획득하기 위한 다양한 형태의 투쟁과 타협, 협상이 있었다. 참정권이 확대되면서 근대 국민의 범위도 확대되었다. 한편 제국주의 시대 일부 식민지에서도 식민지민의 참정권 문제가 본국 의회의 참정권 부여와 식민지 자치의회 개설 등의 형태로 나타났다.

　일제하 식민지 조선의 참정권 문제는 일본 제국의회 귀족원에 조선인 칙선의원을 선임하는 것, 조선에 중의원선거구를 설정하여 중의원을 선거하는 것, 조선을 단위로 하는 조선의회나 조선지방의회를 설치하는 것으로 제기되었다. 일제는 1932년 12월, 귀족원에 조선인 칙선의원 한 자리를 배정하여 박영효를 선임했다. 귀족원 칙선의원은 패망 직전인 1945년 4월에야 7명으로 늘어났다. 중의원 참정권은 태평양전쟁이 확대되면서 논의를 시작하여, 1945년 4월 만 25세 이상, 국세 15엔 이상 납부자에 한하여 선거권을 주어 22명의 중의원을 선거하는 중의원 선거법 개정안을 공포했다. 그렇지만 일제의 패망으로 시행되지 못했다.

　일제의 조선 식민통치 기본 방침은 동화주의였다. 일본 정부나 조선총독부 모두 식민통치기 내내 공식적으로는 전 조선을 대상으로 하는 조선의회나 조선지방의회 같은 자치의회제 시행을 추진하거나 언급한 적이 없었다. 그런데도 일제에 대한 전 민족적 항쟁인 3·1운동 때와 같이 식민지배체제의 안정이 위협을 받을 때면 식민학자, 민본주의를 비롯한 자유주의 학자와 언론인, 일부 자유주의 정치가, 조선총독부 내 토착 일본인 관료 등을 중심으로 조선자치를 시행해야 한다는 주장이 1930년대 이전까지 지속적으로 제기되었다.

일제의 조선 참정권 정책은 몇 개의 층위를 고려하면서 살펴보아야 한다. 첫째, 일본 본국의 정치 동향, 그중에서도 특권 및 군부세력과 정당세력 간의 식민지 조선을 둘러싼 대립과 타협의 관계이다. 번벌 특권세력의 영향력이 강력했던 1910년대를 거쳐 정당세력이 강화되어 정당정치 시대가 된 1920년대에 이르는 일련의 정치 변동은 식민정책에도 영향을 미쳤다. 그렇지만 대륙진출 거점으로서의 조선의 전략적 위상은 변화하지 않았으며, 특권·군부세력은 여전히 영향력을 행사했다. 하라 수상 이래 정당세력은 내지연장주의의 입장에서 조선에 영향력을 강화하려 했지만, 그렇다고 중의원 참정권을 부여하거나 자치의회를 설치하는 정책을 별로 고려하지 않았다. 양 세력은 식민정책을 두고 대립하였지만 결과적으로는 식민통치의 안정을 유지하는 선상에서 시대적 상황에 따라 타협했다. 1910년대 무단통치 및 1920년대 문화정치로 상징되는 식민정책 모두 이런 대립과 타협의 산물이었다.

둘째, 조선통치를 총괄하는 총독과 정무총감 수준에서의 통치정책이다. 3·1운동 이후 조선통치의 우선순위는 식민통치의 안정이었다. 때문에 내지연장주의에 따른 제도 및 법령 개편과 함께 식민지 개발, 우호세력 창출이 정책의 큰 줄기가 되었다. 그런데도 정당세력의 과도한 간섭과 영향으로 본국의 정치 변동에 따라 식민통치의 안정이 저해되는 것을 경계했다. 총독이 천황 직속으로 입법·행정·사법의 삼권을 모두 장악한 강력한 존재임에도, 1920년대 이후 총독과 정무총감들은 본국 특권·군부세력과 정당세력의 동향을 고려하면서 조선통치정책을 집행했다. 조선 참정권 정책 역시 이들이 독단적으로 추진할 수 있는 것이 아니었고, 본국 정부 및 권력집단과의 사전 협의와 본국의 결정에 의해 진행되는 것이었다.

셋째, 정무총감 이하 총독부 관료층의 동향이다. 총독부 관료는 단일한 세력이 아니며, 그 입지와 처지에 따라 종종 식민정책에 이해관계를 달리하기도 했다. 미즈노 정무총감과 함께 대거 부임한 미즈노파 관료와 총독부 내 토착 일본인 관료들은 서로 대립하면서 갈등관계에 있었다. 미즈노파 관료들이 내지연장주의의 입장에서 조선 참정권 정책, 특히 조선의회나 조선지방의회로 상징되는 자치정책에 대체로 부정적이었던 것에 반해, 토착 일본인 관료들은 본국으로 진출하기 어려운 사정을 반영하여 제한된 수준에서 자치 주장이 적지 않았다. 그런데도 토착 일본인 관료들의 영향력은 대단히 제한적이었다. 본국 정부에 대한 영향력은 미미했고, 총독과 정무총감에 건의하는 수준을 넘지 못했다.

넷째, 조선에 거주하는 재조일본인의 동향이다. 식민지 조선의 참정권 부재는 조선인은 물론 식민지 조선에 거주하는 재조일본인들도 마찬가지였다. 즉 일제는 일본 본토의 내지와 달리 외지인 식민지 조선을 지역적으로 구별하고 차별했다. 식민지 조선에 거주하는 재조일본인들은 정치적 권리를 회복하기 위해 총독부 관료들과 지속적으로 접촉하였고, 중의원 참정권운동을 전개하기도 했다. 그런데 재조일본인들은 참정권을 원하면서도 조선인 전체에게 참정권이 부여되어 자신들이 소수로 전락하는 것을 원치 않았다. 참정권이 부여되더라도 소수의 재조일본인이 다수의 조선인에 우위에 설 수 있는 제한선거제를 선호했다. 한편 조선의회제 같은 중앙정치 차원의 자치제에는 대부분 반대했다. 일본 본토와 차별된 2등 국민으로 고착되고, 인구의 다수를 점하는 조선인에게 둘러싸여 소수로 전락하면서 식민지배자로서의 지위 상실을 우려했기 때문이다. 총독부는 재조일본인들의 참정권 청원 움직임을 때론 지원하기도 했지만, 제한하고 억압한 적도 많았다. 조선인들의 정치적 욕구를 자극하고, 정치적 혼란을 야기한다는 것이 이유였다.

다섯째, 보통선거를 둘러싼 일본의 정치 동향과 조선민족운동의 동향이다. 일본의 보통선거운동은 1925년 보통선거법 제정으로 귀결되었다. 보통선거의 기대 속에 무산정당운동이 일본 전국으로 확산하였다. 일본 무산정당운동 전개와 중국 국민정부의 북벌과 국민혁명의 확산, 민족협동전선운동의 진전에 따라 조선민족운동세력의 민족적 중심단체, 민족단일당 결성 등이 지속적으로 추진되었고, 이는 1927년 2월 신간회 창립으로 나타났다. 총독부는 이런 상황변화에 대응해서 통치정책을 조정할 필요성을 느꼈다. 그러나 이는 본국 정부와의 협의와 조율이 전제되어야 하는 것이었고, 본국의 상황에 영향을 받았다.

이러한 점들을 고려하면서 본 책의 내용을 정리해 보자. 근대 일본에서 참정권 논의는 1874년 1월 민선의원설립건백서 제출을 계기로 촉발되었다. 헌법 제정과 의회수립운동이 일어났고, 참정권을 요구하는 주장이 확산하였다. 1881년 메이지 정부는 헌법 제정과 의회 개설을 약속하였는데, 1889년에 공포된 헌법은 근대적인 형식은 갖추었지만, 천황이 하사하는 흠정헌법이었다. 천황은 국가주권 그 자체였고, 국민주권은 제한적이었다. 메이지 헌법을 통해 국민참정권이 성립되었지만, 참정권은 납세액에 따라 선거권을 제한하는 제한선거법을 통해 행사되었다. 때문에 전 인구의 1%도 미치지 않는 사람에게만 선거권과 피선거권이 부여되었다.

메이지 헌법 틀 내에서 근대 일본국민의 의무와 권리는 지역에 따라서도 제한되었다. 오키나와는 1879년 병합으로 일본의 한 현이 되었다. 일본국민의 의무이자 국민으로서 인정받을 수 있는 토대가 되는 일본의 징병제는 본토에서 1872년에 시작되지만 오키나와, 홋카이도, 오가사와라 등은 1899년에 실시되었다. 일본국민의 권리로 인정되는 참정권도 마찬가지였다. 오키나와 본도는 1912년, 야에지마·미야코지마는 1919년에 중의원 선거가 실시되었다.

일본의 국외 식민지인은 일본 국내 국민과는 다르게 취급되었다. 메이지 헌법은 식민지와 식민지민에 대한 명문화된 규정이 없었다. 일본은 1895년 청일전쟁에 승리한 결과로 청으로부터 대만을 할양받았다. 대만 총독은 강력한 입법 권한(율령 제정권)을 부여받았는데, 이것은 오키나와나 홋카이도의 경우와는 전혀 다른 형태의 '식민주의' 혹은 '제국주의'의 지배였다. 식민지 대만에서 대만민의 참정권은 보장받지 못했다.

일제는 1910년 강제병합으로 한국을 식민지로 편입했다. 각의 결정으로 조선은 헌법이 아닌 천황대권에 의해 통치되고, 조선 총독은 내각이 아닌 천황에 직속되었다. 총독은 사법, 행정뿐 아니라 입법권까지도 장악했다. 식민지 조선에서는 조선인뿐 아니라 재조일본인도 참정권을 갖지 못했다.

당시 일본 정계는 내각이 교체될 때마다 권력과 정책을 둘러싼 번벌특권세력과 정당세력이 첨예하게 대립했다. 조선 총독의 입법권(제령 제정권)에 대하여 정당세력은 제국의회의 정기적인 심의를 통해 통제하려고 했다. 번벌세력은 제령권 행사를 제국의회의 통제 바깥에 두려고 했다. 번벌세력은 식민지 조선의 입법권(제령)을 조선 총독이 장악하게 하는 대신에 정당세력에게 내각을 넘겨주는 정치적 거래를 했다. 반면에 대만의 율령은 의회의 통제하에 정기적으로 기간 연장을 받는 것으로 남았다. 궁극적으로 식민지 조선의 문제는 일본 국내의 정치문제와 밀접하게 연결되어 있으며, 일본 정치 환경의 변화와 연동되어 변화할 가능성이 있었다.

근대 일본에서 처음 제기된 '보통선거' 주장은 국권 강화를 위한 계몽

사상운동에서 출발했다. 그러나 보통선거운동이 성립하기 위해 국민 여론이 주도하는 새로운 운동이 필요했다. 1917년 러시아혁명의 영향과 제1차 세계대전의 결과로 만들어진 전 세계적인 민주주의의 분위기는 일본에도 영향을 미쳤다. 1918년 이후 보통선거운동은 광범한 민중의 지지를 얻을 수가 있었다. 번벌 특권세력은 새로운 시대조류에 적응하고, 정당세력과 타협했다. 그들은 국민참정권을 국민일치를 위한 총동원의 수단, 국민의 의무, 국가발전의 수단 등으로 위치시켰다. 특권세력이 약화하면서 정당세력의 결집인 호헌 3파 내각에 의해 보통선거법이 성립되었다.

한국이 일본의 식민지가 되면서 조선인은 다양한 이유로 일본으로 건너가기 시작했다. 일본 정부 당국은 초기에는 일본으로 온 조선인에게 중의원 의원선거권을 부여하지 않았다. 그렇지만 보통선거운동과 보통선거법은 재일조선인의 참정권 획득 운동에 중요한 계기가 되었다. 또 재일조선인의 일본 중의원 의원선거법에 관한 관심이 높아졌다. 조선에 대한 문화정치로의 정책 전환이 재일조선인의 참정권 부여로 이어졌다. 그렇지만 보통선거권 실시 이전에는 재일조선인에게 선거권을 부여한다고 해도 선거권자가 대단히 적어 사소한 문제로 인식되었다.

1919년 3·1운동으로 조선에서 식민지 지배가 전례 없이 큰 타격을 입은 후 식민지민의 참정권 청원운동이 일어났다. 조선에서 청원이 나온 이듬해 대만에서도 참정권 청원운동이 제국의회에 접수되었다. 조선에서의 청원은 일관되게 제국의회 참여라는 형태를 띠었다. 반면에 대만으로부터의 청원은 대만의회 설치(식민지 의회 설치) 건이었다. 대만참정권운동은 반일적인 성격이 강했다. 일본 정부는 조선에 대해서는 상대적으로 온건한 대응을 보인 것에 비해, 대만의 참정권청원에 대하여는 강경한 대응을 보였다.

1924년 호헌 3파 내각 이후 정당의 이합집산과 함께 정당 내각이 이어졌다. 1928년 중의원 보통선거가 실시되면서 일본국민의 정치 참여도 확대되었다. 그렇지만 정우회와 민정당 양대 정당은 국민의 의사를 대변하는 데 큰 한계를 드러냈으며, 금권정치와 부정부패에 휩싸여 국민의 불신을 받게 되었다. 반면 광범한 민중에 기반하여 빠르게 성장했던 무산정당세력은 사분오열되면서 대중의 신망과 지지를 획득하는 데 실패했다. 일제의 탄압 속에 사회주의 좌파는 비합법투쟁과 대중폭동전술로 전환했다. 한편 힘을 키우고 있던 군부세력은 1931년 9월 만주침략을 계기로 정치 전면에 등장하기 시작했다. 1931년 '3월사건'과 '10월사건'을 일으켰던 군부세력은 1932년 '5·15사건'을 일으켜 내각 수상을 암살하고 정당 내각을 붕괴시켰다. 사이토를 수상으로 하는 거국일치내각이 수립되면서 일본 정부와 관료사회에 국가주의세력이 급속히 확대되었고, 군부의 영향력도 더욱 심화하였다.

　　1934년 오카다 내각의 고토 내무대신은 정당의 신뢰 회복과 정계 혁신을 위해 지방에 선거숙정위원회를 설치하고, 민간에 관료 출신이 주도하는 선거숙정중앙연맹을 창립했다. 선거숙정중앙연맹은 선거숙정운동을 위해 오인조제도와 부락상회의 활성화를 주장했다. 선거숙정운동은 보통선거권이 부여된 일본국민의 올바른 참정권 행사를 명분으로 내세웠지만, 실제로는 참정권을 명분으로 국민을 국가가 조직하고 통제하기 위한 것이었다. 이는 정당세력 약화와 관료 통제 강화로 이어졌다.

　　일본은 3·1운동을 예상하지 못했으며, 조선 식민지 지배에 큰 위기의식을 갖게 되었다. 하라 수상은 총독부의 무단통치에 대응하여 내지연장주의에 근거한 동화정책을 조선통치의 근본 방침으로 제시했다. 이는 식민통치의 안정을 목적으로 하면서도 동시에 일본 군부가 장악한 한반도에 정당세력의 영향력을 강화하는 데 장애가 되는 여러 법적·제도적 장애를 제거하려는 방침이었다. 하라는 조선인들의 즉자적 반발과 식민통치의 안정을 저해하는 조선인에 대한 차별들과 방침들을 제거하거나 완화하며, 식민지배에 협조적인 친일세력을 육성하는 데 필요한 조치들의 기본 방향을 제시했다.

한편 3·1운동 발발 직후 헌정회 총재 가토와 오자키 유키오를 비롯한 일본 정계 일각에서 식민지 조선에 자치제를 실시하자는 주장이 제기되었다. 모치지 로쿠사부로 등 조선총독부에 근무했던 일부 관료들도 조선 자치를 주장했다.

사이토 총독과 미즈노 렌타로 정무총감은 일각에서 제기된 자치정책 주장을 배격하고 동화주의와 내지연장주의 정책을 추진했다. 하라의 내지연장주의 의견을 반영하여 무단정치를 철폐하고 '문화정치'를 시행했다. 다른 한편으로 부와 지정면 협의회원에 대한 제한선거제 실시를 골자로 한 지방제도를 개편했다. 그런데 1920년 지방제도 개정은 일시동인과 내지연장을 내세웠으면서도 일본 본국의 지방자치와는 차이가 나는 대단히 제한된 지방자치제도였다. 1,780만여 명으로 추정되는 1920년 당시 조선 내 총인구 중, 부와 지정면에 사는 총 6,347명의 조선인만이 투표권을 부여받았다. 한반도에서 이뤄진 선거임에도 일본인 유권자 수와 당선자 수가 더 많도록 제도적으로 고려된 것이었다. 이런 양상은 1920년대 내내 크게 변하지 않았다.

미즈노가 본국 내무대신으로 가면서 아리요시 주이치가 정무총감으로 부임했다. 아리요시 정무총감 체제하에서 미즈노계열의 내무성 출신 관료들과 대립했던 토착 일본인 관료들도 점차 힘을 회복했다. 이런 가운데 이를 대표하는 내무국장 오쓰카 쓰네사부로는 제국의회 중의원 참정권을 반대하면서 조선의회 설치에 대한 사건을 사이토 총독에게 제출했다. 조선의회는 관선과 민선이 절반씩으로 구성하고, 자문기관으로 시작해서 장래 의결기관으로 발전시키는 것으로 계획되었다. 조선의회의 권한에 대해서는 교육, 산업, 토목, 위생, 사회시설 등의 심의에 한정시켰는데, 일제의 통치와 관련된 거의 모든 주요 사항, 산업의 경우도 일본 본국과 연관된 부분은 모두 심의 대상에서 제외되었다. 또 의회의 권한을 제한하기 위해 총독의 원안 집행과 재의 명령, 해산 등의 감독 규정을 갖도록 했다. 오쓰카가 구상한 조선의회는 명목만 의회이지 실제 가지게 되는 권한은 대단히 제한된 것이었다. 또 그 권한과 구성도 총독부에 의해 철저히 통제되었다. 그의 안은 개인적인 사안으로 사이토에게 비밀리에 제출되었지만 토착 일본인 관료들의 내심과 주장을 일정하게 반영하였다. 그렇지만 조선총독부 내에서 오쓰카의 사안이 정책으로 검토되고 고려된 적은 없었다. 토착 일본인 관료들은 일본 정계와 관계에 대한 인맥과 영향력이 미흡했다. 이에 반해 식민지 조선정책이 일본 군부와 특권세력, 이들과 연계된 본국 관료세력의 입김과 영향력에서 자유로웠던 적은 일제시기 내내 거의 없었다.

　1924년 헌정회 중심 호헌 3파 연립내각이 수립되면서 식민지 조선정책의 변화에 대한 기대가 일어났다. 이에 헌정회 중진의원인 시모오카 츄지가 정무총감으로 부임했다. 시모오카는 미즈노 인맥 관료들을 정리하면서 대대적인 총독부 기구 개편을 단행하고, 산업제일주의를 전면에 내세웠다. 조선 참정권 문제에 대해서는 추진 의사를 표명하기는 했지만, 구체적인 정책으로 추진하지는 않았다.

　당시 척식국 사무국장 하마다 쓰네노스게가 동화주의와 내지연장주의의 방향 전환을 주장하는 보고서를 가토 수상에게 제출했다. 헌정회 의원 오자키도 내정 독립, 자치제의 가능성을 언급했다. 자유주의 민본주의자 요시노 사쿠조의 무단통치와 동화정책 비판도 제기되었다. 그렇지만 헌정회 주요 지도자들은 무단통치로 상징되는 '비과학적', '폭력적' 동화정책에 대해서는 비판적이었으나 동화정책 그 자체를 부정하지 않았다. 조선인에 대한 교육의 기회 확대와 조선인과 일본인의 혼합 교육 실시, 언론 통제 완화, 조선에서의 산업 육성 등의 정책을 주장했는데, 이는 내지연장주의에 입각한 식민정책이기도 했다. 헌정회 내각과 조선총독부가 조선에서 자치제 실시를 구체적으로 구상하고 정책으로 추진했다는 증거는 현재까지 찾아보기 어렵다.

반면에 총독부의 경무 라인을 중심으로 조선의 민족운동을 분열시키기 위한 공작으로 자치정책이 일정하게 추진되었다. 사이토 총독의 정치 고문이자 '제국의 브로커' 아베 미쓰이에는 조선인 자본가나 실업가, 유력자 등에 대한 경제적 지원과 회유를 주장했다. 반면에 총독부 내 미즈노파 관료들의 국민협회 참정권청원 지원에 대해서는 비판했다. 1925년 들어 아베는 자치제를 내세워 천도교 신파의 지도자인 최린과 동아일보 계열의 김성수·송진우를 연합시켜 민족운동 진영을 분열시키려 했지만, 이는 조선 내 기반이 없는 그가 할 수 있는 일이 아니었다. 미쓰야 경무국장를 비롯한 총독부 관료들이 아베에게 적극적으로 협조한 증거는 없다. 1926년 결성된 중앙조선협회는 조선에 근무했거나 이해가 있는 사람들의 모임으로 일부가 조선자치의회를 주장했지만, 중앙조선협회는 전체적으로 보면 이에 비판적이었으며, 일본 정부의 기본 입장을 고수하였다. 1925년 11월 미쓰야 경무국장과의 협의하에 소에지마 경성일보 사장이 자치제 실시를 주장했다. 그러나 소에지마 논설은 재조일본인 사회로부터 격렬한 비판을 받았다.

야마모토 미오노, 이즈미 아키라, 야나이하라 타다오 등 식민정책학자들은 조선에 대한 동화주의정책을 비판했고, 정도의 차이는 있지만 점진적인 자치제 실시를 주장했다. 1926년 일본 최초의 전국적 무산정당인 노동농민당이 결성되었고, 보통선거의 기대 속에 무산정당운동이 일본 전국으로 확산하였다. 중국 국민정부가 주도하는 북벌과 국민혁명도 진전되었다. 조선민족운동세력은 이를 배경으로 민족적 중심단체 결성의 구체적 운동 형태를 지속적으로 추진하였고, 이는 1927년 2월 신간회 창립으로 나타났다.

　조선총독부는 보통선거와 무산정당운동으로 대표되는 일본에서의 정치 변동, 합법적 정치운동의 확산과 신간회 창립으로 대표되는 식민지 조선에서의 민족운동 변화에 대응할 필요가 있었다. 한편으로는 민족운동에 대한 탄압과 분열을 획책하면서, 다른 한편으로는 변화된 정세에 맞추어 식민통치정책의 변화를 모색하려 했다. 1927년 사이토 총독은 총독부 내 관련 부서와 토착 일본인 관료들을 배제하고, 최측근인 총독부 관방문서과장 나카무라 도라노스케를 통해 조선 참정권 문제에 대한 의견을 비밀리에 작성했다. 나카무라의견서에서는 조선지방의회 설치를 제시했다. 그렇지만 조선지방의회는 실질적인 법률 제정 권한도 없고, 산업과 교육 등 1927년도 전체 총독부 예산의 약 25%에 불과한 예산과 결산에 대한 심의권한만 가진 기구였다. 또 총독은 강력한 감독권을 가져 조선지방의회를 언제라도 무력화시킬 수 있었다. 의원의 1/3은 관선으로, 나머지 2/3는 대부분 간접선거로 선발하도록 되어 있었으며, 선거에 있어서도 소수의 일본인이 다수의 조선인보다 유권자가 더 많도록 안배된 불공정한 제한선거권을 통해 일본인이 우위에 있도록 했다. 그러나 의견서에 대해 사이토는 본국 정부와 제대로 협의를 못하였고, 그대로 폐기되고 말았다.

정우회 내각이 성립하고 야마나시 총독과 이케가미 정무총감이 부임했다. 그들은 종래 부분적으로 검토되었던 자치론을 일체 부정하고, 내지연장주의에 따른 동화주의 정책의 강화를 조선 식민정책의 기본 통치방침으로 삼았다. 이에 총독부 주변에서 자치제를 추진하려는 움직임은 중단되었다. 이쿠타 내무국장을 비롯한 총독부 토착 일본인 관료들의 일본정부로부터 일정하게 독립된 독자의 조선정치체제를 지향하는 움직임도 거의 없게 되었다.

1929년 헌정회 내각이 수립되고, 사이토가 총독으로 재차 부임했다. 사이토는 재부임 직후부터 총독부 내의 관료들을 동원해서 조선에 참정권 문제를 실현하는 방안을 작성했다. 몇 개의 방안이 만들어졌는데, 대체로 조선지방의회를 설치하고 소수의 귀족원 의원만을 선임하는 안으로 정리되었다. 조선지방의회 설치는 10년 후에 실시하되, 의원 중 1/3은 관선으로, 2/3는 민선으로 선임하도록 했다. 민선의원 선임에서는 국세 및 지방세 5원 이상 납부자에게만 선거권과 피선거권을 주는 제한선거제를 구상했다. 조선지방의회는 법령의 제정 권한이 없이 총독부 전체 예산 중 산업과 교육 등 약 7%에 해당하는 예산만을 심의 의결하는 기구였다. 총독은 강력한 감독권을 가져 조선지방의회를 언제라도 무력화시킬 수 있었다. 1927년 나카무라를 통해 작성한 '참여의견'보다도 대폭 후퇴된 구상이었고, 그마저도 10년 후에나 실시한다는 대단히 기만적인 것이었다. 사이토는 일본 본국의 반대를 의식하면서 사실상 홋카이도나 사할린청 같은 지방제도 차원에서 조선지방의회를 제기했다.

물론 이 정책이 실제로 실행된다면, 그 진로는 단순히 조선의 지방제도로 머무르지 않고 중앙정치 차원의 조선의회로 장차 발전할 가능성이 없는 것은 아니었다. 조선지방의회안을 입안한 토착 일본인 관료들은 장기적으로 그렇게 전망하면서 단기적으로 그런 안을 만들었던 것이다. 또 사이토 입장에서는 현실적으로 실현 가능한 점진적인 참정권 부여 방안을 실시하는 것이었다. 그런데도 조선지방의회안은 당시 조선의 민족주의 세력이나 일반이 생각하는 조선 자치제 방안과는 근본적 괴리가 있었다. 심지어 자치운동을 추진하던 친일세력들이 기대하던 방안과도 일정한 차이가 있었다.

사이토는 조선지방의회 구상안을 일본 본국정부 및 주요 인사들과 협의했지만 강력한 반대에 부딪혀 바로 포기했다. 그리고 도회와 부·읍회의 의결기관화로 대변되는 제한된 지방제도 개정안만 합의하여 발표했다. 사이토는 자치정책에 대해 대단히 조심스럽게 접근했다. 당시 언론 어디에도 지방제도 개정 이상을 말한 적이 없었다. 조선의회는 물론 조선지방의회에 대해서도 공개적으로 언급한 적이 없다. 일본 정계의 정치역학 관계를 누구보다 잘 알고 있는 노련한 정치가인 사이토는 일본 핵심 권력들의 동향을 의식하면서 식민정책의 변화를 모색하고 있었다. 조선지방제도 개정안은 1930년 11월에 일본 각의를 통과했다. 이로써 식민지 조선의 지방제도 개정이 조선지방의회로의 전환과 사실상 관련이 없음이 보다 분명해졌다. 조선지방의회 설립의 기대는 물 건너갔고, 이를 기대하였던 자치제 주장이나 운동도 그 명분과 동력이 크게 상실되었다. 1931년 조선 총독으로 부임한 우가키가 조선 참정권에 대한 논의를 금지하자 총독부와 그 주변의 자치제 실시 주장도 사라졌다.

일제하 친일세력의 참정권확보운동이 본격화된 계기는 1919년 3·1운동이었다. 식민통치를 받아들였지만, 지배 권력에서 배제되었던 친일세력들은 무단통치체제가 동요하자 정치적 권리 확보 차원에서 참정권확보운동이 시작되었다.

3·1운동 직후 시작된 친일세력들의 참정권확보운동은 크게 두 방향으로 전개되었다. 자치청원운동과 중의원참정권 청원운동이었다. 친일세력이 조선통치를 주도하기 위해서는 조선통치의 자립이 필요하다고 생각했던 세력들은 조선의회 설치를 골자로 하는 자치청원운동에 주력했다. 반면에 본국 권력 참여를 통해 조선통치에 개입해야 한다고 생각했던 세력들은 중의원참정권 청원운동을 전개했다.

자치운동은 두 세력에 의해 전개되었다. 첫째는 식민지 지식엘리트의 정치적 결집을 통해 조선인 지주·자본가 중심의 조선통치체제 구축을 추구했던 '자치파'세력이었다. 둘째는 일본 우익세력과 결합하여 조선통치의 주도권을 확보하려 했던 동광회 세력이었다. 활동 동기나 주체는 달랐지만, 조선의회 설치를 통해 조선통치의 자립화를 추구했던 세력들이었다.

1917년 심령철학연구소를 설립하여 정치세력화를 모색하고 있던 자치파세력은 3·1운동 후 일본에 대표단을 파견하여 자치청원운동을 전개했다. 자치파세력의 논리는 병합은 양 민족의 생존과 발전을 위해 불가피한 선택이지만, 조선 민족과 일본 민족은 역사와 문화가 다르고 역량도 다르기 때문에 영속적 조선통치가 이뤄지기 위해서는 조선의회 중심의 자치제를 실시해야 한다는 것이었다. 또 자치파세력은 문화통치가 시작되며 자치제 실시 가능성이 희박해지자, 유민회를 결성하여 일본 자본주의와 조선경제의 유기적 결합을 주장했다. 조선은 농업과 수공업 이외에 산업경쟁력이 없으므로 값싼 일본 상품과 일본 자본이 유입될 수 있도록 이입세를 철폐하여 공업 일본과 농업 조선의 분업관계를 강화해야 한다는 것이다. 조선인 지주·자본가 계급이 주도하는 조선통치체제의 구축을 목표로, 정치적으로는 내정자치를 주장하고, 경제적으로는 유기적 결합 강화를 주장한 것이다.

동광회는 한말 일진회를 배후 조종하며 병합 과정에 깊숙이 개입했던 흑룡회세력이 조선인 친일세력들을 끌어들여 조직한 것이었다. 이들은 조선인과 재조일본인을 포함한 조선재주민의 자유로운 정치참여를 주장하며, 1922년 내정독립운동을 전개했다. 동광회가 주장한 내정독립의 핵심은 조선재주민 중심의 조선의회 설치와 본국 정부의 통치 개입 강화였다. 조선총독이 행정을 담당하되 조선의회를 독립시키고, 핵심 사안에는 본국 정부가 개입해야 한다는 것이었다. 특히 동광회세력은 조선 총독의 권한 축소와 조선재주민의 정치적 자유를 강조했다. 조선인의 독립 열망과 재조일본의 정치적 요구를 흡수하여 일본 우익과 친일세력이 주도하는 독자적 통치체제를 구축하려 했다.

그렇지만 자치청원운동은 내지연장주의에 기반한 문화통치체제가 안착하며 급속히 쇠퇴했다. 1921년 산업조사위원회를 통해 정치적 재기를 노렸던 유민회는 건의안이 총독부의 산업정책 결정에 별다른 영향을 미치지 못하자 존재 의의를 잃고 명목상의 단체로 쇠퇴했다. 또 동광회는 총독정치에 대한 비판이 식민지배에 대한 도전으로 간주되어 강제로 해산당했다.

자치청원운동이 쇠퇴한 후 참정권확보운동을 주도한 세력은 중의원참정권부여운동을 전개했던 국민협회였다. 국민협회는 한말 정치운동에 참여하였던 인물들과 1910년대 총독부의 관료였던 인물들이 중심이 되어 조직한 단체였다. 국민협회의 논리는 병합의 의의는 조선 민족과 일본 민족을 통합한 새로운 국민국가 신일본을 건설한 데 있으므로 국민적 통합을 완성하기 위해서는 조선인에게도 제국 국민의 권리, 곧 중의원참정권을 부여해야 한다는 것이었다. 일시동인이라는 병합의 논리를 기반으로 일본과 조선의 완전한 국가적 통합과 조선인의 일본국민화를 추구한 것이다. 국민협회는 총독부 내 내지연장파 관료들의 지원과 지방지회를 바탕으로 급속히 세력을 확대하면서 지속적으로 참정권 청원운동을 전개했다. 특히 회장인 민원식 사후에 대표적 친일단체의 위상을 확보하였고, 1923년에는 제국의회에 2만여 명 이상이 서명한 참정권청원서를 제출하면서 친일세력의 정치운동을 주도했다.

그러나 국민협회의 참정권 청원운동은 별 성과를 거두지 못하였고, 통제를 벗어난 참정권 청원운동에 대해서 조선총독부의 비판도 강화되었다. 이 때문에 참정권 청원운동을 계속 추진하려는 주류세력과 실질적 이익 확보 중심으로 노선을 전환해야 한다는 세력 사이에 내분이 발생하였고, 산업제일주의를 표방한 조선총독부와의 갈등도 심화하였다.

국민협회의 활동력이 약해지자 참정권 청원운동을 주도한 세력은 갑자구락부였다. 재조일본인 공직자세력과 조선인 공직자세력으로 조직된 갑자구락부는 헌정회 출신 시모오카 정무총감의 지원을 받아 지역과 선기권을 제한한 제한적참정권 청원운동을 전개했다. 제한적참정권은 조선에 참정권을 부여하되, 민도가 높은 부를 중심으로 제한적 선거를 실시하자는 것이다. 갑자구락부의 주장은 전면적 참정권 부여를 주장한 국민협회의 주장과는 달랐지만, 내지참정 기반을 확보할 수 있다고 생각한 친일세력은 제한적참정권에 대체로 동의했다.

한편 1929년 정우회의 다나카 내각은 식민 관할 부서 통합을 위해 척식성의 조선통치 관할을 추진했다. 척식성의 조선통치 관할이 내지참정의 근본적 근거를 부정하는 조치라고 판단한 참정권 청원운동 세력은 맹렬하게 척식성 관제반대운동을 전개했다. 척식성 관제반대운동을 통해 조선총독부의 예외적 위상은 유지되었고, 척식성의 명칭이 척무성으로 변경되고, 조선부가 별도로 설치되었다. 그렇지만 식민 관할부서의 조선통치 개입이 현실화한 데다, 재조일본인 세력과 조선인 세력의 갈등도 표면화되면서 참정권 청원운동 세력이 받은 타격은 적지 않았다.

이러한 참정권 청원운동 세력의 위기는 1930년 제2차 지방제도 개정이 실시되며 본격화되었다. 제2차 지방제도 개정은 지방자문기관의 의결기관화에 불과한 조치였지만, 지방의회를 통해 정치·경제적 이익을 실현할 수 있다고 생각한 체제협력세력들이 지방자치제에 적극적으로 호응했기 때문이었다. 핵심적 기반이었던 공직자세력과 지역유지세력들이 지방자치론에 호응함에 따라 내지참정권 부여를 주장했던 국민협회와 갑자구락부는 급속히 활동 동력을 상실했다. 막연한 참정권 확보보다는 당면이익의 획득이 중요하다고 생각한 세력들이 조직을 이탈했기 때문이다.

자치운동 역시 상황은 마찬가지였다. 총독부가 자치제를 포함한 지배체제 개편을 검토하자 천도교세력 등 일부 민족주의 우파세력이 자치운동을 재개했지만, 오래 계속되지는 못했다. 지방자치제 개정 이후 더 이상의 조치가 이뤄지지 않은 데다, 우가키 총독이 조선 참정권 문제 논의를 금지했기 때문이다. 제2차 지방자치제도 개정으로 체제 개편 논의가 일단락되었다고 판단한 식민통치 당국은 거국일치 분위기를 저해하는 자치·참정 논의를 제한했다.

결국 국민협회와 시중회 등의 자치·참정권 운동단체들은 1930년대 중반 이후 정치운동을 포기하거나 명목만 유치한 채 내선융화운동과 체제선전 활동에 주력했다. 정치적 목표는 사라졌지만 정치·사회적 영향력을 유지하기 위해서는 체제협력 단체로서의 존재 의의를 증명해야 했다. 하지만 이러한 활동도 중일전쟁 이후에는 대부분 사라졌다. 국민정신총동원 조선연맹 등 거국적 전시동원기구가 친일세력들의 개별 활동을 흡수했기 때문이었다. 요컨대 친일정치운동 세력은 체제협력세력의 정치적 욕구를 바탕으로 정치적 권리 획득을 추진했지만, 식민통치권력이 조선인의 완전한 복속과 체제 동원을 요구함에 따라 활동기반을 상실하고 소멸하게 되었다. 친일세력들의 주관적 욕망과 별개로 식민지배가 목표인 식민지배권력에게 피식민지민의 정치적 주체화를 청원했던 모순된 활동이 필연적으로 직면할 수밖에 없었던 귀결이었다.

1930년대 들어 잠적했던 조선 참정권 논의가 재개된 것은 일제가 아시아·태평양전쟁에 돌입하면서였다. 전선이 태평양과 동남아로 확대되자 병력 부족에 직면했다. 1942년 3월 미나미 총독이 내각 수상 및 육·해군 수뇌부와 만나 징병제 문제를 협의한 후, 조선총독부와 조선군사령부는 본격적으로 징병제 준비에 착수했다. 일본 정부는 징병제의 대가로 참정권을 부여하지 않는다고 했지만, 전황이 불리해지면서 병력의 필요성을 강하게 느끼는 육군을 중심으로 조선 참정권에 찬성하는 목소리가 높아졌다. 1944년 7월 사이판 함락으로 절대국방권이 붕괴되자, 반 도조세력들은 도조 내각을 붕괴시켰고, 고이소 내각이 수립되었다.

1944년 9월 제85회 제국의회에서 인도네시아의 독립 여부와 조선·대만의 처우에 관한 고이소 수상의 성명이 발표되었고, 10월에는 식민지 참정권 문제를 다룰 '정치처우조사회'가 조직되었다. 조선의 참정권 부여에 대해 육군과 조선총독부는 적극적이었고, 관료와 의회 등은 소극적 태도를 보여 대조적이었다. 조선의 참정권 부여는 전황이 점차 불리해짐에 따라 급히 추진되었다. 그 결과 1945년 4월 1일, 조선인 7명을 귀족원 의원으로 선임하고, 국세 15엔 이상 납부자에게만 선거권과 피선거권을 주어 22명의 중의원을 선거하는 중의원참정권 부여 법안이 공포되었다. 이렇게 조선에서의 참정권 부여는 전쟁 수행을 위한 전략으로 만들어졌지만, 일제의 패망으로 구체적인 시행령도 마련하지 못한 채 사라지게 되었다.

참고문헌

1. 자료

1) 신문, 잡지

『京城日報』, 『國民新聞』, 『大阪每日新聞』, 『大阪朝日新聞』, 『大韓民報』, 『東京日日新聞』, 『東亞日報』, 『每日申報』, 『新韓民報』, 『朝鮮新聞』, 『朝鮮日報』

『開闢』, 『改造』, 『朝鮮及滿洲』, 『三千里』, 『時事評論』, 『政友』, 『朝鮮』, 『中央公論』, 『地方行政』, 『太陽』

2) 문서

『法令全書』

齋藤實, 1990, 『齋藤實文書』, 高麗書林

衆議院, 『帝國議會衆議院 委員會議錄』

衆議院, 『衆議院議事速記錄』

_____, 『衆議院請願文書表』

貴族院, 『帝國議會貴族院 委員會議錄』

朝鮮總督府, 『朝鮮總督府 官報』

3) 단행본

角田順校訂, 1993, 『宇垣一成日記』 1, 국학자료원.

姜德相・梶村秀樹 編, 1966~1972, 『現代史資料』 朝鮮編 1~4, みすず書房.

岡義武・林茂 校訂, 1959, 『大正デモクラシー期の政治-松本剛吉政治日記-』, 岩波書店.

慶尙北道 警察部, 1934, 『高等警察要史』

國民協會, 1921, 『國民協會史』

國民協會宣傳部 編, 1931, 『國民協會運動史』

宮內廳, 2017, 『昭和天皇實錄 第8』, 東京書籍.

宮司功 編, 1927, 『選擧法規實例類輯』, 自治館.

近藤釰一 編, 1964, 『万才騷擾事件: 三・一運動』 2, 巖南堂.

金正柱 編, 1971, 『朝鮮統治史料』 7, 韓國史料硏究所.

吉野作造 編, 1928, 『明治文化全集憲政編』 第4卷, 日本評論社.

內田嘉吉 編, 1932, 『田健治郞傳』, 田健治郞傳記編纂會.

內田良平, 1920.11, 『朝鮮統治問題に就て先輩竝に知友各位に訴ふ』

大木操, 1969, 『大木日記: 終戰時の帝國議會』, 朝日新聞社.

同光會本部, 1923, 『朝鮮民情視察報告』

李寅燮, 1911, 『元韓國一進會歷史』, 文明社.

末弘嚴太郞 編, 1942(復刊), 『新法學全集』 第27卷, 日本評論社.

木戶日記硏究會, 1966, 『木戶幸一日記 下卷』, 東京大學出版會.

山崎丹照, 1943, 『外地統治機構の硏究』, 高山書院.

上杉愼吉, 1925, 『普通選擧の精神』

尙友俱樂部兒玉秀雄關係文書編集委員會, 2010, 『兒玉秀雄關係文書』 2, 同成社.

上田務, 1926, 『朝鮮統治論』

小磯國昭, 1963, 『葛山鴻爪』, 小磯國昭自叙伝刊行會.

矢部貞治, 1952, 『近衛文麿 上』 近衛文麿伝記編纂刊行會.

外務省 編, 1965, 『日本外交年表並主要文書』, 原書房.

原奎一郞 編, 1965, 『原敬日記』, 福村出版.

財團法人齋騰實子爵紀念會, 1941, 『子爵齋藤實傳』 4, 共同印刷株式會社.

朝鮮文友會, 1913, 『朝鮮紳士寶鑑』

朝鮮新聞社, 1936, 『朝鮮統治の回顧と批判』, 朝鮮新聞社.

朝鮮總督府, 1932, 『朝鮮總督府統計年報』, 朝鮮總督府.

朝鮮總督府 警務局, 1930, 『高等警察關係年表』, 朝鮮總督府 警務局.

朝鮮總督府 警務局 圖書課 編, 1932, 『諺文新聞差押記事輯錄』, 朝鮮總督府 警務局.

朝鮮行政 編輯總局 編, 1937, 『朝鮮統治秘話』, 朝鮮新聞社 (이충호 역, 2012, 『조선통치비화』, 국학자료원)

參謀本部 編, 1989, 『杉山メモ 下』, 原書房.

平野義太郎 編, 1938,『中村太八郎傳』,日光書院.

片山潛, 1960,『片山潛著作集』, 片山潛生誕百年記念會.

鶴見祐輔 編著, 1937,『後藤新平』, 後藤新平伯傳記編纂會.

橫山勝太郎監修, 1926,『第二護憲運動秘史』, 憲政會史編纂所.

黑龍會同人 編, 1920.『朝鮮統治問題』

4) 웹사이트

국사편찬위원회 한국사데이터베이스(http://db.history.go.kr/)

한국역사정보통합시스템(http://www.koreanhistory.or.kr/)

대한민국신문아카이브(https://www.nl.go.kr/newspaper/)

アジア歴史資料センター(www.jacar.go.jp/)

國立公文書館デジタルアーカイブセンター(https://www.digital.archives.go.jp)

위키피디아 일본편(https://ja.wikipedia.org/wiki/)

2. 연구논저

1) 단행본

강동진, 1980,『일제의 한국침략 정책사』, 한길사.

고하선생전기편찬위원회, 1990,『독립을 향한 집념: 고하 송진우 전기』, 동아일보사.

김동명, 2006,『지배와 저항, 그리고 협력 - 식민지 조선에서의 일본제국주의와 조선인의 정치운동 - 』, 경인문화사.

김정인, 2009,『천도교 근대 민족운동 연구』, 한울.

김종식, 2007,『1920년대 일본의 정당정치』, 제이엔씨.

_____, 2011,『근대국가』, 책세상.

다카시 후지타니 지음, 이경훈 옮김, 2019,『총력전 제국의 인종주의』, 푸른역사.

동선희, 2011,『식민권력과 조선인 지역유력자 - 도평의회 도의원을 중심으로 - 』, 선인.

마쓰다 토시히코 지음, 이종민·이형식·김현 옮김, 2021,『일본의 조선 식민지 지배와 경찰』, 경인문화사.

미야타 세쓰코 해설, 감수, 정재정 번역, 2002,『식민통치의 허상과 실상 - 조선총독부 고위

관리의 육성증언』, 혜안.

박찬승, 1992, 『한국근대정치사상사연구』, 역사비평사.

방광석, 2008, 『근대 일본의 국가체제 확립과정 - 이토 히로부미와 제국 헌법체제』, 혜안.

성주현, 2019, 『근대 신청년과 신문화운동』, 모시는 사람들.

손정목, 1992, 『한국지방제도 · 자치사연구』 상, 일지사.

小山弘健 저, 한상구 · 조경란 역, 1991, 『일본마르크스주의사개설』, 이론과실천사.

升味準之輔 저, 이경희 역, 1992 『일본정치사』 Ⅲ, 형설출판사.

심원섭, 2017, 『아베 미츠이에(阿部充家)와 조선』, 소명출판.

야스다 히로시 지음, 2009, 하종문 · 이애숙 옮김, 『세천황 이야기』, 역사와비평사.

오미일, 2002, 『한국근대자본가연구』, 한울.

우치다 준 지음, 한승동 옮김, 2020, 『제국의 부로커들』, 길.

유진오, 2007, 『양호기』, 고려대학교출판부.

이규수, 2018, 『제국과 식민지사이』, 어문학사.

이형식 편저, 2018, 『齋藤實 · 阿部充家 왕복서한집』, 아연출판부.

인촌기념회편, 1976, 『인촌 김성수전』, 인촌기념회.

전상숙, 2012, 『조선총독정치연구』, 지식산업사.

_____, 2022, 『조선총독의 지배정책』, 동북아역사재단.

정일성, 2005, 『일본 군국주의 괴벨스 도쿠토미 소호』, 지식산업사.

정진석, 2005, 『언론조선총독부』, 커뮤니케이션북스.

조규태, 2006, 『천도교의 문화운동론과 문화운동』, 국학자료원.

최석영, 1997, 『일제의 동화이데올로기 창출』, 서경문화사.

최유리, 1997, 『일제말기 식민지지배정책연구』, 국학자료원.

한상일, 2004, 『제국의 시선』, 새물결.

姜東鎭, 1979, 『日本の朝鮮支配政策史硏究』, 東京大學出版部.

岡本宏, 1978, 『日本社會主義政黨論史序說』, 法律文化史.

岡本眞希子, 2008, 『植民地官僚の政治史 -朝鮮 · 臺灣總督府と帝國日本-』, 三元社.

季武嘉也, 1999, 『大正期の政治構造』, 吉川弘文館.

駒込武, 1996, 『植民地帝國日本の文化統合』, 岩波書店, 1, (오성철, 이명실, 권경희 옮김,

2008,『식민지제국일본의 문화통합』, 역사비평사)

近藤正己, 1996,『總力戰と台湾 - 日本植民地崩壞の硏究』, 刀水書房.

大江志乃夫 外(編集), 1993,『岩波講座 近代日本と植民地』全8卷, 岩波書店.

鈴木敬夫, 1989,『朝鮮植民地統治法の硏究:治安法下の皇民化敎育』, 北海道大學圖書刊行會.

林茂·辻淸明 編, 1981,『日本內閣史錄 2』, 第一法規.

北岡伸一, 1978,『日本陸軍と大陸政策: 1906-1918年』, 東京大學出版會.

北岡伸一 編, 2000,『戰爭·復興·發展-昭和政治史における權力と構想』, 東京大學出版會.

三谷太一郎, 1995,『大正デモクラシー論』新版, 東京大學出版會.

三峰會 編, 1930,『三峰 下岡忠治傳』, 三峰會.

小林雄吾 編, 1925,『立憲政友會史』第3卷, (山本四郞補訂版 1990年).

松尾尊兌 編, 1971,『吉野作造 : 中國·朝鮮論』, 平凡社.

松尾尊兌, 1989,『普通選擧制度成立史の硏究』, 岩波書店.

_____, 1995,「解說: 吉野作造の朝鮮論」,『吉野作造選集』, 9, 岩波書店.

松田利彦, 1995,『戰前期の在日朝鮮人と參政權』, 明石書店.(김인덕 역, 2004,『일제시기 참정권 문제와 조선인』, 국학자료원)

_____, 2009,『日本の朝鮮·臺灣支配と植民地官僚』, 思文閣出版.

升味準之輔, 1965·1966年:新裝版 2011年,『日本政党史論』1·2, 東京大學出版會.

相馬雪香·富田信男·靑木一能 編著, 2000,『咢堂 尾崎行雄』, 慶應義塾大學出版會.

矢內原忠雄, 1963,『矢內原忠雄全集』, 岩波書店.

_____, 1988,『帝國主義下の台灣』, 岩波書店.

信夫淸三郞, 1974,『大正政治史』, 勁草書房.

若林正丈, 2001,『台湾抗日運動史硏究』, 硏文出版.

鈴木隆, 2012,『高橋是淸と井上準之助 インフレかデフレか』, 文春新書.

伊藤隆·季武嘉也 編, 2004,『近現代日本人物史料情報辭典』1, 吉川弘文館.

伊藤之雄, 1987,『大正デモクラシーと政党政治』, 山川出版社.

伊佐秀雄, 1987,『尾崎行雄』, 吉川弘文館.

李炯植, 2013,『朝鮮總督府官僚の統治構想』, 吉川弘文館.

日本自治省選擧部 編, 1990,『選擧法百年史』, 第一法規.

林茂, 1969,『湯淺倉平』, 湯淺倉平傳記刊行會.

田代有嗣, 1974, 『國籍法逐條解說』, 日本加除出版.

秦郁彦 編, 2001, 『日本官僚制總合事典：1868~2000』, 東京大學出版會.

_____, 2002, 『日本近現代人物履歷事典』, 東京大學出版會.

井上淸, 1975, 『新版 日本の軍國主義 II: 軍國主義と帝國主義』, 現代評論社.

趙聖九, 1998, 『朝鮮民族運動と副島道正』, 硏文出版.

淺野豊美, 2008, 『帝國日本の植民地法制』, 名古屋大學出版會.

秋田博, 1993, 『凜の人 井上準之助』, 講談社.

春山明哲, 2008, 『近代日本と台湾』, 藤原書店.

春山明哲·若林正丈, 1980, 『日本植民地主義の政治的展開』現代中國研究叢書 18, アジア政經學會.

坂野潤治, 1971, 『明治憲法体制の確立』, 東京大學出版會.

2) 논문

권태억, 「일제 식민통치의 기조」, 한일관계사연구논집 편찬위원회편, 2005, 『일제 식민지 지배의 구조와 성격』, 경인문화사.

기유정, 2011, 「식민지 조선의 일본인과 '조선의식'의 형성 -3,1운동 직후 '내지연장주의 (內地延長主義)' 논의를 중심으로-」, 『내동문화연구』 76.

김종식, 2002, 「근대 일본보통선거논의의 전개와 그 귀결」, 『사림』 18.

_____, 2007, 「1919년 일본의 조선문제에 대한 정치 과정-인사와 관제개혁을 중심으로」, 『한일관계사연구』 26.

_____, 2008, 「1920년대 초 일본정치와 식민지 조선지배-정무총감 미즈노 렌타로의 활동을 중심으로-」, 『동북아역사논총』 22.

_____, 2009, 「근대 일본 내무관료의 조선 경험 -마루야마 쯔루키치(丸山鶴吉)를 중심으로」, 『한일관계사연구』 33.

_____, 2011, 「1910년대 식민지 조선 관련 일본 국내정치 논의의 한 양상-;제국의회의 식민지 조선 제령 입법 과정을 중심으로」, 『한일관계사연구』 38.

_____, 2016, 「근대 일본 선거숙정운동의 인과적 이해를 위하여」, 『일본학』 42.

_____, 2020, 「3·1운동을 전후한 1910년대 식민지 조선을 둘러싼 일본의 정치 과정 연구 -입헌 정우회와 하라 다카시(原敬)를 중심으로-」, 『역사학보』 245.

노영희, 2002, 「요시노 사쿠조와 나츠메 소세키의 韓國觀 비교연구」, 『일어일문학연구』, 43.
동선희, 2003, 「동광회의 조직과 성격에 관한 연구」, 『역사와 현실』 50.
문명기, 2015, 「왜 『帝國主義下の朝鮮』은 없었는가? - 야나이하라 타다오(矢內原忠雄)의 식민(정책)론과 대만·조선」, 『사총』 85.
박경숙, 2009, 「식민지 시기(1910~1945년) 조선의 인구 동태와 구조」, 『한국인구학』 32.
박양신, 2014, 「식민지 관료 경험과 식민정책론 - 모치지 로쿠사부로(持地六三郞)를 중심으로」, 『이화사학연구』 48.
＿＿＿, 2019, 「1920년대 일본 식민정책학의 식민정책론」, 『일본비평』 21.
박은경, 1995, 「일제시대 조선총독부 조선인 관료에 관한 연구」, 『한국정치학회보』 28(2).
박찬승, 2005, 「일제의 식민정책 연구사」, 한일관계사연구논집 편찬위원회편, 『일제 식민지 지배의 구조와 성격』, 경인문화사.
원지연, 2002, 「1930년대 일본 선거숙정운동의 재평가 - 대중의 정치참가와 관련하여 - 」, 『전남사학』 18.
윤덕영, 2010, 「1920년대 전반 민족주의 세력의 민족운동 방향 모색과 그 성격」, 『사학연구』 98.
＿＿＿, 2010, 「1920년대 중반 민족주의 세력의 정세인식과 합법적 정치운동의 전망」, 『한국근현대사연구』 53.
＿＿＿, 2010, 「1926년 민족주의 세력의 정세 인식과 '민족적 중심단체' 결성 모색 - 소위 '연정회' 부활 계획에 대한 재해석 - 」, 『동방학지』 152.
＿＿＿, 2010, 「신간회 창립과 합법적 정치운동론」, 『한국민족운동사연구』 65.
＿＿＿, 2010, 「1920년대 중반 일본 정계변화와 조선총독부 자치정책의 한계」, 『한국독립운동사연구』 37.
＿＿＿, 2011, 「신간회 창립 주도세력과 민족주의 세력의 정치지형」, 『한국민족운동사연구』 68.
＿＿＿, 2011, 「1930년 전후 조선총독부 자치정책의 한계와 『동아일보』 계열의 비판」, 『대동문화연구』 73.
＿＿＿, 2022, 「1930년 전후 합법적 정치 운동의 퇴조와 신간회를 둘러싼 민족주의 세력의 동향」, 『한국학연구』 64.
이규수, 2004, 「야나이하라 타다오(矢內原忠雄)의 식민정책론과 조선인식」, 『대동문화연구』46.

_____, 2009, 「민본주의자 요시노 사쿠조의 조선인식」, 『역사비평』 88.

이태훈, 2001, 「1920년대 초 자치청원운동과 維民會의 자치구상」, 『역사와 현실』 39.

_____, 2010, 「일제하 친일정치운동연구」, 연세대 사학과 박사학위논문.

_____, 2011, 「1930년대 일제의 지배정책 변화와 친일정치운동의 '제도적' 편입과정」, 『한국근현대사연구』 58.

_____, 2012, 「1910~20년대 초 제1차 세계대전의 소개양상과 논의지형」, 『사학연구』 105.

_____, 2014, 「계몽의 모순과 그 귀결」, 이타가키 류타, 정병욱 편, 『식민지라는 물음』, 소명출판.

_____, 2018, 「1920년대 전반 국민협회의 정치활동과 참정권 청원운동의 한계」, 『동방학지』 185.

이형식, 2010, 「중간내각 시대(1922.6~1924.7)의 조선총독부」, 『동양사학연구』 113.

_____, 2014, 「1910년대 일본 제국의회 중의원과 조선통치」, 『사총』 82.

_____, 2015, 「메이지·다이쇼 초기 아베 미쓰이에(阿部充家)의 궤적; '민권'파 교사에서 '권력정치가'에 접근한 정치기기자로」, 『일본역사연구』 42.

_____, 2016, 「경성일보,매일신보 사장 시절(1914.8~1918.6)의 아베 미쓰이에(阿部充家)」, 『사총』 87.

_____, 2017, 「'제국의_브로커' 아베 미쓰이에(阿部充家)와 문화통치」, 『역사문제연구』 37.

_____, 2018, 「1920년대 중후반 아베 미쓰이에(阿部充家)의 조선에서의 정치 행보」, 『민족문화연구』 78.

_____, 2018, 「『동명』·『시대일보』 창간과 아베 미쓰이에(阿部充家)」, 『근대서지』 18.

_____, 2018, 「'내파(內破)'하는 '대동아공영권' - 동남아시아 점령과 조선통치」, 『사총』 93.

_____, 2021, 「태평양 전쟁시기 조선인·대만인 참정권 문제」, 『사총』 102.

장석흥, 1998, 「1924년 언론집회 압박탄핵운동의 전개와 성격」, 『한국학논총』 21.

전상숙, 2008, 「1920년대 사이토(齋藤實)총독의 조선통치관과 '내지연장주의'」, 『담론 201』 11-2.

전영욱, 2014, 「한국병합 직후 일본 육군 및 제국의회의 제국통합 인식과 그 충돌의 의미」, 『아세아연구』, 57-2.

_____ 2020, 「1920년대 조선통치론의 전개와 제령의 역할」, 『역사문제연구』 44.

정규영, 2007, 「'공립보통학교 1면1교 계획'과 조선인 초등교육(1928-1936)」, 권태억 외, 『한국 근대사회와 문화 III』, 서울대학교출판부.

정병욱, 1999, 「1910年代 韓一銀行과 서울의 商人」, 『서울학연구』 12.

정연태, 2004, 「朝鮮總督 寺內正毅의 韓國觀과 植民統治」, 『韓國史研究』 124.

정용서, 1999, 「일제하 천도교청년당의 운동노선과 정치사상」, 『한국사연구』 105.

_____, 2012, 「1920년대 천도교 신파의 '민족 자치' 구상」, 『동방학지』 157.

정준영, 2018, 「경성제국대학 교수가 된 식민정책학자 : 이즈미 아키라(泉哲)의 식민정책론과 〈국제공법강좌〉」, 『사회와 역사』 118.

지승준, 2011, 『일제시기 참정권운동 연구-國民協會·同民會·時中會 계열을 중심으로』, 중앙대학교 사학과 박사학위논문.

_____, 2012, 「1924~5년 '各派有志聯盟'의 정치적 성격」, 『사학연구』 105.

최규현, 2014, 「1930년대 일본 선거숙정운동의 초기과정에 대한 재검토」, 『서울대 동양사학과 논집』 38.

최상룡, 1986, 「大正데모크라시와 吉野作造」, 『아세아연구』 76.

_____, 1987, 「吉野作造의 정치사상에 관한 소고」, 『동아연구』 12.

최영호, 1996, 「일제의 '신민화' 정책에 관한 연구」, 『국사관논총』 67.

최장근, 2005, 「일본영토의 변천과정과 영토분쟁의 현황」, 『일본어문학』 Vol.30.

최현, 2003, 「시민권, 민주주의, 국민-국가 그리고 한국사회」, 『시민과 세계』 4.

_____, 2007, 「근대 국가와 시티즌십 : 오키나와인의 사례」, 『지방사와 지방문화』 10-1.

한상일, 2002, 「식민지 자치론 - 야나이하라 타다오(矢內原忠雄)의 자치론을 중심으로」, 『사회과학연구』 15.

허영란, 2014, 「허영란-일제시기 읍·면협의회와 지역정치-1931년 읍·면제 실시를 중심으로」, 『역사문제연구』 31.

加藤聖文, 2003, 「植民地統治における官僚人事 -伊澤多喜男と植民地」, 『伊澤多喜男と近代日本』, 芙蓉書房.

岡本眞希子, 1996, 「アジア·太平洋戰爭末期における朝鮮人·台湾人參政權問題」, 『日本史研究』 401.

_____, 1996,「戰時下の朝鮮人·臺湾人參政權問題」,『早稻田大學大學院文學研究科紀要』42.

_____, 1998,「政黨內閣期における文官總督制 - 立憲政治と植民地統治の相剋 - 」, 日本植民地硏究會 編,『日本植民地硏究』10.

_____, 2000,「總督政治と政黨政治 - 二大政黨期の總督人事と總督府官制·豫算 - 」,『朝鮮史硏究會論文集』38.

官田光史, 2004,「選擧肅正運動の再檢討 - 政友會を中心に」,『九州史學』139.

今井淸一, 1967,「小選擧區制の歷史的檢討」,『歷史學研究』325.

金子文夫, 1979,「持地六三郞の生涯と著作」,『臺灣近現代史硏究』2.

內田じゅん, 2003,「植民地期 朝鮮における同化政策と在朝日本人 - 同民會を中心として」,『朝鮮史硏究會論文集』41.

大江, 志乃夫, 1993,「山縣系と植民地武斷統治」,『近代日本と植民地』4, 岩波書店, 15-27쪽.

渡部治, 1982,「日本帝國主義の支配構造」,『歷史學研究』別冊特集, 12月号.

木村健二, 2000,「朝鮮總督府經濟官僚の人事と政策」波形昭一·堀越芳昭,『近代日本の經濟官僚』, 日本經濟評論社.

本間恂一, 1986,「選擧肅正運動をめぐる政党と官僚」,『地方史硏究』36-1.

森山茂德, 1991,「日本の朝鮮統治政策(一九一〇 - 一九四五)の政治史的硏究」,『法政理論』第23卷 第3·4號.

_____, 2000,「日本の政治支配と朝鮮民族主義 - 1920年代の'朝鮮自治論'を中心として - 」, 北岡伸一 編,『戰爭·復興·發展 - 昭和政治史における權力と構想』, 東京大學出版會.

小川原宏幸, 2005,「韓國倂合と朝鮮への憲法施行問題」,『日本植民地硏究』17.

松尾尊兌, 1968,「吉野作造と朝鮮」,『人文學報』25, 京都大學.

_____, 1997,「吉野作造と朝鮮·再考」,『朝鮮史硏究會論文集』35.

松田利彥, 1988,「朴春琴論」,『在日朝鮮人史硏究』18号.

_____, 2004,「植民地朝鮮における參政權要求團體'國民協會'について」,『植民地帝國日本の法的構造』, 信山社.

新井勉, 1994,「朝鮮制令委任方式をめぐる帝國議會の奇態な情況について - 第27議會にお

ける緊急勅令の法律への変更」,『法學紀要』36.

幼方直吉, 1965,「矢內原忠雄と朝鮮」,『思想』495.

伊藤之雄, 1980,「『ファシズム』期の選擧法改正問題」,『日本史研究』212.

李昇燁, 2003,「全鮮公職者大會:1924-1930」,『20世紀研究』4.

李熒娘, 1990,「第一次憲政擁護運動と朝鮮の官制改革論」,『日本植民地研究』3.

_____, 2007,「原敬內閣期における朝鮮の官制改革論」, 服部龍二·土田哲夫·後藤春美 編,『戰間期の東アジア國際政治』, 中央大學出版部.

李炯植, 2007,「政党內閣期(一九二四-一九三二年)の朝鮮總督府官僚の統治構想」,『東京大學日本史學研究室紀要』11.

_____, 2007,「戰前期における中央朝鮮協會の軌跡-その設立から宇垣總督時代まで-」,『朝鮮學報』204, 朝鮮學會.

田中宏, 1974,「日本の植民地支配下における國籍關係の経緯-台湾·朝鮮に關する參政權と兵役義務をめぐって」,『愛知縣立大學外國語學部紀要』9.

田中隆一, 2000,「帝國日本の司法連鎖」,『朝鮮史研究會論文集』38集.

增島宏, 1978,「日本勞動黨の成立」, 神田文人 編,『社會主義運動史』, 校倉書房.

村上勝彥, 1993,「矢內原忠雄における植民論と植民政策」,『岩波講座 近代日本と植民地 4:統治と支配の論理』, 1993, 岩波書店.

淺田喬二, 1988,「矢內原忠雄の植民論」上~下,『駒澤大學經濟學論集』20-1~20-3.

春山明哲, 1978,「昭和政治史における事件-植民地統治の政治過程の分析-」,『台湾近現代史研究』1.

春山明哲, 1980,「近代日本の植民地統治と原敬」,『日本植民地主義の政治的展開 1895~1934 -その統治體制と臺灣の民族運動-』, アジア政經學會.

平野敬和, 2000,「帝國改造の政治思想-世界戰爭期の吉野作造」,『待兼山論叢』34.

■ 참정권 관련 연표

연도	월	일	일본제국	조선
1874	1		이타가키 다이스케(板垣退助), 「민선의원설립건백서(民選議院設立建白書)」 제출	
1875	4		메이지 정부, 입헌정체수립 조서(詔書) 발표	
1879	4	4	류큐(琉球)왕국을 오키나와현으로 편입	
1885	12	22	제1차 이토 히로부미(伊藤博文) 내각 성립	
1889	2	11	메이지 헌법, 「귀족원령」, 「중의원의원선거법」 공포, 선거권은 만25세 이상 남성 중 국세 15엔 이상 납부자(선거권자는 전 인구의 1% 미만)	
1889	12	24	제1차 야마가타 아리토모(山縣有朋) 내각 성립	
1890	7	1	일본 제1회 제국의회 중의원 총선거	
1892	2	7	보통선거기성동맹(普通選擧期成同盟) 결성	
1895	4	17	청일강화조약 체결, 대만 식민지 편입	
1896	3	30	「대만에 시행할 법령에 관한 법률」(법률 제63호) 공포	
1899	3	15	「국적법」(법률 제66호) 공포	
1910	8	29	「조선에 시행할 법령에 관한 건」(긴급칙령 제324호) 공포	한일강제병합조약 공포로 대한제국 식민지 편입
1910	9	13		모든 정치단체 해산령 발표
1911	3	25	「조선에 시행할 법령에 관한 법률」(법률 제31호) 공포	

연도	월	일	일본제국	조선
1912	12	21	육군의 도각에 의해 제2차 사이온지 긴모치(西園寺公) 내각이 무너지고, 제3차 가쓰라 타로(桂太郞) 내각 성립	
1912	12		제1차 헌정옹호운동 발생	
1916	11			대정친목회(大正親睦會) 설립
1916	1		요시노 사쿠조(吉野作造), 민본주의 발표	
1916	10	9	데라우치 마사타케(寺內正毅) 내각 성립	
1918	8		쌀소동 발발	
1918	9	29	하라 다카시(原敬) 내각 성립	
1919	3	1		3·1운동 발발
1919	5	23	중의원 선거법 개정, 선거권이 국세 3엔 이상 납부자로 확대	
1919	8	1		민원식을 대표로 협성구락부(協成俱樂部) 결성
1919	8	8		하라 다카시 수상,「조선통치사견」제시
1919	8	12		제3대 조선총독에 사이토 마코토(齋藤實), 제2대 정무총감에 미즈노 렌타로(水野鍊太郞) 임명
1919	8	19		조선총독부 관제 개정(칙령 제386호) 공포
1919	8			미즈노 정무총감 주도 대대적인 총독부 인사, 미즈노파 관료 대거 유입
1919	9			사이토 마코토 총독, 문화정치 표방하는 시정방침과 유고 발표
1919	12	14		자치청원운동 단체, 유민회(維民會) 결성
1920	1	8		협성구락부, 국민협회로 확대 개편(회장 민원식)
1920	1	31	전국보선연합회(全國普選連合會) 결성	
1920	2	4		국민협회, 제국의회에 중의원 참정권 청원서 제출

연도	월	일	일본제국	조선
1920	5	10	제14회 중의원 총선거 실시	
1920	7	29		조선지방제도 제1차 개정, 부와 지정면협의회 직접선거제 도입, 국세 5원 이상 납부자에게만 선거권 부여(제한선거제), 부거주 조선인 중 1.2%, 지정면 거주 조선인 중 0.8%만 선거권 부여, 도에 자문기관으로 도평의회 설치
1920	10			모치지 로쿠사부로(持地六三郎), 사이토에게 [조선통치론(朝鮮統治論)], [조선통치후론(朝鮮統治後論)] 의견서로 제출
1920	11	20		부와 지정면협의회 선거 (부협의회 선거결과 조선인 57명, 일본인 133명 당선)
1921	2	3	흑룡회의 지도자 우치다 료헤이(內田良平) 주도로 도쿄에 동광회(同光會) 설립	
1921	2	16		국민협회장 민원식, 양근환 의사에게 피살
1921	4	10		국민협회 임원 개선(회장 김명준)
1921	4	12		국민협회 탈퇴파, 국민공진회(國民共進會) 결성
1921	5	22		동광회 조선총지부 결성
1922	3	?		동광회 조선총지부 내정독립기성회로 개편
1922	3	6		내정독립기성회, 중의원에 조선내정독립 청원서 제출
1922	6	12		제3대 정무총감에 아리요시 주이치(有吉忠一) 임명
1923	9	1	관동 대지진 발발	
1923	10		제2차 야마모토 곤노효에(山本權兵衛) 내각, 보통선거법 개정 결의	
1923	11	20		부와 지정면협의회 선거 (부협의회 선거결과 조선인 70명, 일본인 126명 당선)

연도	월	일	일본제국	조선
1923	11			오쓰카 쓰네사부로(大塚常三郎), [조선의회(참의원)요강 (朝鮮議會(參議院)要綱)] 사이토 총독에게 제출
1924	4	10		국민협회 정기대회, 국민공진회 이탈세력 복귀
1924	1	7	기요우라 게이고(淸浦奎吾) 내각 성립, 제2차 헌정옹호운동 발생	
1924	3	25		국민협회 등 6개 친일단체, 각파유지연맹 창립
1924	5	10	제15회 중의원 총선거에서 헌정회가 제1당으로 부상	
1924	6			국민협회, 제국의회에 중의원 참정권 청원서 제출
1924	6	11	호헌3파(헌정회, 정우회, 혁신구락부) 연립내각 성립, 가토 다카아키(加藤高明) 수상 취임	
1924	7	4		제4대 정무총감에 시모오카 츄지(下岡忠治) 임명
1924	8			재조일본인 공직자와 조선인 공직자, 갑자구락부 결성
1925	2	16		국민협회, 제국의회에 중의원 참정권 청원서 제출
1925	3	29	중의원 선거법 개정안(보통선거법안) 중의원과 귀족원 통과, 만25세 남자에게 선거권 부여	
1925	11	22		제5대 정무총감에 유아사 구라헤이(湯淺倉平) 임명
1925	11	26		소에지마 미치마사(副島道正) 경성일보 사장, 「總督政治の根本義」 논설을 『경성일보』에 발표, 조선 자치제 실시 주장
1926	1	30	제1차 와카쓰키 레이지로(若槻礼次郞) 내각 성립	
1926			중앙조선협회(中央朝鮮協會) 창립	

연도	월	일	일본제국	조선
1926	3	5	일본 최초 무산정당 노동농민당 창당	
1926	11	20		부와 지정면협의회 선거 (부협의회 선거결과 조선인 84명, 일본인 146명 당선)
1927	2	15		신간회 창립
1927	3			총독부관방 문서과장 나카무라 도라노스케(中村寅之助), 사이토 총독 지시로 조선 참정권문제에 대한 의견서 비밀리 작성
1927	4	15		임시총독에 우가키 가즈시게(宇垣一成) 임명
1927	4	20	다나카 기이치(田中義一) 내각 성립	
1927	11			갑자구락부 주도 11개 친일단체 시국간담회 개최, 참정권 획득이 친일단체의 정치활동 방침임을 결의함
1927	12	10		제4대 조선총독에 야마나시 한조(山梨半造) 임명
1927	12	23		제6대 정무총감에 이케가미 시로(池上四郞) 임명
1928	2	20	제16회 중의원 총선서 실시(일본 최초 보통선거)	
1929	3	19	다나카내각, 척식성관제안 결의	
1929	4	4		제7대 정무총감에 고다마 히데오(兒玉秀雄) 임명
1929	4	21		갑자구락부와 국민협회, 대정친목회 등, 척식성 관제반대기성회 결성
1929	5		척무성설치안 통과	
1929	6	10	척무성 설치	
1929	7	2	하마구치 오사치(濱口雄幸) 내각 성립	
1929	8	17		제5대 조선총독에 사이토 마코토(齋藤実) 재차 임명
1929	10	6		제6회 전선공직자대회 개최
1929	11	20		부와 지정면협의회 선거(부협의회 선거결과 조선인 103명, 일본인 163명 당선)

연도	월	일	일본제국	조선
1929	11			조선총독부, 조선참정권 문제 개정을 위한 소위원회 구성, '조선지방의회' 안 작성
1929	12			사이토 총독, 조선참정권 문제 협의를 위해 방일, 일본 정부 및 관계 요인과 협의
1930	1	7	내각 「중의원의원선거혁정심의회관제」안 승인	
1930	1			조선총독부, 조선지방제도 제2차 개정안 작성
1930	1	18		국민협회 활동 재개, 임원개선 (회장 송종헌)
1930	2	20	제17회 중의원 총선거 실시	
1930	3	11		조선지방제도 제2차 개정안, 일본 내각에 제출
1930	12	1		조선지방제도 제2차 개정안 공포, 부회와 지정면협의회를 의결기관인 부회와 읍회로 전환, 부회와 읍회는 직접선거, 자문기관인 면협의회에 직접선거제 도입, 국세 5원 이상 납부자에게만 선거권 부여(제한선거제)
1931	4	1		조선지방제도 제2차 개정 시행, 부거주 조선인 중 2.7%, 일본인은 14% 선거권 가짐, 읍거주 조선인 중 2%미만, 일본인은 10%내외 선거권 가짐
1931	4	14	제2차 와카쓰키 레이지로 내각 성립	
1931	5	21		부회, 읍회, 면협의회 선거(부회 선거결과 조선인 156명, 일본인 255명 당선)
1931	6	17		제6대 조선총독에 우가키 가즈시게 (宇垣一成) 임명
1931	9	18	일제의 침략에 의한 만주사변 발발	
1931	12	13	이누카이 쓰요시(犬養毅) 내각 성립	
1932	2	20	제18회 중의원 총선거 실시	박춘금, 중의원 총선거 도쿄4구에서 당선

연도	월	일	일본제국	조선
1932	5	15	5·15사건 발생, 이누카이 쓰요시 수상 암살	
1932	5	26	사이토 마코토(齋藤実) 내각 성립	
1932	12	23		박영효, 귀족원 칙선의원 선임
1933	2	1		조선지방제도, 도평의회를 의결기관인 도회로 개정하는 총독부령 공포
1933	4	1		도회 개정안 시행
1934	7	3	대만인 고현영(辜顯栄) 귀족원 칙선의원 선임	
1934	8	?		최린 등 천도교와 박영철 등 자본가 주도로 내선융화운동 단체 시중회(時中會) 설립
1935	5	8	「선거숙정위원회령」 공포(칙령 제110호)	
1935	6	18	선거숙정중앙연맹 창립	
1936	2	20	제19회 중의원 총선거 실시	
1936	2	26	2·26사건 발생, 사이토 마코토 내대신 암살	
1936	3	9	히로타 고키(広田弘毅) 내각 성립, 군부와 관료 내각 장악	
1936	8	5		제7대 조선총독에 미나미 지로(南次郎) 임명
1936	11			국민협회와 갑자구락부, 조선인 병역제도 실시 청원운동 전개
1937	2	25		국민협회 등 24,625명, 제국의회에 중의원 참정권 청원서 제출
1937	6	4	제1차 고노에 후미마로(近衛文麿) 내각 성립	
1937	7	7	일제 침략으로 중일전쟁 발발	
1938	2	2	육군특별지원병령(칙령 제95호) 공포	
1938	7	7		국민정신총동원 조선연맹 결성
1938	?	?		시중회 자진 해체 결의

연도	월	일	일본제국	조선
1941	10	18	도조 히데키(東條英機) 내각 성립	
1941	12	20	일제, 진주만 기습, 태평양전쟁 발발	
1942	1	21	제1차 도조성명 발표	
1942	5	9	내각, 조선 징병제 시행 발표	
1942	5	29		제8대 조선총독에 고이소 구니아키(小磯国昭) 임명
1943	3	2	조선 징병제 시행 위한 「병역법중개정법률」 공포(법률 제4호)	
1943	8	1	일제 대본영, 버마 독립 결정	
1943	11	5	대동아회의 개최	
1944	7	22	고이소 구니아키(小磯国昭) 내각 성립	
1944	7	24		제9대 조선총독에 아베 노부유키(阿部信行) 임명
1944	9	7	인도네시아 독립 부여, 조선과 대만의 처우에 관한 「고이소성명(小磯國昭声明)」 발표	
1944	12	26	「조선 및 대만 거주민 정치처우조사회 관제」 공포	
1945	4	1	조선참정권에 관한 「중의원의원선거법 중 개정법률」(법률 제34호)·「귀족원령 중 개정」(칙령 제193호) 공포	
1945	4	3	귀족원 칙선의원 대만 3명 선임	귀족원 칙선의원 조선 7명(김명준, 박상준, 박중양, 송종헌, 윤치호, 이기용, 한상룡) 선임

찾아보기

3·1운동 21, 23, 32, 39, 42, 45, 47, 129, 168, 170~171, 174, 175, 178, 179, 186, 187, 190, 196, 198, 218, 223, 226, 233, 237, 241, 275, 329~331, 335, 339, 340, 342, 350, 384, 404, 420, 421, 425, 426, 427, 433

ㄱ

가미오 가즈하루(神尾式春) 290
가쓰라 타로(桂太郎) 71, 72, 78, 79~85, 88, 91, 95, 232, 450
가와카미 소로쿠(川上操六) 232
가토 다카아키(加藤高明) 108, 109, 187, 215, 330
가토 도모사부로(加藤友三郎) 202
가토 도모사부로(加藤友三郎) 내각 202
각파유지연맹 204, 205, 254, 338, 413
간접통치방식 331
감독 권한 39, 270, 273, 295, 302, 307, 389
갑자구락부 41, 42, 47, 229, 254, 255, 366, 372~380, 385, 386, 391, 400, 402, 404, 415~417, 435, 452, 453, 455
경무국장 36, 46, 184, 203~206, 224, 227, 231, 234~237, 245~248, 252, 255, 278, 289, 290, 309, 386, 429
경성제국대학 259, 369
고다마 히데오(兒玉秀雄) 156, 238, 283, 453
고등교육 392

고에쓰카 쇼타(肥塚正太) 375
고희준 328, 329, 330, 334, 360, 366
공직자 41, 218, 326, 372, 374, 375, 381, 391, 405, 410, 411, 452
관동대지진 138, 203, 376
관제개혁 29, 170, 175, 176, 185, 220, 284
구노 시게요시(久納重吉) 355
구사마 히데오(草間秀雄) 227
구즈우 요시히사(葛生能久) 162, 343
국민공진회 356, 361, 451, 452
국민국가 16, 17, 18, 27, 56, 434
국민적 국가 365
국민적 권리 365, 410
국민적 의무 415
국민정신총동원조선연맹 30, 412, 455
국민참정권 18, 20, 21, 44, 53, 58, 59, 94, 101, 108, 420, 423, 425
국민협회 42, 197, 204, 234, 255, 342, 350, 353, 355~357, 362, 363, 364, 370, 386, 405, 413, 429, 451~455
국제노동회 333
귀족원 의원 101, 135, 157~160, 163, 173, 177, 293~296, 309, 377, 401, 431, 437
금융자본 337
기시 유이치(岸勇一) 290
기요우라 게이고(淸浦奎吾) 108, 109, 202, 215, 218, 237, 452
김갑순 402
김관선 360

찾아보기 457

김기전 205, 243
김달현 350
김명준 131, 329, 350, 352, 357, 360, 366, 370, 371, 386, 404, 451, 456
김봉수 360
김상회 352, 360
김석진 360
김석태 350
김성수 205, 235, 239, 429
김영걸 334
김우식 350, 360
김일선 334
김재문 360
김주병 334, 335
김찬영 334
김창락 360
김충희 355
김태영 350
김필수 334, 335
김하섭 360
김형복 350
김환 327, 350, 351, 352, 357, 360, 363, 366, 371, 386, 404

ㄴ

나가이 류타로(永井柳太郎) 135, 238
나리마스 미도리(成松綠) 375
나카노 세이고(中野正剛) 405
나카무라 도라노스케(中村寅之助) 266, 290, 394, 430, 453
남궁훈 334
남상일 360
남태희 360
남필우 334
내무국장 193, 206, 207, 227, 276, 280, 288~290, 304, 310, 362, 427, 431

내선융화 42, 43, 197, 204, 354, 356, 362, 369, 408, 409, 411, 412, 436, 455
내선융화운동 42, 43, 354, 356, 362, 408, 409, 411, 436, 455
내정독립기성회 133, 346, 347, 349, 451
내정독립청원서 346
내정자치 333, 337, 340, 433
내정독립운동 40, 42, 129, 198, 339, 347, 350, 434
내지연장 421, 426
내지연장주의 22, 33, 34, 37, 44~47, 64~66, 69, 71, 75, 125, 126, 134, 168, 175, 178, 179, 182, 183, 191, 192, 197, 198, 210, 220, 221, 225, 228, 237, 248, 251, 273, 274, 276, 277, 296, 307, 349, 351, 352, 388, 421, 422, 427, 434
내지참정권 372, 413, 436
노구치 준키치(野口淳吉) 184
노동농민당 261, 430, 453
노자문제 333

ㄷ

다나카 기이치(田中義一) 105, 107, 138, 170, 217, 453
다이쇼 데모크라시 20, 96, 215
다카야마 다카유키(高山孝行) 375
다카하시 고레키요(高橋是淸) 108, 202, 215
다카하시 쇼노스케(高橋章之助) 375
대동동지회 379
대륙침략정책 383
대만의회 134, 240, 425
대일본연방 348
대정친목회 328, 379, 386, 450, 453
대지(對支)정책강령 383
대한협회 325, 350
데라오 도루(寺尾亨) 343

데라우치 마사타케(寺內正毅) 168, 232, 450
도미나가 후미카즈(富永文一) 290
도야마 미쓰루 343
도쿠토미 소호(德富蘇峰) 231~233
도평의회 192, 193, 196, 212, 260, 271, 294, 297, 299, 304, 309~312, 326, 395, 405, 451, 455
도회 25, 297, 299, 304, 313, 314, 315, 317, 318, 341, 395, 396, 432, 455
독립승인청원운동 345, 346
동광회 40, 42, 47, 129, 133, 198, 204, 339, 343~349, 433, 434, 451
동광회 조선총지부 133, 198, 339, 344, 32, 346, 451
동민회 42, 204, 379, 385, 386, 390, 391
동아일보 188, 189, 205, 217, 222, 235, 239, 241, 243, 247~250, 253, 254, 284, 285, 309~314, 336, 338, 397
동화주의(同化主義) 21, 34, 46, 134, 172, 179, 198, 210, 220, 221, 251, 252, 258~260, 273, 275, 307, 368, 420, 427, 428, 430, 431
동화파 41, 47, 129, 350, 352

□

마루야마 쓰루키치(丸山鶴吉) 154, 203, 224, 237, 309, 334, 353
마쓰가타 마사요시(松方正義) 232
마쓰다 겐지(松田源治) 82, 238
마쓰모토 우헤이(桝本卯平) 333
마쓰무라 마쓰모리(松村松盛) 289
마쓰야마 쓰네지로(松山常次郎) 254, 375
만주사변 37, 135, 140, 399, 402, 408~410, 454
면협의회 192, 193, 196, 260, 271, 293, 297, 299, 313, 318, 395, 397, 451, 454

명치회 379
모리야 에이후(守屋榮夫) 193, 197, 237, 353, 413
모리오카 지로(森岡二朗) 289
모치지 로쿠사부로(持地六三郎) 190, 427, 451
무단정치 175, 186, 192, 347, 427
무단통치 39, 183, 188, 190, 223~225, 325, 421, 426, 429
무산자당 249
무산정당 218, 249, 250, 258, 261~263, 423, 430, 453
무산정당운동 22, 26, 255, 263~265, 430
문관총독 176, 177, 226, 282
문봉의 357
문탁 334
문화정치 32~34, 46, 184, 186, 189, 192, 198, 199, 205, 224, 246, 277, 347, 349, 421, 427, 450
문화주의 221
문화통치 190, 347, 367, 413, 433
눌산상녀운동 338
미나미 지로(南次郞) 146, 147, 411, 455
미쓰야 미야마쓰(三矢宮松) 227, 231, 247
미와 주소(三輪壽壯) 261
미즈노 렌타로(水野鍊太郞) 23, 127, 158, 176, 238, 289, 309, 427, 450
민대식(閔大植) 337
민석현(閔奭鉉) 350
민원식(閔元植) 129~132, 197, 329, 330, 340, 350, 351, 352, 354~357, 363, 404, 435, 450, 451
민정당 22, 25, 46, 138, 139, 141, 143, 282~284, 286, 288, 290, 426
민족 168, 171, 172, 331, 347, 348, 350, 365, 371, 399, 405
민족자결주의 171, 188, 189, 258, 329

민족적 국가 365
민족적 중심단체 263, 264, 423, 430
민족통일전선 263, 264
민중대회발기회 205
민중신문 402
민흥식((閔興植) 355

ㅂ

바바 에이이치(馬場鍈一) 125, 238
박걸호(朴傑鎬) 373
박달성 243
박병철(朴炳哲) 330, 334
박사직(朴思稷) 335
박석태(朴錫泰) 335
박승빈(朴承彬) 330, 334
박시직 243
박영효(朴泳孝) 135, 327, 334, 335, 338, 344, 401, 420, 455
박춘금(朴春琴) 128, 131, 132, 205, 399, 401, 413, 454
박해묵(朴海黙) 334
박해원 335
방규환(方奎煥) 375
방정환 243
번벌세력 18, 20, 27~29, 77, 79, 95, 98, 101, 102, 104, 105, 107, 168, 169, 175, 176, 215, 217, 232, 237, 424
병합 5, 6, 19, 61, 62, 72~74, 78, 171, 178, 181, 188, 190, 191, 202, 209, 314, 324, 325~328, 337, 339, 340, 348, 350, 351, 365, 387, 388, 404, 423, 433, 434
보안법 349
보통경찰제 178, 198
보통교육제도 332
보통선거권 16, 17, 44, 45, 94, 104, 114, 215, 216, 420, 425, 426

보통선거법 20, 29, 30, 45, 94, 95, 99, 101, 103, 108, 110, 111, 118~120, 127, 133, 161, 162, 216, 217, 225, 423, 425, 451, 452
보통선거운동 20, 29, 30, 94~97, 98, 99, 101, 112, 119, 120, 423, 425
보통선거제 20, 29, 99, 111, 112, 316, 360, 362
부현제 179, 180
부협의회 192, 195, 196, 260, 271, 272, 277, 294, 297, 299, 304, 305, 312, 314, 451~453
부회 157~161, 271, 297, 299, 304, 318, 395, 396, 454
비동화주의 259

ㅅ

사이온지 긴모치(西園寺公望) 71, 273, 450
사이토 마코토(齋藤實) 24, 135, 141, 283, 382, 450, 453, 455
사카타니 요시로(阪谷芳郎) 387
사회민중당 262
사회주의 20, 94, 95, 98, 101, 110, 206, 207, 249, 261, 262, 263, 264, 369, 426
산미증식정책 338, 369
산업발전 333, 337
산업자본 336, 337
산업제일주의 228, 368, 370, 382, 428, 435
산업조사위원회 335, 338, 434
상업자본 337
서병조 402
서병협(徐丙協) 360
서상복(徐相馥) 335
서상팔(徐相八) 335
석진형 326
선거권 16, 18, 45, 99, 119, 122, 125, 126,

141, 161, 164, 208, 285, 296, 299, 314, 354, 362, 377, 451, 452, 454
세키야 데이자부로(關屋貞三郎) 156, 158, 237, 289
소노다 히로시(園田寬) 290
소에지마 기이치(副島義一) 343
소에지마 미치마사(副島道正) 33, 231, 452
소요선후책(騷擾先後策) 340
소화제강유치기성회 402
속령자치론 331
손치은 392
송달섭(宋達燮) 335, 375
송정식(宋廷植) 334
송종헌 401~403, 454, 456
송진우 205, 235, 241, 253, 405, 429
수양단(修養團) 379
스기야마 모토지로(杉山元治郞) 261
스기야마 시게마루(杉山茂丸) 342
스에나가 미사오(末永節) 343
시국대동단 254, 368
시로가네 아사노리(白銀朝則) 290
시모오카 츄지(下岡忠治) 226, 227, 362, 374, 428, 452
시바타 젠자부로(柴田善三郎) 203
시부사와 에이이치(澁澤榮一) 237
시사신문 356
시사평론 41, 369, 370
시정촌제 121, 123, 179, 180
시중회 42, 405, 408~412, 436, 455
시천교 350
식도원 육혈포 협박사건 205
식민정책학자 46, 238, 258~260, 430
신일본 330, 350, 354, 434
신일본주의 350, 365, 366
신폐인당 208, 250
실업구락부(實業俱樂部) 379

심령철학연구소(心靈哲學硏究所) 328, 330, 433
심우섭(沈友燮) 233, 330

ㅇ

아라이 하쓰타로(荒井初太郎) 375
아리요시 주이치(有吉忠一) 202, 266, 427, 451
아베 미쓰이에(阿部充家) 33, 36, 46, 231, 235, 253, 429
아사리 사부로(淺利三郎) 266, 278
아일랜드 17, 172, 208, 211, 213, 248, 250, 251, 269, 272, 300, 387
아카이케 아쓰시(赤池濃) 184
안국선(安國善) 326, 334, 335
안재홍 205, 253, 254
안창호 243
야나이하라 타다오(矢內原忠雄) 430
야마가타 아리토모(山縣有朋) 27, 71, 72, 84, 101, 237, 449
야미기타 이사부로(山縣伊三郎) 175
야마가타 이소오(山縣五十雄) 238
야마나시 한조(山梨半造) 139, 275, 453
야마모토 곤노효에(山本權兵衛) 107, 177, 451
야마모토 미오노(山本美越乃) 238, 258, 430
양근환 130, 197, 355, 451
영구적인 일국가체제 333
예종석(芮宗錫) 375
오가키 다케오(大垣丈夫) 375
오긍선(吳兢善) 334
오니시 이치로(大西一郎) 203
오무라 하쿠조(大村百藏) 375
오바타 도라타로(小幡虎太郎) 343
오상준(吳尙俊) 334
오쓰카 쓰네사부로(大塚常三郎) 193, 206,

363, 427, 452
오자키 다카요시(尾崎敬義) 238
오자키 유키오(尾崎行雄) 221, 427
오카와 헤이키치(小川平吉) 343
오카자키 구니스케(岡崎邦輔) 343
오쿠마 시게노부(大隈重信) 340, 343
오키나와 19, 60, 61, 206, 342, 423, 424
오헌창(吳憲昌) 360
와카쓰키 레이지로(若槻禮次郎) 111, 138, 140, 226, 261, 273, 365, 452, 454
와타나베 데이치로(渡邊定一郎) 374, 386
와타나베 치아키(渡辺千秋) 169
요시노 사쿠조(吉野作造) 96, 103, 206, 222, 429, 450
요코다 센노스케 215
우가키 가즈시게(宇垣一成) 22, 274, 453, 454
우사미 가쓰오(宇佐美勝夫) 237, 238
우성현(禹成鉉) 360
우치다 료헤이(內田良平) 342, 343, 451
워싱턴회의 345
위종기(魏鍾冀) 360
유민회(維民會) 40, 42, 47, 129, 198, 204, 331, 333~339, 344, 366, 433, 434, 450
유병룡(柳秉龍) 335
유아사 구라헤이(湯淺倉平) 226, 230, 452
유완종(劉玩鍾) 360
유조환(柳朝桓) 360
유진태(兪鎭泰) 334
유해종(劉海鍾) 350
윤갑병 363~366
윤정식 342
윤치호 326, 456
읍회 25, 297, 299, 304, 305, 313, 314, 316, 317, 318, 395, 396, 398, 432, 454
의무교육 260, 332, 407, 415

이겸제(李謙濟) 360
이관용(李灌鎔) 217, 218
이광수(李光秀) 233, 234
이기찬(李基燦) 330
이노우에 준노스케(井上準之助) 239
이누카이 쓰요시(犬養毅) 108, 140, 215, 454, 455
이돈화 243
이동영(李東英) 408
이두성 243
이마무라 다케시(今村武志) 289, 310
이명환(李明煥) 360
이범승 392
이병렬 360, 371, 403, 404
이병조(李秉祚) 350
이병학 402
이복승(李馥承) 335
이영(李英) 334
이영석(李永錫) 360
이용구 342
이원국(李源國) 360
이입세 336, 337, 433
이자와 다키오(伊澤多喜男) 282
이정섭(李晶燮) 408, 411
이즈미 아키라(泉哲) 259, 430
이케가미 시로(池上四郎) 275, 453
이케다 초지로(池田長次郎) 375
이케다 히데오(池田秀雄) 227
이쿠타 세이사부로(生田淸三郎) 228, 266, 276
이토 도모야(伊東知也) 343
이토 진타이로(伊藤仁泰郎) 343
이풍재(李豊載) 334
이하용(李河用) 334
이해조(李海朝) 326, 335
이현규 342

이현식(李鉉植) 334
이희간 344, 346
일미전쟁 252, 253
일본 육군 19, 169, 174, 175, 183
일본노농당 263
일본노동총동맹 101, 261, 262
일본농민당 263
일본유학생 173, 326, 351
일시동인(一視同仁) 21, 193, 209, 354, 367, 368, 389, 427, 434
일진회 39, 324, 325, 327, 329, 339, 342, 344, 350, 351, 353, 363, 434
임종면(林鐘冕) 360
입법원 341, 342
입헌주의 16, 56, 57, 420

ㅈ

자문기관 173, 174, 191, 192, 198, 211, 219, 271, 272, 277, 285, 297, 204, 313, 314, 317, 318, 380, 381, 391, 395, 397, 428, 436, 451, 454
자유민권운동(自由民權運動) 18, 53, 94, 232
자치권 310, 311, 315, 407
자치권 확충 310, 311
자치운동 22, 32, 37, 46, 47, 204, 229, 238, 239, 242, 308, 346, 349, 360, 369, 405, 407, 408, 410, 412, 413, 432, 433, 436
자치운동속진회 405
자치의회 17, 22, 32, 33, 220, 238, 240~241, 250, 259, 269, 279, 286, 287, 300, 420, 421, 429
자치의회제 21, 279, 308, 420
자치정책 17, 22, 24, 32, 35~38, 45, 46, 186, 198, 213, 220, 231, 258, 315, 422, 427, 429, 432
자치청원운동 40, 42, 47, 129, 197, 198, 330,
331, 333, 334, 338, 350, 4086 433, 434, 450
자치파 40, 47, 129, 331, 335, 350, 451
잡거(雜居) 180
장상철(張相轍) 360
장영한(張永翰) 360
장직상(張稷相) 408
장쭤린(張作霖) 247, 282, 286
재조일본인 19, 25, 26, 36, 37, 39, 41, 77, 171, 173, 182, 194, 195, 198, 210, 271, 272, 278, 299, 305, 308, 315, 317, 318, 372, 374, 376, 377, 391, 422, 424, 429, 434, 435, 436, 452
전선공직자간담회 372
전선공직자대회(全鮮公職者大會) 288, 372, 373, 380, 391, 405, 453
전성욱(全聖旭) 334, 335, 375, 376
전창수(全昌壽) 355
정광조(鄭廣朝) 408
정규환(鄭圭煥) 335
정당정치 20, 34, 139, 140, 143, 169, 215, 217, 219, 220, 225, 252, 264, 286, 297, 421
정무총감 22~24, 35, 36, 46, 126, 127, 149, 156, 157, 158, 170, 178, 184, 185, 186, 192, 198, 202, 203, 206, 207, 212, 213, 220, 226, 227, 229, 230, 231, 234, 237, 238, 247, 255, 266, 275~277, 279, 283, 284, 288~290, 304, 314, 362, 274, 376, 380, 421, 422, 427, 428, 431, 435, 450~453
정병조(鄭炳朝) 355, 356, 360
정수태(丁秀泰) 355, 402
정우본당 109, 138, 216
정우회 20, 28, 39, 72, 80, 81, 83, 84, 88~90, 98, 108, 109, 139, 141, 168, 170, 215, 218, 226, 238, 241, 275, 282, 286, 324, 374, 431, 452

정운복 326
정원섭(丁元燮) 334
정응설(鄭應卨) 334
정촌(町村)회 143, 196
정치적 동화주의 251, 368
제1차 세계대전 20, 97, 101, 102, 104, 105, 120, 138, 168, 191, 223, 258, 327, 329, 425
제1차 호헌운동 95, 96, 189, 215, 216, 232
제2차 지방제도 개정 25, 47, 313, 316, 394, 395, 436
제2차 호헌운동 108, 109, 215, 327
제국의회 18~21, 32, 37, 47, 56, 59, 65, 78, 133, 146, 148, 151, 152, 162, 163, 186, 225, 251, 261, 267, 269, 294, 296, 347, 361, 420, 425, 427, 449
제령권 21, 78~80, 83, 84, 87, 180, 424
제한선거권 16, 316
제한적 참정권 277, 378
제한적 참정권 청원운동 42, 47, 372
조기간(趙基栞) 242, 408
조병상(曺秉相) 380, 386, 391, 415
조선 사정 35, 241, 328
조선 자치의회 36, 247, 253, 277, 278, 279, 285, 300, 431, 452
조선 자치제 36, 247, 253, 277, 278, 279, 285, 300, 432, 452
조선 총독 293, 367, 282, 284, 434
조선 통치제도안(朝鮮統治制度案) 340
조선경제 336, 337, 433
조선교육협성회 379
조선군 145, 147, 170, 172, 174
조선군인장교회(朝鮮軍人將校會) 379
조선물산공진회 328
조선병합 340, 390
조선부 388, 389, 435
조선사정조사연구회 253
조선의회 21, 22, 24, 25, 26, 36~38, 40, 129, 172, 183, 191, 207, 209~212, 220, 228, 229, 260, 269, 273, 285, 286, 289, 300, 308, 313, 332, 333, 339, 342, 380, 405, 420, 422, 428, 431~434
조선인 참정권 31, 32, 44, 45, 149, 152, 360, 362, 366, 413
조선인본위 336, 338
조선인산업대회 335
조선인특별지원병제도 416
조선 자치의회 239, 259, 429
조선자치제안 312
조선재주민 340, 377, 434
조선지방의회 21, 24, 25, 37, 38, 45, 46, 267~270, 286, 292~297, 298~300, 303, 304, 308, 309, 312, 315, 316, 420, 430, 431, 432, 454
조선지방의회 설치 37, 38, 45, 46, 267~270, 286, 292~300, 303, 304, 308, 309, 312, 315, 316, 420, 430, 431, 432, 454
조선지방자치권 확장안 312
조선통치 21, 37, 74, 79, 131, 133, 147, 149, 156, 178, 179, 193, 203, 207, 211, 240, 255, 259, 284, 331, 340, 248, 273, 277, 378, 381, 389, 391, 406, 421, 426, 433, 435
조선통치문제 340
조선통치사건 126, 178, 183, 450
조슈·야마가타벌 169, 183, 217
조용국(趙鏞國) 360
종속적 분업체제 338
중앙의회 311
중앙조선협회(中央朝鮮協會) 153, 231, 237, 238, 239, 242, 245, 289, 387, 429, 453
중의원 선거법 개정 216, 420, 450, 452
중의원 참정권 22, 25, 32, 45, 198, 213, 287, 350, 420, 451, 452, 455

중의원 참정권 정책 213
중의원선거 207, 216, 263
중의원선거법 20, 109, 129, 131, 132, 197, 207, 364
중의원선거법청원서 354
중일전쟁 6, 414, 436, 455
중추원 191, 193, 197, 259, 260, 314, 326, 340, 353, 356, 375, 406, 407
지방자치제 21, 26, 38, 172, 193, 267, 269, 300, 310, 312, 314, 342, 352, 397, 400, 436
지방자치제 개정 334, 394, 395, 398, 405, 406
지방자치제도 38, 185, 191, 198, 229, 273, 277, 309, 416, 427, 436
지방제도 33, 180, 182, 192~194, 273, 285, 286, 305, 308, 312~318, 427, 431, 432
지원병제 128, 145, 413~416
지원병제도실시청원운동 415
지정면 26, 192, 194~196, 212, 297, 310, 317, 395, 427
지정면협의회 194, 196, 271, 299, 304, 305, 312, 314, 451, 452, 453, 454
직접통치 방식 331, 332
진학문(秦學文) 233
징병제 31, 45, 61, 145~152, 152, 417, 423, 437, 456

ㅊ

참정권 정책 17, 25, 33, 36, 46, 213, 225, 226, 261, 282, 287, 288, 289, 309, 313, 420~422
참정권 청원서 240, 357, 378, 413, 435
참정권 청원운동 17, 30, 40~47, 129, 130, 132, 197, 204, 343, 350, 353~355, 357, 360~364, 366~372, 376, 378, 380~

382, 389, 391, 392, 394, 401~405, 407, 412~417, 425, 435, 436
채기두(蔡基斗) 330, 334
척무대신 383, 384, 390
척무성 287, 288, 388, 389, 404, 435, 453
척식대신 383, 384, 390
척식성 212, 381, 382, 384, 385, 387~391, 435
척식성 관제 381, 382, 394
척식성 관제개정안 381
척식성 관제반대기성회 386, 453
천도교 신파 235, 244, 398, 405, 408, 429
천도교청년당 243, 244
청림교(靑林敎) 379
총독정치 34, 35, 133, 160, 186, 234, 346, 348, 349, 373, 434
총독정치폐지안 347
최강(崔岡) 350
최남선(崔南善) 233
최두환(崔斗煥) 360
최린 235, 242~244, 407~411, 429, 455
최진 326
추밀원 22, 23, 27, 108, 110, 111, 152, 163, 176, 177, 186, 215, 219, 241, 275, 282, 283, 309, 384, 385, 387, 388
치안유지법 29, 110, 263
친일정치운동 17, 46, 47, 255, 286, 315, 324, 360, 385, 400, 401, 408, 436

ㅌ

태명식 326
토착 일본인 관료 22~24, 36, 46, 184, 185, 191, 193, 202, 206, 210, 212, 213, 227, 229, 252, 255, 266, 267, 278, 279, 287, 289, 290, 297, 304, 308, 420, 422, 427, 428, 430, 431

특권 번벌세력 168, 169, 175, 176, 215, 217
특권세력 20, 22, 45, 108, 187, 213, 215,
　　216, 217, 219, 220, 225, 226, 238, 241,
　　249, 269, 286, 421, 424, 425

ㅎ

하기와라 히코조(萩原彦三) 290
하라 다카시(原敬) 20, 33, 64, 73, 117, 168,
　　344, 351, 451
하리마 겐시로(張間源四郎) 193
하마구치 오사치(濱口雄幸) 139, 238, 453
하마다 쓰네노스케(浜田恒之助) 220, 428
하야시 시게조(林繁藏) 289
하준석(河駿錫) 408
한만회 392
한문관(韓文寬) 360
한영원(韓永源) 360
한택리(韓澤履) 360
합법적 대중정치운동 264
합법적 정치운동 243, 263, 264, 265, 319,
　　409, 410, 430
행정정리사업 376
헌정회 22, 35, 36, 46, 101, 108, 109, 138,
　　186, 187, 215~221, 224~227, 230, 235,
　　238, 249, 251, 252, 255, 261, 273, 330,
　　343, 362, 374, 382, 383, 427~429, 431,
　　435, 452
혁신구락부 108, 109, 114, 215, 452
현기봉 335
현부건(玄富健) 360
협성구락부 330, 350~352, 365, 450
호소이 하지메(細井肇) 362, 368
호헌 3파 35, 45, 46, 108~110, 113, 114,
　　127, 138, 188, 216, 217, 218, 226, 227
혼다 쓰네 유키(本多恒之) 186
홋카이도 19, 60, 61, 68, 267, 269, 300,
　　308, 423, 424, 431
황석교(黃錫翹) 350, 351
후지모토 슈조(藤本修三) 290
후쿠모토 가즈오(福本和夫) 262
후타가미 효지(二上兵治) 309
흑룡회 339, 340, 342, 343, 344, 434, 451
흠정헌법 18, 54, 423
히라타 도스케(平田東助) 169
히사나가 린이치(久永麟一) 380

동북아역사재단 일제침탈사 연구총서 10

일제의 조선 참정권 정책과 친일세력의 참정권 청원운동

초판 1쇄 인쇄 2022년 12월 10일
초판 1쇄 발행 2022년 12월 20일

지은이 김종식, 윤덕영, 이태훈
펴낸이 이영호
펴낸곳 동북아역사재단

등 록 제312-2004-050호(2004년 10월 18일)
주 소 서울시 서대문구 통일로 81 NH농협생명빌딩
전 화 02-2012-6065
팩 스 02-2012-6186
홈페이지 www.nahf.or.kr
제작·인쇄 청아출판사

ISBN 978-89-6187-768-8 94910
       978-89-6187-669-8 (세트)

- 이 책은 저작권법에 의해 보호를 받는 저작물이므로 어떤 형태나 어떤 방법으로도 무단전재와 무단복제를 금합니다.
- 책값은 뒤표지에 있습니다. 잘못된 책은 바꾸어 드립니다.